津沽文化研究集刊第十种

主编 王振良

王南村年谱

宋健 著

天津出版传媒集团

天津古籍出版社

图书在版编目（CIP）数据

王南村年谱 / 宋健著. -- 天津：天津古籍出版社，2017.12
（津沽文化研究集刊 / 王振良主编）
ISBN 978-7-5528-0595-6

Ⅰ.①王… Ⅱ.①宋… Ⅲ.①王焕（1651-1726）—年谱 Ⅳ.①K825.6

中国版本图书馆 CIP 数据核字(2017)第 306584 号

王南村年谱

宋健 著

出版人 / 张玮

*

天津古籍出版社出版
（天津市西康路 35 号　邮政编码：300051）
http:// www.tjabc.net
天津市天办行通数码印刷有限公司印刷
全国新华书店发行

开本 880×1230 毫米　1/32　印张 13.5　字数 300 千字
2017 年 12 月第 1 版　2017 年 12 月第 1 次印刷

ISBN 978-7-5528-0595-6
定　价：78.00 元

王南村先生像(清禹之鼎绘)

序一：业无高卑志当坚
男儿有求安得闲

刘尚恒

宝坻宋健君撰《王南村年谱》稿成，走书邀序，情义难却，倏忽间脑海里冒出北宋诗人张耒的"业无高卑志当坚，男儿有求安得闲"的诗句。这首诗原本是张耒写给儿子张秬和张秸的励志诗，叫他儿子学那位每日五更未明之际不惧凛冽寒风，准时上街卖饼的北邻之子。我长宋君近三十岁，处师友之间，不过借用一下，也未尝不可。

初识宋健是在20世纪90年代初，我担任市图书馆专业职称培训班古汉语教学工作，去宝坻上课，宋君以县馆馆长之介来访，交流读书见闻，相谈甚洽，获知他于"红学"颇有研究，撰有专文数篇刊于《红楼梦学刊》，并且成为全国红学会会员，结识红学大家周汝昌先生，交往甚笃，心中颇有诧异。他本是县邮电局普通职工，平日负责邮件往来，信函传递，何以兴致如此？我自忖他是个下苦功夫、肯吃苦的人，是个当今难遇的读书种子。

由此我也深感他身处僻壤，既乏受教的导师，更少图书资料的收藏，难以具备做学问的必须条件。盖读书治学需有人导以方向、方法；史实征订，更以聚书为难——两者他都缺乏。我既赞赏他又同情他，本着图书馆人向读者提供文献信息的天职，凡馆藏文献尽可能地向他介绍，提供方便，二十多年来书信往还，遂成莫逆之交。

照常例，为人作书序者，大都是作者的导师、领导、至亲至信之人，我显然不够格的。他之所以执意让我写几句话冠于卷首，乃出于该书从创意到成稿与我有点关系。

我从20世纪60年代初来津工作，在天津图书馆的地方文献整理中发现查氏水西庄是天津历史文化上的一个亮点，尤加注意。当我读到查为仁《莲坡诗话》上记载：宝坻王煐任广东惠州知府时，与僧灵源等会饮于官署，以"朝霞一片木棉花"拈题赋诗，忽遇一虬髯碧瞳的卖瓜者担瓜而至。30年后，王官浙江温处道，解组寓姑苏，患痾颇剧，扶乩请方，乩诗有云："朝霞一片木棉花，太守筵前曾卖瓜。屈指于今三十载，劝君依旧服胡麻。"王果服胡麻而愈。这是《诗话》中涉及为数不多的天津文人之一，然而查《宝坻县志》中王煐小传百余字，不甚了了。直至1987年初，天津社科院历史所资深研究员涂宗涛发表《王瑛与屈翁山》一文，方始识其人。涂文说："打开《翁山文外》，即可发现，涉及王瑛的诗，数量之多，不是第一就是第二，不了解王瑛，就难对屈翁山的晚年进行深入研究。遗憾的是，今天不但研究屈翁山的学者对王瑛陌生，即使王瑛的故乡天津市宝坻县的广大群众，也不知道在历史上这位颇有名气的王瑛其人了。"这里，涂文沿前人之误，将"煐"误作"瑛"。按：王瑛，字汝玉，无锡人，明嘉靖壬辰（十一年，1532）进士，官至监察御史，著有《王侍御集》七卷，与宝坻的王煐，时代、籍贯、官职有别。直到1997年6月《四库全书禁毁丛刊》出版，其中第150册即王煐《忆雪楼诗集》，是据国家图书馆藏清康熙三十六年王氏贞久堂刻本影印的，是书为两卷本，方知王煃的《忆雪楼诗集》前有抗清志士屈翁山序文，且涉及屈氏诗文颇多，遂遭禁毁。2011年1月，国家清史文献委员会出版的《清代诗文集汇编》，其中第181册即为王煃《忆雪楼诗集》等十三种诗集，凡录诗1480余首，系据清抄本影印的三卷本。至此，王氏诗作方显于世，为后人研究提供了可能和依据。然此时我已年逾古稀，又有"脑梗""心梗"的经历，手头又忙于中国藏书文化研究，无力也无暇他顾，只是把这一情结埋藏在心底。

2011年夏，我应宋君屡次盛情相邀，只身去宝坻作一日游，宋君热情款待。走进他的书房和客厅，见满架图书，为数不下万册之多，令我十分惊叹。他为了业余研究，省吃俭用，自备常用书和工具书，家里简直成了小型图书馆。相谈中言及宝坻王煃，宋君虽为宝坻人，又是区政协文史委员会主任，竟茫然无知晓。我翻开《莲坡诗话》中的记载让他一读，他十分感兴趣，此时又逢他完成元代宝坻雕塑大家刘元专著，有意转向此题。我回市里，将王煃十三种诗集全部复印给他，并告知他"知人论世"，从王煃的年谱做起。宋君采纳我的意见，历经两阅寒暑，翻检清初诗文集数百部之多，又南下广东，去惠州重寻王煃足迹，开拓史源，既增加了感性认识，又提高了理性思考，兼收并蓄，博采众家之长，以行年为序，梳理出王煃一生的交游、宦迹轨迹，成此三十余万字的《王南村年谱》。市文史馆同仁、著名书画家、美术理论家王振德先生，系王煃之后裔，获知欣喜异常，为宋君写下了《感言》，盛赞有加，兹不赘述（我也为王先生复印了《忆雪楼诗集》全部）。

我常想，历史上天津自金置直沽寨，元设海津镇，明筑天津卫，至清初改为行政编制，由州升府，向以军事卫戍、河海之便、鱼盐之利逐渐发展起来,鸦片战争之后,被迫开埠通商,电灯、电车、电话等西方文明和殖民文化兴起,进而迅速成为工商大都会。所谓近代中国百年看天津,此也非虚言。

今日论天津历史文化,当然以现行行政区划为范围,今日的四郊五县中宝坻、宁河、武清、蓟县旧属顺天府,这样"燕山五虎""渔阳鼙鼓""千年独乐寺"等就纳入了天津历史文化范畴,一下子提升天津历史文化千年之久,不过总以为分开来说,不宜混为一谈。

谈到天津城区,自明永乐建城,迄今600余年,这对拥有五千年文明历史的中国实在算不上什么。至于它的历史文化,清初本邑文人王又朴有个很好的论述,他说:

余乡虽密迩京师,然于明成祖始建,盖军卫地也。其俗尚勇力而椎鲁不文。又河渠南通吴越荆楚,岁漕粟而之都,东南百里之近即海,四方客之逐鱼盐者趋如鹜,以故好学能文之士,数百年卒无闻焉。(《诗礼堂古文序》)

这就是说,康熙以前,天津在文化上乏善可陈。何时兴起的呢?清中期天津颇有影响的诗人梅成栋说:

沽上文坛风雅之事,一盛于国初张鲁庵方伯之遂闲堂,再盛于查莲坡居士之水西庄。(《沽上梅花诗社稿存序》)

清康熙间盐商张霖(鲁庵)筑室遂闲堂,往来其间有吴雯、赵执信、姜宸英、朱彝尊、方苞、梅文鼎等一时名流俊士,然多限于唱和赠答,没有太多太深的文化意义;查为仁(莲坡)以水西庄园林之盛和文物图书收藏之富,广结南北文人墨客,不仅留下了许多天津历史文献,而且留下一批文人落籍津门,产生深远影响,所以后人称"沽上风雅实心谷(为仁)导以先路"(华鼎元《缄斋杂识》)。我以为,清初天津文人安麓村以翻刻《书谱序》和《墨缘汇观》、佟蔗村以解囊资助《桃花扇》刊刻和为屈翁山育孤、查为仁(代表作有《莲坡诗话》)以与厉鹗同撰《绝妙好词笺》和广结南北文人,颇受赞赏,挤进全国文化名人行列,而宝坻王煐与张霖同时而略早于安麓村和查为仁,且有十三种诗集传世,为其作序言者有屈翁山、陈恭尹、梁佩兰等"岭南三大家"之外,还有朱彝尊、赵执信、毛际可、汪霦等名家,均对王推崇备至,连论诗悬格极高的赵执信也称王"根于性所好,不依附于流俗,卓然可居于余与游之列",这些论述和评价,在天津找不出第二个诗人可以享有。看来被封尘埋没达280余年之久的王煐,终显出他的本色。

话又说回来,宋君和我这位终生图书馆人一样,在学术研究队伍中,至多算作"散兵游勇",既非正规的"中央军",也非正规的"地方军",今天他不仅有元代雕塑家刘元专书,又有《王南村年谱》新著问世。这些成果不仅大大填补了天津历史文化的空白,也充分证实了他在研究中的雄厚实力。

天津作为全国历史文化名城,固然以近百年的百余多项"中国第一"称雄,但不该局限于此吧。以"三大名人"言,安麓村的身世如云山雾罩,《墨缘汇观》也未得到很好地整理;佟蔗村的诗文之作无人编辑研究;受热捧的水西庄连一些基本问题也未搞清,却热衷于大谈"重建复建",未免有舍本求末之嫌。

"男儿有求",求什么?不是让人求功名富贵、封妻荫子,而是求报答哺育自己的乡土之恩,为后来之人的前进作一些有益铺垫,唯此而已,岂有他哉!

我发了上述一通议论,姑以答宋君相邀盛情,也表达我对津门历史文化的一些粗浅认识,对乎不对,尚待宋君及大雅方家教正是幸。

刘尚恒于津门二馀斋,2014年1月经历"脑梗""心梗"之后,时年七十七周岁矣。

序二：天机忽动抒真意
　　　自是千秋绝妙词

王振德

今年暑期，酷热难当。友人宋健送其新著《王南村年谱》初稿，长达30余万字，图文并茂。展读之后，在敬佩宋健弘扬桑梓文化的热情与定力的同时，对煐公其人其艺再三体味，竟觉暑热顿消，身心为之清爽。

长期以来，学者们对天津籍诗人的研究极为少见，对清初天津籍诗人的探讨几成空白。两年前，宝坻政协文史委员宋健从天津图书馆刘尚恒先生那里，得知上海古籍出版社出版《清代诗文集汇编》中收录了王煐的诗集13种计1480余首诗的信息后，在宝坻区各级领导支持下，集中精力，广收博采，日以继夜，仅用一年多时间，整理出《王南村年谱》，终于将这位尘封280多年的天津籍的清初诗文大家公诸今世，可谓宏达大雅，兴衰继绝，功德无量。

王氏煐公，字子千，号盘麓、南区、南村、紫诠。清顺治八年（1651）生于天津宝坻，逝于雍正四年（1726）。康熙年间以贡生授光禄寺丞，曾受到康熙皇帝赏识而晋升刑部郎。后调任惠州知府、川南观察副使、浙江温处副使等职。诗宗两晋唐宋,主张读书行路阅世达理,书写真情真意,与朱彝尊、赵执信、姜宸英、屈大均、梁佩兰、陈恭尹、王世桢、查慎行、曹寅、释石涛、释智朴等诗坛大家皆为诗朋艺友。特别与诗坛宗师赵执信诗酒唱和达五十年。与曹雪芹祖父曹寅"三世论交七十年"。传世诗集有《忆雪楼诗》《篸衡游草》《并乡集》《还庚集》《少作偶存》《蜀装集》《纪梦述哀》《写忧集》《蕉鹿吟》《后写忧集》《芦中吟》《碉上草》《秋山吟》计13种。因其生前与抗清名士屈大均交往深厚,乾隆皇帝御修《四库全书》时,王煐与屈大均诗文皆列为禁毁书目,致使其人其诗湮没达280余年。直至2011年春天,煐公13种诗集列入国家清史纂修工程的文献整理项目《清代诗文集汇编》,方得以出版面世。宋健先生以煐公千余首(篇)诗文为基础,征引近二百种史志文献及文艺典籍,进行横向扩充,纵向挖掘,钩玄索隐,考证抉剔,敦本务实,连珠合璧,采用以年序系诗记事的年谱方式,使我们领略这位乡贤大诗人的神韵风采及其诗文境界。

统观王煐一千余首(篇)诗词文章,可以充分感受到他对世事人情的态度,如对圣哲贤达的崇敬,对父母兄弟儿孙的亲情,对同僚诗友的真诚,对赈灾济贫的担当,对履职尽责的勤勉等。也可以具体体悟到他对儒道释玄等中华文化的深厚修养和畅游祖国南北山川的豪情逸兴。他即兴赋诗,即事赋诗,出口成章,驾驭各种形式诗体的娴熟程度达到了出神入化的地步。其"天下之美,当与天下共之"的人生理念(见《代泛亭记》),其"乐不在近远,而在心所安"的审美情怀(见《云庵索题新斋曲肱处》),其"有触即鸣,无情不写"的生活况味(见《戏效元白放言二十首》),其"山海云龙,烟霞古洞"的浪漫向往(见《烟霞石屋志感》),其"天机忽动抒真意,自是千秋绝妙词"的艺术主张(见《论诗质言示徽孙》),不仅体现着天津诗文的优秀传统,而且足以启示今人、泽及后人。

总而言之,宋健先生新著《王南村年谱》集片金散玉于一体,合零星资料为通篇,钩深致远,整旧如新,为天津清代文坛奉献了一颗璀璨夺目的珠宝,其价值已超越出一般性的个案文艺家年表的意义,而具有清初中国诗坛文献汇编的性质。编著中对王煐诗文史料的注释、述评及考证等文字,对读者全面认识煐公其人其艺和探讨天津清代诗坛成就,将会产生长久的启示和引领作用。

2013年9月于天津积学轩

凡 例

本书为编年体资料汇编。因南村先生诗文集已由天津古籍出版社出版，年谱所涉诗文仅择要选录，完整诗文则注明所在《王南村集》之页码，以便于查阅。

凡记载南村先生事迹之资料，均予编入；凡与南村先生唱和之诗词，均予编入。

凡与南村先生交游之士，均尽力考出生平；与南村先生交厚者，详细考论。凡未能考出者，均一一注明，以待博雅之士正之。凡与南村先生有关之宝坻先贤，均详细考论。

诗、文、事迹系之于年、季、月、日；不能确定其日者，系于月；不能定其月者，系于季；不能定其季者，系于年；不能考定年份者，系于推测之年份。

资料集中之《风木图》《焦麓剔铭图》诸家题诗，则系于题下，不按年月排列，以便于整体观照与研究。

每年略列国家大事一二，以显示历史背景。山川风物，与南村先生游历相关者略加考定,余从略。
　　南村先生诗文中涉及到的古代人物、典故,一般不予考释。后人论及南村先生者,未及录入。

目　录

谱主王煐 …………………………………………… 001
始祖王展 …………………………………………… 005
祖父王溥 …………………………………………… 006
父王鼎吕 …………………………………………… 006
母宜人芮氏 ………………………………………… 009
岳家崔氏 …………………………………………… 009
妻崔氏 ……………………………………………… 010
妾谢氏 ……………………………………………… 010
弟王烶 ……………………………………………… 010
弟王熉 ……………………………………………… 011
弟王燧 ……………………………………………… 011
弟王炈 ……………………………………………… 012
妹王氏 ……………………………………………… 012

姻亲杜氏	…………………………………………	012
顺治八年辛卯(1651)	一岁	………………………………… 014
顺治九年壬辰(1652)	二岁	………………………………… 016
顺治十年癸巳(1653)	三岁	………………………………… 016
顺治十一年甲午(1654)	四岁	……………………………… 017
顺治十二年乙未(1655)	五岁	……………………………… 017
顺治十三年丙申(1656)	六岁	……………………………… 017
顺治十四年丁酉(1657)	七岁	……………………………… 018
顺治十五年戊戌(1658)	八岁	……………………………… 018
顺治十六年己亥(1659)	九岁	……………………………… 019
顺治十七年庚子(1660)	十岁	……………………………… 019
顺治十八年辛丑(1661)	十一岁	…………………………… 019
康熙元年壬寅(1662)	十二岁	……………………………… 020
康熙二年癸卯(1663)	十三岁	……………………………… 021
康熙三年甲辰(1664)	十四岁	……………………………… 021
康熙四年乙巳(1665)	十五岁	……………………………… 022
康熙五年丙午(1666)	十六岁	……………………………… 022
康熙六年丁未(1667)	十七岁	……………………………… 023
康熙七年戊申(1668)	十八岁	……………………………… 023
康熙八年己酉(1669)	十九岁	……………………………… 023
康熙九年庚戌(1670)	二十岁	……………………………… 024
康熙十年辛亥(1671)	二十一岁	…………………………… 025
康熙十一年壬子(1672)	二十二岁	………………………… 026
康熙十二年癸丑(1673)	二十三岁	………………………… 027

康熙十三年甲寅（1674）	二十四岁	028
康熙十四年乙卯（1675）	二十五岁	028
康熙十五年丙辰（1676）	二十六岁	029
康熙十六年丁巳（1677）	二十七岁	029
康熙十七年戊午（1678）	二十八岁	030
康熙十八年己未（1679）	二十九岁	031
康熙十九年庚申（1680）	三十岁	033
康熙二十年辛酉（1681）	三十一岁	033
康熙二十一年壬戌（1682）	三十二岁	034
康熙二十二年癸亥（1683）	三十三岁	035
康熙二十三年甲子（1684）	三十四岁	035
康熙二十四年乙丑（1685）	三十五岁	038
康熙二十五年丙寅（1686）	三十六岁	040
康熙二十六年丁卯（1687）	三十七岁	040
康熙二十七年戊辰（1688）	三十八岁	041
康熙二十八年己巳（1689）	三十九岁	048
康熙二十九年庚午（1690）	四十岁	054
康熙三十年辛未（1691）	四十一岁	077
康熙三十一年壬申（1692）	四十二岁	100
康熙三十二年癸酉（1693）	四十三岁	109
康熙三十三年甲戌（1694）	四十四岁	125
康熙三十四年乙亥（1695）	四十五岁	142
康熙三十五年丙子（1696）	四十六岁	169
康熙三十六年丁丑（1697）	四十七岁	199

| 康熙三十七年戊寅(1698) 四十八岁 ……………………… 225
| 康熙三十八年己卯(1699) 四十九岁 ……………………… 227
| 康熙三十九年庚辰(1700) 五十岁 ………………………… 240
| 康熙四十年辛巳(1701) 五十一岁 ………………………… 248
| 康熙四十一年壬午(1702) 五十二岁 ……………………… 256
| 康熙四十二年癸未(1703) 五十三岁 ……………………… 273
| 康熙四十三年甲申(1704) 五十四岁 ……………………… 279
| 康熙四十四年乙酉(1705) 五十五岁 ……………………… 288
| 康熙四十五年丙戌(1706) 五十六岁 ……………………… 295
| 康熙四十六年丁亥(1707) 五十七岁 ……………………… 298
| 康熙四十七年戊子(1708) 五十八岁 ……………………… 304
| 康熙四十八年己丑(1709) 五十九岁 ……………………… 310
| 康熙四十九年庚寅(1710) 六十岁 ………………………… 313
| 康熙五十年辛卯(1711) 六十一岁 ………………………… 315
| 康熙五十一年壬辰(1712) 六十二岁 ……………………… 323
| 康熙五十二年癸巳(1713) 六十三岁 ……………………… 332
| 康熙五十三年甲午(1714) 六十四岁 ……………………… 339
| 康熙五十四年乙未(1715) 六十五岁 ……………………… 343
| 康熙五十五年丙申(1716) 六十六岁 ……………………… 349
| 康熙五十六年丁酉(1717) 六十七岁 ……………………… 359
| 康熙五十七年戊戌(1718) 六十八岁 ……………………… 366
| 康熙五十八年己亥(1719) 六十九岁 ……………………… 369
| 康熙五十九年庚子(1720) 七十岁 ………………………… 373
| 康熙六十年辛丑(1721) 七十一岁 ………………………… 375

康熙六十一年壬寅(1722) 七十二岁 ………………… 381

雍正元年癸卯(1723) 七十三岁 ………………… 387

雍正二年甲辰(1724) 七十四岁 ………………… 390

雍正三年乙巳(1725) 七十五岁 ………………… 391

雍正四年丙午(1726) 七十六岁 ………………… 392

主要征引书目 ………………………………………… 394

后记/宋健 …………………………………………… 402

王南村年谱

谱主王焕(1651—1726)

字子千,亦作子豜,号盘麓、南区、南村、紫诠(亦作紫铨),直隶宝坻(今属天津市)人,生于清顺治八年(辛卯,1651),卒于清雍正四年(丙午,1726),享年七十六岁。

《(宝坻)县志》:"王焕,字子千,溥之孙,鼎吕子也。喜博综,负意气,自少即慨然有尚友千古之志,不屑治帖括,曰:'寻行数墨中安有不朽业哉?'乃大肆力于诗古文词。以贡授光禄寺丞,晋刑部郎。每退食,与朱竹垞、姜西溟、赵秋谷诸公,樽酒留连,扬扢风雅,一时有'华省仙郎'之号。及出守惠州,政简刑清,揽风问俗,草木山川,皆供点染。又与其乡名宿屈翁山、梁药亭、陈元孝游,诗境益进。今世所传《忆雪楼集》是也。观察永宁,以忧归。久之,再补温处副使。乃悉先世产让诸昆弟,飘然南行。既之任,洁清自矢,一如守惠时。顾性耽风雅,不欲久羁仕籍,曰:'吾将恣远游以自快。'乃渡涧瀍、泝沅湘、寻禹穴、吊苏台,侨居白下、阳羡、淮阴间,所至辄交其地之贤豪。花朝月夕,每载酒扬帆时,令歌儿按拍,双鬟捧觞,唱所制新乐府,望者疑为神仙中人也。晚年或劝归,曰:'吾家故号"南王",可南亦可北也。'比还,卒。所著有《少作偶存》《田盘纪游》《蜀装》《芦中》《碉上(草)》《秋山(吟)》《参衡游(草)》《并乡》《前后写忧》及《还庚》诸集十余种,惟《忆雪楼集》久刊,最行于世。赞曰:古称感慨悲歌者,燕赵之风也,将毋有不足于中和者欤?读《忆雪楼》诸集,沉郁顿挫中何其婉曲而多风也!迹其勤学好古,几尽交天下之贤豪,取精用宏,岂犹可以土风限哉?屈指畿东作手,殆出申凫盟、米紫来上矣。"(乾隆十年本《宝坻县志》。转自《清代诗文集汇编》第181册361页)

按申凫盟即申涵光(1618—1677),字孚孟,一字和孟,号凫盟、凫明、聪山等,河北永年(一作广平)人,与殷岳、张盖合称"畿南三才子"。顺治中恩贡生,绝意仕进,累荐不就。其诗以杜甫为宗,兼采众家之长。著有《聪山集》《荆园小语》等。《清史稿》有传。米紫来即米汉雯,字紫来,号秀岩,宛平人,生卒不详,明太仆米万钟孙。顺治十八年(1661)进士,康熙十八年(1679)举鸿博,改编修,官侍讲学士。书画俱仿米芾,山水气势浩瀚,笔意苍劲,颇得家法,时呼"小米"。犹工篆刻。著有《漫园集》《存始集》等。

光绪戊子科王恩诏硃卷所载"家传史料":"(王)焜,宝邑廪贡生,历任光禄寺寺丞、工部都水清吏司主事、员外郎、刑部贵州司郎中、广东惠州府知府、四川按察使司副使分巡永宁道、浙江按察使司副使分巡温处道,诰授中议大夫,特简会典馆纂修官。文学传载邑志。"

《光绪顺天府志·人物志十·先贤十》:"(王)焜,字南区,号盘麓,康熙间贡生。《畿辅诗传》二十六。喜博综,负意气自如,少即慨然有尚友千古之志，不屑治帖括，曰：'寻行数墨中，安有不朽业哉！'乃大肆力于诗古文辞。授光禄寺丞，晋刑部郎。每退食，与朱彝尊、姜宸英、赵执信诸人，樽酒流连，扬扢风雅，一时有'华省仙郎'之目。及出守惠州，政简刑清，揽风问俗。又与其乡名宿屈大均、梁佩兰、陈恭尹游，诗境益进，《宝坻》洪志。有《忆雪楼诗》二卷。《畿辅诗传》。授永宁道，以忧归。久之，再补温处副使。乃析先世产，让诸昆弟，飘然南行。既之任，洁清自失，一如守惠时。顾性耽风雅，不欲久羁仕籍，曰：'吾将恣远游以自快。'乃渡涧瀍，泝沅湘、寻禹穴，侨居白下、阳羡、淮阴间，所至辄交其地之贤豪。花晨月夕，每载酒扬帆，命歌儿拍板，双鬟捧觞，唱所制乐府，望者疑为神仙中人也。晚年，或劝归，曰：'吾家故号南王，可南亦可北也。'比还，卒。所著有《田盘纪游》《蜀装》《芦中》《磵上》《秋山》《参衡游》《并乡》《前后写忧》及《还庚》诸集，惟《忆雪楼集》独存。《宝坻（洪）志》。"

《光绪顺天府志·艺文志·顺天人著述三》："（王）煐事迹详见《先贤传》。所著有《田盘纪游》《蜀装》《芦中》《涧上》《秋山》《参衡游》《并乡》《前后写忧》及《还庚》诸集行世。毛际可序云：'原本性情，胞与民物，萃数十年之精力，出入于汉魏六朝唐宋元明间，而语必己出，求其一字摹仿不可得。'朱彝尊序云：'诗自汉、魏、六朝、唐之初、中、晚，下及宋、元明人体制，靡有不合。其用情也挚，斯温柔敦厚之教生焉。'《红豆树馆诗话》云：'子千吟啸林麓，放情山水，家近田盘，而罗浮、丰湖又在所治郊坰之内。其登二山也，皆搜奇剔险，穷极幽香，故其《田盘》《罗浮》二卷，《纪游》二卷，酷似郦道元《水经注》，而《荔支词》七绝一卷，尤为脍炙人口。其佳句如"朝游五岳云生屐，夜度三江月入瓢""人归市冷愁藏虎，昼静帘开好放蝇""能诗易白愁中发，无酒难朱镜里颜""苦茗力能消梦境，浊醪理可化愁城""急补残书如疗疾,细尝佳酿当还乡""曲中易顾周公瑾,琴外难逢钟子期""愤深精卫思填海,遇塞牵牛恨隔河""胯下犹羞与哙伍,裈中岂屑共伶居",昔人所谓笔有余力,词无竭源,子千有焉。"

刘廷玑《在园杂志》卷三:"吾友申符孟_{涵光}、张越千_彪、王紫诠_煐,其壮年名字皆具超达飞腾之气。符孟以世家门荫、越千以博学茂才、紫诠以部郎出守,历仕观察。及其后也,符孟不乐仕进,改字曰凫盟,号聪山;越千绝志场屋,改名曰灂,改字曰月阡,号曰曼持;紫诠罢职闲游,改名曰婴,改字曰子豫,号曰能如,名与字音同体别,不独寄兴林麓,放情鱼鸟,而取号之义,实有心玩世,逃禅入道,不复营营人事,非好骛高远,耽寂静也,盖亦无可如何者耳。文人暮年,多事仙佛,太白游仙,香山偕老道场,二公犹然,况三君乎?"

茹铉《王会新编·惠州·新增·名宦》:"外逸(茹铉自号"古越外逸")曰:王瑛,字南邨,顺天宝坻人,由部郎推补惠州郡守。材能肆应,风度俊爽。下车日,戒谕属员治行,凡因循旧弊,有累地方者,悉剔除之。尤力崇名教,自学宫城社及先贤祠宇、山川胜迹,无不修举。尤不畏强御,其上差狐虎纷扰者,必绳之以法;其异棍叔敖衣冠者,必屏之出境。至承谳之下,尤刚断不挠,必精五听,伸三尺,虽上官之风旨,愈驳愈执,毅然不狥。若公余,惟论文赋诗,与四方名人啸咏,一时竞传为欧广陵、韦苏州云。"

按茹铉,山阴人,康熙十三年进士,曾任琼山知县。《王会新编》刻成于康熙三十二年,此时王煐正在惠州知府任上,与茹铉或有交往。从这篇传记看,茹铉对王煐评价甚高。但却把"王煐"误作"王瑛",把"号南村"误作"字南邨",可见二人即或有交往,也不是深交挚交。这应该是有关王煐的最早的传记材料。十分珍贵!

北清沟村口的牌坊上有"乌衣"二字

王焕故里北清沟今貌

始祖王展

诰赠锦衣卫千户。明初由江南江宁府上元县乌衣巷北迁,占籍宝坻县北青口(今名北清沟)。后又卜居玉田县元湖甸。生子二人,孝道、孝谊,居宝坻邑北青口。(王恩诏《珠卷家传史料》)

祖父王溥

字德涵。万历己酉乡举。甫读书即慨然以忠孝自命,垂髫失恃,哀毁如成人。侍继母一若所生。释褐知潞城,剔弊厘奸。以忧归,百姓皆挥涕送之。服阕,宰高苑,循声益著。秩满,擢衡州通判,以老引归。修圣庙,皆溥倡之。以金陵口屡决,捐地筑堤,其有德于里中甚大。崇祯九年,大兵猝至,溥助邑令赵国鼎死守。城破,或劝溥去,溥曰:"奈何负赵公?"但挥其子鼎吕出。曰:"先人一脉汝延之,吾毕命于此矣。"阖门男女殉者凡二十余人。事定,鼎吕归,乃号哭营葬。(乾隆十年本《宝坻县志》)

光绪戊子科王恩诏硃卷所载"家传史料":"溥,明万历己酉科举人,历任山西潞城县、山东高苑县知县,湖广衡州府通判。崇祀宝坻乡贤祠。"

父王鼎吕(1620—1697)

字翼明。溥之子也。明丙子(1636)城破,溥举家死于兵。鼎吕年十七耳,独与从侄烈得免,号哭营葬,并期功诸暴骸瘗之。遂流寓京师,数年乃归,理旧业,并为烈完其家室,抚从兄弟子女逾于所生,王氏复振。鼎吕曰:"先祚不绝,若发危而复安,天也。既属有天幸,敢封殖以自私?"乃倡修邑城及河堤之倾塌者。岁灾,出粟以赈,见弃子女者,为收畜之,及稔,还其家。初无德色,晚年效范文正公义田法,捐租于城南青口庄,规模粗就,卒,行道之人为之陨涕。初,鼎吕于顺治丁酉拔贡,亦痛父终身不仕,而严训其子。子煐有才名,仕至按察司副使,追赠如其官。(乾隆十年本《宝坻县志》)

光绪戊子科王恩诏朱卷所载"家传史料":"鼎吕,顺治丁酉科拔贡，考授知县，诰封奉政大夫，刑部贵州清吏司郎中。崇祀宝坻乡贤祠，传载邑志。"

姜宸英《翼明王君墓表》："宝坻副使王君，余友也。守惠州六年，又二年，遭奉政公忧归。与余别九年，复相见于京师。既练除矣，而哀不少衰。将以明年己卯吉月日，合葬公城南石桥之祖茔。以状请益都赵赞善铭之幽，而属余表其墓道于石。盖余闻琅琊王氏自晋南渡后，散居江表。宝坻之王则由明初锦衣

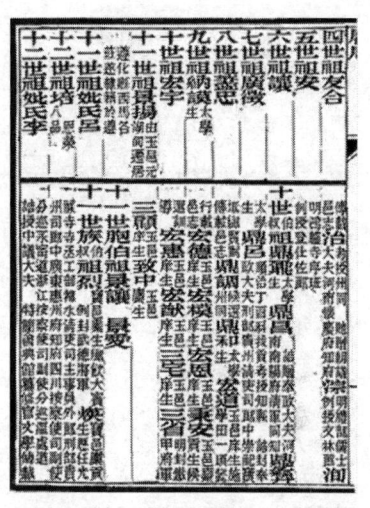

光绪戊子科王恩诏朱卷所载"家传史料"书影

卫讳孝道者，从燕王就封来此，后子孙渐繁盛。邑人目之'南王'，以其从南来也。及明末被兵城陷，公一门自父通判公下，数十口尽罹其难，而王氏几不祀。独公与其从侄烈跳身得免。世运既平，辛苦揩拄数十年，旧业渐复，公与烈各生子有孙。及副使起家二千石，治行上闻，建旌作屏，而'南王'之后复炽。然则奉政公一身存亡，王氏之盛衰绝续系焉，其可以无纪？初，遇乱谱失，世系莫可次叙。高祖讳宽，及曾祖月、祖君选皆不仕。父讳溥，中万历己酉乡试，历知潞城、高苑二县，二县民德之。行取忤阉党，改判衡州，遂拂衣归。当城陷时，公母李孺人先殁矣，通判公急命公出，公哀恋不忍，固遣之，不得已携幼弟缒城，遁伏潴田中三日，免，而幼弟竟失。归则号哭，营葬事。自通判公下，旁及期功，诸暴骸无不就穴者。时齿尚十七，以少也外侮，遂流寓京师数年，或侵其租入殆尽，悉忍置不问。沉机内运，生理亦集。从侄烈者，孱而寡援，公以其间外捍强御而内完其室

家,及后八子女之婚嫁皆无失时。以一子嗣从叔之无后者,藉其产仍与烈均之,有同兔。从兄女自襁褓中抚养之,及笄嫁之,乃厚于其所生。盖其处事合机宜,又一本之仁厚。故人无强弱,其终皆退然愧服,而卒能收拾其遗绪于伤残摧破之余,至有余力矣。又推爱及于其邑中,邑频遇灾荒,散给银粟以食馁者,收恤其鬻弃子女,及丰而还之,不责其直。见人有过,规切之必尽,已而待之如平常,不留于心,是以众民谓'公爱我'。其卒也,哭之有如所亲者。公讳鼎吕,字翼明,卒于康熙丁丑年四月辛亥,得年七十有八。元配芮氏宜人没,凡三娶。子及孙曾皆详(县)志中。而四川按察使司副煐其长也。夫收族之道微矣,公晚年仿范文正公义田法,捐租于城南青口庄,以赡族之贫者,哀其秀禀,塾中立馆,积粟贮书,规模粗具,虽未竟所欲为,余观副使君之于公之志之事,继述光大,盖将有过之无不及者,然则公之始终可谓无憾。"(乾隆十年本《宝坻县志》)

按姜宸英(1628—1699),字西溟,号湛园,又号苇间,浙江慈溪人。明末清初著名书法家、史学家、诗人,与朱彝尊、严绳孙并称"江南三布衣"。明末诸生,康熙十九年(1680)以布衣荐入明史馆任纂修官,分撰《刑法志》,记述明三百年间诏狱、廷杖、立枷、东西厂卫之害。又从徐乾学在洞庭山修《大清一统志》。在京因得罪大学士明珠,受冷遇。康熙三十六年(1697)七十岁始成进士,以殿试第三名授翰林院编修。越两年为顺天乡试副考官,因主考官舞弊,牵连下狱死。著有《湛园集》《苇间集》《海防总论》。与王煐过从甚密。

《光绪顺天府志·人物志十·先贤十》:"王鼎吕,字翼明,宝坻人。《宝坻》洪志。父溥,崇祯丙子城破殉难,独鼎与其从侄烈跳身独免。归则号哭营葬事,及期,功诸暴骸,无不就窆者,时齿尚十七也。流寓京师数年，或侵其租入殆尽，悉隐忍，置不问。沉机内运，生理亦集。姜宸英《王君墓表》。并为烈完其家室，抚从兄弟子女逾于所生，王氏复振。鼎吕曰：'先祚不绝若发，危而复安，天也。既属有天幸，敢封殖以自私乎？'乃倡修邑城及河堤之倾塌者。岁灾，出粟以赈，《宝坻》洪志。收恤其鬻弃子女，及丰而遣之，不责其直。见人有过，规切之必尽，已而待之如平常，不留于心。以是人人谓'公爱我'。年七十八卒。哭之有如所亲者。《墓表》。子煐、㹴。"

母宜人芮氏

生年不详，康熙六年丁未（1667）正月六日去世。

按王煐《忆雪楼诗集》卷下《正月六日为先慈忌辰率妇子稚幼瞻拜遗像用志悲感》诗："母氏身先逝，伤心廿六年。"诗作于康熙三十二年壬申（1692），上推26年，则为康熙六年丁未。王煐生于清顺治八年（辛卯，1651），则芮氏去世时，王煐仅十七岁。赵执信诗《书又云：王南村自知亡日，沐浴，具衣冠，拜母，无病而逝》中所拜之母，乃王鼎吕续妻，王煐侍如生母者。

芮氏乃宝坻望族。明有芮钊（1408—1462），正统壬戌（1442）进士，历任朝廷督察院御使，江西副使，陕西布政使，赴甘肃以右副都御史巡抚各地，兼提督军务。官至二品。清有芮复传（字宗一），康熙四十八年己丑（1709）进士，授浙江钱塘知县，是王煐的表弟，《清史稿》有传。芮氏明清两代考取举人、进士者近三十人。《宝坻县志》载芮氏人物甚多。

岳家崔氏

亦为宝坻名门，富藏书。

王焕《少作偶存》有《题外舅崔公藏书楼》《外舅殁后再题书楼志感》诗。自注:"崔公生前藏书最富,欲以见贻,余以内兄嫌,却之。"

妻崔氏

生年不详,卒于康熙四十二年癸未(1703)夏。

按王焕《写忧集》有《悼亡诗》,中有"结缡近三纪"之语,是年王焕五十三岁,则其与崔氏结缡在十七岁之前(古人以"一纪"为十二年)。考王焕《纪梦述哀诗十首》之《述哀》诗其二诗后自注:"儿(王立安)生于戊申(1668),卒于戊寅(1698)。"则王焕十八岁时已为人父,则其与崔氏结缡当在丙午(1666)。又考诸《忆雪楼诗集》壬申(1692)《岁除二首》,有"今年当岁除,妻孥来远道。诸儿能友恭,幼女工言貌。两孙最聪颖,延师颇率教"(其一),"前年送别时,两孙尚襁褓。大者牵衣留,小者尚萦抱。一隔四寒暑,今始来岭表。相携拜膝前,丰神并皎好。依依不暂离,应对颇了了。新诗争记诵,难字辨袠裏。性喜亲书卷,不徒嗜梨枣"(其二)之句,知王焕三十八岁之前已有孙。

妾谢氏

生年不详,卒于康熙四十一年(1702)。该年王焕有《夜雨悼谢姬二首》。知谢姬随王焕赴惠州之任,生一子,早夭。

弟王铤

字子觐。生卒不详。

乾隆十年本《宝坻县志》:"王铤,字子觐,继鼎昌后,本鼎吕仲子,煐之弟也。煐以才名闻远近,而珽则恂恂谨厚,居官居乡,始终一辙。历官河南南阳府同知,遇事缜密,务与郡守协恭以济。是以动无龃龉,民称长者。尝诵马援戒兄子书以示训曰:'画虎不成,不如刻鹄。出世之方,持身之道,俱不外此。'其子弟笃守家法,人比之万石君。"

光绪戊子科王恩诏朱卷所载"家传史料":"珽,宝邑优贡生,历任中书科中书、河南邓州知县、南阳府清军同知,诰授中宪大夫。传载邑志。"

弟王熿

字子翌,生卒不详。

乾隆十年本《宝坻县志》:"王熿,字子翌,亦鼎昌子也。伯仲均历仕途,著宦迹。熿早饩于庠,不求闻达。曰:'我惟守先人之旧耳。'性情和易,遇卑幼亦未尝疾言遽色,足迹不履户外。惟一经课子,故其子皆以文鸣。长石柱,康熙甲午举于乡;季嵩柱,亦以乾隆辛酉选拔。嵩柱少颖慧,为熿弟燧所爱,请以为己子,竟许之。"

光绪戊子科王恩诏朱卷所载"家传史料":"熿,宝邑廪贡生,候选训导,诰授中宪大夫,刑部广东司郎中加一级、又军功加一级。耆英传载邑志。"

弟王燧

生卒不详。

乾隆十年本《宝坻县志》:"王燧,考授州同。"

光绪戊子科王恩诏朱卷所载"家传史料":"燧,候选州同,诰授中宪大夫,刑部广东司郎中加一级、又军功加一级。"

弟王炌

生卒不详。

乾隆十年本《宝坻县志》:"王炌,考授州同。"

光绪戊子科王恩诏朱卷所载"家传史料":"炌,宝邑贡生,工部拣发河南州同,例赠奉直大夫。"

妹王氏

生卒不详。

乾隆十年本《宝坻县志》:"王氏,鼎吕女也。幼娴女训,适杜(立德)大学士次子典簿恭瑃,举案甚庄,事姑孝。恭瑃卒,无出,氏哀毁几殆。太夫人绝爱怜之,视如女。氏亦奉太夫人如母。久之,以长房侄孙为孙,氏亲自督课。太夫人卧病,氏旦夕吁天,愿以身代。性好善,闻里党中贫乏,辄周之。而自御甚刻苦,服缟茹蔬,曰:'予,未亡人也。'于雍正八年建坊旌表。"

按王焕《写忧集》有《上元前三日集杜承三表弟寓斋》诗。杜承三讳恭俊,别号拙庵,杜立德第三子,生于辛丑(1661),卒于甲申(1704),享年四十四岁。(《宁河县志》(光绪本)通政司劳之辨撰《广信守承三杜公墓志铭》)。王焕长杜承三十岁,推想杜恭瑃也不会年长于王焕,故推断王氏为其妹。

姻亲杜氏

王焕妹适大学士杜立德子。

按杜立德(1611—1691),字纯一,号敬修,直隶宝坻人,明崇祯十六年(1643)癸未科同进士出身。清顺治元年(1644),经顺天巡抚宋权推荐，被授予中书科中书。次年考选户科给事中。历任太常寺少卿，擢拔为工部侍郎，调兵部，又调吏部，因父丧丁忧去职。丧除，任太仆寺卿，擢升刑部侍郎。顺治十六年（1659），加太子少保，不久因事被夺衔。同年擢升尚书。康熙元年，调户部尚书。考察期满，重新加太子少保头衔。康熙三年（1662），调任吏部尚书。康熙八年（1667），拜国史院大学士。康熙九年（1668），改任保和殿大学士，兼礼部尚书，进太子太傅。三藩之乱起，杜立德与李霨、冯溥等参预机务。康熙十八年（1677）乞休，受到慰留。康熙二十一年（1680）夏再次乞休，康熙帝批准，并赐御制诗及"怡情洛社"篆章，护送归里。《太宗实录》修成，进太子太师，获赐银币及鞍马。康熙三十一年（1691）卒，享年八十一岁。康熙帝谕曰："杜立德秉性厚重，行事正大。直言敷奏，不肯苟随同列。可谓贤臣！"赐祭葬，谥文端。《清史稿》有传。

康熙《御制赐大学士杜立德旋里》诗："十载资贤佐，劳深致太平。讦谟留紫闼，风度重丹楹。方倚盐梅略，难违丘壑情。餐芝黄绮伴，轩冕有余清。"

康熙三十一年十一月十二日御制太子太师、礼部尚书、保和殿大学士加二级，谥文端，杜立德碑文："朕惟国家慎简臣工，置诸辅弼，必藉端醇毂谨之彦，以克襄犹烈，表率班联，故生有显秩之劳，殁厚饬终之礼。所以彰德酬庸，俾垂永久，典之隆也。尔杜立德，持躬厚重，赋情朴诚；早陟掖垣，旋跻卿寺。议事每抒侃直，居心力矢公忠。洎简任历试诸曹，而笃棐恒如一日。有伦有要，展综理庶物之材；克慎克勤，尽夙夜在公之谊。朕心嘉赖，命典纶扉，股肱攸寄。尔更秉怀渊塞，砥节端方，表弼亮之风规，虚衷而衡国是，殚经纶之事业，正色而肃官常。久任枢机，洵称良佐。是以引年遂请，而眷念不衰；尚冀田里优游，遐龄未艾。告终忽至，朕甚悼焉。爰命有司厚其葬祭，易名考行，谥曰文端。呜呼！老成陨谢，怀风度于当年；纶綍丕宜，播休声于奕禩。岂为尔子若孙之光宠，抑亦百尔有位之观型。爰勒贞珉，昭垂无斁！"（光绪《宁河县志》）

《宝坻县志》（乾隆本）、《宁河县志》（光绪本）均载有大学士王熙（宛平人）撰《杜文端公墓志铭》，记杜立德生平甚详，文长不录。

顺治八年辛卯（1651） 一岁

夏，王煐出生。

按《蜀装集》卷上《留别岭南诸同人》："予生在辛卯，迟晚感岁秋。"则王煐出生于顺治八年无疑。又按《忆雪楼诗集》康熙三十一年五六月间王煐有《自寿》诗："莫讶真灵降此楼，丹丘咫尺近罗浮。雾兰镂玉笼黄蝶，风竹敲金舞翠虬。瑞雀八音云里奏，菖蒲九节涧滨收。旁人羡我为仙吏，马齿虽加未足羞。"则王煐当生于仲夏。屈大均康熙二十九年冬作《次和惠州王子千太守初入罗浮冲虚观用东坡同子过游罗浮韵并以为寿》，又作《高山流水》词寿王煐。有"欢娱。寨帏且名都，当盛暑，泛茍浮菰。玉轸按南薰，一曲早慰来苏。沐清凉，长在冰壶"之句。又陈恭尹作《人日次梁药亭韵兼柬川南长寿》诗，则王煐似出生于正月初七（"人日"乃"众生生日"，此日拜寿，或仅出于礼节，不能作为王煐生日之确证）。王煐《还庚集》有《诞日示琰儿来孙》诗，中云："每当伏腊时，不觉频有泚。"此诗编在《阻风》诗之前，而《阻风》诗云："燕子矶头浪打船，等闲回首十经年。重来恰是黄花节，感旧怀人一怆然。"是为九月重阳所作。则王煐必生于"伏时"。唯具体日期不详。

初名"僧",嗣改为"生";号"东阳生"。

《少作偶存》"后记":"东阳生者,先大人因梦兆名,初云僧,嗣改为生也。""煐"乃"大名""学名"也。

本年正月十二日,顺治帝亲政。御临太和殿,接受诸王、贝勒、大臣庆贺表文,并颁诏大赦。

五月二十八日,外转御史张煊上疏参劾吏部尚书陈名夏结党行私,铨选不公。

六月十六日,顺治帝册立蒙古科尔沁部镇国公绰尔济之女博尔济锦氏为皇后。十八日,大婚礼成,行庆贺礼,颁诏全国。

本年,钱谦益七十岁,袁于令六十岁,丁耀亢五十四岁,阎尔梅四十九岁,吴伟业、申涵光四十三岁,黄宗羲四十二岁,杜濬、李渔四十一岁,周亮工四十岁,顾炎武三十九岁,龚鼎孳、宋琬三十八岁,余怀三十七岁,施闰章、吴嘉纪、尤侗三十四岁,梁清标、孙枝蔚、宗元鼎三十二岁,王宏撰、毕际有三十岁,毛奇龄二十九岁,刘体仁、汪琬二十八岁,陈维崧、王士禄二十七岁,王泽弘、程可则、王楫二十六岁,叶燮二十五岁,姜宸英二十四岁,朱彝尊、梁佩兰二十三岁,屈大均二十二岁,徐乾学、彭孙遹、陈恭尹、李因笃二十一岁,崔华二十岁,王士禛、宋荦、曹贞吉十八岁,阎若璩、田雯、徐釚十七岁,韩菼、邵长蘅、秦松龄、李天馥、顾贞观十五岁,万斯同十四岁,汪懋麟、王又旦十三岁,陈廷敬、蒲松龄十二岁,吴雯七岁,洪昇六岁,潘耒五岁,张云章、孔尚任四岁,杨中讷、冯廷櫆三岁,查慎行二岁。

顺治九年壬辰(1652) 二岁

春,清军大举进攻贵州、川南。

三月初八日,清廷以会试第一名举人程可则"悖戾经注",将其除名,考官胡统虞、成克巩也因所取试卷不遵经注、文理疵谬甚多,分别降三级和一级。

四月二十四日,清廷设立宗人府衙门,掌管皇室宗族属籍,纂修玉牒,处理皇族事务。

五月二十六日,清廷鉴于逃人屡禁不止,制定隐匿、查解逃人功罪例。

本年,陈洪绶逝世。

陈洪绶(1599—1652,一作 1598—1652)浙江诸暨人。能诗文,善书画,山水、花卉、人物皆佳,尤以人物画成就最高。幼以蓝瑛为师,以高古人物画著称,与崔子忠齐名,时称"南陈北崔"。后与蓝瑛、丁云鹏、吴彬合称"明末四怪杰"。笔法古拙挺秀,造型富于夸张,具有独特的绘画风格。著有《宝纶堂集》。

万寿祺逝世。

万寿祺(1603—1652),徐州人。精书善画,尤好诗词印章,山水木石皆清逸。

王铎逝世。

王铎(1592—1652),河南孟津人。工真、行、草书,博采诸家之长,亦能自出胸臆,笔力雄长。亦善山水。

顺治十年癸巳(1653) 三岁

九月,吴伟业被征召北上,次年春抵京。

十月二十六日,清廷为进一步笼络汉族人,遣礼部右侍郎高珩祭明末"殉难"诸臣,并加封谥号:范景文曰文忠,倪元璐曰文贞,李邦华曰忠肃,施邦耀曰恭愍,吴麟征曰贞肃,周凤翔曰文介,汪伟曰文毅,吴甘来曰庄介,王章曰节愍,陈良谟曰恭洁,刘理顺曰文烈,马世奇曰文肃,成德曰介愍,巩永固曰忠烈,金铉曰忠洁,太监王承恩曰忠节。

顺治十一年甲午(1654)　四岁

二月初,明乐安王朱议溯图谋反清,事泄被捕。

二月二十四日,顺治帝鉴于畿辅房屋田土多被圈占,加之去年水灾严重、仓廪无备,决定发内帑;户、礼、兵、工四部发库贮银十六万两、皇太后宫中"节省银"四万两,皇帝宫中"节省银"四万两,共二十四万两,差满汉大臣十六员,分赴畿辅八府地方赈济饥民。对于殷实之家捐谷或减价出粜以济饥民者,给予旌表;准许商人往丰收处所籴买米粮,如有地方豪强遏闭拦截,定予重惩。

三月十八日,玄烨出生,即后来的康熙皇帝。

顺治十二年乙未(1655)　五岁

六月初十日,顺治帝命名宫禁为紫禁城,后山为景山,西华门外台为瀛台。

六月二十七日,纳兰性德出生。

顺治十三年丙申(1656)　六岁

毛晋校刻的《十七史》成书。

毛晋(1599—1659),原名凤苞,字子晋,号潜在,常熟人,著名藏书家和刻书家。其汲古阁藏书达八万四千册,雄踞江南。校刻《津逮秘书》《六十种曲》等。

刘殿衡出生于本年。

刘殿衡,字玉伯,汉军镶白旗(原籍顺天宝坻人,今为天津市宁河区丰台镇)。

顺治十四年丁酉(1657)　七岁

全国举行乡试,因一些地区主考官与应考士子通同舞弊,引起士子强烈不满与抗议。清廷借机兴起大狱,史称"丁酉之狱"。大狱蔓延几及全国,以顺天、江南两省为巨,次则河南、山东、山西,涉及士子人数之众,治罪之惨实为历史所罕见。

十月十六日,顺天科场案发。

十一月二十五日,江南科场案发。

史学家谈迁逝世。

谈迁(1593—1657),原名以训,字仲木,号射父。明亡后改名迁,字孺木,号观若,自称"江左遗民"。浙江海宁人。著有《国榷》《北游录》《枣林杂俎》等。

顺治十五年戊戌(1658)　八岁

年初,孙可望降清。

吴兆骞流徙宁古塔。

吴兆骞(1631—1684),字汉槎,号季子,吴江松陵镇(今属江苏苏州)人。少有才名,与华亭彭师度、宜兴陈维崧有"江左三凤凰"之号。顺治十四年科场案,无辜遭累,遣戍宁古塔二十三年,友人顾贞观恳求于纳兰性德,后经性德父明珠营救,得以赎还。归后三年而卒。诗作慷慨悲凉,独奏边音,因有"边塞诗人"之誉,著有《秋笳集》。

本年,江南正考官方犹、副考官钱开宗以罪处斩。

九月初七日,曹寅生。为王煐终生挚友。

顺治十六年己亥(1659)　九岁

三月十五日,顺治帝立明崇祯帝碑。十一月初九日,特为崇祯加谥号曰"庄烈愍皇帝"。

本年,杜立德由刑部左侍郎迁刑部尚书。(钱实甫《清代职官年表》)

顺治十七年庚子(1660)　十岁

八月十九日,年仅二十二岁的董贵妃去世。

顺治十八年辛丑(1661)　十一岁

正月初二日,顺治帝染上天花。初七日夜病死于养心殿。他在遗诏中正式宣布立时年八岁的玄烨为太子,即皇帝位。顺治帝死后,遗体被火化,骨灰葬于孝陵(今河北遵化东陵内)。庙号为世祖。

正月初九日玄烨即皇帝位。是日颁诏大赦,以第二年(1662)为康熙元年。

十二月十三日,郑成功收复台湾。

金圣叹"哭庙案"发。

金圣叹(1608—1161),字若采,本名采,更名人瑞,苏州府长洲(今江苏苏州市)人,著名文艺批评家。顺治十八年(1661)二月十五日,顺治帝去世的哀诏传到江南,江宁巡抚率同官吏举行哀悼仪式。十八日,金圣叹与吴县生员倪用宾等十余人至文庙,呈递揭帖,控告吴县知县任维初贪酷虐民、暴刑催征等劣迹。巡抚朱国治当即逮捕倪用宾等五人。次日,金圣叹等再集至文庙,要求释放倪用宾等五人,千余名群众表示支持,斥责朱国治徇庇任维初。朱国治严厉镇压,并下令逮捕金圣叹,将其押解南京治罪。又以金圣叹、倪用宾等人在顺治帝哀诏初临之日,聚集千百人,"震惊先帝之灵,罪大恶极"奏报朝廷。七月十三日,金、倪等人被害于南京三山街,家产籍没入官,妻子流徙。

六月初三日,江南"奏销案"起。

清初,江南赋役甚重,以苏州、松江等府为最;加之士绅"包揽,不无侵蚀",往往旧赋未清而新赋已近,积欠常达数十万之多。清廷因战事频仍,财政窘急,严催征积欠之令。于是,江宁巡抚朱国治造册报部,皆列苏州、松江、常州、镇江四府和溧阳县绅衿之"抗粮"不交者一万三千五百余人,衙役人等二百五十四名,要求朝廷严提究拟。朱国治疏上,清廷批道:"绅衿抗粮,殊为可恶。"经刑部察议:现任官降二级调用,士绅黜革,衙役照章治罪。于是,四府一县士绅被黜籍者达万余人,被逮者三千人,得免者无几,衣冠扫地,学校为之一空,有乡试方中而生员已革,有取中进士而举人已革。顺治十六年第三名进士叶方霭,仅因欠银一厘即被降官,至民间有"探花不值一文钱"之谣。

本年,杜立德改任户部尚书。(钱实甫《清代职官年表》)

康熙元年壬寅(1662)　十二岁

四月八日,明永历帝被害于云南昆明。

五月初七日,郑成功因病去世,终年三十九岁。

五月十一日，吴三桂被晋封为平西亲王，并于六月三十日册封。

十月二十一日，赵执信出生。后成为王煐终生挚友。

黄宗羲著《明夷待访录》。

黄宗羲（1610—1695），字太冲，号梨洲，世称南雷先生或梨洲先生，浙江余姚人。我国著名思想家、史学家、文学家。《明夷待访录》始作于康熙元年（1662），次年成书。

康熙二年癸卯（1663）　十三岁

弘仁逝世。

弘仁（1610—1663，一作 1610—1664），明诸生，甲申后为僧，号渐江，一号无智，人称梅花古衲，俗姓江，名韬，字六奇，安徽歙县人。

二月，曹玺以内务府郎中职，首任江宁织造。

曹玺（1620？—1684），字完璧，满洲人，本属包衣（满语中奴仆之意），其妻孙氏是康熙帝的乳母。终康熙一朝，曹玺、曹寅、曹颙、曹頫祖孙三代，任此职长达六十年。

康熙三年甲辰（1664）　十四岁

作《纪梦诗 甲辰》。

"梦里携筇上翠微，海天遥见一龙飞。烟霞古洞知何处，记得留题向左扉。"（《王南村集》第 3 页，以下简称《集》）

此为王煐流传下来的第一首诗，初显才华。

李孚青出生。（《历代名人年谱》卷十）

李孚青（1664—？），字丹壑，合肥人。父天馥，官至大学士。孚青年十六，中康熙十八年（1679）进士，官翰林院编修。人呼为"黑头公"。孚青著有《野香亭集》十三卷。《四库总目》所收为自康熙三十七年至五十八年之诗,按年分卷。

钱谦益逝世。

钱谦益(1582—1664),字受之,号牧斋、蒙叟、晚号蒙叟,东涧老人。学者称"虞山先生"。清初诗坛的盟主之一。常熟人。明万历三十八年(1610)一甲三名进士,官至礼部侍郎,因与温体仁争权失败而被革职。后降清,仍为礼部侍郎。著有《初学集》《有学集》等,编有《列朝诗集》。

本年,杜立德由户部尚书改任吏部尚书。(钱实甫《清代职官年表》)

康熙四年乙巳(1665)　十五岁

三月初二日,京师发生强烈地震。

康熙五年丙午(1666)　十六岁

九月九日,作《九日外祖芮公命赋所居别墅 丙午》诗。(《集》第3页)

外祖芮公,当为芮国鼐,庠生,未仕。其子芮淮、芮济,为王煐之舅,乾隆十年本《宝坻县志》有传。芮淮子芮复传,是王煐之表弟,后任钱塘县令、温处道,《清史稿》有传。

本年王煐与崔氏成婚。

因明年正月初六,煐母芮氏宜人病逝,王煐守孝,不能有婚娶之事。推想王煐本年成婚,或者即为芮氏之主张,芮氏自觉病重,来日无多,而长子王煐犹未婚娶,心中有憾,是以促之成亲,了却心愿也。

据牛文亭先生推测,王煐成婚或在其十八岁时,即康熙七年戊申(1668),可备一说。

康熙六年丁未(1667)　十七岁

正月初六,母芮氏宜人去世。

春,四辅政大臣之首索尼带头奏请康熙帝亲政。

七月初三日,经太皇太后(孝庄文皇后)允许,康熙帝择吉亲政。初七日,康熙帝行亲政礼,御太和殿,王以下文武百官上表庆贺。宣诏天下,诏内"恩赦"十七条。分派内秘书院学士等告祭岳镇海渎诸神。同日,康熙帝在乾清门处理政务,以后日以为常,时年十四岁。

康熙七年戊申(1668)　十八岁

本年,长子王立安出生。

王煐《述哀》诗其二自注:"儿生于戊申,卒于戊寅。"

康熙八年己酉(1669)　十九岁

康熙帝智擒鳌拜。

五月十六日,鳌拜入见。康熙帝一声令下,将鳌拜擒获。同时,命议政王大臣等逮捕鳌拜的十三名党羽,及另一辅政大臣遏必隆等有关官员。康熙帝谕称:"鳌拜于朕前办事不求当理,稍有拂意处,即将部臣叱喝。又引见时鳌拜在朕前,理宜声气和平,乃施威震众,高声喝问。"并"结党专权,擅用亲信,闭塞言路"等罪。一并严拿勘审。五月二十八日,议政王大臣康亲王杰书等审问鳌拜同党,定出鳌拜罪状三十款,如欺君自专,擅杀苏纳海等人,阴谋陷害熊赐履等,又审出其同党十二人,拟处以极刑。康熙帝闻讯,传旨:念鳌拜效力年久,不忍加诛,着革职,抄没家产,严加拘禁。对于鳌拜众多党羽,或绞,或斩,或鞭,或革,或降职,或抄没,或带罪留任,但多数得以活命。同日,康熙帝传谕内外文武官员,宣布鳌拜及其同党的始末和判决,强调"自后务须洗心涤虑,痛改前非,遵守法度,恪共职业,以副朕整饬纪纲,爱养百姓至意"。对于诸多被陷害大臣,死者平冤昭雪,生者官复其职。不久,鳌拜死于禁所。自鳌拜被擒后,康熙帝才真正实现了"亲政"。从此,他奖廉惩贪,锐意图治,为清王朝的统一和强盛奠定了重要基础。

清廷命永远停止圈地。

六月十七日,康熙帝谕示户部:"数年来,复将民间房地,圈给旗下,以致百姓失业,衣食无资,流离困苦,深为可悯。自此以后,圈占民间房地,永行停止。今年已圈者,全部还给民间。"

本年,杜立德由吏部尚书迁内国史院大学士。(钱实甫《清代职官年表》)

作《海滨即目 己酉》诗。(《集》第3页)

作《晨起阴晦见海市》诗。(《集》第3页)

陈忱逝世。

陈忱(约1613—1670),字遐心,号雁宕山樵,乌程(今浙江吴兴)人。著有《水浒后传》。

柳敬亭逝世。

柳敬亭(1587—1670),本姓曹,通州(今江苏南通)或泰州人。著名说书艺人。

康熙九年庚戌(1670) 二十岁

本年大病,几未愈。

《忆雪楼诗集》康熙三十一年作《至日书怀》:"……二十抱沉疴,几至不可疗。翻然生悔惧,辟谷习引导。寂灭悟空王,老氏观妙徽。内渐有所得,外资药石効。脏腑转充坚,肌骨倍清峭。……"

本年曾登宝坻城楼望海,题长句二首于壁,惜不存。(康熙三十二年作《登平安岭望海作》诗,自注云:"庚戌从宝坻城望海题长句二首于壁。")

本年,杜立德改迁保和殿大学士兼礼部尚书户部尚书。(钱实甫《清代职官年表》)

康熙十年辛亥(1671)　二十一岁

十二月二十四日,吴伟业逝世。

吴伟业(1609—1671),字骏公,号梅村,别署鹿樵生、灌隐主人、大云道人,世居江苏昆山,祖父始迁江苏太仓,崇祯进士。明末清初著名诗人,与钱谦益、龚鼎孳并称"江左三大家",又为娄东诗派开创者。长于七言歌行,初学"长庆体",后自成新吟,后人称之为"梅村体"。一生写诗千余首。著有《梅村家藏稿》五十八卷、《梅村诗余》、传奇《秣陵春》、杂剧《通天台》《临春阁》、史乘《绥寇纪略》《春秋地理志》等。

李玉逝世。

李玉(约1591—1671),字玄玉,号苏门啸侣,吴县人。著有《清忠谱》《一捧雪》《永团圆》《占花魁》《眉山秀》《太平钱》《千钟禄》《万里圆》《风云会》《连城璧》等剧作数十种。

方以智逝世。

方以智(1611—1671),字密之,号曼公、浮山愚者,桐城(今属安徽)人。晚年为僧。一生著述400余万言,多有散佚,存世作品数十种,内容广博,文、史、哲、地、医药、物理,无所不包。有《通雅》《物理小识》《东西均》等。

康熙十一年壬子(1672)　二十二岁

作《南区看杏花　壬子》诗。(《集》第4页)

"南区千树杏,花发似寒梅。月下频寻句,风前数举杯。老亲真爱客,春日绮筵开。若写为图画,应令异代猜。"

按王焕惠州作《沙浦寻梅》诗:"廿载胜游今更续,万株红蕊忆南庄。"下注:"宝坻城南二里,地名南区,有杏花数千株。"推测南区当在今南苑庄(劝宝超市)一带。

秋,参加顺天乡试,落第。

按王焕参加三次科举均落第,后两次可确定年份,第一次推断为本年。据光绪甲辰科探花商衍鎏《清代科举考试述录》:"乡试三年为一科,逢子、卯、午、酉为正科,遇万寿登极各庆典加科者曰恩科。"

本年,黄叔琳出生。(《历代名人年谱》卷十)

黄叔琳(1672—1756),幼名伟元,字昆圃,又字宏献,号金墩、北砚斋,晚号守魁。著名学者。康熙三十年(辛未,1691)进士,历经康熙、雍正、乾隆三朝。官至詹事,内阁学士,礼部、刑部、吏部侍郎。时推为巨儒,世称"北平黄先生"。著有《史通训故补》《文心雕龙辑注》《观北易抄》《诗经统说》等。

周亮工逝世。

周亮工(1612—1672),字元亮,号栎园,又有陶庵、减斋、缄斋、适园等别号,学者称"栎园先生""栎下先生"。河南祥符(今开封)人,移家金陵(今南京)。崇祯十三年进士,官至浙江道监察御史。入清后历仕盐法道、兵备道、布政使、左副都御史、户部右侍郎等,一生饱经宦海沉浮,曾两次下狱,被劾论死,后遇赦免。生平博极群书,爱好绘画篆刻,工诗文,著有《赖古堂集》《读画录》《因树屋书影》等。

康熙十二年癸丑(1673)　二十三岁

三藩叛清。

十一月二十一日，吴三桂杀云南巡抚朱国治，以所部兵力起兵反叛清廷，自称"天下都招讨兵马大元帅"，建国号"周"，以次年为周王昭武元年，铸钱"利用通宝"，命部属剪辫蓄发，改换汉装，亲自祭奠被他杀死的南明永历帝。军队旗色皆白，步骑皆以白毡为帽。吴三桂起兵初期兵势极盛，连克大城，清军则因准备不足而节节败退。在这种形势下，康熙十三年(1674)三月，靖南王耿精忠叛于福州，康熙十五年(1676)二月，平南王尚可喜之子尚之信叛于广州，战火遍及半个中国，直到康熙二十年(1681)，三藩之乱才告平息。

本年，杜立德任会试主考官。(钱实甫《清代职官年表》)

龚鼎孳逝世。

龚鼎孳(1615—1673)，字孝升，号芝麓。安徽合肥人。与吴伟业、钱谦益并称为"江左三大家"。工书，善山水。崇祯七年(1634)进士。明亡后，气节沦丧，至于极点。风流放荡，不拘男女。在父死奔丧之时尤放浪形骸，夜夜狂欢。死后百年，被列为贰臣。著有《定山堂集》等。

归庄逝世。

归庄(1613—1673)，一名祚明，性好奇，或称归藏，或称归妹，或称归乎来，或称悬弓，或称园公。江苏昆山人，移居常熟，明诸生，与同邑顾炎武相友善，有"归奇顾怪"之目。文辞、书、画，奄有众长，墨竹入神品。善行草书，杨宾称其草书"虚和圆熟"，吴伟业亦盛称之。亦善大书。工诗。酒后悲歌，旁若无人。甲申后，野服终身，往来湖山,谈忠义者以庄为归。晚年寄食僧舍,非素交,虽厚不纳。著《悬弓集》、散曲《万古愁》等。

康熙十三年甲寅(1674)　二十四岁

春,程可则逝世。

程可则(1625—1674),字周量,一字湟溱,号石臞,广东南海人。顺治九年,会试第一。以磨勘不得与殿试,益沉酣经史。十七年春,应阁试,授内阁撰文中书。累迁郎中,出知广西桂林府,以敏干称。可则以诗文名,为"岭南七子"之一。又与宋琬、施闰章、王士禄、王士禛、陈廷敬、沈荃、曹尔堪连日夜为文酒欢,称"海内八家"。所著有《海日堂集》等。

陈恭尹《程周量集序》:"俄而出守桂林,月余,而三藩乱作,竟以忧卒于全州,年仅五十。"(《独漉堂文集》)

康熙十四年乙卯(1675)　二十五岁

作《夜坐同冯晓先张完白　乙卯》诗。(《集》第4页)

按冯晓先、张完白生平不详。

作《西郊口占送完伯》诗。(《集》第4页)

按完伯与张完白当为一人。

作《题外舅崔公藏书楼》诗。(《集》第4页)

作《外舅殁后再题书楼志感》诗。(《集》第5页)

"中郎书欲归王粲,非为无儿付外人。只恐儿孙无意读,鼠残蠹蚀化飞尘。崔公生前藏书最富,欲以见贻,余以内兄嫌,却之。后尽散失。可慨也。"

按王煐外舅应为崔周田。据《宝坻县志》卷十七《人物·文学》:"崔周田,字锡龄,顺治中充岁贡,不复入场屋。性嗜书,尝构一楼,聚古本及金石刻万卷藏之，终日吟啸其中。李公孔昭隐于盘山，物色者辄不遇，周田过之，往往坐林石间，相劳苦。孔昭亦时下榻其家，命诸子师焉，并迎孔昭母事之维谨，以女妻其子。孔昭没，周田漠然无所向，久之卒。"（《清史稿·隐逸》有《崔周田传》）则王熯与李孔昭之子为连襟。王熯屡游盘山，且自号"盘麓"，非无因也。

秋，参加顺天府乡试，又落第。

康熙四十年（1701）王熯有《题尤雯玉行脚图》诗："乙卯、丁巳间，雯玉为杜文端公西席，余时为诸生，同下第。"

孙奇逢逝世。

孙奇逢（1584—1675），字启泰，称夏峰先生，容城（今属河北）人。以象山、阳明为本，而力求不背程朱。著有《夏峰集》等。

康熙十五年丙辰（1676）　二十六岁

七月，清军收复福建。

查继佐病逝。

查继佐（1600—1676），本名继佑，因应县试时误写，遂沿用。生当乱世，初字三秀，更字支三，又字伊璜、敬修，号与斋，又号左隐、方舟、发标、钓玉、兴斋，晚号东山钓叟。浙江海宁人。幼时家贫多病，好学不倦。明崇祯六年（1633）举人。人称"东山先生"或"朴园先生"。康熙二年（1663），因庄廷鑨之《明史》案牵连入狱，出狱后改名左尹，号非人，著有《罪惟录》《鲁春秋》《东山国语》《国寿录》《敬修堂集》等书。卒年七十六。

康熙十六年丁巳（1677）　二十七岁

七月二十九日，康熙帝召大学士索额图、李蔚等大臣，论及朋党之害,谕示:"人臣服官,惟当一意奉公。如若分立门户,私植党羽,始则蠹国害政,终必祸及身家。历观前代,莫不皆然。"

本年,毛师柱有《集王南村先生草堂即事》诗。

"柴门窄窄逐溪斜,曲径茅堂四面花。药圃开尊探蕨笋,蔬盘堆案摘春芽。吟秋句老篱边菊,话月香清庙后茶。镇日深居闲对客,风尘能得几人家。"(毛师柱《端峰诗选》卷六)

按此诗是否与王熯有关,似有疑问。从年龄上看,毛师柱长王熯十五岁,似不宜称王熯为"先生"。然毛师柱与王熯有共同的友人王摅(字虹友)等,则毛师柱有与王熯交往之可能。或者当时另有王南村其人? 待考。

按毛师柱(1634—1711),字亦史,号端峰。太仓人。诸生。工诗。顺治间受奏销案牵连,遂弃举业,游食四方。冒襄水绘园招四方名士,师柱与焉。王士祯为扬州推官,酬和甚相得。晚岁杜门息影,吟咏甚富。著作《端峰诗选》六卷、《毛端峰诗》《端峰诗续选》等。

康熙十七年戊午(1678)　二十八岁

正月二十三日,康熙帝谕吏部:"自古以来,凡一代之兴,必有博学鸿儒。"

康熙帝据此令在京三品以上官员及六科给事中与都察院各道监察御史,在外总督、巡抚、布政使、按察使,分别举荐不论已仕未仕学行兼优、文词卓越者,以便亲试录用。三月初一日,博学鸿儒科在体仁阁考试,参试者一百四十三人,试题为"璇玑玉衡赋"和"省耕诗"五言排律二十韵。同日,康熙帝命吏部尚书郝惟讷等宣谕:"汝等俱有才学,原可不必考试,但考试正以显其才学,所以皇上敬重,特赐宴,为向来殿试所无,汝等需悉皇上至意。"取中彭孙遹等五十人,其中有陈维崧、朱彝尊、汪琬、汤斌、毛奇龄、施闰章、尤侗等。授以职衔,俱纂修《明史》。其未中者或回任,或候补,或回籍,年老者予以职衔,以示恩荣。告病者不必补试。五月十七日,授取中邵吴远为侍读,汤斌等四人为侍讲,彭孙遹等十八人为编修,倪灿等二十七人为检讨。职衔均属翰林院官。

三月初一日,吴三桂在衡州称帝,建元昭武,国号周,以衡州为定天府,册封妻张氏为皇后、吴应熊庶子吴世璠为太孙。设六部,置百官。

八月十七日,吴三桂在衡州病死,年六十七岁。

九月,参加科举考试,未中。

商衍鎏《清代科举考试述录》:"康熙十七年乡试。试期九月,十五人中一。"

有《秋试后寓斋月下作　丁巳》诗。(《集》第5页)

按此诗题下王熯自注"丁巳",恐系误记了年份。

作《友人试后疥疾大发戏赠》诗。(《集》第6页)

康熙十八年己未(1679)　二十九岁

正月十五,与友人刘葛庄集京师王鸿胪第中,酣饮竟夜。作诗一首。(《集》第6页)

《少作偶存》有序:"己未元宵,与友人刘葛庄集京师王鸿胪第中,酣饮竟夜。主人沉醉不能顾客。余与葛庄倦眠一榻,二小姬亦侵帏拥背而卧,醒而始觉。各以貂裘覆之。戏成小咏。其稿已失。乙未秋日过清江,晤葛庄,追忆旧欢,恍如梦境。刘因检倡和旧稿,而余诗尚存,因附录。"

此序作于康熙五十四年(乙未1715),距作诗之年已隔三十七年矣。

按刘葛庄即刘廷玑。刘廷玑(1653—？)，字玉衡，号在园，别号葛庄，辽海人，隶汉军镶红旗。由荫生累官浙江温处道，康熙四十年迁江西按察使，降淮徐道。自幼酷爱诗文，少负文名，其诗集《葛庄分类诗钞》十四卷，由著名诗人王士禛作序；与孔尚任最为友善，合刻《长留集》。其《在园杂志》四卷，由孔尚任作序。刘廷玑与宝坻刘氏有姻亲。据吴正治《清诰封光禄大夫兵部尚书都察院右副都御史加从一品善征刘公(世则)墓志铭》："(世则)孙女四，一许字福建巡抚刘讳汉祚，号盘所公孙，江南安国府知讳光荣，号萃束公子，侯补主事讳廷玑为室。"则刘廷玑与刘殿衡、刘殿邦为内兄弟也。王熼子王立安"两娶于刘氏"，与殿衡、殿邦为亲家。则廷玑与王熼交好，姻亲关系是因素之一。《长留集》有《钱塘喜遇王紫诠同官》《王子裕观察过浦夜话》等诗，记与王熼交往唱和事。

王鸿胪即王泽弘。

七月二十八日上午九时至晚七时，京师发生强烈地震。

是时，地声如雷轰，其势如涛涌，白昼昏黑。震倒顺承、德胜、海岱、彰仪等门，坍毁城墙，难以数计。八月八日、十二日、十三日又大震如初，京城附近三百里内，压死人民极多！十九日至二十一日，降大暴雨，九门街道，积水成河。二十六日晚和九月二十五日，京师再次大震。此次地震波及范围西至陕西、甘肃，北到辽宁，南及江苏、安徽等十省区。

本年，友人赵执信成进士。同榜者，有友人李孚青、刘果实、沈朝初、张廷瓒、王材任、张克嶷等。同里友人杨雍亦获中。(见《国朝进士题名碑录》)

汪由敦《赵秋谷墓志铭》："戊午举于乡，明年成进士。"

《国朝进士题名碑录》:"中会试第六,殿试二甲进士。"

按赵执信(1662—1744),字伸符,号秋谷,又号饴山,山东益都人。官左赞善。工书,重书体结构矩度。精研书学临仿及用笔之法。因在国丧期间观演《长生殿》,被革职。虽为王士禛甥婿,论诗意见却不相合,作《谈龙录》,对"神韵"说深表不满。所著有《饴山堂集》《声调谱》等。与王熯是终生挚友。

三月丙寅朔,御试博学鸿词于保和殿。

友人朱彝尊、毛奇龄、徐釚、汪霦、潘耒、黄与坚、李铠、尤侗、曹禾、邓汉仪等获中。陶元淳、吴雯、阎若璩等应征,不售。

康熙十九年庚申(1680)　三十岁

经王泽宏赏拔始入仕途。

《忆雪楼诗集》康熙三十一年作《至日书怀》:"……三十通仕籍,皇路初腾趠。为丞光禄勋,割烹聊一效。酒醴洁宾筵,祭祀肃容貌。亲承天语问,深惭何以报。……"《少作偶存》后记有"庚申通籍后"之语。《挽大宗伯王黄冈先生》自注:"公督学顺天,余为诸生,特蒙赏拔通籍。"

十一月,康熙帝谕大学士等:"崇尚清节,乃国家为治要务。为官者皆清廉自守,则百姓自安。"终康熙一朝,奖廉惩贪始终是康熙帝大力宣导并付诸实施的大事。

康熙二十年辛酉(1681)　三十一岁

官光禄寺丞。

十月,清军各路将帅以重兵围困昆明,吴世璠据而死守。十一月攻克昆明,吴世璠自杀,"三藩之乱"至此彻底平定。

康熙帝赋诗曰:"洱海昆池道路难,捷书夜半到长安。回思几载焦劳意,此日方同万国欢!"

作《西南荡平赐宴西苑恭纪二首》。(《集》第 7 页)

诗后自注云:"时余官光禄寺丞,以堂衔亦得与宴。"

本年春,有盘山之游。作《春游四首》。(《集》第 8 页)

康熙二十一年壬戌(1682)　三十二岁

官光禄寺丞。

本年,作《雨夜感怀》诗。(《集》第 7 页)

八月十三日,康熙帝准大学士明珠等人奏,将平定三藩之乱详细始末,著成一书,"以垂永久",决定纂修《平定三逆方略》。

友人冯廷櫆成进士。

王培荀《乡园忆旧录》卷一:"冯舍人廷櫆,字大木,德州人。幼有奇童之称。读书一览,强记不忘。惟孤峭,少许可。居京师,终岁不识贵人之门。……舍人师渔洋,友秋谷,诗格超峻。"

冯廷櫆《冯舍人遗诗》有赠王焕守惠州诗。

顾炎武逝世。

顾炎武(1613—1682),本名继坤,改名绛,字忠清;南都败后,改炎武,字宁人,号亭林,自署蒋山佣,南直隶苏州府昆山(今属江苏)人。著名思想家、史学家、语言学家,与黄宗羲、王夫之并称为"明末清初三大儒"。明季诸生,青年时发愤为经世致用之学,并参加昆山抗清义军,败后漫游南北,曾十谒明陵,晚岁卒于曲沃。学问渊博,于国家典制、郡邑掌故、天文仪象、河漕、兵农及经史百家、音韵训诂之学,都有研究。晚年治经重考证,开清代朴学风气。其学以博学于文,行己有耻为主,合学与行、治学与经世为一。诗多伤时感事之作。著有《日知录》三十二卷、《天下郡国利病书》一百卷、《音学五书》三十八卷等多种。

本年四月初二,芮复传出生。

康熙二十二年癸亥(1683)　三十三岁

康熙二十三年甲子(1684)　三十四岁

官光禄寺丞。

康熙三十三年《元夜》:"甲子春王赐大酺,叨丞光禄掌官厨。"

本年,与赵执信订交。

按赵执信于康熙丙子(1696)为王煐《忆雪楼诗集》作序称:"余与南区王君交十二年于兹矣。"上推十二年,当在康熙甲子年(1684)。

本年,作《小春种菊招宾及豫安玉伯秋谷饮》诗二首。(《集》第7页)

按宾及,即曹鈖。《中国地方志丛书·河北丰润县志》:"曹鈖,字宾及,号瘿庵,(曹)鼎望仲子也。美风仪,能诗文,犹精绘事。随父守新安,读书黄山之桃花源,以明经仕内阁中书舍人。壬戌随驾奉天府,明年,扈从南巡;旋充乙丑殿试填榜官。著有《瘿庵集》《黄山纪游》《扈从东巡纪略》《笔涛养正图》等。"惜早逝,王煐诗屡忆之。

玉伯即刘殿衡(1656—1717),字玉伯,光禄大夫兆麟嗣子也。少喜读书,负经济才,以荫为郎,历兵、刑二曹,大小咸办。出巡井陉,迁保定守道。未几,又调西宁。西宁近边界,蕃回人错处,号为难理。殿衡至,请改春征,给戍粮草。期至秋,并河西五卫一例缓征,其蕃长车马供应,先其符验,邮传肃清。有治大魁者,掌回教,颇树气节,被诬就逮,祸且不测。殿衡力白于制府佛伦,上闻,释之,赐世职。诸回皆欢忭罗拜,以是声震惶中。擢江南布政使。清隐冒,除版荒,经水利,赈饥民,举节孝。政暇循行田野,翱游山水间,集名流觞咏,如布衣交。再遇圣祖南巡,嘉劳之,亲洒宸翰,遂有开府武昌之命。武昌故光禄驻节处也。殿衡周知其利弊,而次第兴革之。与湖南巡抚赵申乔会勘土司,区处允协,荆巫诸土司皆佩威德,无敢梗者。以忧归,服阕,仍抚其地,益为泽国筹百世利,筑荆门沙阳堤,建巨牖剿夷陵、公安间,危几牙角多设救生船,其有德于人甚大。时大学士高安朱公轼方为潜江令,以折狱平,忤上官意,将置下考。殿衡与制府力争,卒举卓异。以是朱公尝语人曰:"吾自为县令,时守直道而不变者,由刘督宪之知我也。"在任数年,劳瘁备至,卒于官。所部闻之,无不悲悼。初,殿衡既后光禄,与本生诸兄弟倍友爱。仲兄殿邦,字安侯,英华卓荦,累官至苏松粮道署布政使。圣祖亦曾书"一州之表"四字赐之,人以为一门盛事云。(乾隆十年本《宝坻县志》)

杨钟羲《雪桥诗话三集》卷二:"文皇帝观兵畿辅,宝坻刘瑞图尚书兆麟时年十四,见收为官学生。顺治七年诏选汉军满汉文艺,以范文肃为考官,名列上卷,遂擢侍从,晋副都。十八年出抚湖广。西山李来亨构逆,筹兵饷,不以累民,辟高冠山南地为教场,训练士卒,不数载,伏莽悉定。蠲赈垦荒,施有余泽。越三十余年,子玉伯中丞殿衡实踵其武,遗民故老,犹拥为马首,问公起居。嗣是,督川、闽,改提督,补黑龙江总管。年逾六十,遂初林泉。康熙戊子卒,年八十。玉伯再抚湖广,疏陈招垦荒田,捐纳牛种,修筑堤塍,案粮均派,洼压田亩,估价均补,屯田被水,减半征粮,亦多惠政焉。吕天益光禄有《刘中丞乔梓抚楚纪德》诗。"

豫安,疑为顾小谢(名以安),苏州人,与赵执信、王煐友善,后与王煐结为儿女亲家。

秋谷即赵执信。

三月初十日，京师正阳门外大火，民居受灾严重。

四月十四日，康熙帝批准工部侍郎苏拜会同福建总督、巡抚、提督遵谕议定的管理台湾疏奏，决定在台湾设立台湾府和台湾、凤山、诸罗三县，设巡道一员分辖。设总兵一员、副将二员、兵八千名，分为水陆八营防卫。澎湖则设副将一员、兵二千名，分为二营。每营各设游击、守备等官。自此，清代始在台湾置府设官。

九月二十八日，康熙帝开始首次南巡。

行前，康熙帝谕称本次南巡，正欲体察民情，详知吏治。一应沿途所用，已令在京所司储备，毫不取之民间。凡经过地方，百姓自当各安其业，毋得迁徙远避，反滋扰累。是日，车离京城，沿永定河经顺天府、河间府，到山东德州。十月初十日，登泰山顶。十一日，祀泰山神，命以本年泰山香税，修缮泰山顶上庙宇。十九日，自徐州府宿迁启程，谕侍卫等："有天下者，唯贵以德化民，使之无讼。"是日，驻桃源县，亲自视察黄河北岸各项险要工程，又谕河道总督靳辅称：每在宫中，向来留心河务，并详细阅览、时加探讨河防诸书及历年所进河图等，但毕竟未见险情实况。今详勘地势，如肖家渡等七处地区，实甚为危险，所筑长堤与逼水坝须随时保护。命靳辅详加筹画，使黄河顺势东下，水行刷沙，永无壅决。康熙帝见河工劳苦，亲加抚慰，命严禁克扣河工食粮。肯定靳辅治河之功。二十六日，行至苏州府，强调"去奢反朴，事事务本，庶几家给人足。"二十七日，夜坐舟中，与侍臣高士奇探讨古今兴亡。十一月二日，在南京谒明太祖陵，亲写祝文，遣官往祭。过明故宫，怅然良久，作《过金陵论》。十八日，到曲阜孔子庙，在大成殿行三跪九叩礼，亲书"万世师表"，免曲阜县明年地丁钱粮。十二月九日，康熙帝由京师正阳门回宫。首次南巡共用六十天。康熙帝时年三十岁。

《日讲易经解义》刻成。

康熙二十三年(1684)四月二十三日,翰林院掌院学士牛钮等人进呈已刻成《日讲易经解义》。康熙帝称"易经阐发天人理数,道统攸开""深有裨于典学"。命立即颁行全国。

始修《大清会典》,王煐参与其事。

按康熙朝《大清会典》"纂修官员职名":总裁:文华殿大学士兼吏部尚书加二级臣伊桑阿,太子太傅保和殿大学士兼礼部尚书加六级臣王熙。(中略)纂修:(中略)候补按察使司副使臣王煐。(下略)。

王煐《留别岭南诸同仁》:"夙昔在东观,五载同校雠。"自注:"含五(龚章)曾同纂修之役。"

共同参与编纂的官员中,王熙、汪霦、赵吉士等与王煐过从甚密。

沈荃逝世。

沈荃(1624—1684),字贞蕤,号绎堂,别号充斋,华亭(今松江属上海市)人。顺治九年(1652)探花,官礼部侍郎,谥文恪。学行醇洁,书法尤有名。卒年六十一。著《南帆咏》《充斋集》。

康熙二十四年乙丑(1685)　　三十五岁

迁工部都水清吏司主事、员外郎,从五品。

四月,同里友人杨雍卒于官,年三十七。赵执信为撰《行状》。

赵执信《翰林院检讨杨君行状》:"乙丑四月,予同年友西泾杨君卒于官,年三十七。其父母俱在京邸,垂白对泣。诸孤幼弱相聚号呼。平时师友故旧往视,无不惨然失声者。既为治附身附棺之具毕,将征其嘉言遗事为谋所不朽者。其父克肖翁年老过伤，什不能举一；诸孤未谙文字。一时先生长者谓予与君同年，交契甚深，且久粗知君家世及其立心行事，勤官守，惜名节，安贫好学之实，以状属予。予迫于义不敢辞也。君讳雍，字采芹，又字西泾，顺天之宝坻人。（中略）至君乃更颖异，八岁能文章，十一岁应童子试，辄冠其曹，补博士弟子。壬子秋，领乡荐，年二十四矣。京兆人文之盛莫如是年，而君为解头，由是名大噪。癸丑试不利，留京师从昆山顾亭林先生受《左氏春秋》，益邃于经术。己未成进士，授庶吉士，读秘书，君资既绝人，诵读早夜不辍，凡所手译，虽先辈精于是者，无不称叹焉。又以其余，泛滥辞赋，切磋朋友馆阁之间，卓有声矣。辛酉秋，御试优等，授检讨。君既以职在闲冷，薄俸不给；又念去家百里，不获奉侍父母，每向予言，怆然者久之，曰：'明年春，我将必归。'会十月滇南平，以覃恩封克肖翁如其官，母及妻皆孺人。君叹曰：'君恩方渥，岂忍言归。'（中略）甲子夏，朝廷以《会典》未成，开馆纂修，君始与焉。分纂工部，案积如山，君长于才且久不得一试，于是穷力为之，凝寒盛暑，批阅不倦，至今春已惫矣。月之七日，自馆中出，觉小寒，数日增剧。予亦出馆而病，初不知君病也，旋闻之，亦谓劳瘁所致，稍憩则已耳。及予病起往视，则已不可为矣。克肖翁适自其家来，延医药，趾交于庭，诸子环泣请代，卒于无救。呜呼！悲哉！君性不能容人，一语不合，久不可解；又最负气，事有小不如意，必愤抑怅惋。然不以告人，虽妻子不知。予尝微劝解之，则耸然谢，终不能改也。家最贫而好宾客，（中略）非甚相知不谓其贫也。（中略）又孤介不肯干求，家日以困。予昨往视疾，造其卧室，荻帘土锉，布被不覆其身。呜呼！又安得不死耶？君以顺治己丑生，方壮盛，状貌言动不类夭折者。况二人俱存，六子未成。悲哉悲哉！命也如何！娶同邑文学芮遵祖女,封孺人,六子皆所出。予不娴文笔,与君交游虽久,其家庭隐微,以逮乡里轶事,亦无自而知,粗录所忆及君同邑水部王君所言,以复于先生长者,备采择焉。"(乾隆十年本《宝坻县志》)

从赵执信的记述可知,本年王焜供职于工部,为都水清吏司主事、员外郎。

纳兰性德病逝,终年三十一岁。

纳兰性德(1655—1685),原名成德,字容若,号楞伽山人,满洲正黄旗人,好读书,爱骑射,善长诗词。年二十二岁,考中进士,官至一等侍卫。著有《纳兰词》,很有影响。是清代最为著名的词人之一。有《通志堂集》《湛园文稿》《全唐诗选词韵正略》等。与徐乾学编刻《通志堂经解》,一千八百余卷。

本年,友人仇兆鳌、汪灏、樊泽达中进士。

康熙二十五年丙寅(1686)　三十六岁

三月初五日,康熙帝命纂修《一统志》。

本年,有《秋谷检讨席间有赠戏和即效其体》诗。(《集》第7页)

按上诗未纪年,据陈汝洁先生告知,赵执信康熙二十五年迁右春坊右赞善兼翰林院检讨,故推为本年所作。

康熙二十六年丁卯(1687)　三十七岁

正月初一日,孙枝蔚卒,享年六十八岁。

孙枝蔚(1620—1687),字豹人,号溉堂,陕西三原人。李自成入关,散家财组织团勇抵抗,败。只身走江都,折节读书,肆力于诗古文。王士祯官扬州,先赠以诗,称为奇人;又特访之,与订莫逆交。康熙十八年,举"博学鸿儒",因年老不能应试,特旨偕邱钟仁等七人授内阁中。颜所居曰"溉堂",以寓西归之思。枝蔚工诗词,多激壮之音。著有《溉堂前集》九卷、《溉堂续集》六卷、《溉堂后集》六卷及诗余二卷等。

二月十六日,刑科给事中刘楷请禁淫词小说。

诏曰:"淫词小说,人所乐观,实能败坏风俗,蛊惑人心。朕见人乐观小说者多不成材,是不惟无益,而且有害。(中略)俱宜严行禁止。"

康熙二十七年戊辰(1688)　三十八岁

元宵夜,南苑张灯庆贺,百戏杂陈。王熯观灯归邸,夜宴宾朋。

康熙二十九年《元夜舟中作》:"前年元夜在神京,大酺南苑张华灯。星桥火树照不夜,鱼龙百戏争相呈。晶盘翠釜荐珍异,凤笙龙管高青冥。醉归邸舍坐明月,更开私讌邀宾朋。曹刘高李最豪艳,徵歌选技纷逢迎。"

按曹刘高李应分别指曹鈖、刘殿衡、高士奇、李木初。

春,梁佩兰在京与王熯订交。

《岭南三大家诗选》卷首王熯序:"(药亭)先生以戊辰进士授庶常,而予亦旋出守岭南之循州,遂得订交于京邸。"

按梁佩兰(1629—1705),字芝五,号药亭、柴翁、二楞居士,晚号郁洲,广东南海人。年近六十方中进士,授翰林院庶吉士。未一年,遽乞假归,结社南湖,诗酒自酬。其诗歌意境开阔,功力雄健俊逸,为各大诗派一致推崇,被时人尊为"岭南三大家"与"岭南七子"之一。 著有《六莹堂前后集》等。王熯守惠州,与梁佩兰、屈大均、陈恭尹等岭南诗人诗酒唱和,友情甚深,王隼编《岭南三大家诗选》,收梁佩兰、屈大均、陈恭尹三家诗作,王熯出资刊刻并作序。

三月三十日，梁佩兰与查慎行于朱彝尊槐树斜街新寓会饮作诗。

查慎行《敬业堂诗集》卷十《独吟集》有《三月晦日饮朱十表兄槐树斜街新寓同梁佩兰吴震一作三首》。

按查慎行（1650—1727），初名嗣琏，字夏重，号查田；后改名慎行，字悔余，号他山，自号烟波钓徒，晚年居于初白庵，所以又称'查初白'。海宁袁花（今属浙江）人。康熙四十二年（1703）进士，特授翰林院编修，入直内廷。五十二年（1713），乞休归里，家居十余年。雍正四年（1726），因弟查嗣庭讪谤案，以家长失教获罪，被逮入京，次年放归，不久去世。查慎行诗学东坡、放翁，尝注苏诗。自朱彝尊去世后，为东南诗坛领袖。他著述甚丰，有《敬业堂诗集》《敬业堂诗续集》《敬业堂文集》《周易玩辞集解》《易说》《人海记》等。

按朱彝尊（1629—1709），字锡鬯，号竹垞，晚号小长芦钓鱼师，又号金风亭长。秀水（今浙江嘉兴市）人。康熙十八年（1679）举博学鸿词科，除检讨。二十二年（1683）入直南书房。曾参加纂修《明史》。博通经史，诗与王士禛称"南北两大宗"。作词风格清丽，为浙西词派的创始者，与陈维崧并称"朱陈"。精于金石文史，购藏古籍图书不遗余力，为清初著名藏书家之一。《清史稿·朱彝尊传》称："当时王士禛工诗，汪琬工文，毛奇龄工考据，独彝尊兼有众长。"有《日下旧闻》四十二卷、《明诗综》一百卷、《词综》三十八卷、《明词综》十二卷、《曝书亭集》八十卷等。

初夏，梁佩兰请假南归，访史申义、万夫兄弟。

查慎行有《次韵送梁药亭庶常请假归南海》诗（《敬业堂诗集》卷十《独吟集》），汤右曾有《送梁药亭归南海》诗（《怀清堂集》卷三）。

《六莹堂集》卷三《送史万夫归维扬仍次前韵》,序云:"予以己巳初夏乞假南归,访万夫于邗上。"

史申义(1661—1712),原名史伸,字叔时,号蕉饮(又作"蕉隐"),江都(今属江苏省扬州市)人。康熙二十七年(1688)戊辰科二甲进士,选庶吉士,散馆授翰林院编修。曾充云南乡试考官,改御史,礼科给事中。后乞病归。申义少工诗,与同乡顾图河齐名,被称为"维扬二妙"。学诗于王士禛,士禛曾说,申义及汤右曾足以继承其衣钵,故人称"王门二弟子"。著有《使滇集》《芜城集》《过江集》《黄门诗钞》等。是王煐的好友。

史万夫,生平不详,史申义之弟。

夏,梁佩兰在扬州与孔尚任订交。

孔尚任《湖海集》卷六有《喜晤梁药亭庶常兼寄茅与唐》二首、卷十三《与梁佩兰庶常》一首。

四月,扈从康熙帝到遵化祭陵。回京途经盘山,入山游览,有诗数首,并作游记。(《集》第407页)

作《盘山道中》诗二首。(《集》第11页)

又作《由璚紫峪至玉石庄入山》(康熙本《盘山志》卷八作《由怪子峪至乱石邨入山》)诗。(《集》第11页)

又作《历天门诸胜上云罩寺》诗。(《集》第12页)

作《再登云隐绝顶》诗。(《集》第12页)

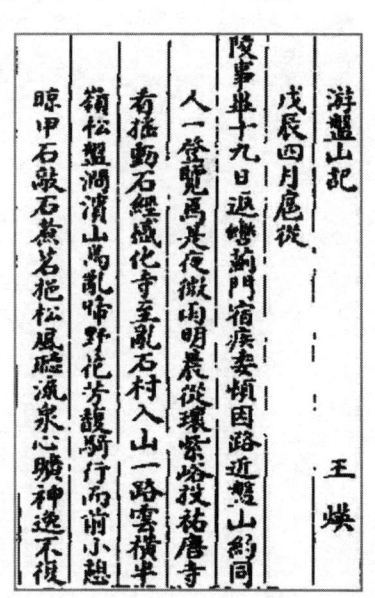

《钦定盘山志》书影

作《乌龙潭》诗。(《集》第16页)

作《游水云寺漫兴十首　寺近平谷去盘山二十里紫云峰下》。(《集》第16页)

作《晓发水云寺留别山中诸衲子》二首。(《集》第17页)

又智朴《盘山志》卷四载王熼失题诗一首。(《集》第17页)

作《游乌龙潭放步踰后山宿野寺》诗。(《集》第12页)

又有《游黑龙潭投宿暗谷寺》诗。(《集》第13页)

与上诗诗意类同,载《钦定盘山志》。

有《摇动石》诗。(《集》第14页)

有《仙泉诗》。(《集》第14页)

与王熼同时代人陶煊、张璨辑《国朝诗的》卷之一"直隶"收王熼诗八首,其中五首见诸王熼诗集,另三首描写盘山的,则为"佚失重现"者。分别是:《自中盘投丹崖寺》(《集》第15页)、《山行雾中小憩紫盖峰》(《集》第15页)、《雨霁登舞剑台》。(《集》第15页)

夏,在盘山,与智朴大师研讨编撰《盘山志》。

智朴《盘山志序》:"康熙辛亥秋,朴结庐盘谷为终老计,日与二三子游,见此山葱葱郁郁,秀色摩霄,怪石嵯峨,飞蹲舞

智朴在《盘山志序》里提到"王子千郎中"与之商略编志事宜

掉,清泉古木,随人上下,而其中隐士高流,今古叠出,赋诗题壁,遍满厓壁。因思夫名胜必得志乘以传,然后山川之英华,人文之萃美,与夫建置之沿革,物产之丰饶,因之以见,不则汗漫无闻而已。甲子春,宋牧仲观察过访山中,以此谋之,牧仲欣然喜。朴因偕法侣佛藏相与搜讨,未几,而牧仲开府江右,佛藏云亡,事遂不果。戊辰夏,王子千郎中入山,复商略之,谓必襄此举,于是涉奇历险,考古验今,窃谓天假其缘以相成也。不谓子千出守惠州,远去天末,又不果。呜呼!好事难成,一至于此!心耿耿,欲罢不能。庚午夏,携弟子德意详观形势,绘之为图,更寻旧典,增益其所未备。稿成,质之阮亭、竹垞二公。二公慨然首肯,互为较定,遂付雕镌。因述其颠末如此,亦以见经始之不易云尔。"(《盘山志》卷十二)

智朴《简王子千郎中》:"山水有奇文,君得其中趣。脱离笔墨痕,雪覆千厓树。化工妙有神,产此真灵异。石怪或悬空,松奇不著地。"(智朴《盘古诗集》上卷)

智朴《寄紫诠》:"仲夏松风价不开,游人空怅翠云堆。宰官居士真相好,报导山僧六月来。"(智朴《盘古诗集》上卷)

按此二诗不知作于何时,姑系于此。

五月初四日,就礼部题请旌表山西省烈妇荆氏事。

康熙帝谕示:"夫死而殉,日者数禁。今见京师和各省,殉葬者尚众。人命至为重大,而殉者令人恻然。夫寿夭者,只能如此,何为此而自殒妇身!轻生从死,反常之事。如因此而更加旌表,则殉死者益多,有何益处?此后,王以下乃至普通百姓,妇女从夫而死事,永行禁止。"

夏,陶璜卒。

陶璜,字苦子,番禺人,诸生。与梁连、陈恭尹、何衡、何绛齐名,称"北田五子"。生平详见陈伯陶《胜朝粤东遗民录》。

十一月,又扈从山陵,再上盘山。有诗记之。

按《并乡集》《怀古六首》其一:"戊辰十一月,扈从山陵还。知己四五人,雪中经田盘。_{谓黄冈宗伯、仲嘉祭酒、公恺学士、凡夫郎中也。}松枝缚为帚,扫径登巉岘,有客紫貂裘,松根弄流泉。_{谓博问亭将军。}"云云。

按黄冈即王泽弘。王泽弘(1616—1708),字涓来,号昊庐。山东琅琊籍,湖北黄冈人。顺治乙未进士,由庶吉士授编修,官至礼部尚书。著有《昊庐集》《鹤岭山人诗集》。泽宏喜与诸名士游,王士禛、姜宸英、洪昇等,皆尝点定其诗,所作类皆和平安雅,不失台阁气象;而骨体未坚,酝酿未厚,尚不能凌轹一时。

仲嘉祭酒即曹禾。曹禾(1637—1699),字颂嘉,号未庵,又号峨嵋,江苏江阴人。康熙(1664)中癸巳科三甲进士,官内阁中书。康熙十八年(1679)应试博学宏词,获二等,授翰林院编修,官至国子祭酒,以事罢归。曹禾喜纵酒,工诗文,著有《未庵初集》《峨嵋集》等。

公恺学士即李铠,字公凯。顺治十八年进士,补奉天盖平县知县。康熙十八年,荐应博学鸿儒科试,授翰林院编修,与修明史,荐官内阁学士。所著有《读书杂述》《史断》,王士禛称为"有本之学"。

凡夫郎中即卫台瑞。卫台瑞,字凡夫,后官郧阳府知府,公荐升陕西潼商道副使。

博问亭,即博尔都(1649—1708),字问亭,号东皋渔父,辅国悫厚公培拜孙。袭辅国将军。著有《问亭诗集》《白燕栖诗草》。其别墅为"东皋草堂",有枫庄、爽园等"景点",与王士禛、汪琬、陈其年等名家摊书绕座,具醴留诗。

智朴《雪中王昊庐宫詹李公凯谕德卫凡夫王子千二比部枉驾

相寻》:"万叠烟厓玉琢成,寒林木落尽无声。蓬瀛人不劳脚力,缓步清吟坐石坪。""柴门竟日不曾开,敢望雪中客到来。只有家常茶饭在,围炉相对笑哈哈。"(智朴《盘谷集》卷上)

年末,受命知惠州。

按王煐以刑部贵州司郎中(正五品)任惠州知府,唯何时迁任郎中一职,无考。参与编纂《会典》时,王煐官候补按察使司副使,唯具体迁官年月待考。

冯廷櫆有《送王子千之任惠州》:"鼓棹东江雪浪长,使君新到尉佗乡。雨残江驿藤花落,风定蛮村荔子香。水部诗人方著句,山亭野史正行觞。他时绩就龙川记,趁取南邮好寄将。"(《冯舍人遗诗》卷一)

按冯廷櫆(1649—1700),字大木,山东德州人。康熙壬戌进士,官中书舍人。舍人性孤介,不入大僚之门,官闲无事,惟枕藉书卷,所为诗清警绝俗,咏古尤佳,山左中尤矫矫者。与赵执信最为友善。杨钟羲《雪桥诗话》卷三:"冯大木舍人与秋谷同乡同年,深相契合。朝官或得诸葛铜鼓,两人各赋长歌七百言,诸名士为之阁笔。(中略)庚辰,再入都,一夕中煤毒卒。"

本年之前,王煐集历年所作诗三百余首分别为《东阳生

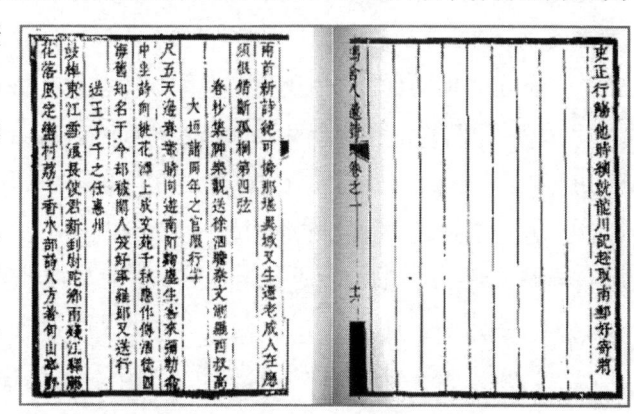

《冯舍人遗诗》书影

诗》《东华尘梦集》和《田盘纪游》三种,合编为二卷,惜佚失。

《少作偶存》后记:"携至惠州,偶为属吏于天池所见,携之连平州署,伊幕友某生又从主人借观,而此友旋以病亡,此稿遂失,大索不得。诗虽未尽佳,而二十余年之经历、纪事、抒情,难更追忆,为可惜耳。"

本年,友人查嗣韩、张豫章、查昇、沈宗敬、汤右曾、王原、陶元淳、吴暻、刘灏、翁嵩年、史申义、孙致弥、梁佩兰、陈大章等中进士。(《国朝进士题名碑录》)

康熙二十八年己巳(1689)　　三十九岁

正月初二日,康熙帝决定第二次南巡。

谕称:黄、运二河,至关民生。历年工程虽逐渐完善,但应修应塞等事议论不一,以致日心操劳。今再次南巡,躬历河道,兼欲览民情,考察吏治。沿途供应,均不准取自民间。另外,简化仪卫,不设卤簿,扈从者仅可三百余人。凡经过地方,百姓各安其业,严禁地方官及扈从人员借机滋扰。初八日启程,皇长子胤礽伴行。初九日,至直隶文安县,谕严禁地方官派民修路。二十八日,舟过扬州,民间结彩欢迎。康熙帝担心如此有损物力,命前途诸郡县不准效仿。舟至吴江县,地方官以五百只画舫来迎,康熙帝拒之不乘。二月十一日抵杭州,民间有"建立碑亭,称颂德意"者,康熙帝谕以有损民力,命停止。二十六日到南京,王来熊献《炼丹养身秘书》一册,康熙帝谕示:凡炼丹修养长生及师巫自谓前知,皆妄言不足信,只可欺愚民,通经明理者断不为其所惑。是日,南京士民数万人各捧土产米果等物进献,传谕:取米一撮,即如全纳。复见湖中有装饰华美贡用船,再谕:将造饰物料全部拆卸,用于应用处。途经绍兴府,亲写祭文,致祭禹陵，行三跪九叩礼。令地方官修理禹陵，亲书"地平天成"匾额，作《禹陵颂》和序。十九日，自天津入崇文门还宫。此次南巡历时七十一天，康熙帝年三十五岁。

春，智朴有诗送王煐之官惠州。

智朴《春日送王子千明府之官惠州》："闻说海丰道，八千水陆通。关河杨柳绿，埜店杏花红。政治严胥役，民情诘老翁。梅花邮事幻，遮莫信师雄。"（智朴《盘谷集》卷上）

闰三月，赴惠州任，途经庐山。

康熙二十九年作《啸青台用东坡白水岩韵》诗，有"己巳闰三月，道经匡庐山。日暮投东林，转盼将三年"之句忆其事。

四月二十六日，至惠州任知府（从四品）。有诗记其事。

《己巳四月廿六日至惠州视事用东坡初到惠州韵》："驿路风烟三月中，到时民吏贺年丰。携筐惊避蚕缫女，曳杖欢迎鹤发翁。双岳浮青来槛北，两江澄碧合城东。衣冠似比他邦异，文献遥遥忆长公。"（《集》第21页）

本年，作《寄生》诗，抒写人生感悟。（《集》第21页）

序："南海有蟹属，负螺壳行泥涂中，饮食动息不须臾离，间遇他壳，或迁入而弃其故。好事者以金银作螺壳诱入，养之，可二三年不死。土人呼为寄生。噫！物性不齐，理莫能测，大率如世人之多累而不善遣其累也。"

诗："造物亦何心，赋形无不有。齐谐非怪奇，禹鼎遗镌镂。山海产异类，至人

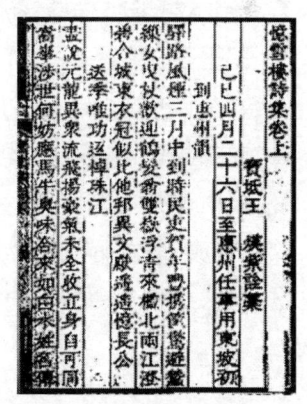

王煐《忆雪楼诗集》里的第一首诗

莫能考。胎卵湿化生,率各从姤偶。鼠穴迈鸟居,雀巢为鸠受。蚓蛴及椒图,非龙状蚴蟉。岭表多所见,一一费参剖。有物类蠄蟝,恒戴螺壳走。人呼为寄生,因其等赁僦。彳亍曳泥涂,仆仆觅粮糗。有睹辄敛缩,似欲掩其丑。岂曰避风雨,此身本无垢。或欲贻子孙,族类讵能守?胡为躯壳外,复令有重负?丈夫贵出世,岂堪老户牖?嗟彼世间人,苦为俗所狃。碌碌求田舍,劳劳徒白首。富比石与何,金玉为枷杻。壮士执戈矛,终朝环甲胄。形未图麒麟,骨已同枯朽。求名蜗角虚,计利蝇头厚。何似烟波中,麋鹿鱼虾友?身世两相忘,忧乐不挂口。闲吟风月诗,但醉尊罍酒。更寻武夷曲,吸露餐霞叟。遗蜕还太虚,此理君知否?"(贞久堂印本《忆雪楼诗集》此诗系在康熙二十九年下,《清代诗文集汇编》抄本影印本则系在本年,今依《汇编》本。另有数首诗情况相同,不再注出)

秋,赵执信观剧罢官。

《清史稿》卷四八四《赵执信传》:"二十八年,坐国恤中宴饮观剧,为言者所劾,削籍归。"

王培荀辑《乡园忆旧录》卷一:"赵秋谷先生以演《长生殿》罢官。剧本虽洪昉思撰,而秋谷改定处颇妙。劾之者为礼科给事中黄某,即著《福惠全书》者,前官山东郯城令有声。相传黄入都,以土物及诗集馈秋谷,秋谷回帖云:'土物拜登,大集敬避。'因是衔之刺骨,盖修报也。里居时尝见其奏疏,牵引多有书办溷杂。末云:'臣在礼言礼,与众人素无嫌怨。'其中多有名士。都人有口号云:'国服虽除未免丧,如何便入戏文场。自家也有三分错,莫把弹章怨老黄。''秋谷才华迥绝俦,少年科第尽风流。可怜一曲长生殿,断送功名到白头。'"

黄叔琳《赵执信墓表》:"先生性傲岸,耻有所依附,落落如也。故才益著,望益高,忌者亦益多。钱塘洪昉思新撰《长生殿》传奇,就质于先生，先生赞成之。既而以非时歌演，座客纷集。忌者嗾言路劾先生，欲以阴除不附己者。先生至考功，署状云：'赵某当坐，他人无与。'于是座客皆得免，而先生竟用此罢归。"

《清史列传》卷七十一："洪昇，字昉思，号稗畦，钱塘人。国子生。见赵执信诗惊奇，遂相友善。以作《长生殿》传奇，国恤中演于查楼，执信罢官，昇亦被斥革。"

赵执信归里，友人查慎行等赋诗送之。

查慎行有《送赵秋谷宫坊罢官归益都》诗四首。见《敬业堂诗集》卷十一。

冯廷櫆有《送赵秋谷罢官归里》诗。见《冯舍人遗诗》卷三。

吴雯有《放歌寄赵秋谷太史》诗。见《莲洋诗钞》。

本年，作《玻璨镜》诗。（《集》第23页）

作《白鹦鹉》诗。（《集》第25页）

作《五色鹦鹉》诗。（《集》第25页）

作《次韵题黄愿娘照》诗。（《集》第24页）

按黄愿娘，生平不详。

本年，作《送季唯功返槟珠江》诗二首。（《集》第25页）

按季唯功即季煌。季煌，字伟公，钱塘人，著有《南屏草》。故又作季南屏。

本年，作《挽陶处士》诗。（《集》第26页）

"古人生恨不同时，何意同时却路岐。扇上有诗传姓字，灯前无梦接光仪。瑶琴欲碎维舟石，宝剑谁悬傍墓枝。我自知君无复憾，君宁知我不胜悲。"

按陶璜，字苦子，一字握山。三广公陶鲁之裔。少为文学，遭乱弃去，东西迁徙，辄轲而卒。为人言诺不苟，周人之急，拯人之厄，常

若不及,而不以为名。当世仰其才,欲一见而不得,世目为高士。著有《悔独斋遗稿》《握山堂集》行世。(黄登《岭南五朝诗选》)

本年,作《拟古五首》。(《集》第 26 页)

腊月十九日,为苏轼诞辰,至苏文忠公祠拜祭,有诗记之。

《腊月十九日白鹤峰谒苏文忠公祠》:"古祠长揖礼坡仙,笑我今来亦应缘。白鹤峰头如再返,苍龙地下岂长眠。梦中戒祖曾同迓,降世邹阳非浪传。素侣多生身纵异,性存交契自忘年。"(《集》第 27 页)

除夕,作诗四首。

《除夕杂感 己巳》:"忽惊四十明朝到,自省无言却自伤。万里一官违父母,九年三命负君王。余自庚申至己巳凡三迁官。凌晨怕听排衙鼓,清夜难焚告帝香。还忆去年京洛邸,儿孙次第进椒觞。"

"一自承恩出帝京,风尘牛马日同行。逢场傀儡看来惯,过眼风涛触处生。薜荔烟消孤嶂迥,桄榔雨歇两江清。蛮儿别解蛮歌舞,太守行春队队迎。"

"岭峤休嗟道路遥,三年梦寐早相招。山川指顾疑虚幻,城郭登临忆寂寥。郡内山川城郭宛如丙寅岁梦中所见。官舍树多阴覆簟,公田秋熟醉持瓢。渊明自是乡情薄,一折何须吝此腰。"

"平生最有探奇癖,咫尺罗浮却未登。堆案簿书愁聚蚁,侵肌烦暑怒驱蝇。粤中炎燠,冬月无雨,恒如初夏。多白蚁青蝇。倚楼忆雪时依斗,新筑小楼,颜曰'忆雪'。看剑怀人夜剪灯。何日逍遥遂斯志,青鞋轻笠伴枯藤。"(《集》第 27 页)

陈恭尹作《次和王惠州子千己巳岁除杂感韵四首》:"少壮犹惊节序忙,白头那得不心伤。山家宿岁仍荆俗,正月书年凛素王。爆竹接邻催落日,老梅横槛送余香。遥知五马行春客,北望迢迢献寿觞。""大傩闻赋自京东,五鬼年年送不行。安望风云生绝足,谬从屠钓寄余生。三山路近春宜早，四百峰高政独清。欲学童儿骑竹马，使君来去得郊迎。""一宵迎送漏偏遥，鸡黍邻家每见招。钟度楼台风浩浩，星移银汉夜寥寥。诗成卧后频搘枕，酒尽灯前欲弃瓢。拂拭尘书入新节，东南初日上山腰。""时来疏放百无能，知有龙门未拟登。孟德功成悲老骥，仲翔身后托青蝇。百年尚賸三分日，两岁同归一夜灯。车笠虽殊皆有叹，和章遥寄剡溪藤。"（陈荆鸿《独漉诗笺》第785页，广东人民出版社2009年出版。陈恭尹诗，除特别注明出处者外均引自本书）

按陈恭尹（1631—1700），字元孝，初号半峰，晚号独漉子，又号罗浮布衣，广东顺德县（今佛山顺德区）龙山乡人。著名抗清志士陈邦彦之子。与屈大均、梁佩兰同称"岭南三大家"。又工书法，时称清初广东第一隶书高手。有《独漉堂全集》，诗文各十五卷，词一卷。陈恭尹"修髯伟貌，气局深沉"，其父陈邦彦为明末岭南抗清主力，与陈子壮、张家玉一起，被尊为"岭南三忠"。清顺治三年（1646）清军陷广州，其父陈邦彦举兵抗清，兵败被俘，被清军寸磔于市，全家除陈恭尹侥幸逃走外，均同时遇难。丧亲之痛，延续到陈恭尹晚年，仍无法释怀。他晚号"独漉子"，取自古乐府："独漉独漉，水深泥触。……父冤不报，欲活何为！"南明时，陈恭尹进朝泣陈其父为国殉难情状，永历帝授以世袭锦衣卫指挥佥事之职。南明亡后，陈恭尹定居广州，与友人何衡、何绛、陶苦子、梁槤相与砥砺名节，发愤读书，世称"北田五子"。后"三藩之乱"爆发，屈大均从吴军于桂。陈恭尹与屈相交甚深，又"以名重为时所指目"，康熙十七年（1678），陈恭尹被捕下狱，关押二百日后始得解脱。从此避迹隐居，自称"罗浮布衣"。晚年寄情诗酒，因与王煐等清朝官僚唱酬，曾被梁槤当面叱问"何事而仆仆走风尘？"又被讥讽"可怜一代夷齐志，错认侯门是首阳"。但陈恭尹并非改弦更张，他终其一生仍不仕清。冯奉初在其传记中解释，与权贵唱酬是陈求自保之策："及得脱，自念身历沧桑，恐终不为世所容，乃筑室羊城之南，以诗文自娱；贵人有折节下交者，无不礼接。""于是冠盖往来，人人得其欢心。议者或疑其前后易辙，不知其避祸既深，迹弥近而心弥苦矣。"这也是为什么陈恭尹之前自号"半峰"，表示初老山林的志向，晚年把号改为"独漉"，身世之痛反而隐含更深。晚年，陈恭尹在广州育贤坊建"小禺山舍"，以遗民身份终老。康熙三十九年（1700），陈恭尹病逝于广州，葬于市郊祥云岭南麓。王煐守惠期间，陈恭尹与之交往倡和甚多。可见王煐虽为清朝命官，却对屈大均、陈恭尹抱有深刻的理解和同情，这与其祖王溥及王氏一门二十余人死于清军屠戮有很大关系。王煐《忆雪楼诗集》亦有陈恭尹作序。

康熙二十九年庚午（1690） 四十岁

康熙帝初征噶尔丹。

元宵夜，作《元夜舟中作》。

《元夜舟中作》："前年元夜在神京，大酺南苑张华灯。星桥火树照不夜，鱼龙百戏争相呈。晶盘翠釜荐珍异，凤笙龙管高青冥。醉归邸舍坐明月，更开私讌邀宾朋。曹刘高李最豪艳，徵歌选技纷逢迎。去年元夜正奔走，乘月策马过荒城。村庄儿女竞驰逐，风前社鼓如雷鸣。更残扣扉歇茅店，主人鸡黍多乡情。今年元夜泊江渚，斜风疏雨空邮亭。篷窗静掩暗灯烛，追思往事心怦怦。繁华转眼同梦寐，亲旧屈指多凋零。八斗七步嗟已逝，_{谓李木初茂才、曹宾及舍人也。}泰山梁木伤仪型。_{业师张静庵、舅氏张左人，辰已岁相继而逝。}生存故人复零落，东西相望如晨星。升沉自古信难定，忧怀触景良易增。寄语平生素心侣，良

宵有酒须频倾。"（《集》第 28 页）

按李木初茂才，李概（？—1689），字木初，号也吟，江苏兴化人，庠生，工诗古文辞，有《木初诗余》，惜失传。

曹舍人即曹鈖。

张静庵，待考。

张左人，待考。

清明，雨中，作绝句三首。得知长媳、长女相继去世消息。

《清明雨中作》："客里不知移节候，连宵只怪雨绵绵。无端插柳儿童戏，始认今朝是禁烟。"

"岭海初为万里行，故园垄墓系心旌。慈颜频入连宵梦，知是泉台念子情。"

"前日乡书到讼庭，启函不觉泪飘零。遥怜儿女荒原冢，黄土初封草木青。"时闻长媳长女讣音。"（《集》第 29 页）

作《送童汉木赴海丰幕》（贞久堂本作《送友人幕　叠除夕韵》）诗四首。（《集》第 29 页）

童汉木，名枢，字汉木，号拙园，浙江慈溪人。著有《无税乡诗钞》四卷。见光绪二十五年杨泰亨纂修《慈溪县志》卷四十八《艺文三·国朝一》。大汕《离六堂集》有童枢序、评。

博罗令陶敬解组将归，作《送博罗令陶肃公解绶归白下》诗。（《集》第 30 页）

按陶肃公即陶敬，字肃公，号雪樵，江宁人，举人，康熙二十五年至二十九年任博罗知县，主持修纂《博罗县志》和《罗浮山志》。著有《偶存集》三十卷。

陈恭尹作《博罗令陶雪樵解组将归过予于五羊以罗浮新志见贻诗以送之》："解印深辞郡县劳，却烦车骑问蓬蒿。幽人逸致行藏

古,名世新编卷帙高。未老闲身依静社,方春疏柳映林皋。罗浮不让匡庐胜,归去先生又姓陶。"(陈荆鸿《独漉诗笺》第417页)

作《题陈生秋林独酌图》诗。(《集》第30页)

"西风飒飒水潺潺,人在秋林夕照间。落叶飞来心自静,流云归去意同闲。能诗易白愁中发,无酒难朱镜里颜。不必更谋箕颖地,从今画里即深山。"

广东省博物馆藏周道绘《秋林独酌图》后有王煐题诗手迹,与上引诗个别文字有异(见下图)

按陈生即陈具庆(生卒不详),字生洲,江西南城人。陈允衡(字伯玑,号玉渊)之子。以诗词传家,隐居不仕,善饮,数客粤中,与岭南诸名士游。画家周道(字履坦)为之作《秋林独酌图》,有王煐、屈大均、梁佩兰、大汕等人题跋,今藏广东省博物馆。王煐题跋真迹今可知者有二,此其一也,另一个是为禹之鼎《张鲁翁像》(张霖像)的题诗(即《题澄江印月图》诗),今藏北京故宫博物院。对比两幅书法,《张鲁翁像》后题诗,似非王煐亲笔所书,而是赵执信代笔。

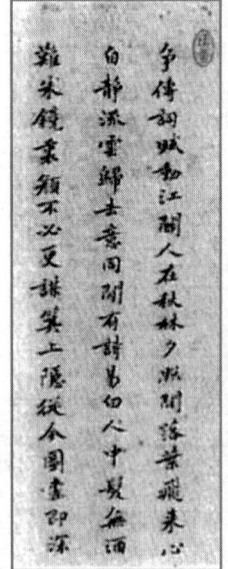
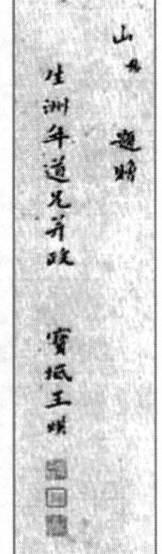

王煐《题秋林独酌图》手迹

作《佛手柑》诗。(《集》第30页)

作《送邓澹园归青塘》诗二首。(《集》第30页)

邓澹园(生卒不详),生平待考。

作《读赵秋谷并门集有

怀》诗。(《集》第 31 页)

作《榜后忆顾小谢》诗。(《集》第 31 页)

按顾小谢,名以安,长洲(明清指苏州)人。赵执信《怀旧诗十首》:"长洲顾以安小谢,少有才辨,能为捭阖言,不屑场屋。游南北大吏间为幕客,稍不合即舍去。潜习禅观。其诗以妙语入,颇尚比兴。中岁贫甚,来长安,依其侄以居。侄在翰林中,粗有文藻。小谢视其诗,辄唾骂。且曰:'尔曹安得有识字者!'其侄病之,遍索有时名之作,咸骂如前,虽阮翁亦不能免。最后见余诗于他所,击节叹赏。归而笑其侄曰:'仅一人,而尔又不解,奈何?'遂来缔交。后其侄以忧去。小谢从河上入都,囊无一钱。余适亦被放,过慰余,了无困苦之色。辗转借贳,不复离辇下。居数年,忽携十万金归吴,买田宅,构池亭,俨然素封,厚遗故旧,恤贫乏,通宾客,人莫之测也。余客吴门必主其家。小谢亡,家亦尽矣。"

王煐《挽顾小谢四首》序:"(小谢)殁在甲申(1704)。"小谢子为王煐之婿。王煐客居苏州即住顾氏别墅。

作《忆雪楼晚眺分韵》诗。(《集》第 32 页)

"象岭接罗浮,当窗景倍幽。断霞连野烧,小橹咽寒流。月上频移榻,风来暂掩楼。几人乡思切,相对各含愁。座客传用上海啸,时宝坻亦以水荒告灾。"

龚章作《忆雪楼晚眺和王南邨太守韵》:"高轩爽气浮,夕霁景偏幽。老树飞红叶,清溪泻碧流。山光将上月,云影欲侵楼。逸兴公余得,何须咏四愁。"(此首诗由北京大学潘建国教授提供)

四月,曹寅自广储司郎中兼佐领出任苏州织造。

四五月间,梁佩兰过访王煐,有诗记之。

梁佩兰《过惠州访王紫诠太守》:"不辞舟楫长江路,今日东来谒使君。讴祝遍闻循父老,交游几见客同群。新诗且喜呈花下,良会何难至夜分,忆雪楼头看明月,鹤峰高插碧天云。"(《六莹堂二集》卷七)

筑代泛亭,有诗赋之。

《代泛亭》:"丰湖西郭近,代泛偶成亭。缥缈罗浮影,横空展翠屏。锦鳞吹碧浪,玄鹤入青冥。俯仰随吾意,无劳怅独醒。"(《集》第67页)

作《代泛亭坐月步海琼子韵》诗。(《集》第32页)

龚章作《西亭坐月和王南邨太守韵》:"风景西亭好,偏宜月夜看。云收天宇肃,星动剑光寒。野火闻烧岸,轻波暗触滩。分题诗律细,杯酒有余欢。"(此诗由北京大学潘建国教授提供。)

梁佩兰作《夜坐代泛亭对月用海琼子韵》:"分明官廨月,只当在湖看。坐逼疑月浅,亭森耐竹寒。半篙瓜蔓水,一缕钓丝滩。乡梦连宵到,难将语所欢。"(《六莹堂二集》卷五)

按海琼子即白玉蟾(1194—1229),本姓葛,名长庚。母亲改嫁,继为白氏子,遂易姓白,又名白玉蟾。字如晦、紫清,号海琼子、武夷散人。南宋人,祖籍福建闽清,生于琼州琼山。为道教金丹派南五祖之一,是内丹理论家。一般认为,白玉蟾组织了金丹派南宗的教团组织,为南宗的实际建立者。著作甚多,有《玉隆集》《上清集》《武夷集》《道德经章句注》行世。后由彭耜(彭鹤林)纂辑为《海琼玉蟾先生文集》。又有谢显道等编《海琼白真人语录》、彭耜编《海琼问道集》等。

仲秋中旬,作《赋得捣药兔长生》。(《集》第22页)

陈恭尹作《赋得捣药兔长生十六韵》:"广寒清且泂,玉兔此为家。修短符天历,盈亏仰日车。赤尾王瑞远,朱目汉年遐。卯地分维正,衡星插斗斜。一形钟异质,九转事丹砂。杵臼劳何极,升恒望匪奢。方从王母授,药自羿妻赊。仙桂炊神鼎,银河灌枣瓜。视明周玉宇,步捷胜金䗪。口出王充著,毛飞伯翳夸。隐形环自转,顾腹孕频加。非坐常趺结,无争远角牙。爰爰长自得,趯趯更何嗟。巢月仍名窟,行空不受罝。三秋含颖细,七宝合丸嘉。东郭远庐足,名园赋雪华。弦张谁得射,魄晦尔无瑕。倘作人间笔,真开五色花。"(陈荆鸿《独瀼诗笺》第825页)

屈大均作《赋得捣药兔长生》:"三五正团团,人将穴鼻看。自居明月腹,谁共素蟾寒。口吐成冰镜,蹄忘在玉盘。人间三窟险,天上一输安。跧伏非东郭,迷离是木兰。无雄毫不舐,有娩影犹单。三足同无死,双蛾与合欢。踆乌相接易,绕鹊欲栖难。长跪当芳树,斜飞向画栏。殷勤天下兔,舞断水中鸾。玉斧修须助,银钩恐不完。望舒催趯超,青女逐姗姗。早作灵娥媵,频偷阿母丹。仙妻那再得,后羿只长叹。药捣和金粟,香飘胜白檀。杵疏琼阙外,春小桂丛端。力为秋晖尽,声随夕漏残。露华调尚湿,霞彩暴初干。生魄都因汝,惊精不用餐。玄黄含沆瀣,照曜动波澜。蚌蛤教多孕,虾蟆使细丸。光劳神媛浴,响费羽人弹。皎皎归蓬户,泠泠拂石坛。行沿花远近,坐到斗阑干。呼吸开重晕,氤氲沁五官。会分珠黍许,服罢振霜翰。"(欧初,王贵忱主编《屈大均全集》二人民文学出版社,1996年12月第一版,1054页。)

作《月夜湖上即事》诗二首。(《集》第32页)

十一月十五日,作《仲冬望日再过湖上即事》诗四首。(《集》第32页)

龚章有《重过湖上和王南邨太守韵四首》。(其一)"五马湖头出,千山送远晖。霜林繁橘柚,露径湿蚜蜮。历乱花仍放,些须雪亦稀。看来无限意,徒倚竟忘归。"(其二)"晚步苏堤上,周遭列画屏。霞明江外塔,竹隐寺门星。得句恣酬唱,当杯任醉醒。坐忘更漏永,月色满疏棂。"(其三)"曾是经行处,穿林上废台。隔江孤鸟没,带月片帆开。山色青归竹,云容淡到梅。平畴多野趣,贪看一停杯。"(其四)"有约重来此,开尊挹露华。珮留神女墓（指朝云）,钟响梵王家。水动鱼牵荇,枝摇鸟啄花。后期应未已,归路莫言赊。"（此四首诗由北京大学潘建国教授提供。）

十一月十七日,作《十七夜待月　用吴凝父乘月登山韵》诗。（《集》第33页）

吴鼎芳,字凝父,吴县(今江苏苏州)人。工诗文。后出家为僧。《列朝诗集》收其诗八十余首。

赋诗约季唯功游罗浮。（《集》第33页）

作《署楼夜坐忆惟功得别字》诗。（《集》第34页）

作《纪梦》诗十首。（《集》第34页）

序:"庚午长至前一夜斋宿署楼,梦中得诗二首,纪年辛卯。醒而味之,泠然深省,时漏下已三十刻。呼童子秉烛手录重缄,留为后验。酌酒自慰,复走笔缀长句十绝以志其意。"

冬至日,作《迎仙诗》四首。（《集》第35页）

冬,屈大均游顺德、三水、增城诸邑,至惠州,客居王煐斋中。

屈大均作《将上惠阳舟中望罗浮即事呈王太守》诗十四首:"蜑家无数石湾前,欲买三篷恨少钱。扁水航船鱼蟹客,殷勤分得一舱眠。""江水冬来细作渠,绝愁干到宝潭墟。四更上缆乘寒月,行到天明十里余。""江绕罗浮上惠阳,绝胜九面见衡湘。半天空翠如阴雨,一路秋光出夕阳。""东江曲曲向西流,浅水平沙处处洲。枉挂蒲帆风未便,罗浮三日似黄牛。""广州下不见罗浮,不见罗浮上惠州。广惠中间峰四百,与君分取入书楼。（谚云:上不见罗浮是惠州,下不见罗浮是广州。）""牵上榕城水渐高,葫芦山截苦波涛。冬干不满二三尺,撑折弯弯无数篙。""招手终年倚郡楼,丰湖一到解离愁。山如浮碇连双岳,江似鹅城合一流。""罗浮敌体似夫妻,离合时时影不齐。瀑水中分烟雨外,浮东忽似在罗西。""生憎四百玉芙蓉,朵朵欺人冰雪容。玉女峰娟吾不爱,白头只爱老人峰。""一日罗浮属使君,洞天开辟即功勋。定知白玉仙师阁,朝夕名香要我焚。<small>公与白玉蟾真人有夙契,欲为阁冲虚观祀之。</small>""白头家有鲍姑存,更喜苏耽子又孙。欲共市门梅氏女,梅花多种复成村。""使君诗作万松涛,喷薄罗浮雨势高。九十九条成瀑布,随风欲剪一并刀。<small>罗浮有九十九瀑布。</small>""冬至氤氲子半时,一阳初动识包羲。不须空际天鹅唤,已有重光出海湄。""飞云顶路使君开,子日亭临见日台。东岱日观那有此,曜灵先为曜真来。"(陈永正主编《屈大均诗词编年笺校》第911页,中山大学出版社2000年出版。后引屈大均诗词均出此书。)

  按屈大均(1630—1696),字翁山、介子,号莱圃。广东番禺人。明末清初著名学者、诗人,是"岭南三大家"之第一。有"广东徐霞客"的美称。屈大均儿时随入赘邵家的父亲居住在南海县西场(即今之广州荔湾区西场),初名邵龙,号非池,又名邵隆,字骚馀。十岁时随父亲归原籍番禺,恢复屈姓,更名大均。早年受业于陈邦彦(陈恭尹之父)门下,补南海县生员,顺治三年(1646)清军攻陷广州,四年(1647)屈大均参加陈邦彦、陈子壮、张家玉等起兵抵抗,同年失败,收陈等人之骨骸。后至肇庆,向永历帝呈《中兴六大典书》,授以中秘书,因父殁急归。顺治七年(1650)清兵再围广州,为躲避追捕,屈大均在番禺圆岗乡金瓯山(又名雷峰山)海云寺(今已废)削发为僧,法名今种,字一灵,室名死庵,以示誓死不臣服清朝之意。顺治九年(1652)以后,屈大均以化缘为名开始云游四海,奔走吴越、幽燕、齐鲁、荆楚、秦晋大地,北游关中、山西,入会稽,至南京谒明孝陵，又上北京，登景山寻得崇祯死所哭拜，与顾炎武、李因笃、朱彝尊等交往。又东出关，留意山川险阻，暗图复业。他在辽东凭吊袁崇焕督师故垒，写下《出塞》及《塞上曲》等曲。返回关内后，积极游走于齐、鲁、吴、越之间，在会稽与魏阱、祁班孙等秘密联络郑成功，后张煌言与郑成功合兵率军沿长江而上，攻克芜湖、徽州、宁国府，攻下三十余州县。顺治十六年（1659）十月事败，郑成功还至厦门，张煌言败走浙东天台。顺治十七年（1660）秋，屈大均访南京，与朱彝尊同游山阴，参加祁氏兄弟的抗清活动。康熙元年（1662）魏阱等被杀于杭州，祁班孙遣戍宁古塔，屈大均避居桐庐。康熙十二年（1673），平西王吴三桂在昆明起兵，屈大均赴广西，向吴三桂上书谈论兵事，被委任广西按察司副使，监督孙延龄军。不久知吴只想划江称王，遂托病辞去。康熙二十二年（1683）郑克塽降清，屈大均由南京携家归番禺，终不复出，著述讲学，移志于对广东文献、方物、掌故的收集编纂。康熙三十五年（1696）病逝，年六十七。与陈恭尹、梁佩兰称"岭南三大家"，诗有李白、屈原遗风。屈大均的著作被清廷列为禁书，多毁于雍正、乾隆两朝（乾隆上谕谓屈氏著作"篇篇皆诋毁圣朝语"，为"违碍""悖逆"文字，严旨索求查禁）。雍正七年（1730），屈大均之子屈明洪自首，广东巡抚傅泰追查屈大均著作，发现"多有悖逆之词"，于是上报刑部，刑部拟掘屈大均墓戮尸枭首，雍正帝开谕免除戮尸。著作有《翁山诗外》《翁山文外》《翁山易外》《广东新语》等三十余种。王煐守惠期间，与屈大均交往至密，康熙三十五年，王煐本已调任川南副使，见大均病重，值在广州滞留一年，为大均亲煎汤药，直至大均离世。雍正、乾隆间，大兴文字狱，屈大均著作均被禁毁，王煐《忆雪楼诗集》因有屈大均作序（王煐亦为《岭南三大家诗选》作序），亦被收入禁毁书目，致使王煐诗作被埋没近三百年之久。

  作《水晶鱼》诗。(《集》第36页)

  序："宝坻产银鱼，大者长五寸许，色味俱佳，脍炙辇下，载之志记。或称'夏雾云鲜'，或传瓦窑青脊，严寒始出，举网即殭。每以数尾贮磁盆置密室，启户，如秋月王瓜香，因又名'王瓜鱼'，他处虽有，皆不及也。今来惠，从湖上得白小，长不盈寸，大不及分，名'水晶鱼'，味亦颇佳。因记以诗。"

  诗："银冻吾乡美，金钱辇下轻。今尝湖上产，更有水晶名。象箸色渐白，磁铛味更清。嘉鱼称尔雅，敢共此相争。"

  按谈迁《北游录》卷上："宝坻银鱼，似吴中脍残而倍大之。出海中舡山下。秋深霜后，泝流而上，育子诸淀中。夏雾映日，波浪皆成银色，人每侯其至而网之。瓦窑头出尤佳。"

  冬至后二日，宿博罗张氏园，作《秉烛寻梅花》诗。(《集》第36页)

  序："庚午长至后二日，寓博罗张氏西园，夜坐轩前，忽有暗香随风袭袂，因呼童秉烛寻之，曲径纡廻，小亭初筑，老梅数本，烂熳疏斜，从灯影下观之，别有幽致，漫成二绝。"

  按博罗张氏园即张萱所筑之"西园"。张萱(1557—1641)，字孟奇，号九岳、西园，博罗人，唐名相张九龄后裔。明万历中举于乡，官至平越知府。好学博识，经史百家，无不通晓，能画，各体书法皆工。曾奉命校理内阁藏书。万历三十三年(1605)，撰《内阁藏书目录》八卷，为明代官藏图书之重要目录。著有《西园全集》及笔记等多种。精鉴藏，搜罗甚富。嗜读书，手不释卷。尝谓："寒可无衣，饥可无食，病可无药，不可一日无书。"时称"书淫"。构园榕溪之西，极水竹池台之胜。园中有"论世斋""汇史楼""函雅楼""嬴经堂""癖古斋"等，为各类藏书之专室。博罗西园到清康乾之时，尚为广东名园。乾隆后衰落。

大汕有《王循州寓博罗张氏西园咏梅所和原韵二绝》："霜落孤城暗上更,风回草木尽传声。美人暂憩西园里,此夜寒香分外清。""几度无辞踏雪寻,携灯小院更幽深。灯光雪影情无奈,并作冰心出玉琴。"(大汕《离六堂集》卷十)

将游罗浮舟次博罗得《白真人集》一卷,有诗。(《集》第37页)

又作《读海琼子集有感》诗一首。(《集》第37页)

作《罗浮道中用东坡罗浮道院韵》诗。(《集》第37页)

袁景星作《罗浮道中用子瞻先生罗浮道院韵》(诗见黄登《岭南五朝诗选》卷九)诗后有注:"冲虚观常住租四千石为人乾没,王太守子千委小吏征收,供香灯,赡道士,余留修造。"

袁景星,见康熙三十一年《送袁密山还平乐》条下。

作《初入罗浮宿冲虚观用东坡同子过游罗浮韵》诗。(《集》第38页)

按冲虚观位于罗浮山北麓朱明洞南。原址为东晋葛洪所建四庵之南庵,名曰"都虚"。葛洪升仙后,改建葛洪祠。唐玄宗天宝间扩建,易名"葛仙祠"。宋哲宗时赐名"冲虚观"。以后历代均有修葺。现为全国重点宫观之一。

屈大均作《次和惠州王子千太守初入罗浮宿冲虚观用东坡同子过游罗浮韵并以为寿》:"朱明曜真仙人京,太守入山天乐鸣。洞天日月一沐浴,碧鸡红翠生光明。天教太守主双岳,神君元是长庚生。白玉蟾,真人也,是公之师。药市酒田暮治事,琪花瑶草朝省耕。仁爱使民尽眉寿,岂徒一身聃与彭。东浮西罗恣攀陟,车轮蛱蝶同身轻。鲍女飞猿尚蹩躠,葛公哑虎徒狰狞。铁桥自可到银汉,玉桂何用探金庭。踏穷四百三十二,一峰一峰图且经。泉源福地置飞阁,真一法酒留丹铭。金马且复隐星宿,玉蟾岂必辞公卿。冲虚玉洞多秘祝,先为苍生求太平。"

又作《高山流水》词寿王煐:"一麾出守向南禺。

罗浮山冲虚观 宋健摄影

似坡仙、处处西湖。玉局是前身,炎方散吏斯须。长庚客,白玉仙儒。神交汝,相见罗浮四百,秘授阴符。待蓬莱罢相,把臂在虚无。 欢娱。寰帡且名都,当盛暑,泛蒟浮菰。玉轸按南薰,一曲早慰来苏。沐清凉,长在冰壶。时飞啸,声共惊泉九十,喷薄杉梧。恁风流岂羡,庄老与天徒。长庚谓白玉蟾真人。使君善啸。罗浮有瀑泉九十九。"

游朱明洞,作《朱明洞用东坡原韵》诗。(《集》第38页)

按朱明洞在冲虚观之北。道教列为第七洞天。秦朝时安期生曾在此寻找长生不老药。汉朝朱真人在此建朱子庵设朝斗坛,修炼太清神丹。东晋葛洪在此炼成九转金丹成道。宋朝时,有人在朝斗坛挖得铜龙六条、铜鱼六条,置观内为镇山之宝,明朝曾城人湛若水在此建精舍、讲理学。

游啸青台,作《啸青台用东坡白水岩韵》诗一首。(《集》第38页)

"己巳闰三月,道经匡庐山。日暮投东林,转盼将三年。回忆跋涉苦,危若临深渊。路岐有高冢,道是渊明田。五老隐云际,香炉缥缈间。恨不一登览,耿耿胸臆前。今日游罗浮,喜已穿云烟。向夕止山麓,还拟升其巅。石洞访遗逸,十亩桑闲闲。登台啸空青,顿觉心悠然。"

屈大均《广东新语》卷三《罗浮》:"罗浮多天成楼台。……其下麻姑台、华首台。……各有门俯视沧海。夜半见日。云霞中常若有人开阖,则仙人之大府也。"

游佛迹石,作《佛迹石用东坡原韵》诗一首。(《集》第39页)

游卓锡泉,作《卓锡泉用东坡佛迹石韵》诗一首。(《集》第40页)

屈大均《广东新语》卷三《罗浮》:"宝积寺有卓锡泉。子瞻以为过于清远峡水,实岭外诸泉之冠。"

寻梅花邨不得,用东坡原韵赋诗一首。(《集》第40页)

屈大均《广东新语》卷三《罗浮》:"梅花村在山口。前对麻姑、玉女二峰,深竹寒溪,一往幽折。人多以艺梅为生。牛羊之所践踏,皆梅也。冬春之际,以落梅酷酒。"

屈大均作《惠州王太守入罗浮寻梅花村不得用子瞻松风亭下梅花诗原韵有作予为和之》:"水帘洞口梅花村,梅花不见余冰魂。美人已随明月没,依稀缟衣来黄昏。翠羽啾嘈怨幽谷,白云黯淡愁荒园。使君苦寻千万树,一冬冲雪忘寒温。急须更植遍岩壑,依之吐纳扶桑暾。尽教玉女插云髻,复为老人遮松门。千秋梅花作汤沐,四百君当闻此言。一罗一浮再开辟,花时招我倾清尊。"(陈永正主编《屈大均诗词编年笺校》第914页)

过黄牛陉,用东坡铁桥韵赋诗一首。(《集》第40页)

屈大均《广东新语》卷三《罗浮》:"当二山之交,有磴穹然如衡,二砥柱峙其两端而色苍,是曰铁桥。非桥也,一石飞空,袤袤数十百丈,上横绝巘,下跨悬崖,以接二山之脉,故曰桥也。"

作《合掌岩坐石观瀑再用前韵》一首。(《集》第40页)

作《绿云圃试茶用东坡含笑花韵》诗一首。(《集》第41页)

作《枯山茶再用前韵》诗一首。(《集》第41页)

作《枯木新花香色甚异不知其名再用前韵》一首。(《集》第41页)

登飞云顶宿见日台观日出,用东坡游白水山韵赋诗一首。(《集》第42页)

又作《再上飞云顶即用次韵》诗。(《集》第42页)

作《罗浮见雪用东坡白鹤山凿井得泉韵》诗一首。(《集》第43页)

作《华首楼用东坡居儋耳赠吴子野韵》诗一首。(《集》第43页)

作《发华首台峰头老人目送余行即老人峰诗以别之用东坡白鹤峰韵》诗一首。(《集》第44页)

"罗浮七日游,日日但纪诗。今朝下山去,将何以赠之?云中抱瓮君,恍忽若有思。念我癖山水,重来定何时?构亭观日出,鸠工已在兹。老人听余言,信我不相欺。"

道经汤泉,用东坡原韵赋诗一首。(《集》第44页)

作《石濂大师同游罗浮赠诗用东坡安期生韵》一首。(《集》第44页)

按石濂(1662—1705),即大汕和尚,俗姓徐,字厂翁,号石濂,一作石莲,籍贯江苏吴江(一说江西九江)。与名流吴梅村、陈其年、高士奇、宋牧仲、屈大均、梁佩兰、陈恭尹、田纶霞、王士祯等都有交往,与王煐交往亦密。是清初著名诗僧、画僧。著有《离六堂集》等。

作《季南屏索和苏诗用东坡迁居韵》一首。(《集》第45页)

紫清真人于华首楼降乩赠铭,王煐敬志以诗。(《集》第45页)

"至道铭心后,玄关本不遥。冻云流地肺,初月隐山腰。更待清光满,还看旭景超。中峰建飞阁,鸾鹤可相招。"

按紫清真人即海琼子白玉蟾。

作《草草亭》诗。(《集》第46页)

序："罗浮归路三十里，村落近孝女祠，竹木丛茂，蹊径幽深，因就午食。有野老候迎于园，虔请赠诗。因留一绝，并为题额书联，以志一日之兴。"

腊月十六日，作《庚午嘉平望后送石濂师季南屏黄位北陈生洲返棹羊城用海琼子白云晚眺韵》诗一首。(《集》第46页)

季南屏即季煌。

黄位北即黄辉斗，字位北，一字空岚，上元人。迟重高才，尝游燕齐秦楚诸地，知名海内。著有《慎独堂诗稿》《慎独堂文集》。康熙《西宁县志》载其和屈大均《龙井》诗。

陈生洲即陈具庆。

黄辉斗有《庚午暮冬偶有惠阳之游王太守南村招余登留云亭得近体四首以志一时之胜》："每笑云为客，今知吏是仙。榕阴分四座，花影出孤烟。绿野春常住，青天日正悬。登临念民物，多谢使君贤。""一水双城夹，江深瀇泽流。桑麻千里暮，橘柚万家秋。梦冷云生榻，心闲月到楼。应怜行役者，不是为罗浮。""老树经千岁，青围二亩余。就阴成小筑，随意读奇书。风领秋声起，云移月影疏。此间容吏隐，不羡武陵居。""六逸非常客_{时坐中石濂上人、陈生洲、季伟公、徐星汉、王南村与余共六人}，何缘聚此轩。论诗归大雅，佐酒尚清言。雨气生虚壁，春光透小园。好贤王太守，绝胜赵平原。"

石濂作诗赠王煐。

《赠惠州紫诠太守》："智者治民行无事，湖山往往开幽致。素丝尽日闲复闲，白水青山映人吏。自有多才任卷舒，胸中常与清宁俱。两闲人文在山水，布置一我心所如。有如岘嵝复窈窕，飞泉淙淙出嗷窍。流泞平湖演漾春，倏忽烟云生花妙。杂花千种不知名，幽芳曲折随人行。仙使珍禽皆五彩,分啄芙蓉丛上轻。孤屿中洲连更断,虹霞桥馆相凌乱。天工人巧各缤纷,应接须臾失方寸。因知到处有云林,相将尽入文人心。看山去此日已久,不道今来又使君。使君才华擅京国,五色明霞相喷薄。石埭当年入梦魂,识得前身今复作。承恩旧赐木衡钱,常随珂扈圣人前。汉朝特重二千石,循州策命方临轩。此地积来成蠹弊,涸鲋乾令欣有济。南薰吹过野人庐,露荷香遍霑人袂。松花霜老半山空,厨烟寂寞寒云中。婵娟独出毗耶手,拈来满钵天花红。□成久别抱区区,且逐年光到鳄湖。点翠洲边采绿蒲,银灯夜对锦□□。披捧瑶华明月珠,大文都与名山符,生人乐事得如吾。"(《离六堂集》卷四)

年末,筑子日亭落成。

王煐《子日亭记》:"岁之己巳,予承命出守惠阳,获以罗浮一日之主。视事越载,稍间,与二三宾从往游焉。入山,历冲虚石洞、宝积黄龙洞、华首台诸胜,遂登绝巘,至分水岙,求罗浮合处观之,盖泉源福地是也,夜方半,见日初出,火轮如山,倏腾空洞,金霞万缕,随海涛汹涌,有声如雷,比应劭泰山所谓'鸡鸣时日始出,长三丈,其光怪倍之。'苏子瞻云:'山不甚高,夜半见日,此亦异也。'盖泰山与罗浮皆滨海,故皆见日独早,而罗浮则于夜中见日,为天下名山之绝景焉。罗浮有二石楼,相去五里,其状如楼,有石门俯视沧海。子瞻谓:'人间有此白玉京,罗浮见日鸡一鸣,南楼未必齐日观,郁仪自欲朝朱明。'南楼者,大小二石楼也。虽夜半见日,而未若飞云之顶所见尤奇。飞云为浮山绝巅,与罗山并高,罗西而浮东,故浮山绝巅见日益早。于南楼向有见日庵,倾颓已久。予纪念游人露宿,风雨不蔽,爰于飞云峰之巅作亭,名曰'子日'。盖以予游之月为子,而观日出之时,亦为子,子为天之一,天开于子者,天开于一也。康节云:

'冬至子之半，天心无改移。一阳初动处，万物未生时。玄酒味方淡，大音声正希。'嗟夫！此庖羲先天之旨也。庖羲之卦，始于子而

《惠州府志》书影

终于午，曰，君子之学易也，贵从子以求其复，不可从午而至于剥。子也，阴之终而阳之始，人之终而天之始，无须臾而可违，得乎子即得乎日，得乎日即得乎天矣。予之作斯亭也，不徒结构空中取增胜概，亦欲使游人顾名思义以无失其天也云尔。"（《集》第411页）

《忆雪楼诗集》卷下《忆子日亭》诗自注："在罗浮绝顶，余庚午岁游山后创建，近为飓风所欹，复捐金易石亭。"

屈大均作《王太守作见（子）日亭成诗以美之》："泰山鸡鸣始见日，罗浮夜半骏乌出。南溟自是阳明谷，十日所浴光洋溢。三尺欲栖上下枝，天鸡惊起黑如漆。珊瑚之树即扶桑，曜灵家在鲛人室。牂牁大洋咫尺间，蓬莱一股何曾失。未曙峰峰见东君，六螭光指浮山云。金光直射散飞电，火轮千里烧氤氲。玄黄鸡子连珠似，五色鸿蒙分不分。罗山势与浮山并，见日有台当绝顶。泰山日观高不如，俯视诸天最空迥。台风每苦扶摇多，吹倒铁桥堕青冥。重造飞亭今有谁，惠阳太守才天挺。郁仪日日朝朱明，君为东道有余情。导引重轮动凤夜，寅宾两珥竭神明。昧爽苍凉好晞发，日华吐纳变金骨。羲和为尔

再中天,不使白驹过倏忽。云衣霓裳日往来,文章更与炎精发。"(陈永正主编《屈大均诗词编年笺校》第 914 页)

陈恭尹作《闻王惠州紫诠筑子日亭于罗浮绝顶歌以寄之》:"我昔深春上衡岳,千峰万峰如玉琢。雪压松篁尽倒垂,杖头一拨飞冰雹。祝融古殿在中峰,皎若琼瑶生四角。石墙铁瓦大如席,巨木为椽全不桷。侧听惟有风怒号,仰视分明天一握。南归与客入罗浮,腊尽锦衣寒未觉。三更观日坐飞云,露宿终宵殊龊龊。福地那能久寂寥,使君五马来河朔。山灵留意俟奇人,大雪飞空洒行幄。诸溪生骨不成流,有酒如渑亦须涸。同行宾客多英贤,儒衣僧衲皆沾渥。豪吟总作金石声,瑶池直奏钧天乐。纪游示我诗一卷,更道新亭命工斲。亭成榜以子日名,盛事千秋良不数。篷瀛来此几星霜,绝顶谁为问境堮。童儿磊石作浮图,樵斧无时加击柝。一朝杰构得未曾,四百名峰增卓荦。元阳之生正在子,天心来复还先剥。日月精华吸最初,神仙老易非殊学。重檐深覆欲经久,土城因仍制宜朴。石楼大小互相望,上界仙坛为犄角。雨余飞瀑响渐多,暖后黄精亦堪斸。为公拟续春深游,亭中卧待天鸡喔。"(陈荆鸿《独漉诗笺》第 430 页)

梁佩兰作《惠州太守王子千罗浮子日亭落成歌以寄之》:"登山不到罗浮巅,举足万里空徒然。瑶房璇室七十二,群真笙歌长喧阗。况支蓬莱一左股,金陵地肺遥相连。风云雷雨出其下,上界潆沅涵澄鲜。夜来早宿照分野,有若榆树垂金钱。齐州九点尽可数,中原一缕摇轻烟。就中飞云更奇绝,天门訣荡云联绵。金银宫阙任变化,幡船抒轴无恒迁。银河屈注倒在背,帝座豁落平当前。神霄斧凿施不下,鸟道岂有藤萝牵。何人筑亭在其上,循州太守今豪贤。为亭命名曰子日,意象直探鸿蒙先。时间万事起根本,黄钟子气无不全。静为动始太极混,河洛理数非言诠。阴阳旋转推昼夜,阳明玉烛光回天。

紫薇垣中日杲杲,太阴蟠蝀安能缠。此山三更坐见日,高与泰岱齐比肩。天鸡大叫海水动,海中涌出金盘圆。散为瑠璨灯紫绀,千光破碎生红莲。羲和整辔升若木,神人枉用回秦鞭。太守名亭复为记,二楼伐石为碑镌。大书年月人某某,千秋万世名山传。附书仙人海琼子,倡和共擘云霞笺。平生济胜仗筋力,匡庐白岳随攀缘。罗浮家山望咫尺,反似往昔游幽燕。山灵待我谢招手,不久黄鹄来高骞。洞门借骑蝴蝶入,峰顶或就麻姑眠。烦君厮取茏葱七尺遗赠我,相酬先寄飞龙篇。"(《六莹堂二集》卷三)

大汕作《子日亭歌寿王惠州》:"罗浮四百三十峰,峰峰厮出青芙蓉。峰高三千六百丈,坐见海日光瞳眬。玄黄天地初生子,火轮半夜波涛起。朱鸟飞翔若木枝,赤龙骖结羲和辔。上天象纬同昭回,山中太古鸿蒙开。升高望远小宇宙,果谁轧轧云车来。仙人遨游周八极,凌风纵体只一息。呼吸元阳向日生,手把霓旌自挥叱。世人登眺恒有之,身无羽翼安能飞。山猿鸣来畏达曙,天鸡叫后妨失时。遂令此景千年晦,惟有仙人得长对。绝顶朝朝仰玉晨,当空夜夜擎金瀣。循州太守上帝宾,珠幢羽葆真天人。朱明洞天奉为主,灵奇秀异皆披陈。山巅搆亭压平麓,南溟浩荡鱼鳞屋。潜萌子气动三泉,团团金晕浮旸谷。光华一碧归太清,孤亭突兀临青冥。有如摩醯首罗眼,开于顶上四天明。从此游人夜得见,飞云日出光如电。近挹衡山紫盖峰,遥通泰岱蓬莱县。罗浮之山高入云,此亭抱日流烟煴。千秋万世知太守,穹窿碑碣书苍旻。"(大汕《离六堂集》卷五)

腊月二十三日,作《小年戏作》诗二首。(《集》第47页)

友人濮阳心驭去世,赋诗哭之。(《集》第46页)

濮阳心驭,生平待考。大汕《离六堂集》又作"濮阳心宇"。大汕有《赠濮阳心宇医士》诗:"桐君不易见,投宿水中央。闲卖长生草,高歌入蜜浆。燕山骑白鹿,海市着青囊。我亦云游客,相将乞异方。"

又作诗《濮阳子易箦时以古卣及菊花枕命童子怜春贻余并致珍重于戏其意远矣感而作歌》怀念友人濮阳心驭。(《集》第47页)

作《忆黄芽菜》诗。(《集》第48页)

序:"蔬果佳品多产北地,而黄芽菜安肃称最。质比春冰,味欺冬笋,霜前启窖,色嫩琼芽,雪后烹尝,香清兰露,都人士率为常供,穷措大亦乐虀盐,所谓雅俗共赏之妙品也。曩官京洛,退食从容;近守罗浮,每怀靡及,爰吟长句,聊写微忱。"

十二月,重建表忠祠并撰记。(查《惠州府志》,王煐所撰《记》未见)

除夕守岁,作《岁除杂感》诗。(《集》第49页)

屈大均有《奉和惠州太守除夕杂感次韵》二首:"露冕朱轓出惠阳,行春处处动如伤。白华篇里怀尊老,碧玉琴中见古王。已有两歧开秀麦,百余一浦作沉香。休惊四十专城晚,守岁湖山且一觞。""旌节南来万里遥,罗浮仙客梦相招。袁宏山疏多灵秘,鲍靓丹房未沉寥。地有朱明开洞府,天余白首在筆瓢。思同玉女随双燕,莫笑麻姑发至腰。"

冬,屈大均作《奉题惠州王子千太守罗浮记游诗后为赠》。

"惠阳贤太守,公暇事罗浮。再作袁宏疏,重开邓岱游。乾旄先白鹿,人吏后青牛。主客参双岳,仙灵至十洲。麻姑披露冕,葛令拂云裘。五色禽时逐,三花树辄留。折梅毛女涧,行药羽人丘。肘腋东西瀑,房栊大小楼。烛龙鞭子夜,冰兔洗晴秋。水使三千击,峰将四百收。蓬莱持一股,菡萏取双头。嗑员灵胡力,炉锤大造愁。天心穷斧凿,地肺恣雕镂。句出穿霞壁,篇惊倒雪流。尽倾辞匠巧,竟绝壮夫谋。半月交吟啸,群贤迭唱酬。体裁争拟谢,才藻总依刘。踞石棋盘设,攀萝磴道修。平抛夸父杖,险用博台钩。雀跃鸿蒙喜,熊经疾痛瘵。烟岚生翼翅,洞府得咽喉。蝴蝶车轮驾,茏葱曲管抽。粪香来巨鸟,酿酒有灵猴。宫阙芝华割,金银草汁投。顿能餐养寿,不必树忘忧。冲举嫌偏早,流离恐未鸠。经营劳牖户,疆理及河沟。广置春香碓,全膏秀麦畴。板徭资灌溉,峯客荷绸缪。犬吠宵沉柝,豚操岁满簻。泉源长受福,碇石永蒙休。玉系三江带,珠悬十县旒。搴帏还象岭,拄笏更龙湫。教养姑为郡,循良即拜侯。礼加磨镜数,情向抱关忧。饮御宾恒在,栖迟士必搜。兰膏供夕诵,籼米佐晨馐。井灶齐婴待,钱刀义季求。鹅城频下榻,鳄渚每停舟。枻响知渔父,琴歌识玉勾。宫商千里应,清浊一时酬。麋鹿鸣芳杜,凫鹭媚碧萩。甘能珍甘蔗,苦不弃葫芦。卉木秾含辨,虫鱼陆佃衷。桄榔随蔽翳,翡翠任啁啾。扇绘多幺凤,书驮或果骝。无防终薏苡,有庆始糅𥻨。雉兔闲长网,桑麻废大蒐。条风纷鼓舞,阴雨重和柔。憔悴民虽解,痌瘝已尚妯。神明元至道,孝友亦嘉猷。化燕何烦鲍,知鱼最是周。愿垂棠荫大,遥庇桂丛幽。梁化吾真羡,天私此一州。"（陈永正主编《屈大均诗词编年笺校》第915页）

陈恭尹作《罗浮纪游诗序》:

"罗浮高不及衡、华,奇不及天台、雁荡,然其名并峙衡、华、台荡之间,古今无异词。语洞天者,标于第七纪福地者,命以泉源,岂以来自蓬岛,多灵卉异药故耶?考之列仙所传,自葛稚川而下,成道此山者数十家,必有以也。有明盛时,吾乡先正书院山房、二氏精蓝宫观遍满岩岫,士之读书罗浮者如归其家。兵燹以来,倾毁殆尽矣!辛丑腊月,予始偕同人观日于飞来绝顶。是时,自二三寺观外,无复行人之迹。予率僧徒数十人刈草盖头宿阿耨池上,三鼓而登,东方已作海涛霞影,光怪变幻,红轮跃出,初露一痕,倏隐倏见,如浮如飞。半轮而后,天水始辨。观日之奇,胜衡岳远甚,以其地近南溟也。

惠州王紫诠使君，比以罗浮诗见示，其登亦以腊月，悯观日者之无所止宿，作子日亭于飞云之巅，信山灵所属望也。所为诗，纵横阖阗，神孤骨峭，力赡气举，虽云步武子瞻，往往有青出于蓝之句。子瞻谪宦寓惠，又当罗浮盛时，于山有咏叹而无增益；使君一郡山川百神之主，不难使罗浮一复承平之旧，固将自子日亭始之，不独其诗视子瞻为青出也。或云山自有真面目，无藉亭台为点缀，诗文为咏叹，果尔，则八彩重瞳之帝，可以不服山龙华虫，河目海口之圣，可以无事衮衣章甫，得不令乾坤减色耶！间尝谓衡、华二岳，苍莽浑灝，不以小节见奇，譬之古文典谟训诰也，天台、雁荡，左、国也，罗浮，庄、列也。此言虽若附会，似亦有至理。因与药亭、翁山评使君诗，并书以质之。"（《独漉堂文集》卷之三）

本年冬，忆雪楼筑成。

陈恭尹《忆雪楼记》："登山临水，君子乐之。然而出有脂车秣马之劳，入有荒时弃日之叹，乐矣而难于为继也。不出户，见千里，君子欲之。然而非层台杰阁，无以扩其规模，非大工众材，无以峻其墙宇。虽其欲之，而不敢举也。况乎居城郭之中，有职司之守，而欲卧对云峰，目送川流，辨二仪之高下，收大地于指掌，此必不可得之数也。而宝坻王使君，独兼而有之。使君莅惠之二年，百废既举，视厅事东北隅，有古榕焉，其后为废圃，升梯而望，耸然异之。乃就树为轩，轩后为楼，敞北牖以宏大观，开南荣以面榕荫。窗户之前，栏槛之下，可布席而坐也。楼内列八楹，为两行，东西三丈，南北减之，自下而上，不及二十尺。制度简朴，而其地特高。其初，桵山也南势平衍，以建治所，其北枕江而峭立，郡城环于下。楼之址与雉堞平，而相去十余武。城之内外山川，可俯仰而尽。而其晴雨昼夜，可伫立而穷其变也。龙江㶄㶄，自东而西，岛屿之微茫，人居之隐见，渔樵之出入，帆樯之去来，皆郭外之寻常，而纳之楼中，则佳境也。江之北，则连山万叠，景秀争奇，或晦或明，倏忽远近，罗浮之石楼，象山之瀑布，天净日高，了了可辨。风雨骤至，则黑云赤电，驰突溪谷，怒涛雷奔，洲渚失据。若夫三冬之际，野烧如龙，星月之间，金波反照，则楼中之良夜也。彩霞夹江而飞，白鸟横空而翔，霜树秋红，芳华春绿，则楼中之霁日也。图书万轴，熏以名香，净几虚帘，旁施枕簟，使君政事之暇，吟咏其间，无出入之烦，而溪山之美自呈，极凭眺之乐，而结构之材不费。为高必因丘陵，亦仁政之一道也。既落成，匾之曰'忆雪楼'。客谓仆曰：'使君之命是名也，何居乎？'仆曰：'夫炎风朔雪者，天地之常也；冬温夏清者，人子之礼也。使君家于燕，而官于粤，老亲在堂，旷其问安视膳之职，以从于王事，故登楼北望，穷睇川原，已不胜其岵屺之思；而又念四时之气，唯寒为甚。身在炎州，霜至而草木不凋，岁暮而川泽不坚，冬不裘，夜不火；而燕山积雪数尺，增冰峨峨，老亲幸康强健饭，弟侄在前，然酒浆之冷暖不获亲尝，衣被之加减不承面命，于心终不惬。江岭隔越，无由侍奉而来，所以溯朔风而长吁，望同云而遥忆者也。'客曰：'吾闻之，楼之成也，使君适登罗浮，天雨雪焉，还而名之也。'仆曰：'岂其然哉？昔汉之世，广州有杨孚者，事亲至孝，而瑞雪降于其间，许浑诗所谓"河畔雪飞扬子宅"者也。岭南雪不恒有，罗浮之雪，吾恶知其不为使君瑞耶？事相类也，而命名之意在彼不在此矣。'客唯唯而退。楼在陈文惠野吏亭西，百步而近也。野吏者，文惠所自名，苏长公为之记，以为孔子所谓先进者。予文不敢望长公，而忆雪楼之名所从来，不可不详为后人道，故记之。"（转自《惠州西湖志》第471—472页）

本年，恽寿平逝世。

恽寿平（1633—1690），初名格，字寿平，以字行，又字正叔，别号南田，一号白云外史、云溪史、东园客、巢枫客、草衣生、横山樵者。江苏武进人。清代著名画家。创常州派，为清朝"一代之冠"。善诗文和书法，诗被誉为"毗陵六逸之冠"。书法主要学褚遂良，被称为"恽体"。

本年，傅山逝世。

傅山（1607—1684，一作1605—1690，或1609—1690），初名鼎臣，字青竹，后改青主，别号公它、公之它、朱衣道人、石道人、啬庐、侨黄、侨松等，先世

陈恭尹《独漉堂文集》书影

居山西大同，后徙于山西忻州。他是著名的学者，哲学、医学、儒学、佛学、诗歌、书法、绘画、金石、武术、考据等无所不通。被认为是明末清初保持民族气节的典范人物。傅青主与顾炎武、黄宗羲、王夫之、李颙、颜元一起被梁启超称为"清初六大师"。著有《傅青主女科》《傅青主男科》等传世之作，在当时有"医圣"之名。

康熙三十年辛未（1691） 四十一岁

正月初二，赴广州，途中作《正月二日舟中望罗浮》诗。（《集》第49页）

在广州，作《羊城竹枝词》十首。（《集》第51页）

正月十五日，作《元夕偶成》诗一首。（《集》第50页）

陈恭尹有《春初送王新侯归宜兴王叔琬归宝坻》诗：

"并辔非为汗漫游，燕吴万里一归舟。大江中路分南北，五岭重来定夏秋。冰下跃鳞桃浪细，岸边闻鸟柳风柔。诗家能事春惟甚，箧

里新添是唱酬。"(陈荆鸿《独漉诗笺》第 886 页)

按王新侯、王叔琬,王煐之侄,随侍惠州者。春初北归,至七月始由王煐之子王立安偕同回惠州。

二月三十日(1691 年 3 月 29 日),有《清明前六日作》诗二首。(《集》第 52 页)

三月初一,作《三月朔日崇报寺祷雨作 寺在河源县》诗。(《集》第 52 页)

自广州回惠州,有《江行》诗。(《集》第 52 页)

初夏,作《送冉同人明府赴长安》诗。(《集》第 53 页)

按冉明府即冉存异。存异字平川,四川南充人,举人,康熙二十七年知增城县事。(《广东通志》)

夏,泛游丰湖,访庞孝子庐,有诗记之。(《集》第 53 页)

序:"庞孝子名维则,惠之贫士也。父死,庐于墓,屏绝人事,三年不易,而人莫知也。余今夏泛舟丰湖,登岸微行,就而询之,见其神色惨然,涕零如雨。呜呼!三年如此,终身可知,是真孝子也,遂表其门而荐于学使者,并赠以诗。"

再赴广州,途中作《雨后江行对月得蟾字》诗。(《集》第 53 页)

作《月夜江行》诗。(《集》第 54 页)

在广州,登镇海楼,有《镇海楼》诗二首记其事。(《集》第 54 页)

按镇海楼坐落在越秀山小蟠龙冈上。该楼又名"望海楼",因当时珠江河道甚宽,故将"望江"变为"望海"。又因楼高五层,故又俗称"五层楼"。镇海楼是广州标志性建筑之一,有复檐五层,绿琉璃瓦覆盖,饰有石湾彩釉鳌鱼花脊,朱红墙绿瓦砌成,巍峨壮观,被誉为"岭南第一胜览"。

作《偶成》(稿本作《知己》)诗,抒发人生感慨。(《集》第 54 页)

夏，梁佩兰、屈大均、陈恭尹等集六莹堂，以诗送王世桢归无锡。

梁佩兰《六莹堂二集》卷七《送王础尘归毗陵次原韵》二首："江南风景晋陵城，四面芙蓉镜里行。草色自齐平楚绿，花光争掩绣川明。支藤处处逢岩壑，著履人人识姓名。怪得越台烟水暖，欲从征雁数归程。""历块平生遍九州，黄河倒日看飞流。雄心静后犹知动，仙骨生成不待修。世路风尘怜北首，土风诗句纪南游。惠山茅屋还无恙，听取泉声共耳谋。"

按王础尘即王世桢，字础尘，无锡人。国变后奉父母居洞庭东山，教授生徒，以借甘旨。父卒，辞母，北游燕、赵、青，南游楚、滇、黔、粤、闽，其游间岁一归省母。生平博学强记，下笔顷刻数十纸。熟习先朝掌故，长身美髯。年六十八卒。

陈恭尹《王础尘行状》："础尘当甲申之变，恸哭出门，谒督师史可法于维扬，进以救时之策。史公大悦，亲为之冠，行三加之礼。南都既溃，寄迹寺者三年。念久违色养，幡然归娶同邑顾氏，三载而卒，矢不复娶，曰无以为家也。于是北游燕赵青齐，南游江楚滇黔，复逾五岭，间岁一归。乙卯冬应川湖总镇蔡宸庵之招至武昌，狂风覆舟，流溺六十里，为渔人救起。吴兴祚督粤，复延至南来。迨王使君熀官惠州，意气契合，序为兄弟，命子及孙师事焉。辛未秋归无锡，奉其父母合葬邑东凤翅山后，遂有终老罗浮之志。生平博学强记，下笔顷刻数十纸，不假思索。性亢直，语不合，必面折之，人有不善，亟亟焉告再三，不改，既恶之矣，闻其有他善，又必亟亟称之。癸酉夏，病卒于广州，年六十有八。病革，语恭尹曰：吾四方之志不遂，不宜归葬故乡，从足下假白云一穴为葬所。后使君等为归骨无锡先茔，而葬衣冠于罗浮，以成其志。"

夏，梁佩兰有诗赠王煐。

梁佩兰《赠王紫诠太守》："首夏气清和，万物生意逞。麦风被原隰，梅雨润庐井。亭亭云出江，童童日衔岭。离支已成浆，禾稼行竖颖。舟楫环郡城，民人肃衣领。公堂祝太守，筐篚各有秉。堂上厢乐齐，阶下旌旄整。拜舞躬孔诚，祷颂祠非骋。天长与地久，不用测圭景。""太守千载人，高名早惊众。上天为星辰，明堂作梁栋。风云起闾阖，羽翮排鸾凤。一麾见风流，五马劳辔控。公余综琴书，卧治绝诤讼。有时登罗浮，候日波间动。下界犹沉冥，上方自吟讽。大笑学仙人，局蹐朱明洞。妙药求珊瑚，烧丹事铅汞。""珠江二月时，新柳绿于线。送君还祯州，惜别在海甸。相约游云飞，物候当莺燕。今辰值申甫，吉日开芳讌。宾客咸应刘，中原尽名彦。觞以罗浮春，盛以桄榔面。兴来或走笔，醉后时侧弁。而我五百里，阻隔不相见。徒然想天人，骖驾蓬莱殿。"（《六莹堂二集》卷之二）

屈大均作《惠阳王郡侯暑中忆雪楼》诗四首。

"岭海行春罢，楼开尽物华。欲将天北雪，来润日南花。二岳窗间直，双江槛外斜。自来仙太守，山水满官衙。公宝坻人。"

"岂无南雪好，朔雪易成花。幸有罗浮树，光含涨海霞。使君移绿萼，幺凤自金沙。守泽楼前满，甘棠即白华。罗浮有金沙洞。"

梁佩兰《六莹堂二集》书影

"姑射无冰雪,炎方亦觉寒。神凝在浮峤,梦去只中盘。瀑布为膏泽,芙蓉即大丹。更含楼外水,清作使君滩。_{公家近盘山。}"

"峰爱穿帘小,来从双玉盘。莫将湖内外,都作月明看。政事惟高卧,颜容更渥丹。谢公鸂鶒句,书遍碧琅玕。 _{双玉盘,谓内外丰湖也。}"

(陈永正主编《屈大均诗词编年笺校》第939页)

赴端州,过羚羊峡,有诗。(《集》第55页)

按羚羊峡位于肇庆城区东南部,在三峡之中,山最高水最深峡最长,最为雄伟壮观。

作《夜登束江亭次张超然壁间韵》。(《集》第55页)

屈大均《广东新语》:"自广州过三水县而西,山石奇险,峡江屈曲,高岭之上,小峰万叠。……过峡三十里至烟萝山,山半有束江亭。此为高峡口,祥舸西来,束以入峡,故名。"

按张超然(1648—1717),即张远。张远,字超然,号无闷道人,福建闽县人。是王煐的好友。超然二月而孤,从母陈氏受章句。稍长,贯穿经书大义,下笔有奇气。避耿精忠乱,侨寓常熟。偶至江西题诗滕王阁,侍郎曹溶过而嗟赏,招入幕所。又广为延誉,名遂大起。王士禛、宋荦皆深器之,引为入室弟

惠州西湖景色

子。康熙三十八年（1699）乡试第一。晚得云南禄丰县知县，卒于官。远工于诗，与朱彝尊、查慎行等唱和甚富。著有《无闷堂诗集》四十卷，文集一卷。禹之鼎为王煐作《风木图》，有张远题诗。

又作《泊峡口夜登束江亭》诗四首。(《集》第55页)

七月二十日，至三水县，作《三水公署前临大江新秋望后五日泊舟几下登眺山川怃然增感因记以诗》(稿本作《三水公署前临大江新秋望后泊舟几下登眺山川怃然增感有作》)。(《集》第56页)

在三水，喜晤故友，作《三水舟次喜晤邓澹园》诗。(《集》第56页)

屈大均《广东新语》卷四《三水》："三水者，自肇庆而来曰牂牁江，为一水；自清远而来者曰浈江，为一水；自广宁而来者曰绥江，为一水。皆会于三水县东南之昆都山下，是为三水。"

七月三十日晚纳凉东轩赋诗。(《集》第56页)

闰七夕，作诗二首。(《集》第57页)

陈恭尹作《闰七夕次和王惠州子千二首》："盈虚天道本如斯，重驾星桥岂所思。百岁几回逢此夕，一秋翻遣再相离。机丝世上无余巧，瓜果阶前漫有期。开府清新徒作赋，赖君为补闰秋诗。""只道南山赋殷雷，谁言天上也相催。都将乌鹊年年事，欲共蟾蜍月月来。三匝渐看依树绕，一钩直似学眉裁。星辰聚合寻常有，儿女西风莫浪猜。"(陈荆鸿《独漉诗笺》第821页)

梁佩兰作《闰七夕和王紫诠韵》二首："开秋长使夜如斯，天上无劳寄所思。闰月特来成作合，双星全似不曾离。云车轧轧停新驾，衡汉明明赴昔期。添得女儿频下拜，动余重补鹊桥诗。""细细车声动似雷，红楼乞巧复相催。只言灵匹经年隔，谁料银河两度来。天人丝云香四塞，地流明月扇初裁。人间离合寻常事，仙佩殷勤且漫猜。"

本月，王立安（王煐之子）偕诸昆弟自宝坻还惠州，陈恭尹作《送王立安偕若云叔琬诸昆弟还惠州》诗记其事。

陈恭尹《送王立安偕若云叔琬诸昆弟还惠州》："去来同是着莱衣，岂必兹行遂曰归。浦上鸳鸯频独宿，天边鸿雁且连飞。湖桥罢钓宵移棹，郡阁论文昼掩扉。病足渐堪驱策在，只应旬月暂相违。"（陈荆鸿《独漉诗笺》第910页）

七夕后二日，王立安又回宝坻。屈大均赋诗送之。

屈大均《七夕后二日送王君还渠阳 惠州作》："双江合流何汤汤，左江右湖城中央。浮桥冲断望风雨，迟君一日开帆樯。炎云欲散苦未散，秋过七夕方微凉。平头交扇尚挥汗，解襟且复依林塘。君今拜亲留不可，八千余里归称觞。阿兄晨羞弟夕膳，笑加七箸因芬芳。紫芝老父两眉秀，白鹿仙人双耳长。明岁能来觐叔父，宝坻美酒多携将。惠阳郡楼一再酌，更看灵鹊填河梁。"（陈永正主编《屈大均诗词编年笺校》第930页）

按渠阳，宝坻旧称，古时有京东三阳：渔阳（蓟州），渠阳（宝坻），雍阳（武清）。

立秋前六日晚，与陈恭尹等于忆雪楼雅聚饮酒。

陈恭尹《立秋前六夕忆雪楼月酌即事》："良宵胜地一时兼，南北轩窗尽卷帘。风度竹声凉细细，月摇江影白纤纤。谈当快处童偷笑，酒到酣时客唤添。渐近清秋天似洗，隔城遥出几峰尖。"（陈荆鸿《独漉诗笺》第906页）

闰七月，赴广州。

闰七月二十九日，韶州知府陈廷策、惠州知府王煐招同屈大均、陈恭尹、梁佩兰、廖燡集于广州行署，议为张九龄、余靖刻印文集事。

陈恭尹《独漉堂诗集》卷十一《闰月晦日韶州陈毅庵使君招同惠州王子千使君梁药亭太史廖南炜屈翁山诸公集广州行署闻将为先正张文献余襄公重梓文集喜而有赋》二首："不将丝竹乱清真,雅会天南盛主宾。五马风流双郡守,二毛樽散数诗人。杯名避暑逢秋闰,地接歌棠是德邻。浮岳曹溪俱有约,杖头从此托闲身。""虞帝箫韶迹已空,九成台下水流东。张公鉴在千秋外,安道名高四谏中。尚有遗文垂故里,足知仁政善移风。干戈定后残编少,深赖维衰继绝功。"（陈荆鸿《独漉诗笺》第822页）

陈廷策,字元敷,号毅庵,襄平人（《广东通志职官表》作正黄旗人。此据《武溪集》陈廷策序）,荫监,康熙二十八年任韶州知府。清茹铉《王会新编·韶州·新增·名宦》："陈廷策,字毅庵,奉天襄平人。由恩荫历升韶州郡守。下车来,目击韶为二广水路冲津,兼丛山叠峡,土田硗确。乃洁己、励属,力行抚绥,有不便于下者,必为百姓请命;有积弊相仍者,必为百姓革除。诸如兴学崇行,劝农息讼,禁赌弭盗,善政必举,诚可谓'吏行冰上,人在镜中矣'。"

又陈恭尹有《寄送惠州韶州太守 调摸鱼儿》词,未知作于何时,姑系于此："乍东风满江丝雨,浪花飞湿兰桨。三城是处芳菲遍,新绿嫩红争长。谁共赏,眠故里,雷声紧傍山楼响。深杯在掌,念高会群贤,风流太守,诗酒竞豪爽。笙歌歇,更送明朝画舫。溪山分路而往,罗浮韶石曾到,白首梦魂犹想。青箬笠,黄蜡屐,过眉几节藤杖,能勉强。奈南浦云飞,西畴春及,一苇河广。"（《独漉堂集》第651页,中山大学出版社出版）

廖焯作《次和陈元孝辛未闰秋承韶州陈毅庵惠州王子千两太守招同梁药亭太史屈翁山世兄集广州行署议为先正张文献余襄公重梓志喜之作》："莫道明河迹已空,斗牛重见雁城东。闲情不尽青樽里，逸思还归大雅中。开卷共思名相业，格君犹忆大臣风。曲江二老垂千古，梨枣同看不朽功。"

按廖焞，字南暐（又作南炜），一字雪臞，南海西樵山人。著有《自娱堂集》《北游草》。（见黄登《岭南五朝诗选》卷九）

在广州，作《秋夜》诗。（《集》第57页）

在广州，作《仲秋寓羊城袁司马东轩分韵纪事座客梁药亭庶常廖南炜屈翁山陈元孝季南屏四处士丹霞太守陈元敷灵山令迟屏万也》诗。（《集》第58页）

按袁司马即袁钫，字公弢，号稽亭。浙江慈溪人，监生，康熙二十四年至三十二年任广州府同知，后迁江宁府江防同知。著有《滇游草》，不传。（瑞麟、戴肇辰等修《广州府志》卷二十三《职官表》）

迟屏万即迟维城，籍贯生平不详，曾为华阴县令，时任灵山县令。顾炎武《顾亭林诗文集》有《答迟屏万书》。康熙三十五年福州府知府。

八月初八日夜，招同梁佩兰、屈大均、陈恭尹、廖焞、陈廷策、迟维城集于广州行署咏月。（吕永光《梁佩兰年谱简编》）

王煐《八月八夕咏月》："年华镞羽疾于飞，又近中秋换葛衣。焦兔尚藏弦外影，凉蟾初吐镜中辉。扶疏老桂方施斧，绰约仙娥半启扉。遥忆田盘峰顶月，清光应入旧书帏。"

陈恭尹《八月八夜王子千招同陈韶州毅斋迟灵山屏万梁药亭廖南炜屈翁山集广州行署咏月》："高会仍同赵尉楼，上弦新月近中秋。半轮似欲依华毂，破镜惟能照白头。银汉欹斜初雁过，金风萧瑟暮云收。更怜一片如轻舫，明夕随君到惠州。"（陈荆鸿《独漉诗笺》第836页）

作《白云泉》诗。（《集》第58页）

仲秋，作《鱼缸歌》诗。(《集》第59页)

序："鱼缸，前代御府酒器也，与鸡缸并称。然鸡缸绘于外，虽极精工，未能免俗。鱼缸绘于内，酒光荡漾，鱼影浮沉，大有活趣。辛酉岁，家学录近天兄以十二缸见贻，云渠先祖中翰公得自中贵，世不多有，旋为知者所去其十，仅留二以志赠者之爱。前春过豫章，见市中所售，颇仿佛，但火气尚在，不及旧磁温润耳。因尽收之。仲秋寓羊城，同人过访，出此劝饮，咸作诗歌赏之，余亦率成六韵，述其所自，非以云和也。"

屈大均作《鱼缸》诗。

序："鱼缸，景德窑器。大寸许，深亦如之。质莹白，中有鱼四尾，朱色。酌酒时，鱼若浮游不定。惠阳王使君出以饮客，因为七言古诗歌之。"

诗："天南仲秋已清凉，使君高宴飞羽觞。鱼缸最小受涓沥，以子公荣非酒狂。宣成之间御窑器，年来仿古多精良。文渊酒魂化为土，陶家取作杯玄黄。鸡缸岂如鱼缸雅，兼金争购从鄱阳。泐如羊脂绝莹白，丹青不敢污中央。烧出小鱼类榆荚，黑睛朱鬣浮生光。得酒噞喁若新水，四尾相逐何洋洋。生忧嘘噏鱼入口，合唇微饮贪闻香。涵泳飞华唼浮蚁，冬甘夏苦鱼先尝。缸中自是酒泉郡，鱼兮汤沐须醉乡，宁图两滴真濠梁。失水不忧忧失酒，相濡相煦樽罍旁。云沸渊流贵不息，兰生蕚绿无参商。每君饮醨似乾泽，鱻巍倏忽成沧桑。青州露甜易州辣，一斛再酌苏吾僵。醇醲即是桃花水，糟粕亦乃鲲鹏乡。浊贤岂必清圣好，北酒诚比南醪强。我欲为鱼在缸里，金钩桂饵长无殃。一勺琼苏亦鲸吸，纤毫不惜居鱼秧。五石瓠瓢拙用大，何如用小蟭螟藏。蝉翼自能负嵩华，蜗角岂必争侯王。吞舟每忧值芥叶，漏网所贵同针芒。白小天然尚二寸，入缸已是寻龙鲤。我今非鲂亦

非鲤,酒龙变化铢黍长。相随蠛蠓游麹蘖,此乐谁知吾蒙庄。"(陈永正主编《屈大均诗词编年笺校》第917页)

陈恭尹作《小鱼缸》惠州王子千使君席上咏》诗。

"古之五窑哥官定,有明所宝唯嘉靖。五窑近者亦千年,旧物仅存希不病。肃皇临御久且宁,元修内醮期清净。中官监制下浮梁,供奉虽多维敢诤。无论大器小亦精,鸡缸鱼缸最有名。君之酒杯无乃是,朱鱼上下缸心明。缸之所受不受吸,四鱼与酒递出入。满时或越酒池中,干时不作枯鱼泣。摇鳍鼓鬣若毫芒,掉尾昂头似人立。昔闻酿者有玉缸,此缸清妙古无双。扪不留手柔无骨,虚明莹彻当银缸。质轻如纸内外见,酒浅酒深人自劝。良宵高会此何时,当杯不醉将遗恨。吾闻水者鱼所依,以酒浇之良已非。如何涸辙令心悲?如鱼得水今望谁?鱼乎鱼乎使我思!"(《独漉堂集》第630页,中山大学出版社出版)

黄河澂作《鱼缸》诗。

序:"鱼缸,酒器,均停寸许,皎如白玉。内绘红鱼五尾,目似点漆;其一在底,其四在旁。对客浮白,颇自珍异。欲为诗歌,而未有兴会。洎惠州王使君作《鱼缸》古诗,详有小序,索和吾乡诸公。余脱然曰:此雅愿也!遂成之。"

诗:"行年四十始爱酒,不将此事较能否。偶然任兴非性成,亦只霑唇与渍口。龙勺鸡彝不易改,可有可无亦随意。玉杯进谏比干心,叛者九国食漆器。黄流不酌瓦缶中,雅事无妨论精异。偶行市上有所逢,高阔均停寸半钟。薄如卵壳白似雪,中绘游鳞号画工。春醪便是桃花水,红鱼腾跃欲成龙。杯底青书纪成化,虽知临本还大雅。一时新得遍呈人,况值回家日多暇。弓蛇不入索郎酢,把对清池映花柳。稚女从旁泥细看,低举欹倾不移手。玉碎那能此瓦全,器物从来贵垂久。不识天时范老公,撺破赤龙双玉斗。自愧曾非博古人,贫家用物多麤丑。日捧鱼缸意洒然,告我由来王太守。"(见《广东诗橐》三编,清代稿抄本,第一一九册,第185页)

作《霜橘》诗。(《集》第60页)

作《荔支酒》诗。(《集》第61页)

屈大均《荔支酒 王太守席上作》:"夏至山枝与水枝,千林黑叶影离离。炎风解熟丹砂早,白雨催肥火齐迟。到处衔飞皆翠羽,如山堆起总燕支。丹心抛掷劳焦核,紫谷沾残苦素肌。女手剥多从溅汁,妃唇啮罢厌如饴。家家酒用晶丸浸,一一津教玉液滋。味得烧春逾酝馥,陈经越岁胜酴醾。十千平乐那论价,三百康成更秀眉。讵减新塘餐挂绿,何殊莞水饫凝脂。榴葩却恨如驼乳,竹叶翻嫌似蜜脾。楚客清馨贪冷饮,汉宫膏滑想长持。流涎桑落嗤刘堕,咽唾蒲萄笑曹丕。自有消酲藤子在,兼之除热蔗浆宜。花先入酿仙人识,殼即调香内府知。尽可沉冥颓叔夜,宁须玄碧醉安期。桂媒苞苦休濡首,槐瀹含辛不朵颐。岭外喜生珍果地,林中欢驻玉山姿。文珪未得酬酤户,太白终能作酒旗。汤沐且开扶荔国,苏醪还守葛洪祠。使君不弃长招饮,酩酊朝朝倒接䍦。以荔枝花酿酒,仙方也。"(陈永正主编《屈大均诗词编年笺校》第997页)

陈恭尹《荔枝酒 惠州王子千使君席上咏》:"天为美禄供禋祀,上有旗星下有泉。既作神农能播种,更教仪狄为开先。五齐三事经曾著,百榼千钟古有传。西土蒲萄长引蔓,南州丛桂每参天。岂知岭外离支树,植自罗浮卖酒田。万斛如珠空自照,千溪如火未曾燃。群来野雀休能网,饱唻行人不论钱。采下忽看花满地,酿成何啻酒如川。三年始醒谁能试,百步闻香足自前。满碗盛来无见底,一筋浮出月如弦。冰从化水参差减,玉既成浆性未迁。桂郡酒官应为此,越佗贡物罔闻焉。生时多食犹能醉，酿后余甘倍可怜。通神益智功如在，美色怡颜力更全。妃子红尘何乃拙，魏文石蜜想当然。琼苏为泛觞王子，玄碧会开宴列仙。古昔未分优与劣，眼前唯辨圣为贤。合尊岂但醉三二，一斗何须价十千。多酿不忧民食耗，屡丰为爱酒垆眠。风流太守须酣饮，知借南中尚几年。"（《独漉堂集》第631页，中山大学出版社出版）

冬，宴屈大均等，有闭瓮菜，分赋咏之。

王煐《闭瓮菜》（《集》第60页）："凡物有至味，唯贵得其真。太羹鄙酸咸，玄酒薄芳辛。世人纵口腹，饮馔争翻新。长安富贵家，下箸动万缗。九牛选一脔，犹恨非时珍。好奇炙猩唇，角胜炮驼膹。鲜烹北海鳞，肥击东郭麎。蒸尝盛鼎牺，那屑采涧蘋。餍饫吐肥甘，岂复思湖莼。奢侈方玉食，辗转相效颦。余家尚俭德，藜藿传清贫。旨蓄重菜根，闭瓮称绝伦。采当霜露时，制趁晴燠晨。酝酿酷烈消，香脆椒豉匀。三年羡家藏，十年罕因陈。临风启封泥，见者生华津。煮我冰下鱼，<small>吾乡银鱼冬月始出</small>。酌我太和春。<small>吾乡酒名</small>。用以荐鬼神，用以享嘉宾。细镂欵戚媚，常供娱双亲。自从官岭海，相忆徒逡巡。今朝远见遗，吾亲意良醇。欲我时一尝，此味终不泯。淡泊以明志，庶几追先民。珍重献朋俦，同好宁无人。"

屈大均《闭瓮菜<small>惠阳太守席上分赋</small>》："北人重御寒，菜茹多旨蓄。芥美在霜根，下体甲诸蔌。秋脍用多余，瀹汤杀其酷。芗料糁屡加，茴香与椒目。实之大小罂，卵盐相渗漉。封口水泥坚，芬馨瓮中复。一闭天地房，氤氲历凉燠。生之佐齐豉，辛脆宜糜粥。膏腴餍饫时，爽口凭一匊。薄切蜩翼微，三朝无白醭。下酒废烝雏，烧雉则腒脥。浙东糟笋苞，吴闾酷菜菔。蒻苴称秾陵，黄芽说安肃。岂如斯味佳嘉，嗜之非口腹。性温夺七菜，宁唯胜榆肉。茶苦既不同，荠甘亦非族。使君撤俎时，以兹雪公鯈。马驮自宝坻，赢瓶苦不速。故乡风味存，和调自家督。北人喜芳辣，姜桂日餐服。牲用煎茱萸，濡鱼多实蓼。贵以辟天寒，口体非相逐。化食通五中，为菹及金伏。岁暮百草菱，市无生菜鬻。腌者先温菘，藏者及蘘蒻。地炕蕴火多，郁养催瓜菽。冬生物性违，非时嗟强孰。在芥虽易生，秋收忌霜触。富家千甖瓴，于芥靡赢缩。贫亦拾滞遗，寒争一日暴。宁如我岭南，腊月嘉蔬足。三蒿与二蓝，纷葩滋五沃。莙蓬蔽田塍，菠薐弥水澳。一棵三两钱，畦畦杂穜稑。叶青连露葵，花黄若时菊。冰雪昧平生，微雨时膏沐。人家菜脯稀，鲜食乘芳郁。蕨芋如丘山，为饭代粳粟。豕饲余芜菁，马衔兼苜蓿。芥苔四尺强，苊羹亦碌碌。茎股九蒸晒，间用吴风俗。野人方灌园，荷锄先僮仆。三餐厌葱韭，匕箸惭华屋。从君乞此方，今冬作数斛。南中水土殊，滋味恐未淑。须君岁见贻，银鱼及醽醁。君家宝圻所产多银鱼，岁以饷客。"（陈永正主编《屈大均诗词编年笺校》第 912 页）

陈恭尹《闭瓮菜 王惠州紫诠使君席上同咏》："嘉蔬擢根苗，濯濯在平壤。甘苦各天性，宁期君子赏。醓人司四豆，菹以事宾飨。辛咸适所宜，调剂具分两。深藏闭风日，揉择劳指掌。经时色尚青，生意犹可想。方兹饫醇酿，所贵在萧爽。徐徐入齿牙，历历有清响。山珍与海错，对之皆敝罔。真味异五滋，逸韵殊濠上。顿令酣醉人，当杯能倔强。贫居五十年，饮食多鲁莽。黄虀日所亲，茶蓼心所奖。岂知鼎俎间，非独口腹养。凡物尽其材，用之斯不枉。农经极草木，修制存畴曩。姬公作周礼，纤悉固有仿。七菹与三臡，供之惟用益。得名自古来，赋咏泛吾党。"（陈荆鸿《独漉诗笺》第 646 页）

作《风干苹果》诗。（《集》第 62 页）

陈恭尹有《风干苹果 惠州王子千使君席上作》诗二首："风干苹果自京畿，布裹锦装马上飞。今日相逢无一似，暗香余韵尚依稀。""细切风干远寄将，缄封闻说自高堂。使君正醉罗浮酒，不免樽前忆故

乡。"(《独漉堂集》第632页,中山大学出版社出版)

屈大均有《频果干》诗三首:"京师苹果与花红,作脯南来笑土风。不问花红问苹果,鲜时香味可相同。""苹果甜于沙果多,相思原不是频婆。干来说是林檎脯,越客传看咥笑多。""上林苹果最称珍,夏熟樱桃共荐新。作脯不教南客识,玉盘争取更贻人。"(陈永正主编《屈大均诗词编年笺校》第1237页)

又作《蕉果》诗。(《集》第62页)

作《种菊》诗。(《集》第63页)

九月初,赴海丰。有诗。(《集》第63页)

重阳日,登海丰城东龙山。有诗。(《集》第63页)

九月十一日,过羊蹄岭,有诗。(《集》第63页)

按羊蹄岭位于广东省海丰县赤石镇和梅陇镇的交界处。羊蹄岭山峰之状酷似杨桃瓣,明代以前称"杨桃岭"。因岭高峰峻路险,亦仿佛似羊蹄,故清代又称"羊蹄岭"。该岭是古代粤东诸县交通惠州和广州的官道要冲。

九月中旬,过石阪头悼濮阳心驭。有诗。(《集》第64页)

自端州返棹珠江,喜遇好友,有诗。

《自端州返棹珠江喜遇周东来》:"一棹冲波日往还,故人忽到破愁颜。相看各讶髭髯改,话久因嗟世路艰。扑面风腥知近海,连天岚起欲埋山。无饥且莫加餐饭,瘴疠从来重百蛮。"(《集》第64页)

《舟中同周东来张弓调徐星汉夜酌话旧》:"一江风月一天秋,共坐深更话小舟。故态半生真自负,初心何日可全酬。镜中白发添将满,囊底黄金散不留。且借浊醪销块磊,莫教鸥鸟笑闲愁。"(《集》第64页)

周东来,苏州人,与顾嗣立等人交厚,生平待考。顾汧《凤池园诗文集》（清康熙刻本）有《寄怀周东来》等诗数首。

张弓调，生平待考。吴雯《莲洋集》有《寄张弓调》诗。

九月二十五日，陈恭尹六十一岁生日，屈大均赋诗为寿。（《翁山诗外》卷八《元孝六十又一生日赋以为寿》）

九月，作《寄怀赵赞善秋谷》诗四首。（《集》第64页）

"异地相思万里长，感时几见岭梅香。醉中惜别情如渴，梦里曾逢喜欲狂。音问旧欢常寂寂，头颅新恨变苍苍。忆君读我盘山记，许赠长歌尚未偿。"

"非意知君自不惊，屈伸天道互亏盈。龙门腐后史方著，新建谪前功已成。举世最难容傲骨，半生未易谢狂名。青州从事真良友，百岁惟应共此盟。"

"瘴疠相亲久渐宜，荔支日啖亦忘饥。岷山已隔朝云梦，巫峡空留暮雨期。漫笑登徒非好色，须知居易爱谈诗。天涯聊自谋消遣，岂更因人畏谤讥。"

"平生屈指几知己，死别生离倍惘然。子建洛神徒有赋，青莲鹏鸟失遗篇。友人曹宾及、李木初俱有学行而早逝。如君群望应名世，顾我私心愿执鞭。不惜崎岖遄命驾，还应到及荔支前。"

徐星汉客广州，入赘绍兴何氏，新婚未久，即随王煐有惠州之行。王煐赋诗戏之。（《集》第65页）

屈大均作《赠徐君新婚次王使君元韵》："城北公犹美，新婚乃赘齐。虽从梅峤合，不异鉴湖栖。夹扇开双鹊，周轮驾四骊。白吹巫峡雨，红起郁洲泥。何氏元平叔，施家本会稽。定情方叩叩，将事亦折折。大小交龙锦，玄黄比翼𫄨。镜台兼自下，磨具更亲赍。并坐多花繭，同牢有宝鑈。代涂飞雪粉，分照火精璃。弄玉箫尤胜，甄琛弈未低。无争偏立马，不妒肯羹鹂。鱼作重唇脍，糜调有骨醢。三朝频主鼎,五夜已安笄。庑下春迟举,桥边瓮早提。浣霞辞桂浦,行露绝桃蹊。珠解穿心珥,金留刮目鎞。勤劳乘旦旦,静好及天倪。绿绮琴长对,青绫帐或携。九光衔烛凤,一气喷香猊。拂拭加纷帨,缠绵罢小觿。馂余炎海上,奠菜武林西。媚得慈姑喜,呱闻孺子啼。脂膏参用蕹,甘酢酌成醯。养岂三公易,斋休一日迷。药防侵地肺,丹要护天脐。腹顾三秋兔,心通一点犀。聪明应颂燕,文采且骇鸡。雉引如皋笑,鸳催孝穆题。同居无二女,孤说莫愁睽。徐,杭州人,客广州,赘于绍兴人何氏。蜀谚:'下白雨,娶龙女。'"(陈永正主编《屈大均诗词编年笺校》第1146页)

石濂(大汕)作《徐星汉新婚王使君戏赠三十韵因以修造经阁见许莞尔索和漫为次韵知不欺余也》(诗长不录)(《离六堂集》卷五)。

陈恭尹作《徐星汉燕尔未几即有惠州之行戏次王使君三十韵赠之以速其归》:"天作他乡合,眉犹故里齐。剑光龙乍跃,桐影凤双栖。冠玉仍逢负,探珠独得骊。才同司马浊,齐异太常泥。方朔能遗肉,淳于每滑稽。笔端来滚滚,吉事欲析析。媒氏初通好,故交还赠绨。雕鞍五马借,筐帛百人赍。赘古先鸿雁,金坚及鼎鎞。烛间杯号卺,海外镜名璨。京兆新眉曲,檀郎欸语低。俱飞宜绣蝶,教妒勿烹鹂。巩悦亲曾命,羹汤手自鼙。雪窗深夜伴,云鬓未明笄。字共璇玑织,弦从玉轸提。邀闲临月榭,连步下花溪。伐性诚知斧,医心不任鎞。十年甘旅处,此日识坤倪。宿约聊须践,新家未易携。琴声非别鹤,诗草是奔猊。去定经罗岳,归应赠佩觿。买舟风自北,登路首频西。闺里年为日,人前笑是啼。御冬余旨蓄,先事戒盐醯。云母溪堪念,梅花梦莫迷。林蜂依密蕊,山兽护香脐。掷果思樱口,浮瓜忆瓠犀。早期回彩鹢,相待儆鸣鸡。秾李树方及,初婚赋未题。使君怜岁晏,不遣久孤睽。"(陈荆鸿《独漉诗笺》第972页)

十月,再过羊蹄岭,有诗。(《集》第66页)

十月,过海丰城北五坡拜宋文丞相祠,有诗。(《集》第66页)

十月,自鲎门港登岸投鹅埠馆驿,有诗。(《集》第67页)

按鲎门港,当为今广东汕尾之鲎门镇。

十月,过阿姨岭,有诗。(《集》第67页)

回惠州途中,于平山道上偶成一首。(《集》第67页)

惠州府衙,植兰,有诗。(《集》第68页)

腊月,立春前一日公讌演剧,有诗记之。(《集》第68页)

岁除日,赋诗十首。(《集》第68页)

陈恭尹作《岁除杂感十首 岁聿云暮人皆有怀莫引其端无因自发惠州王使君子千示以十律遂次而和之譬之秋蝉宵蚓各自为声而比竹弦匏无妨并奏云尔》:"散发晞朝日,添衣过暮年。白从梅蕊笑,衰受朔风怜。眼暗吟何害,肩酸字弗便。罗浮春信早,书寄惠州船。""薄酒眠无力,寒衾梦不真。庭闱犹顾复,箕尾已星辰。学愧为裘旧,名知汗简新。九原从岂远,寝庙未歌轮。""雨泽今秋少,萧条井里间。海田增斥卤,溪水失潺湲。一日蜡谁乐,终年农共闲。贫家繁食指,僮仆渐思删。""醉乡徒作记,酒郡几时封。入世无长策,登山有短筇。湖光丰鳄合,云影石楼重。相约携杯斝,南天幸息烽。""种药池边地,良朋乐此留。无方名却老,有草号忘忧。月好还同咏,时艰不忘游。炎州稀胜迹,独上尉佗楼。""未归仍是寄,丧我孰为吾。避世无金马,潜身鲜玉壶。灯犹寒夜刿,心为昔人枯。敢望鸱夷子,功成尚五湖。""须眉今若此,清镜背人看。愧共侏儒饱,难同范叔寒。梦中天莫问,钟后夜方阑。地气应南转,年来雨雪漫。""从无西笑乐,不勒北山铭。艰苦应吾道,浮沉惜此生。二万已过日,千秋何恨情。书斋空自叹,谁是晚能成。""举世多知我,何如我自知。近歌年冉冉,昔咏黍离离。儒术夫何敢,禅灯亦偶窥。若云高与洁,千载欲谁欺。""阅世浮云变,观心

万累空。雄雌欧冶剑,得失楚人弓。先甲年重值,元英月又穷。算来终岁事,诗律也输公。"(陈荆鸿《独漉诗笺》第974页)

本年,屈大均作《子夜歌》十四首。

自注:"赠宁波李君纳姬和惠阳王太守。"

诗:"卿生东越东,妾生南粤南。参差数千里,来下凤凰簪。""昔时刘碧玉,贪嫁汝南王。今时刘碧玉,但爱陇西郎。姬姓刘。""借问刘季娴,今亦行三否。定知姊妹中,辞藻人人有。""千珠复万珠,难买绿珠子。不买绿珠生,但买绿珠死。""为客寡欢娱,女爱移男爱。感君弃余逃,多情不好外。""女萝不自持,因依松柏枝。松树长青青,照妾桃李姿。""勿佩宜男草,迟迟生阿侯。年年十五六,天许莫愁不。""四十未枯杨,生稊亦云好。虽非木槿花,亦自能爱老。""东方娶小妻,一年即捐弃。君勿师容成,房中图秘戏。""小妇不长姜,大妇不长妻。人生各有命,贵在与夫齐。""鸾鸾比翼好,栖我使君堂。使君留哺子,未许载还乡。""太守主罗浮,神仙多女流。萝离与浮合,总惹使君愁。使君署中诸客,多有携女妾者。""卿家曰湖东,定家曰湖西。送侬打两桨,先为到慈溪。宁波有日湖、月湖。李君有太夫人,家慈溪上。""慈姑白发多,垂腰乱如雪。为裁裙与襦,手爪不言拙。"(陈永正主编《屈大均诗词编年笺校》第951页)

本年,重修惠州府学,作《重修府学宫碑》记其事。(《集》第410页)

《重修府学宫碑》(知府王煐宝坻人):"王政以教养为先务,故辟雍泮宫之制,自三代而特重,然而孔子之前,必有所祀之贤圣,盖不可得而详矣。西汉而后,六经并列于学宫,然后九州内外,咸知遵孔子以为师。迨及宋明,学宫教养之法始大备于天下。故老相传,嘉隆以前,学士大夫澡身浴德,下及氓隶,皆恂恂醇谨,有廉耻礼让之俗。是时,天下才俊,莫不饫于学宫,师儒旦夕而训迪之,郡邑大夫日月而省察之。于是,学使者分别其文之高下,赏罚其行之醇疵,故道术一而六合同风,愚夫愚妇,咸知自好。百年以来,其文则具其实不讲久矣。今天子崇儒重道,亲释奠于阙里,出帑金以新圣庙,泽宸翰而题咏之,所以鼓舞天下于学者甚。至燠时,备官郡署,躬睹其盛。比出守此州,每朔望有事黉宫,仰栋宇之欹倾,俯中庭之漏污,愁然伤之,问昔修之年,五十稔矣。曰:'材甚钜也,何以连朽至是。'合视其木,文采煜然,而中则腐矣。叹曰:'事之是其文而亡其实者,亦犹是也。'乃捐薄俸易以杉材,自寝庙明伦堂以及启圣乡贤诸祠,次第而新之。历三载而落成,纪其事于石曰:夫梗楠杞梓者,天下之名材也,而不易得也。杉者,天下之常材也,众所同得也。昔之营此者徒知梗楠杞梓之不易,而不知取常材之坚而钜者以成之,顾独矫然用无名之木欲求异于众,非不大也,而蠹蚀之矣。杉之为材也,外无润泽之观,而其骨挺然,味辛而气烈,蠹之所避也,其力足支数百年。梗楠杞梓虽良,亦未能过千年者也。使后稍有朽腐,仍以杉继之,则其用不与梗楠杞梓等乎?故必待名材而后用,则失时;不择材而用之,则败事。略其外而取其中,因材而器使导,则用杉之谓也,乃书之,为后来告,抑亦教养之一道乎。"(《惠州府志》卷二十四《艺文》)

屈大均作《惠州府儒学先师庙碑代》:"先师之号与先师之称,自明肃皇帝正之而后,先师之尊,直与天地同其化育,同其昭事。盖万古一天地,万古一先师,无有与参者。然自嘉靖至今,百有五十年,天下文庙尚有称大成殿者,即我惠州府学,其漏亦然,岂非当日有司未尽奉行,不知所以尊天子,不知所以尊先师,并不知所以尊天地也欤?康熙二十七(八)年,宝坻王侯煐来守是邦,甫下车,祗谒朝廷,即易其榜曰先师庙,举先师昔日俨然而王,其衮衣裳九章,其冕十二旒,其圭镇巍巍南面之像,则树屏幛而藏之。于是自开元以来千余年

《惠州府志》书影

之非礼,斲木抟土如浮图道士法而尚存于吾惠者,一朝以正之。又举两庑先贤,或称名或称字于辟雍,阙里有异同者,与改祀于乡而罢,祀仍在列者,举皆正之,一以嘉靖九年所定、万历二十八年所颁行者为准。于是典礼以明观瞻,以肃庙庭中,一无遗憾矣。惠之人欢欣鼓舞,相与称曰:明明我侯,克知大礼,诚可谓能事先师者哉!夫事先师所以事天地也,天地之尊无二,先师亦然;天地于圜丘方泽之中,未尝有像,先师与天地参,则于像乎何有?故在昔圣帝明王,以其所以事天地者而事之。去像而存木主,盖欲使天下之人,斋明承祀,不于其土木之像见先师,而予其恭敬之心见先师也。夫使天下之人,常有一先师在其心,而雝雝然肃肃然,敬之勿替,是真所以事先师云尔。先师在吾之心,不在于像,侯其有以启天下人之神明也哉!不宁惟是,惠州府学,自宋淳兴间始建,至明洪武乙卯,太守杨侯伯颜不花修之;正统间,太守郑侯安为尊经阁;景泰辛未,太守滕侯康为棂星门;嘉靖庚寅,太守梅侯吉为启圣祠;壬辰,太守蒋侯淦则为敬一亭,立御制四箴焉；崇祯乙亥，太守周侯世盛乃大修之，百尔俱兴，莫不中度，然犹因陋就简，未尽其制。今五十余年矣，举者以废，安者以倾，高者以卑，广者以狭，侯惕然于心。于是罄其俸钱，独任堂构，或因或创，以次整涂。启圣、明伦，则上栋下宇，都非旧贯，虽曰修之，实重作之。半载落成，其功倍于前人远甚。噫嘻盛哉！侯之所以事先师如此，则侯之事天明、事地察，天地明察，神明以彰，不于此而可见耶？侯又自莅任以来，身自为师，以教以育，都讲五经于浮峤，馆谷诸生于丰湖，俾誉毛济济，相与敬业乐群，敏求圣学，其效已见于兹矣。异日者，惠之才贤奋发，将复有如王御史度之忠贞，何光禄宇新之孝行，叶太保梦熊之边功，杨侍郎起元之理学，翟大令宗鲁、叶刺史春及之政事，张太守萱之著书，光昭岭海，名重一朝者，比肩而出，则皆侯兴起斯文之功也哉。庙工即讫，广文叶君某某、卫君某某以碑文请，不佞居于惠，见侯之所以尊师重道，正祀礼，修庙学，教养人士，功德如此其美，安敢以不文辞。爰为文记之，且诗以系之曰：

奕奕文庙，我侯重作。文在柱梗，崇垣丹垩。缔构独劳，载倾清橐。尊貌聿新，有严有恪。先师神明，格思可度。遗像即藏，求诸玄漠。有若为尸，参也所薄。皞皞莫尚，秋阳以暴。其质有余，大圭岂琢。无体之礼，无声之乐。大文在兹，其德天璞。追玉非恭，圣非人爵。渎侮千年，罔知祓擢。洪惟先师，尊冠帝王。天地合体，日月同行。逢掖章甫，斯乃文章。皇天后土，岂服衣裳。先师之号，正自肃皇。身先弟子，北面趋跄。天子礼乐，用致笑享。八佾之舞，于礼诚藏。文宣之谥，大成之宫。未为备美，非礼自唐。侯今知礼，十圣有光。宁惟作庙，功在宫墙。堂虽数仞，亦及吾肩。因侯之导，阶而升天。毋言景仰，弥高弥坚。圣在心中，非后非前。如立卓尔，是则像焉。我作歌诗，为侯敬宣。羹墙之见，敢不勉旃。"

本年，智朴纂《盘山志》初稿成。

智朴《电光录》有《与王侍郎阮亭书》之三："至日前后，大雪三尺，俄而变成白银世界。殿阁楼台，悉如琢玉。（下略）《山志》昨呈教益，倘不厌繁聒更一校，则我公之功，直与此山并峙。"又《与朱翰林竹垞书》："《山志》承阮老抱病校迄，中有阙处，更请一校。"

本年，汪琬去世，享年六十八岁。

汪琬（1624—1691），字苕文，号钝庵，初号玉遮山樵，晚号尧峰，小字液仙。长洲（今江苏苏州）人。与侯方域、魏禧，合称"明末清初散文三大家"。顺治十二年进士，康熙十八年举鸿博，历官户部主事、刑部郎中、编修，有《尧峰诗文钞》《钝翁前后类稿》《续稿》。

本年，杜立德去世，享年八十一岁。谥文端。

杜立德是宝坻历史上的重要人物。一生行迹见卷首"姻亲杜氏"条下。在此撮要如下：杜立德（1611—1691），字纯一，又字青来，直隶宝坻（今属天津市）人。明崇祯十六年癸未科同进士出身。清顺治元年，经顺天巡抚宋权推荐，被授予中书科中书。次年考选户科给事中。历任太常寺少卿，擢拔为工部侍郎，调兵部，又调吏部，因父丧丁忧去职。守丧结束，任太仆寺卿，擢升刑部侍郎。顺治十六年，加太子少保衔，不久因事夺衔。同年擢升尚书。康熙元年，调户部尚书。考察期满，重新加太子少保头衔。康熙三年，调任吏部尚书。康熙八年，官拜内国史院大学士。康熙九年，改任保和殿大学士，兼礼部尚书，进太子太傅。三藩之乱爆发后，杜立德与李霨、冯溥等参预机务。康熙十八年乞休，受到慰留。康熙二十一年夏再次乞休，康熙帝批准，并赐御制诗及"怡情洛社"篆章，派遣专人护送归里。《太宗实录》修成，进太子太师，获赐银币及鞍马。康熙三十年卒，享年八十一岁。康熙帝闻讯，谕大学士："杜立德秉性厚重，行事正大。直言敷奏，不肯苟随同列。可谓贤臣！"赐祭葬，谥文端。《清史稿》《光绪顺天府志》《宝坻县志》《宁河县志》有传。

本年，友人黄叔琳、杨中讷、陈鹏年、璩廷佑等中进士。

康熙三十一年壬申（1692）　四十二岁

正月初二日，王夫之在湘西草堂溘然长逝，享年七十四岁。

王夫之（1619—1692），字而农，号姜斋、又号夕堂，或署一瓢道人、双髻外史，晚年隐居于形状如顽石的石船山，自署船山病叟、南岳遗民，学者遂称"船山先生"。湖南衡阳人，杰出的思想家、哲学家，明末清初大儒。与顾炎武、黄宗羲并称"明清之际三大思想家"。著作多达一百多种，四百余卷。

正月十七日，大汕邀惠州知府王煐、韶州知府陈廷策及屈大均等集长寿精舍分赋。

王煐作《上元后二日集长寿精舍分赋 得一东》。（《集》第70页）

屈大均《上元后二夕惠州韶州两使君暨诸公同集长寿精蓝分得一先韵二首》："光含佛火百轮妍，三五犹余两夕圆。上客玉毫崔液赋，使君金镜谢庄篇。觞飞不记红牙箸，钩戏争探白腹钱。催放银花无数树，炎炎春色结丹烟。""南油满注百枝燃，火里春生不夜天。露晃双临光乍合，冰轮两食影仍圆。竹林荒宴惟须达，莲社风流可是禅。玉漏休催归骑散，看灯未尽简闻笺。先一月十六月食，是月十五又月食。"
（陈永正主编《屈大均诗词编年笺校》第960页）

陈恭尹《上元后二夕长寿精舍集同王惠州陈韶州两使君梁药亭廖南炜屈翁山王础尘沈上钱方葆宇陈生洲黄葵村分得来字》二首："使君五马并能来，陆贾城边白社开。人影隔桥频送酒，鹤声迎客共登台。东方皎月宵仍满，西郭烟花日渐裁。幸值行春驻旌旆，挽回端藉济川才。""江头前夜报轻雷,花底新阴绮筵开。稷下放谈多学士,梁园能赋盛邹枚。风传夜鼓催灯出,潮带春星入沼来。诗句未成轩骑动,重城深隔愧追陪。"(陈荆鸿《独漉诗笺》第976页)

沈上钱,待考。

方葆宇即方正玉,字葆宇,一字葆羽,号鹤州,又作龙眠。安徽桐城人,方中德子,方以智孙。善画山水,名重当时。康熙五十年(1711),戴名世《南山集》案发,方正玉因出资刊刻戴名世《孑遗集》并为之作序而获罪,免死,举家流放宁古塔。

初春,梁佩兰招王煐等集六莹堂,出六莹琴相示,屈大均等有诗记之。

屈大均《初春六莹堂雅集主人梁庶常出六莹琴相示歌以纪之》:"主人花多开成行,入门白碧红绯香。华堂扫花燕嘉客,吴歌楚舞纷鸳鸯。酒伴张琴如绿绮,蛇腹古光玄雪起。太冥桐干含黄钟,仿佛落霞与流水。杯行未暇调清商,点徵转弄妨绕梁。大小氂婆恐终曲,新声靡曼娱中肠。长清短侧俟他日,为君一弹欢未央。"(陈永正主编《屈大均诗词编年笺校》第961页)

陈恭尹《梁药亭招集六莹堂观六莹堂古琴同诸公作歌》:"昔人断琴贵其声,梁君得琴堂以名。六莹堂诗走天下,人因诗好知琴精。酒酣拂拭呈上客,四座观之皆动色。断纹半作龙蛇形,古漆总如金铁蚀。梁君得此三十春,书斋终日伴闲身。发扬宫徵在笔墨,清风汤穆还天真。陶公无弦得其意,君琴有足一无二。不遇其人不敢修,旧新杂糅虞非类。吾闻舜琴五弦象五行,当年揖让称平成。少宫少商自文武,三千年内多兵戈。乃知极备不如缺,为君一弹再三歌。"(陈荆鸿《独漉诗笺》第687页)

作《春雨》诗。(《集》第70页)

春,送张弓调归钱塘,有诗。(《集》第 71 页)

作《自寿》诗。(《集》第 71 页)

六月十二日夜忆雪楼赏月,有诗。(《集》第 72 页)

六月十四夜就树轩步月,有诗。(《集》第 72 页)

就树轩,在广州海幢寺。

七八月间,读友人秋园诗有作。(《集》第 72 页)

九月,王隼撰次屈大均、梁佩兰、陈恭尹诗为《岭南三大家诗选》二十四卷,人各八卷。王煐为作序刊行。(《集》第 418 页)

王煐《岭南三大家诗选序》:"岭南三先生以诗鸣当世,予耳其名者久矣,翁山之诗,见于世最早,其所为《道援堂集》,予龆龀时习知之,然得之传闻者多,实未得竟其集也。药亭先生举于乡,丁酉以乡进士第一,制艺喧传都下。予为诸生业时,即诵其文思见其人矣。迨通籍之后,见其诗于真定相国座上,捧读不能释手。先生以戊辰榜进士授庶常,而予亦旋出守岭南之循州,遂得定交于京邸,实以诗作之合也。元孝诗行世最晚,盖其操心虑患,不敢骤以诗问世。而长安公卿曾游岭南者,皆极口称元孝诗不置。故三先生之诗相伯仲于世,而颉顽于其乡无间也。予以己巳秋受事惠阳,尝以间抵会城。而三先生居址皆在番、禺两山间,每一过从,即事吟咏。而三先生之诗,始得出而遍读之。药亭之诗,如良金美玉,韬锋敛采,温厚和平,置之清庙明堂,自是瑚琏圭璧,然宝气难掩,时复光焰夺目。翁山诗如万壑奔涛,一泻千里,放而不息,流而不竭,其中多藏蛟龙神怪,非若平湖浅水,止有鱼虾蟹鳖,故翁山诗视两先生为独多,今《诗外》固已等身,而著作无时少辍,传之后世,当无与敌矣。元孝诗如哲匠当前,众材就正,运斤成风,既无枉挠,亦无废弃,梁栋榱题,各适其用,准程规矩,不得不推为工师,时或呻嘤,若伸所痛,则亦《小弁》之怨，孔子不删，未足病也。予尝私评三先生之诗曰：'药亭之诗，才人之诗也；翁山之诗，学者之诗也；元孝之诗，诗人之诗也。予乃得于一日而并交其人，尽读其诗，此予之厚幸矣。'使予守惠而前此十年，则三先生之聚散不可知，予有得一失一之憾；即后此十年，而三先生之聚散亦不可知，其憾亦犹夫前也。予于三先生何适逢其会耶！岁在壬申季秋，适蒲衣王子有《岭南三大家》之选，既成，问序于予，予以平时所素服膺于三先生者，序其始末而书之以为序。蒲衣名隼，能诗，好声律，取古今人词曲之佳者谱入琵琶，著有《琵琶楔子》，自谓得未曾有，亦岭南诗人之杰出者。盘麓王煐。"

按王隼（1644—1700），字蒲衣，广东番禺人。王邦畿之子。七岁能诗。明亡后，尝弃家入丹霞为僧，名古翼，字辅昙。旋游匡庐，居太乙峰六七年，始归返于儒。筑庐于西山之麓，其地与屈大均沙

《岭南三家诗选》王煐作序

亭咫尺,旦夕相从。性好琵琶,家稍裕,即理书卷,手胝口沫无休时。窘,即弹琵琶,琵琶声益急,则其窘益甚。妻弟闻之,尝遗十金不顾,而弹益切,俄而闽使者及粤大吏先后馈至,合五百金,乃舍琵琶,召宾客,大作岁事,分济贫亲友,金缘手尽,率以为常,未几而琵琶声复作矣。娶潘梅元之女孟齐,能诗,通《史》《汉》诸书;倡随相得,乐贫偕隐。有女瑶湘,亦能诗,后嫁于故人李恕之子仁。自度新曲,作昆山腔,以寄其意,仁倚而和之,瑶湘吹洞箫以赴节。卒年五十七。同人私谥"清逸先生"。著有《大樗堂初集》十二卷,与《诗经正讹》《岭南诗纪》《梳山七书》(均《清史列传》)等,并传于世。选辑岭南三家之诗成《岭南三大家诗选》二十四卷,隐然有抗衡江左三大家之意。

赴海丰,九月十六夜登束江亭,有诗。(《集》第72页)

作《海丰道中》。(《集》第73页)

作《朝云台》。(《集》第73页)

赋诗送朱汉源还嘉禾。(《集》第72页)

朱汉源即朱星渚,字汉源号长梧,浙江桐乡人,工诗善书,有《长梧子诗集》。

赋诗送袁密山还平乐。(《集》第74页)

袁密山即袁景星。袁景星(生卒不详),字密山,号休庵,广西平乐人,康熙甲辰进士,官至通政使司左通政,著有《休庵诗集》三十卷、《文集》十卷、《崇川书香录》。王士禛《池北偶谈》卷一"京堂"条:"康熙中,张靖逆侯勇子云翼、马文毅公雄镇子世济、陈海巡启泰子汝器,皆授大四品;广西平乐进士袁景星、陈忠愍公福弟寿,皆授小四品;赵都督应奎子衍祥、许都督占魁子登隆,皆授五品。"

本年,袁景星作《惠州王太守子千别驾俞介石招游丰湖同龚翰林含五漫成》诗:"湖堤几百仗,官舫隙堤通。台榭水光里,烟岚山色中。掠舟飞鸟疾,漏网跃鱼雄。转入前湾去,清香又不同。"(《岭南五朝诗选》卷九)

按俞介石即俞九成。俞九成(生卒不详),字介石,浙江杭州人,康熙二十二年(1683)任惠州通判,修《惠州府志》,茸代泛亭。康熙三十九年(1700)任平远州知州,修《平远州志》。在惠期间,诗词多吟咏惠州西湖之作,尤以《西湖好》七首著称。

赋诗送迟屏万改选北上。(《集》第74页)

冬至日作《至日书怀》长诗,自述生平。(《集》第75页)

《至日书怀》:"少小负奇气,读书未闻道。既同阮籍狂,更类祢衡傲。纵饮筑糟丘,驰猎竞剽姚。意气自飞扬,遇物每矜躁。制行必恢奇,放言多兀鼻。俯视罕匹俦,仰空时一啸。长醒夜无寐,幻想入层霄。形瘁神亦劳,精魄暗损耗。况遭慈母弃,呕血深痛悼。二十抱沉疴,几至不可疗。翻然生悔惧,辟谷习引导。寂灭悟空王,老氏观妙徼。内渐有所得,外资药石効。脏腑转充坚,肌骨倍清峭。勉遵父师训,有志入廊庙。未能自免俗,妄希行所学。棘围三战北,羞同失击鹳。鲲鹏运阻风,遂为斥鷃笑。旋以时多故,慷慨应明诏。三十通仕籍,皇路初腾趠。拜官光禄丞,割烹聊一効。酒醴洁宾筵,祭祀肃容貌。亲承天语问,深惭何以报。嗣迁水部郎,苑囿供洒扫。河渠拟上书,謇直招嫉媢。强项书生态,与世多掞拗。共哂螳当车,或谓瓠无窍。喜借馆局闲,从容事雠校。退食信委蛇,软红从践蹈。纷纷名利途,在在设机巧。身虽混纷华,性本厌烦闹。经旬或闭户,往古事凭吊。就中几朋俦,契合称同调。青州有豪客,矫矫云中鹄。腹笥富二酉,才雄年最少。_{谓赵秋谷}浭阳曹舍人,丰神并清邵。经术有渊源,文思入窈窕。_{谓曹宾及}晨夕每过从,玉山相照耀。因来四方客,爵弇相酬酢。方干顾虎头，狂吟常侧帽。谓方誉子、顾小谢。非徒消遣计，抑亦情所乐。未几复量移，明刑白云署。扈从侍山陵，屡得窥圣孝。十载荣三命，岂曰非清要。赐予感稠叠，尸位虞让谯。戊辰之腊月，方将毕书钞。时《汇典》初竣稿。郡守奏乏人，天子临轩召。自愧尺寸线，才堪缝袜袄。斟酌劳宸衷，分符在岭隩。君恩应有意，宁敢辞荒徼。亲年时七旬，矍铄徵耋耄。濒行过里门，邻串钦荣耀。三月践长途，策马兼拨櫂。道经庐阜麓，欲陟苦霪涝。香炉冷紫烟，五老隔泥淖。暮投东林寺，烦僧觅篮轿。渡江瞻杰阁，缥缈春云罩。缅怀作赋人，今日谁能肖。险阻历溪滩，度岭增暄燠。幸乘破浪风，七日遂已到。己巳四月二十日度岭，廿六日抵郡，计程二千余里。吏民远候迎，僚寀出郊劳。初登默化堂，郡署堂名。东坡为前太守周文之题。旬宣敷政教，此邦兵燹后，闾阎苦残暴。江海潜鲸鳄，林莽聚虎豹。横征田畴弃，安望五月巢。十室九罄悬，饥寒迫为盗。譬彼流离子，半生失怙冒。病已入膏肓，非止溃小疱。补救诚恐后，奚堪重平声肆虐？法惟绳大猾，小过赦鞭敲。更为除烦苛，继以讲学校。但期鹯化鸠，渐使刀易镲。粤中牛名。宽猛原相济，非窃仁人号。自念生北鄙，赋性甘藜藿。萧散本莫羁，那能奈扰挠。一从为外吏，动辄苦缚约。簿牍日相仍，衣裳或颠倒。况为群小愠，萋菲杂聒噪。投合异胶漆，方圆违枘凿。指掌作雨云，到眼归燔燎。安得起钟俞，一奏琴中操。人事已如斯，天意固难料。须从前岁白，目觉今年眊。自笑能知止，日出仍然爝。每怀乡国遥，心似风中纛。赖有江山胜，野兴方谢朓。隙地补亭台，佳辰恣登眺。画舫漾晴波，秋山点残烧。暑月濯冰轮，寒花丛锦绣。听雨夜漫漫，瞻云春浩浩。雅怀托壶觞，苦思穿诗窖。长歌发天籁，聊用写幽忧。庚午一阳月，真人降蓬峤。赠言忆雪楼，始得窥壶奥。乾坤一瓮覆，乌兔双丸跳。化感槐柯蜕，寄同松上茑。常嗤严子裘，不及任公钓。因寻朱明洞，遂访丹砂灶。蝴蝶引车轮，灵禽和笙箶。老人候瑶台，玉女隐帘瀑。问津逢耦耕，止宿随荷莜。素有探奇癖，宁复惮碕磝。看日跻高峰，坐待天鸡叫。信宿华首楼，漫空雪花飘。吾师复至止，贻予以箴诰。大道喻微言，令我心顿觉。洞虚中乃明，不烦事龟燋。注满行将覆，何如预漂濯。光如珠孕蚌，锐比剑藏鞘。所愧薄劣姿，未能即深造。二年勤三复，唯恐致乖谬。精诚爇妙香，涓洁荐溪苕。爰命青童来，至言详播告。谛听情缠绵，体味义精妙。有如日月光，八荒同一照。何用而不臧，从吾之所好。存诚道自坚，养气心无掉。古今智与愚，纷呶等蝉噪。冬至月建子，阴尽阳回曜。剥复潜长消，爻象互相傚。能明造化心，庶无虚覆帱。君子贵自强，乾乾其勉劭。"

友人季唯功得子，赋诗祝贺。（《集》第78页）

十一月，曹寅任江宁织造兼苏州织造，移职江宁。

年底，妻携子女及孙辈来惠。岁除，赋诗三首。（《集》第79页）

《岁除杂诗 壬申》："忆自己巳岁，辞家官岭峤。举足动万里，九旬身始到。瘴疠重蛮荒，居处临岛隩。漫漫乡国路，凭高独瞻眺。白云迷望眼，青山横夕照。空江风浪多，孤愤一舒啸。每逢伏腊时，中怀倍感悼。举酒劝朋侪，吟诗自慰劳。今年当岁除，妻孥来远道。诸儿能友恭，埙箎和同调。幼女亦长成，且喜工言貌。两孙最聪颖，延师颇率教。久别得团圞，盈庭足欢笑。岂知喧闹极，翻令情不乐。老亲虽善饭，年已近耋耄。自奉最俭薄，平生寡嗜好。定省违晨昏，何从审凉燠。斯情中耿耿，梦寐为颠倒。抚心深自责，躁进悔年少。养志以承欢，徒羡古人孝。"

"前年送别时，两孙尚襁褓。大者牵衣留，小者尚紫抱。一隔四寒暑，今始来岭表。相携拜膝前，问询述曾考。依依不暂离，应对颇了了。气欲食全牛，丰神并皎好。新诗争记诵，难字辨枭裒。性喜亲书卷,不徒嗜梨枣。继志喜有人,先世留遗草。屈指人生乐,此外知应少。"

"身世原多累,圣哲莫能遣。帝尧馆一甥,虞舜子不禅。泰伯与夷齐,死亡岂所愿。周文庆百男,管蔡未尽善。象跖生同时,或能成缱绻。惟因赋性殊,遂令情相远。况非同气亲,安免纷言论。干糇本细故,每每存遗憾。旨哉张公言,一忍忘恩怨。我恒思古人,心诚如左券。"

本年,助屈大均筑惠浣堂成,屈大均赋诗谢之。

屈大均《惠浣堂成赋谢惠州王使君 惠浣者以使君守惠州兼草堂资如浣花故事也》:"俸钱分得玉壶冰,堂构城南力未胜。筑有伯夷为太守,居非仲子在於陵。燕衔莺粟香泥结,萱树兰房黛色凝。五柳三槐春未已,使君膏泽到云仍。""东樵未得遂幽居,南郭依然作敝庐。仲举肯先看孺子,文翁知最爱相如。频将金错资开径,待化丹砂润著书。裴冕林塘应更卜,主人情甚浣花鱼。"(陈永正主编《屈大均诗词编年笺校》第998页)

智朴有诗忆王熯。

智朴《雪夜对月忆王子千明府》:"首夏到山房,青林风习习。小春复见临,同向雪中立。雪中倏尔山月上,涌出冰轮千万丈。松际清光自动摇,眉端寒色空摩荡。此时对雪还看月,遥忆故人在南越。"(《盘谷集》卷上)

按此诗不知作于何年,姑系于此。

笪重光逝世。

笪重光(1623—1692),字在辛,号君宜,又号蟾光、逸叟、江上外史、郁冈扫叶道人,晚年居茅山学道,改名传光、蟾光,亦署逸光,号奉真、始青道人,江苏省句容人(一作江苏丹徒人)。顺治九年

(1652)进士,官御史,风骨棱棱,虽权贵亦惮之。巡按江西,以劾明珠去官。罢官归乡,隐居茅山之麓,学导引,读丹书,潜心于道教。笪重光书画名重一时,书法苏米,笔意超逸,与姜宸英、汪士鋐、何焯称"四大家"。山水得南徐气象,其高情逸趣,横溢毫端。兼写兰竹,精鉴赏。恽寿平、王翚尝主其家。著有《书筏》《画筌》,曲尽精微,有裨后学。卒年七十。

顾祖禹病逝。

顾祖禹(1631—1692),字复初,一字景范(一作字瑞五,号景范),江苏无锡人。生于江苏常熟,徙居无锡宛溪,故称"宛溪先生"。毕生专攻史地,以沿革地理和军事地理的研究为精深。曾参与《大清一统志》的编纂,书成不列名,被荐不做官,专心致力于《读史方舆纪要》的写作。经过二十多年刻苦努力,采集正史、地志,旁及野史,参以山川考察,该书终于写就。《读史方舆纪要》是顾祖禹倾毕生心血之作,是研究中国军事史、历史地理的重要文献。

康熙三十二年癸酉(1693)　四十三岁

正月初一日,作《元旦纪梦》诗。(《集》第80页)

又作《新岁见诸孙嬉戏庭前有感作》诗。(《集》第80页)

正月初六为生母忌辰,携全家祭奠。

王煐《正月六日为先慈忌辰率妇子稚幼瞻拜遗像用志悲感》:"母氏身先逝,伤心廿六年。每因风木感,自诵蓼莪篇。儿女俱长大,孙曾亦秀娟。徒瞻遗像在,不及拜生前。"(《集》第80页)

正月初七日,与王础尘、陈元孝等过石濂长寿精舍,复归邸舍,饮宝坻酒。有诗。(《集》第81页)

陈恭尹《癸酉人日偕王础尘王新侯王立安过石公精舍惠州王使君紫诠挈其诸孙已先在同登怀古楼即事作》:"献岁酬酢劳,郊埛未曾出。今与良朋偕,方知值人日。东风动高怀,幽事期禅室。焕然集童冠,不暇计六七。长文抱著车,荀彧幼在膝。汝林钟乍鸣,清梵磬未毕。隔篱辨主宾,近牖闻琴瑟。石径绝纤埃,板桥度残霭。登楼一舒眺,日月飞何疾。万古浩茫茫,天步无停跸。石门犹汉磊,香浦非前率。陇亩半青黄,沧波一洞潏。寒花采玉兰,圃树攀霜橘。老大习酸辛,稚子甘崖蜜。聊为虎溪笑,且试元卿笔。即事非古今,至道忘儒佛。询知吏为隐,亦有民名逸。冀留金石篇,来者为可述。"(陈荆鸿《独漉诗笺》第449页)

正月十二日,偕同人登羚山寺听泉。有诗。(《集》第82页)

三水舟次别同官罗水裕、陈元敷。有诗。(《集》第82页)

按罗水裕即罗衍嗣。罗衍嗣,字水裕,一字庆余,辽东人,康熙十五年丙辰科进士。康熙三十一年任南雄府知府,"清廉明恕,民德之"。康熙四十七年(1708)任福建都转盐运使司盐法道。(《广东府志》)

作《赠相士》诗。(《集》第82页)

朱彝尊到广州逗留三日离去。

王煐《送朱竹垞编修还秀水》:"四载青门别,南来慰梦思。如何相见日,即是送行时。春树诗重咏,旗亭酒莫持。五湖烟月好,终拟共心期。"

"一代才雄并,千秋事可知。望犹南斗重,志岂北山移。自著潜夫论,人传幼妇词。私心欣有托,倾倒及佳儿。时初晤长君文盎。"(《集》第82页)

按文盎即朱彝尊之子朱昆田。朱昆田(1652–1699),字文盎,号西峻,秀水人。太学生。九岁善书,得推拖捻拽法。博览群书,勤于著述。好游，每游往往数年不归，归则不数月又出。尝供奉内廷，既谪官，寓京师十年。诗词独具风韵，人称"小朱十"，意指其诗才可与其父"朱十（彝尊）"媲美。著有《笛渔小稿》《三体摭韵》等。卒年四十八。

陈恭尹《别朱竹垞三十六年矣癸酉二月复会于广州三日别去送之以诗》："三日江边驻客船，菩提坛下又离筵。如何三十六年别，一日分为十二年。"（陈荆鸿《独漉诗笺》第453页）

作《赠程德基》。（《集》第83页）

陈恭尹作《程德基以前所著易简方编见惠谢之》："黄山白岳足幽居，好学偏乘历聘车。千里借筹频决胜，一官搔首尚踟蹰。稊含每状南中物，抱朴兼成肘后书。安得藉君调燮手，尽回元气到比闾。"（陈荆鸿《独漉诗笺》第884页）

程履新，字德基，休宁人，师从名医李士材，得其传；博览群书，颇有医名。撰《程氏简易方论》六卷、《山居本草》（已佚）等。协助陈廷策编刻《武溪集》并撰序。

作《紫洞泊舟登小丘野眺》。（《集》第83页）

春，梁佩兰、陈恭尹为吴文炜辑录订刻《金茅山堂集》，梁佩兰作序，王煐为刻之。（陈恭尹《独漉堂文集》卷三《吴山带诗序》）

按吴文炜即吴韦。吴文炜（1636—1696），字山带，后改名韦，大沥大圃人。少与梁佩兰同窗，十九岁童子试，获冠军，名噪一时。以后乡试屡不第，放意于诗酒中达三十二年。清康熙三十二年（1693）乡试第三名，时已五十八岁。次年参加会试又不第，取道南回，遍览山川胜景。越二年，陪同广东巡抚之子赴京应考，卒于途。文炜长于诗画，画成辄配以题诗。为诗初学李长吉，喜奇嗜险，论者以为其诗有徐文长风韵。朱彝尊游览广东将归时，文炜作了墨卷子给他送行,画上题诗云:"上番新笋坼林风,垞北抽条得几丛。未得便留山屐驻,罗浮晴看紫茏葱。"平日赋咏,多写在败叶残纸之上,不重视存稿,有《金茅山堂诗集》。

季春,雨后代泛亭望湖,有诗。(《集》第83页)

梁佩兰《代泛亭雨后望湖》:"郡斋难得此亭子,太守诗人作画图。抱郭好山经雨洗,贴天明镜带云铺。新虹映日飞红翠,碧涨添流长绿芜。有约更过湖上宿,采菱风起月明孤。"(《六莹堂二集》卷七)

与陈恭尹等集合江楼,饮家酿太和春酒,用苏韵赋诗。(《集》第84页)

王煐《集合江楼饮家酿太和春酒用苏韵》:"江楼四望心悠哉,罗浮雨过群峰开。双流奔汇直西下,倒挽昆仑天上来。千载风流谁继美,和诗韵尽还重起。四月江风爽似秋,炎荒几簟清如水。古人陈迹今能新,后来安可无今人。记取明年此时节,知君忆我太和春。"

陈恭尹《登合江楼饮王使君南区宝坻酒次坡公韵》:"天地之交何固哉,罗浮一合不可开。高楼西望且招手,四百仙峰云外来。醇醪足酹江山美,杯杓未终长啸起。登临今昔几千年,坡公犹寓槎江水。前宵月尽昨宵新,未必今人异昔人。明年荔熟醉何处,为报君家酿老春。"(陈荆鸿《独漉诗笺》第868页)

按合江楼在惠州府城外东西二江合流处。宋苏轼有《寓居合江楼诗》。(《广东通志》)

夏夜,与陈恭尹、梁佩兰、方云旅、季煌、林贻雄等泛舟丰湖,联句赋诗。(《集》第84页)

方云旅,字誉子,号复斋,桐城方孝标次子,少喜为诗,深得祖父方拱乾之喜爱。曾为候选同知。著有《复斋诗选》。康熙五十年戴名世《南山集》案发,株连方孝标《滇黔纪闻》,云旅亦受牵连,几被处死，后被赦免，充军黑龙江。屈大均有《奉答方誉子枉顾草堂留赠之作次原韵》诗。

林贻雄，字赤见，号樗园，东莞人，康熙癸酉举人，选山西长治知县，有政声。迁河南临颍县，值荥阳河决，力为散赈，凡八阅月，存活无算。擢陈州牧，会邻邑解囚至州越狱，坐累罢归。著有《行素堂诗稿》。(《东莞县志》卷六十七)

释纪长客惠州西湖六宜阁，与王南村、梁药亭、陈元孝等雅聚赋诗。

释纪长作《初夏客西湖六宜阁王南区梁药亭陈元孝吴山带季伟公沈三隐诸公分赋》："垂柳依湖岸，风过小阁凉。香飘凝石几，云卧占绳床。修竹当窗立，新荷出水香。群贤乘兴至，名世属文章。"
(康熙刻本徐旭旦著《惠州西湖志》)

释纪长，字松立，江苏吴县人。年十五上姑苏灵岩，依侍圆具监寺。一六九一年入广东罗浮，广州士绅请住持东林寺。著有《云衣草》。

沈三隐，生平待考。

陈恭尹作《代泛亭诗序》。

"惠郡绕郭皆山，槎江、丽江汇其东南，丰、鳄二湖出其西北，登高而望，四山秀色可爱，近在几席而实隔于江湖，洵乎吾粤十郡山川之美，莫惠若也。郡署建于梌山，山分二支，右支抱处得小丘焉，直宾馆之西，沦于榛莽已久。宝坻王使君登而异之，为亭十六楹，形如船，翼以朱栏，丰湖明于阶前，城堞倚于宇下，深浅浓淡之致，有图画所不及者，名曰代泛，称其实矣。癸酉四月，予偕友人梁药亭、吴山带、季伟公客焉，每晨而望，则渔舟竞出，网罟群集，纵横自得，如轻凫聚散，湖中三堤六桥，樵人牧竖，贩夫农妇，荷担往来，历历

陈恭尹《独漉堂文集》书影

可数,月夕则水如积雪,山若浮墨,与星影天光平铺万里,无复高下间隔,寺灯村火,若灭若没,或积雨后,则堤与水平,一痕如线,行者踯躅其上,水注北桥,有声汹汹如千人喧呼,昼不闻也。日之方中,则云光下漏,推移山谷间,此晦彼明;雨骤至,则云脚低垂,随风聚散,或有或无,不可殚述。盖湖上之朝昏晴雨,未尝不若是,而无人凭高观之,斯美蕴而莫传,城内无多高山,自有此亭,然后一代之大观始备。天地之生,城郭之立,不知凡几千年而独有待使君,名胜之开,固有数耶?吾怯夫后之人以建置之近而易之,则木石之力,将有时而尽,故取一时登咏之作,序而归与使君,牓以传之,冀来者为可继也。"

六月十六日,邀屈大均等泛游西湖。

屈大均《西湖月 六月十六惠州王太守邀泛西湖作》词二首:"炎天向西偏凉,爱皓月仍圆,流光如笑。画船轻漾,娈童缓按,十番儿小。使君频有赋,伫曲水、风流吟共啸。更布簟、犀带桥边,弄遍紫荷红蓼。生憎一带山眉,染玉女青螺,影连浮峤。洞天为主,三千幺凤,奈他仙爪。神仙多散吏,恨白玉真人招未早。怎当得、西子钱唐,更劳兰棹。公与白玉蟾仙师有凤契。公未莅惠,先梦到惠与杭州。""纤云蹙损金波,卷一片秋光,全归明镜。数声归笛,栖禽欲起,乱翻林影。弄珠人有约,待七夕、浮灯穿菜荇。便万朵、分与渔舟,看取逐流谁定。 知他几处西湖,有此地才华,主宾相称。右军颜好,凝脂点漆,白头交映。文心吾亦似,觉老去、雕龙今不兢。愿良会、岁岁欢娱,饱闻高咏。"(陈永正主编《屈大均诗词编年笺校》第1294页)

拜苏文忠祠,有诗。(《集》第85页)

与连平州于右承在忆雪楼叙话,有诗记之。(《集》第85页)

按连平清时沿旧制设为州,无下辖县(清代散州无属县,俗呼"独脚州"),隶属惠州府。于右承,即于天池,连平知州。

夏,作《忆雪楼晓望》诗。(《集》第85页)

作《西湖泛月移簟丰乐桥听伶人度曲叠前韵二首》。(《集》第85页)

作《江行杂咏十首》。(《集》第86页)

陈恭尹有《江行杂咏十首》和王煐。

《江星》:"象纬看犹是,玑衡莫可窥。颇疑天未定,终叹逝如斯。影阔迷分野,江空失两仪。民劳今幸息,摇动更何为?"

《村灯》:"舵楼沉夕照,戍鼓戒黄昏。几处犹灯火,谁家未闭门。晕凝平野雾,红落一江痕。朗诵宣城句,终宵耿梦魂。"

《橹声》:"兰桡枢与纽,相激自成音。直到长鸣处,方知用力深。晓风行客耳,落日榜人吟。虽复非吾乐,平生江海心。"

《潮痕》:"东江何太急,朝夕暗生潮。宿叶浮沙岸,新萍上石桥。到山人倍缓,归海浪非遥。明日还增长,连天雨未消。"

《雨帆》:"利钝皆吾分,篙师只自镜。溯流行百丈,破雨羡孤帆。远影浓云断,轻舻白浪衔。岂能长得逸,一是湿征衫。"

《晾罾》:"已是终成启,何如早自休。昔人嗟竭泽,汉法漏吞舟。疏处青天见,闻时白浪收。高张空复乐,斜日满林丘。"

《芦烟》："渐狭溪中路,渔樵共此汀。山盘烟缕直,天压荻苗青。下麦炊新熟,春畲火尚荧。舟行无一事,汲水验茶经。"

《孤屿》："孤屿能高下,长江与吐吞。小如园圃物,深作海潮门。雷电生晴昼,鱼龙聚石根。往来舟不泊,心怯怒涛奔。"

《鱼板》："一棹清宵迥,双悬白板明。胧胧移月色,激激作潮声。水族何能跃,劳生每易惊。先王渔网设,机诈岂其情。"

《新苗》："山谷春恒冷,农功晚未妨。计时秋易待,几日绿成行。老幼骑秧马,鸡豚拜谷王。炎州无恶岁,九熟不忧粮。"(陈荆鸿《独漉诗笺》第863页)

梁佩兰有同题诗十一首和王煐。

《江星》："天阔琉璃映,江光紫绀浮。鸿蒙无二气,身世乃孤舟。贝阙为河汉,龙宫出斗牛。看来双眼尽,碧落正当头。"

《村灯》："烟际闻人语,前溪钓者归。迷离深树里,隐见一村微。土甑黄茅屋,丝车白板扉。客心禁夜永,灯火照依依。"

《橹声》："无风非所料,人力尽堪求。竟日闻柔橹,长江转逆流。助吟劳蟋蟀,催客恨钩辀。怪得歌河满,教人易白头。"

《潮痕》："万派江声走,风长几处移。平能留好岸,高不限天池。水客行应捷,沙鸥宿未知。系舟求稳便,踪迹问篙师。"

《芦烟》："猎猎吹芦苇,盘盘篆水汀。飞为江气白,散作夜田青。此地成烟火,何人托杳冥。沧浪吾亦尔,歌阕共扬舲。"

《雨帆》："到天行易得,颇耐雨还停。日月昏双眼,乾坤立四溟。稍留云片黑,已失岸痕青。水驿占明日,风声渐可听。"

《孤屿》："正好乘风去,无端拂浪迴。雨崖欹划桨,一石激争雷。野渚湟成涨,山藤络不开。自来眺望少,谁磊钓鱼台。"

《新苗》："雨长三篙水,田抽二寸苗。不愁生两耳,先喜出长腰。

海燕飞红寺,江豚浴晚潮。农谈复何事,新绿影摇摇。"

《晾罾》:"不信成渔具,人犹置此间。江湖无了日,物役有时闲。风定白萍末,烟开菱叶湾。仍逢隔溪叟,方卷钓筒还。"

《鱼板》:"求鱼那易得,一板候中宵。霜鬣穿沙汭,银花粲黍苗。鸬鹚太无事,渔父笑相邀。何处沉江枻,残星逐早潮。"

"岂有鸣双板,求鱼便得鱼。物情无一定,人事似凭虚。月黑蛟龙隐,江空网罟余。还闻张敝笱,尽取及虾鲖。"

僧愿光有《江行十首》和王煐。

《潮痕》:"云根盘渌水,踪迹自高深。汐退胜胜见,江鸣线线沉。苹州疏雨歇,鹭渚夕阳侵。纵有寻源者,宁穷造化心。"

《孤屿》:"经过须一泊,僻绝少人踪。目极涵空水,云生作近峰。断崖花气合,荒碛绿阴重。若使吾庐近,支藤兴自浓。"

《鱼板》:"夜久生繁响,潜鳞不自支。舟中才騞騞,鱼尾便葳葳。广泽无闲处,灵潮欲上时。延缘蒲苇外,白月满江湄。"

《雨帆》:"汎汎长风里,逶迤方惬情。片帆何转重,高鸟乃能轻。前望青山暗,回瞻赤电明。萧萧江上雨,舟进几多程。"

《橹声》:"浩渺凫鹭水,方舟此日经。樵风不可藉,柔橹未曾停。渔唱遥分响,菱歌转杂听。何妨人力苦,端的好扬舲。"

《晒罾》:"漠漠悬罾影,摇摇半晚天。沿江防利涉,傍碛碍行牵。鸟色回乔木,潮光散野田。渔舟环屿泊,获岸发孤烟。"

《江星》:"雨歇天清朗,星河水上浮。绨衣坐遥夜,凉吹宛然秋。未返珠江櫂,翻如合浦游。不知湖海里,谁更事夷犹。"

《村灯》:"林下流灯影,舟中见水村。榜人方就枕,渔子正呼门。篱落宵春歇,禾场力作喧。微香似相待,一夕对芳荪。"

《芦烟》:"一望丛芦晓,芦中冉冉烟。从云低化水,逐鹭上为天。

不尽沧浪意,徒闻滩濑溅。岂无渔父在,彷彿有鸣舷。"

《新苗》:"郁郁复葱葱,光摇四望同。才听鸣布谷,忽见荡微风。好雨迎时至,良苗兆岁丰。宁劳春省意,天地佐农工。"

按愿光,字心月,广州法性禅院僧。与梁佩兰、吴文炜等多有唱和。著《兰湖诗选》。

作《题同官俞介石小照》二首。(《集》第88页)

按俞介石即俞九成。

五月,王世桢去世,王煐作诗八首哭之。(《集》第88页)

作《江中骤雨》诗。(《集》第90页)

作《拟古五首》。(《集》第90页)

季唯功扶柩归钱塘,赋诗送之。(《集》第90页)

屈大均《送季子扶两尊人灵柩归葬钱唐》:"为君歌弹歌,亲死不葬哀如何。桐棺暴露以已久,越王台下乌鸢多。飞土可怜汝孝子,二人封树无蒿里。主丧未敢脱衰裳,日向黄肠泪如水。十数年来栖炎方,先人宅兆怀钱唐。归祔松楸遂丘首,精灵相逐佳城旁。崔瑗张霸阙遗令,止葬岂可依他乡。陈寿不归遭贬斥,知君及早事窀穸。裂书昔感故人心,推輓今蒙谁氏力?惠阳太守真申屠,归善令公亦范式。教营高燥赠多金,高义云天安有极!秋凉首路出台关,舒卷悲旌向北还。如堂定筑南屏上,物土依稀天竺间。我昨营坟已襄事,会当庐墓长憔悴。死作乌雏更断肠,生为猿子空悲泪。白马素车难送君,微茫望断西湖云。皋鱼哭处风萧瑟,声乱白杨谁忍闻。"(陈永正主编《屈大均诗词编年笺校》第1006页)

作诗送徐孝廉仲宣还毗陵。(《集》第92页)

徐仲宣即徐时俊,字仲宣,江苏靖江人,顺治十七年举人,长于吟咏,善画,以笔墨画山水,以工笔画花鸟,俱有生气。详见光绪《靖江县志》卷十四。陈维崧《迦陵词全集》卷十四有赠徐仲宣"水调歌头"词。有《寤亭集》。

与好友黄与坚话旧。有诗。(《集》第92页)

黄与坚(1620—1702),字庭表,号忍庵。江南太仓人。幼颖悟,三岁识字,五岁能诵诗,顺治十六年(1659)中式己亥科进士。授知县。康熙十八年己未,荐应博学鸿词科,名列二等,授翰林院编修,与修《明史》及《一统志》,甲子奉命典贵州乡试,迁左赞善。后辞官归,寓居陋巷,一心著述。《清史稿》有传。黄与坚应与王煐订交于京师,后来禹之鼎为王煐作《风木图》,黄与坚有题诗。

毛际可到端州,与王煐游羚山寺。

《忆雪楼诗集》卷首毛际可序:"余与宝坻王南区先生闻声相慕有年矣,癸酉春晤于端州,遂同泛舟羚山寺。"

作《挽方烈妇毛氏》诗。(《集》第92页)

陈恭尹《方毛氏节烈歌 毛司李会侯之女》:"君就木,妾坠楼,此心一日为千秋。死同穴,各异室,辞心十年如一日。严滩新冢高崔嵬,一棺两圹同时开。祝宗祈亦死太拙,粒米不入生何来。经旬礼佛饥无怠,正气在中能不馁。重泉一笑好相迎,易箦之言今尚在。吾翁吾父幸勿悲,舍生取义当如斯。承祧有子墓前碑,一死较胜坠楼时。"

(陈荆鸿《独漉诗笺》第456页)

毛际可(1633—1708),字会侯,号鹤舫,浙江遂安人。顺治十五年(1658)二甲七十八名进士。官河南彰德府推官,改知城固,调祥符。康熙十七年(1678)召试博学鸿词,不第回任。旋以事罢官。卒于康熙四十七年(1708)。著有《春秋三传考异》十二卷、《松皋文集》十卷、《安序堂文钞》三十卷、《拾余诗稿》四卷、《黔游日记》一卷、《会侯文钞》二十卷。毛际可之子毛士仪曾任宝坻知县,毛际可因之寓居宝坻三年之久,与王煐之父王鼎吕相识,相交甚厚。

毛际可《祭亡女文》:"呜呼!汝之死也,吾适有维扬之行。及归,而汝大殓已数日,神思惨切,不能为文以哭。今距汝死四十九日矣。大雄氏所谓满七之期,而吾邑风俗阴灵止吊,凡亲党朝夕哭奠之礼,亦于是告终焉。遂以清酌蔬果之仪告于灵前,而言曰:女子以烈者多矣,刎颈沉渊往往奋然于一决,未有绝粒十有九日,悠然待终,如汝之从容就义者也。夫汝之守节,既无饥寒之患,亦无逼迫之虞,迟之数十年可以邀旌扬之典。今日之死,已格于功令而不能上闻。汝明知之而竟矢志坚决,百折不回,且不能缓之旬日,以待吾之一面而永诀也。曩者岁在庚申,亡婿奕昭就婚汴邸,脾病已剧,甫结缡五日,即出外馆就医,未几去世,致奕昭有误汝终身之叹。以常人度之,私心不无怨尤,而汝毅然有从死之约。危楼下堕,垂毙复甦。自李高阳公以下,皆有诗文以旌其烈。至吞金不死,未尝告人,而出于临绝之口。因忆戊辰春,余为钱塘戴烈妇立传,吞金指环不死,汝时在傍,读之哂曰:金环岂遽能死人乎?吾颇讶其言,孰知其得于身历也。此番绝粒,闻汝兄士储劝汝,待之舅姑父母百年之后,汝谓:为人子媳者而预期其尊人何时弃养,以毕吾志,即此一念,已不容于诛矣。闻者皆缩舌而退。更置利剪于侧,若欲相强,即刺喉自尽,虽举家环泣,不敢轻以汤水进。呜呼!尝读医乘,饿死者,男子以七日计,女子以十四日计,不过为极量之词耳。世岂有绝粒而至十九日者!汝于腊月初三后,勺水不入口,至廿一振襟而逝。每晨区画家事,所夺产业衣饰,分析妯娌子侄辈,即器具亦散给亲疏有差,沐浴呗诵礼佛,阳阳如平时,无愁怛痛楚之状,似为古今不经见之奇。然前后十九日中,姻戚女婢劝解省问暨护视榻前者,日不下十数人,至于送所供大士入语石山,以首叩榻,额血殷然,数里间幢旛载道,观者无不太息泣下。即邑侯何公亦悲悼嗟异，微使人往来于门，以觇存殁，未及含殓而已命驾来吊。其赫赫在耳目若此。故吾归途所历数百里外，人人传颂如出一口。及归，读汝舅方渭仁行略，五内欲裂，而人犹以为非笔墨所能竟也。汝惟澹泊，久屏荤血，遗命衣衾皆布素，更传语相诫，弗过为诩扬以消冥福。然忠孝节烈，如天地间日星河岳，不可得而泯没，况临终亦闻鼓乐自远而至，恐事涉异闻，不欲载之行略。生为烈妇，死为明神，理所固然。为父母者亦可以无憾，而念汝十九日中咽断肠枯之苦，又何以为情也！"

新秋，毛际可至惠州，与王煐、黄与坚、龚章等泛舟西湖，毛有文记之。

毛际可《雨中泛惠阳西湖记》："康熙癸酉，新秋，惠州守宝坻王君紫诠，别驾武林俞君介石，相扣泛舟西湖，同游者为黄忍庵宫坊、龚含五大史及余次子士储皆与焉。出郭登舟，过黄塘以西，林木翳森，已令人作濠濮想。随泊舟水亭上，有叶金吾园，渐就颓圮，王君出赀易之，建立义学，弦诵悠然出竹树间，允称佳事。稍北为留云亭，复折而右为荔圃，解衣盘礴，杂坐飞觞，忽骤雨倾注，檐溜作瀑布声，烦暑为之尽涤。复散步过圆通庵，曲径幽邃，后构水阁，荷香袭人衣袂。登舟至犀带桥，相传坡公出犀带以助建者。上为大圣塔，正对孤山，有石碣隆起，朝云之墓在焉。坡公以忤权相谪，刚大之气，百折不回，诸侍妾皆先后辞去。朝云独相随于九死瘴疠之乡以殁，至今凛凛有生气。王君于堤两旁遍植水松，为护堤计。从堤缺过舟，沿村童稚聚观篱落，望之如桃源洞中人。而三五渔艇，闻游舫鼓吹至，皆举网取鱼，鲜鳞泼剌。取青蚨给之，馈饷相继。嗣后，雨时作时止，若准提阁、栖贤寺，皆不能登岸。泊舟于鲤湖荷芰中，折碧筩作象鼻饮。薄暮始归。时俞君盛称武林西湖，王君谓此湖虽佳丽不及,而幽蒨过之。武林西湖,吴宫之西子也。惠阳西湖,苎萝之西子也。昔人咏泠泉亭,有'流出西湖载歌舞,回头不似在山时',则于武林西湖亦有余慨矣。四坐皆以为然。至此,湖荒废已将百年,湖中画舸琳宫,皆王君焕然一新,而迁期已近。后来守是邦者,能相继而修葺之,如坡公之解带以传千秋焉。是所望同志之君子。"

毛士储,字待旃,毛际可次子。康熙间由监生令扶风,精明敏干,多机警,善调亭,详请将荒补熟之法,邑无逋赋。以卓异升冀州。扶民立祠祀焉。《扶风县志》、《冀州志》、《遂安县志》有传。

秋,染病,扶病登署楼,感而有作。(《集》第93页)

病愈,偕通判俞九成等泛舟南湖。有诗。(《集》第93页)

屈大均作《买陂塘》词。自注:"奉陪王太守、俞别驾、佟大令雨中泛西湖作。"

"涨西湖、半篙新雨,画船初试烟水。知君虽作湖上主,心与海鸥相似。秋欲至。荷叶外、微茫渐识芦花起。溪头洞尾。向山影沉浮,泉花喷薄,频得白鱼喜。　长桥畔,灯火渔村尚未。疏钟微出苍翠。兰桡荡漾无人见,教驻数声歌吹。觞并止。堤上步、沿回稍近黄塘寺。林风乍坠。正宿鸟巢边,凉风萧飒,心动欲归矣。"(陈永正主编《屈大均诗词编年笺校》第1295页)

屈大均《赠惠阳俞别驾》:"罗浮多年无主人,惠阳太守今如神。公与卧治同清净,风流文采俱仙真。左江右湖人挂笏,讼堂无事官长贫。王祥声名起别驾,良二千石游逡巡。股肱之郡贵公等,朱幡不日闲行春。芙蓉四百且登陟,葛洪鲍靓招为邻。"(陈永正主编《屈大均诗词编年笺校》第1003页。此诗似为与王煐、俞九成同游罗浮时所作。陈永正主编《屈大均诗词编年笺校》卷十以为作于本年,而本年俞九成、屈大均似无罗浮之游。姑系于此。)

龚章作《摸鱼儿》词一首。小序云:"王紫诠郡伯雨后招泛西湖,分赋以张翥'涨西湖半篙新雨'作起句。"

"涨西湖,半篙新雨,绿波潋滟千顷。风光仿佛钱塘上,雁齿龙头齐整。真幽胜,问十里长堤,学士曾留姓。画阑斜凭,看雾鬟横拖,云鬟倒浸,玉塔摇清影。 官闲也,胜事髯仙争骋。风流前后辉映。兰桡惊破鸳鸯梦,椰酒荔浆香凝。何人省,爱山色湖光,尽著公余领。烟浮泽暝,待月上疏林,歌来渔榷,细细扣舷听。"(载徐旭旦纂修之《惠州西湖志》卷之六。)

秋,约陈恭尹来惠,陈以事不往。

陈恭尹《有约惠州以事不即往月夜独坐奉怀王使君子千三首》:"好溯东江水,新晴月又圆。滩高鸣尽夜,山峭绿兼天。昨日数行札,谁家百丈船。使君应倚槛,相望郡楼前。""北牖开千嶂,西亭领二湖。旧题诗总在,宿约日频逾。官廨临仙岛,人居著画图。此诗称咒后,乘月想登艫。""慷慨多奇气,人称赵与燕。看君名已遂,于道守弥坚。世事增诸感,诗才老去年。从来不朽者,枘凿有方圆。"(陈荆鸿《独漉诗笺》第897页)

又登平安岭望海。(《集》第93页)

野渡逢隐者,赋诗一首。(《集》第95页)

作《自响水渡登岸至鹅埠夜行荒山即事 时大风雨避罾门港之险也》。(《集》第95页)

白云道中,有诗。(《集》第96页)

三角湖阻风,有诗。(《集》第96页)

九月九日,舟过峡口,偕李用仪、方誉子登羚羊山寺,拟命酌山亭,时有群骑屯集其上,索然避之。留诗题壁。(《集》第96页)

李用仪,待考。

九月中旬,江行望月,有诗。(《集》第96页)

归善佟县令招饮,陈恭尹有诗记之。

陈恭尹《佟归善德新招宴白鹤峰同王南区太守俞介石别驾于连平南溟陈河源龚太史含五梁太史药亭方处士誉子季处士伟公》:"鹤峰清绝万山呈,却待坡公始得名。江走縠纹来百里,帆悬斜照掠孤城。当年旅寓闻钟地,此日华筵奏曲声。不有能诗贤令尹,只应长揖礼先生。"(陈荆鸿《独漉诗笺》第867页)

按佟德新即佟铭。佟铭,字德新,正蓝旗人,监生。康熙二十三年至康熙三十三年任归善知县。重建合江楼,助修代泛亭。

按于南溟即于廷弼,字南溟,镶黄旗人,监生。初任沅陵知县,卓异特陞,于康熙二十八年至三十四年任连平知州。

按方誉子即方云旅。

本年,大汕和尚有《忆雪楼迟季伟公不至》诗:"月下花前我辈亲,登楼王粲倍情真。虽然月下频倾倒,毕竟花前少一人。"(《大汕和尚集》卷十)

十月初六日,曲阜孔庙重修落成,康熙帝派皇子允祉、胤禛前往致祭。

除夕,写家书,赋诗志感。

《除夕草家书志感得除字癸酉》:"岭南四度过除夕,今夕匆匆又值除。万里望云遥进酒,三更烧烛预题书。寸心敢信无尤悔,举世惟应任毁誉。且藉长吟迟短漏,邻鸡漫报岁朝初。"(《集》第97页)

十二月,著名的明朝遗民诗人冒辟疆病逝。

冒襄(1611—1693),字辟疆,号巢民,一号朴庵,又号朴巢,明末清初的文学家,江苏如皋人。卒,年八十有三,私谥"潜孝先生"。冒襄一生著述颇丰,传世的有《先世前徵录》《朴巢诗文集》《水绘园诗文集》《影梅庵忆语》《寒碧孤吟》和《六十年师友诗文同人集》以及品茶、古玩、植花等杂著。其中《影梅庵忆语》回忆了他和董小苑缠绵悱恻的爱情生活。

本年，徐乾学病逝。

徐乾学(1631—1694)，字原一、幼慧，号健庵、玉峰先生，江苏昆山人，顾炎武外甥，与弟元文、秉义皆官贵文名，人称"昆山三徐"。康熙九年(1670)进士第三(探花)，授编修，先后担任日讲起居注官、《明史》总裁官、侍讲学士、内阁学士，康熙二十六(1687)年，升左都御史、刑部尚书。曾主持编修《明史》《大清一统志》《读礼通考》等书籍，著《憺园文集》三十六卷。家有"传是楼"，乃中国藏书史上著名的藏书楼。

本年，林贻雄中举人。

按林贻雄，字赤见，号樗园，东莞人，孝友工诗，与梁佩兰辈相友善。康熙三十二年乡试第二名举人，官至陈州知州。著有《行素堂诗稿》。事见张其淦《东莞诗录》卷三三、《东莞县志》卷二十九。

康熙三十三年甲戌(1694)　　四十四岁

正月十一立春日，有诗。(《集》第97页)

正月十五，有诗。

《元夜》："甲子春王赐大酺，叨丞光禄掌官厨。班联鸳鹭瞻黄幄，戏演鱼龙列锦毹。十载南来留海甸，九重北望远天衢。关情最是元宵节，一样冰轮濯玉壶。"(《集》第97页)

作《莫笑》诗。(《集》第98页)

作《无能》诗。(《集》第98页)

作《独酌》诗。(《集》第98页)

读史，赋诗四首。(《集》第98页)

作《题李夫人小照 夫人姓姚名淑字仲淑别号钟山秀才》。

"汉书八表著未齐,谁能续之曹氏妻。周官之学绝已久,谁能通之韦氏母。闺阁文章古所难,况当兵燹流离间。父书能读孤有立,婴杵之义堪同观。研斋太史负奇气,放浪天涯若萍寄。独有钟山姚秀才,岭海江湘随所至。盖棺事定殡未归,三尺之孤孱且饥。题书染翰易薪米,千株万叶烟云霏。手写遗文三十卷,名山可藏传定远。麦舟相助岂无人,返葬西川未云晚。我于图画见其真,一姬研墨何辛勤。握笔凝神咏匪石,桃花柳絮非其伦。吁嗟太史当末运,受知一日能致身。之死靡他亦其类,食报乃在闺中人。我为题之期不泯。"(《集》第99页)

按李夫人钟山秀才姚淑,王士禄《钟山秀才歌》小序云:"钟山秀才者,李翰林研斋夫人,少攻笔墨,而金陵之人因以目之者也。研斋酒间道其事,为櫐栝为此歌。"

《明诗综》卷八十五:"姚淑,字仲淑,金陵人,庶吉士达州李长祥纳为继室。有《钟山秀才海棠集》。"董以宁《正谊堂诗文集》有《姚夫人画竹记》记其事甚详。

作《题李太守照》。(《集》第100页)

李太守即李长祥(1609—1673),字研斋,亦字子发,自号石井道人,四川达州人,出身官绅之家,生而神采英毅,喜谈兵。明崇祯甲戌(1634)中举人、崇祯十六年(1643)举进士,入仕于朝。同里薛国观方为首辅,欲引为私人,拒之。明亡后,在抗清斗争中,李长祥与郑成功、张煌言,屡仆屡起,抗节不挠。鲁王监国四年(1649)进为兵部左侍郎,后移至舟山。1651年清军陷舟山,鲁王走福建投郑成功。李长祥则被清军所俘,后被羁押于南京。时金陵才女姚淑(钟山秀才)倾慕李长祥之名,私往其处论诗问艺,于是郎才女貌,一见钟情,形影不离。看守者谓长祥有所恋矣,稍事懈怠,两人即于康熙元年(1662)逃离南京,由吴门渡秦邮,走河北,遍历宣府大同,复南下百粤,与屈大均处者最久。天下大定,方迁居毗陵(今江苏常州),筑读易台,作文赋诗,以抒情怀,高风劲节,流露其间,所作《天问阁文集》传世至今。清代著名史学家全望祖,在其所著《鲒埼亭文集外编》中,用详实而生动的笔墨,大量地描述了明末的忠义之士,其中《前侍郎达州李公研斋行状》一篇,就是记载李长祥事迹的。

作《次韵酬朱十洲》诗二首。(《集》第100页)

朱十洲,待考。

作《霪雨连月座客戏吟天醉吐淋漓句因续成之》诗一首。(《集》第100页)

湖亭讌集,有诗。(《集》第100页)

四月初一日,作《湖上送春十首》。和者甚众。(《集》第101页)

序:"一年好景,望到深春;三月连阴,度如长夜;莺愁燕恼,蝶馑蜂饥;物已不堪,人何能免!兹当孟夏之朔,恰值小晴之天。缓步湖山,细寻踪迹,花魂未返,鸟梦半醒,触景增怀,随时遣兴。一觞设饯,补还九十春光;_{前月小,故云}。七字书情,非复寻常寄托。凡我同志,愿赐和篇。"

诗:"凝阴三月闭春光,赚得乾坤一线阳。天眼欲开云嶂叠,月眉频蹙雨帘长。莺花已负年时约,诗酒宁嫌此日狂。共上大堤歌旧曲,残红泥印马蹄香。"

"一夜春从湖上归,游丝飞蕊望中稀。苎萝西子妆初洗,金谷东君愿已违。粉蝶蹁跹寻昨梦,黄鹂宛转认朝晖。幽人最有情痴感,独卧山居静掩扉。"

"九十韶光未满旬,匆匆归去倍伤神。和戎已失宫嫱面,霸越重逢溪女身。好处梦魂劳想像，别时踪迹更逡巡。胭脂总悦时人眼，万紫千红岂是春。"

"春归何处可追寻，无限思量托短吟。西苑观鱼桃浪浅，南区巢饮杏林深。丰台别墅翻新阕，潇碧高斋集素心。抚景不禁伤往事，纷纷清泪暗沾襟。"

"惜春无计到西湖，绿草如茵夹岸铺。莫怅繁华输北阮，且图欣赏胜东隅。榴花似火烧山寺，荷叶如钱泛酒垆。鸟亦多情解人意，隔林两两唤提壶。"

"苔痕蜗迹遍阑干，草阁新晴四月寒。水荇绿疑裙带染，山榴红笑口脂干。芬芳梵宇闻金粟，缥缈仙舟听木兰。莫道今年春去早，天还留与醉人看。"

"湖山初霁隐轻雷，又见高春落照催。粘径乱红留莫扫，绕堤新绿正宜栽。寻僧说法消诸妄，对客题诗愧别才。俱是伤春多恨者，深杯百罚不须推。"

"生平怀抱漫蹉跎，驹隙流光去苦多。娲后补天宁有石，阳公返日岂无戈。且从红友论三昧，但听清歌唤奈何。烂醉不妨眠藉草，一枰黑子对东坡。"

"更牵画舫绕长堤，丰乐桥头墱院西。古墓朝云封碧藓，疏林暮雨打黄鹂。隔年腐草留萤火，异代梁空落燕泥。人散酒阑闻叹息，从来花木解含凄。"

"罗浮缥缈思无穷，湖寺西南一径通。周雅不妨歌湛露，虞弦先已变薰风。东山丝竹何能继，北海樽罍幸不空。佳客漫劳频折柬，重游预订月明中。"

陈恭尹作《西湖送春次王紫诠使君韵十首时积雨八旬矣四月朔日积雨偶晴故有此作寄余索和》十首："一春飞电不停光，谁纵群阴共闭阳。出谷野云笼树白,漫堤湖水入江长。莺辞青帝啼犹湿,燕得晴天喜欲狂。想到六如亭下路,屐泥封尽落花香。""春来何处去何归,世上关心者亦稀。老景渐知前路逼,新花应又一年违。桥边激激催流水,塔外层层透落晖。深羡使君闲此日,野人经月未开扉。""借却今朝补昨旬,历书新纪祝融神。金乌落尽无晴日,蜀魂啼衰有恨身。星火尚存羲叔宅,箫韶曾是帝虞巡。从他序节相流易,四百罗浮只自春。""欲送归云不可寻,读君诗句费沉吟。春无白日常疑浅,水到沧溟未是深。野竹生来饶苦节,渚莲开后见同心。最怜犀带桥头月,他夕分明照客襟。""菱花荇叶匝双湖,丽日曈曈百里铺。羲驭久应回北陆,渑池终恨失东隅。鹅群逸少非无帖,犊鼻相如别有垆。一咏一觞聊自足,好留春鸟劝提壶。""青泥亭子石阑干,高冢垒垒照水寒。泉下朝云何处所,偈中如露未曾干。蝇能远道因随骥,草有余香不让兰。试问钱塘苏小墓,清明寒食几人看。""已歇黄塘昨夜雷,寺南新筑定曾催。花名踯躅春长发,竹有笼葱手自栽。元凯勒铭传在德,左司为郡号多才。千秋也是寻常事,日月行天似磨推。""青阳归去不蹉跎,闰岁曾无一日多。柯斧烂时才顷刻,触蛮争处又干戈。余生合付丹砂久,壮志其如白发何。阿阁凤巢知在迩,春来竹实满前坡。""千丝垂柳拂长堤,才见东风日已西。蚁垤一春鸣老鹳,山童三月报新鹂。将收蜂蜡供游屐,欲积蚨钱买醉泥。首夏清和全未得,朝来阴雨倍凄凄。""莫道工诗遇必穷,使君曾不问穷通。千年自梦生花笔,一郡同归偃草风。杳杳邮筒来昨日,堂堂旗鼓建晴空。风流宋玉今摇落,谁和阳春入郢中。"(陈荆鸿《独漉诗笺》第 901 页)

龚章作《和王郡伯紫诠湖上送春十首 时四月初一日小晴》:"湖山乍喜透春光,无奈惊心送艳阳。但觉柳浓莺未老,不知春尽夏初长。寻思往事憎腾梦,触拨新愁荡漾狂。人世几何堪把玩,瓮头且喜腊醅香。""是何容易送春归,九十风光今渐稀。每到花间魂欲断,拟寻酒伴愿多违。重支竹枕温残梦,静拂丝弦弄晚晖。谁载苎萝西子去,溪头空掩旧柴扉。""连天风雨动经旬,见说春归倍伤神。岂是畏途先息驾,如同宦海早抽身。莺因怨别啼无数,蝶为怜香舞几巡。恼恨近来缘底事,昏头瞀目过三春。""来从何处去何寻?搔首阶前取次吟。花到落时方恨少,人到别后始情深。啼残杜宇空留血,展尽芭蕉只见心。拟命奚童携小榼,六如亭上一披襟。""挈伴寻来郭外湖,波平如掌晓霞铺。山横翠黛连云脚,榴吐胭脂滴座隅。风起汉妃歌出塞,月明蜀女摆当垆。柔情万缕应难绾,莫怪狂来击唾壶。""小楼初日照阑干,无复东风抖搜寒。晴透芳林蝶粉碎,暖烘香迳燕泥干。汉南昔日思移柳,洛水佳晨过采兰。犹有缘堤红紫在,相期留取隔年看。""密云头上响轻雷,无计留春莫乱催。美酒且拼千日醉,好花须逐四时开。凄凉旧事悲龙女,宛转新声怨善才。闲著枯棋刚半局,无聊心绪把枰推。""一年好景竟蹉跎,头白萧郎感慨多。逝矣难追夸父杖,痴来空想鲁阳戈。楚台雪散无踪迹,洛浦波深可奈何。回忆长安香粉路,寻春走马过南坡。""扁舟容与绕湖堤,棹过桥东复水西。谩上离筵轻折柳,且携斗酒暂听鹂。飞花粘径还留片,落絮随风半作坭。回首可怜金谷地,繁华转眼便含凄。""湖头好景望难穷,水涨平芜曲曲通。新碧初添荷叶雨,旧红半褪杏花风。谁家帘幙春常驻,何处尊罍酒不空?惟有风流贤太守,兰桡箫鼓夕阳中。"(上引龚章诗十首,张友仁《惠州西湖志》收录一、二、三、四、十共五首。康熙刻本《惠州西湖志》则十首全部收录,承惠州《东江时报》严艺超先生热心帮助,惠与抄录,谨致谢忱。)

按龚章(1637—1695),字惕恃,号含五,归善(惠州)人。二十四岁中解元,康熙十二年(1673)中进士,任翰林院检讨,从不因私事求见上司,以读书自娱。在京时,与王煐五年共事,"曾同纂修之役"。主持江南考试，选拔多名士。工书法，尤善草书，为岭南书家中最有成就者之一。著有《晦斋集》《纲鉴捷录》等。张友仁《惠州西湖志》录其《和王郡伯紫诠湖上送春五首》。道光《广东通志》有传。

叶适作《四月朔日湖上送春和王郡公韵》十首："蔚蓝天色漾湖光，一苇乘风泛夕阳。酒兴不因春共减，诗情新与夏争长。蛛丝牵得花须乱，燕剪裁开柳絮狂。莫厌残红刊落尽，荷钱出水已闻香。""春从何至更何归，红紫萧疏看渐稀。虚负韶光心自惜，因循花事愿多违。绿莎处处披青霭，黄鸟山山噪落晖。闲煞渔家高卧稳，水边罾挂撑芦扉。""积雨凝阴度几旬，乍惊新霁倍精神。柳花榆荚诗中物，羽扇芒鞋画里身。行狎浴凫多得伴，醉赊浊酒不依巡。穷源更入横槎去，湖曲山隈别有春。""东皇消息已难寻，燕语蝉声入苦吟。梦逐晓云天外远，愁兼碧草雨余深。阴晴不定山川色，去住宁知天地心。抚景漫劳伤往事，忘机亭畔且开襟。""香风习习匝澄湖，花坼长堤锦自铺。春水天连平岸曲，夏云峰起拥城隅。漫将七字酬时序，拟把千钱寄酒垆。指点眼前行乐地，更须何处觅方壶。""芳醪小槛到湖干，新试纻絺尚怯寒。迁树晚莺声渐咽，寻花晴蝶粉初干。道傍凡艳辞荆棘，谷里幽香出蕙兰。最是山家好风景，就中勾住醉人看。""乍晴乍雨散轻雷，薄暑微寒景递催。种竹引凉疏更补，移蕉待日密还栽。谢池有草留春色，江笔无花愧梦才。欲向湖边酬白雪，诗情撩乱废敲推。""一年春事易蹉跎，春尽回思恨觉多。罩住日华云镢钥，判残花色雨干戈。感时每欲寻诗去，遣兴无因奈酒何。笑指前溪堪荡桨，稻秧如剪绿平坡。""渺渺平湖曲曲堤，竹楼东起草亭西。归云洞口闲招鹤，点翠洲前一听鹂。几处采菱牵荇带，谁家斗草蹴花坭。伤春剩有寻春客，酹酒歌骊只自凄。""放櫂湖源探欲穷，柳牵花引小桥通。不成寒暖真佳景，无定东南皆好风。流水绕余穿别港，湿云荡尽散长空。人闲仆仆分迎送,谁信都归造化中。"(载清康熙刻本徐旭旦纂修《惠州西湖志》卷之五,第一首并见清刻本《惠阳山水纪胜》卷下。)

按叶适(生卒不详),字顾吾,号西村,归善人。康熙四十一年举人。文章行谊,卓然不群。工书。读书西湖,尝与四方名士泛湖吟咏,斗捷骚坛以为乐,因自号"西村",郡士夫无不知有西村先生。有《国朝诗采》《西村集》等。(见《惠州西湖志》《惠州志·艺文卷》)

吴联作《读惠州王使君湖上送春诗和韵》:"居渚驹隙易蹉跎,虚度芳辰恨最多。难拟携柑追雅集,徒惭驻峡荷长戈。湖光笑我三生阻,春色迟人一送何。下里巴词遥属和,得无贻诮老东坡。"

按吴联,字愚长,一字拔庵,闽漳南靖人,任黔江镇,升广东肇庆协镇,才兼文武,政尚教化,暇则与诸词人请论道学,有裘带风焉。康熙壬申奉旨陛见。著有《丽江集》《榕庐诸草》行世。(《岭南五朝诗选》卷十六。)

五月初八夕雨后见月,有诗赋之。(《集》第102页)

又作《忆雪楼对月次韵》诗。(《集》第103页)

作《暮鼓》诗。(《集》第103页)

作《题胡起岩小照》题画诗。(《集》第104页)

胡起岩,待考。陈恭尹《独漉堂诗文集》有《题胡起岩行乐》诗。

作《李元公副戎招饮湖上即席次朱十洲韵》诗。(《集》第104页)

李元公副戎,疑为李镇鼎。李镇鼎,字奠原,一字威远,武威人。康熙甲辰科(1664)武进士。康熙三十四年至三十六年任广东提督,卒于任。

弟王烶来惠州,喜而赋诗。(《集》第104页)

闰五月,郡邑涝灾,视察、安抚、赈济灾区。(《集》第104页)

《甲戌闰夏奉檄视灾郡邑途次酷暑呈张观察》:"尧年闻苦溺,

天道敢云非。野水漫江下，山云载雨飞。三时嗟已久，百室欲何依。禹稷多忧日，谁遑暂解衣。"

张观察，疑即张云翮。张云翮，字紫阁，张勇子。《清史稿》卷一六九："张勇，辽东人，隶陕西潼关卫。康熙十四年四月，以军功由一等侯轻骑都尉封靖逆侯。十五年八月复晋一等侯。卒谥襄壮。"《翁山文外》二《岭南倡和集序》："张紫阁先生观察岭南，下车即枉驾沙亭，访予三闾书院。公生长关中曲江之上……为靖逆元侯大将军之子，与兄又南先生、元侯大将军皆善为诗。"张云翮时任广东驿盐道。见阮元《广东通志·职官表》。

陈恭尹作《同王紫诠使君自广溯惠即事四首时积雨余日江潦骤涨数文坏官私庐舍不可计使君奉令发赈》："积潦沉山足，舟行此最难。牵江无旧路，崩石有新滩。高并泉源涌，平欺渤澥宽。中流多器物，不忍问人看。""已息经旬雨，犹逢饮涧霓。水痕高在树，山色近看泥。乳燕归无屋，行鱼戏满畦。农家栖未定，不暇事耕犁。""闹处千樯集，平时百货来。只知江欲尽，焉念雨为灾。欹舍墙相枕，残村瓦作堆。无人思曲突，更欲焰余灰。""丰歉谁无分，风雷太不情。聊随发粟使，偶作泛舟行。江雨珠争跃，山寒玉并鸣。一途新物色，吟咏不成声。"（陈荆鸿《独漉诗笺》第905页）

闰五月，为徐熙《秦楚之际游记》作序。（《集》第413页）

王煐《秦楚之际游记》序："去月予自惠至广州时，积雨稍霁，过屈翁山所居，而陈君元孝偕一客在座，曰吴门薛君孝穆也。——予往在京师，固尝读其文，慕其才。——相揖而坐，纵谈甚适，因约为城西精舍之游。明日，薛君偕翁山、元孝先至，顷之，梁君药亭、陶君子师，一时会于石公淀心亭上，亭四面皆水，通潮汐。薛君出其秦楚游记一编相示，予与诸君倚栏讽诵，得风行水上之乐，竟忘日之将夕也。薛君论文,讲求法度,考索音声,持衡颇峻,其自为文,祖龙门而祢震川,《依归》之集,行世已久,而兹编则其一鳞片羽毛而已。是日为望前一日,午潮平于亭砌,石公诧未曾有。诸君饮散别去。又旬日,而三江潦水,冲所坐亭上,水深四五尺,而惠地山狭源远,水骤至数丈,郡县城垣,民间庐舍、市廛,倾颓倒压不可计。予仓卒归郡,行视各属邑,安辑赈施,至今犹未讫也。薛君刻记,索序于予,劳人草草,安复于文章之事哉?然心悦薛君为人与文,不可辞。因叹天雨潦之不时,饥粮之莫定,而友朋文酒之乐,为不易多得也。遂并书之。康熙甲戌闰夏宝坻王煓序。"

按薛孝穆即薛熙。薛熙,字孝穆,号半园,吴县人,中年居常熟,布衣。弱冠即弃举子业,专力古文,受业于陈湖、汪琬之门。家居郡城绿水园,四方名士过吴多造访,颇极一时觞咏之乐。汤斌曾延之入幕,与修《江南通志》。编选《明文在》。著有《依归集》《耕绿草堂诗草》。事见《江苏诗征》卷一五六、乾隆十三年本《苏州府志》卷六十三。

途中,作《龙川夜泊》诗。(《集》第105页)

又作《残夜乘月返樟河源》诗。(《集》第105页)

初秋,王烻离惠回宝坻,作诗送之。(《集》第105页)

《秋日送仲弟归里门兼示诸幼弟》:"回忆良乡别,于今又五年。岭云留雁影,江水送鱼牋。计日书先到,临风意倍悬。莫将为吏苦,细说老亲前。"

"寄语诸昆季,乘时好读书。须忘温饱念,莫负性天初。北阙需梁木,南溟徙化鱼。云霄频仁望,羽翼愿齐舒。"

九月八日,在广州五仙观看放风筝,有诗记之。(《集》第106页)

自广州赴端州,游七星岩、卧云石、宝月台等名胜,赋诗记之。

(《集》第 106 页)

屈大均《广东新语》卷三《七星岩》:"七星岩,在沥湖中。去肇庆城北六里。……七峰两两离立,不相连属,二十余里间,若贯珠引绳,璇玑回转。"

十月初八,召集同人送好友薛孝穆,时友人王撰正在惠州。
(《集》第 107 页)

王撰(1635—1699),字虹友,号汲园,太仓人。生于太仓世家,为太原王氏裔孙。曾祖王锡爵明万历朝官至首辅大学士;祖王衡官至翰林院编修;父王时敏以荫官至太常寺少卿,工诗文,善书画,列吴中画派"四王"之首。撰为时敏第七子,"嗣其家学","最有声"。撰少即游于同里陈瑚门,为入室弟子。及长,师事父执钱谦益、吴伟业,诗文益进。著有《步檐集》《芦中集》。顾炎武有《与王虹友书》,文云:"流寓关华,已及二载。幸得栖迟泉石,不与弓旌。而此中一二绅韦,颇知重道。管幼安之客公孙,惟说六经之旨;乐正裘之友献子,初无百乘之家。若使戎马不生,弦歌无辍,即此可为优游卒岁之地矣。惟是筋力衰隤,山川缅邈。获麟西野,粗成拨乱之书;化鹤东州,未卜归来之日。言念邦族,憯然如何?"

王撰有《屈翁山招同薛孝穆饮古丈夫洞草堂》诗:"秋晚炎州景亦清,入门黄叶映檐明。草堂旧是庐鸿住,竹径新看蒋诩成。堂新修葺。十六年来重此会,乙未春见访已十六年矣。五千里外送将行。时孝穆将之乳源。酒阑聚散无穷感,帘卷如钩月又生。"(王撰《芦中集》卷九)

王撰又有《送孝穆赴乳源幕叠前韵》:"西风吹叶助凄清,把酒离堂蜡焰明。楚客已同餐菊惯,向寓屈氏骚圣楼。虞卿真见著书成。所选《明文在》方梓成。舟从白雁秋中去,人在青山画里行。归亦道经韶石下,何时渌水访先生。"

九月，王撼作《读家惠州南区诗志美并以留别》。

"吾宗贤太守，示我诗一卷。展卷光陆离，读之目为眩。天然丽且妍，出水芙蕖茜。何来照乘珠，置彼盘中转。千言翻水成，而胜百锤炼。词场角争雄，孰敢不低面。分符岭南来，更得交群彦。论文日夕偕，数以诗酬战。嘴距夸擅场，才名盛黄绢。泛舟西湖中，花月张清宴。罗浮古洞天，登览诗题遍。人尽称风流，坡公今再见。客游越王台，一见即相善。但言棣萼欢，不鄙荷衣贱。乌鹊怅无依，穷途藉之遣。近忧庚公尘，辄举西风扇。谁为鲁仲连，与射聊城箭。方曳侯门裾，思莼返乡县。公意故拳拳，余心亦眷眷。去矣乘班骓，酒阑泪如霰。"（王撼《芦中集》卷九）

王撼又作《子日亭歌》。

"罗浮高高凌紫气，一峰绝顶如飞云。浮山之巅此峰是，石楼并峙东西分。一阳旋转生于子，有声如雷日轮起。烛龙飞来若木枝，最近南溟他莫比。鸡鸣万里光曈昽，海天浴日玻璃红。宜有飞甍建其上，苍茫下瞰蛟人宫。铁桥石柱人不至，旧有精蓝今亦毁。终宵露宿常苦寒，急与诛茅成福地。惠阳太守吾宗贤，翩翩文藻人中仙。剖符相傍葛洪井，餐霞欲拍洪崖肩。突兀为亭当绝巘，梯空缔构如斯罕。以月以时皆以子，吹灰恰中黄钟管。兹地风流属大苏，只今五马何曾殊。袖中携得生花笔，登此遥瞻

王撼《芦中集》钞本书影

三足乌。四百峰连与亭称,五城十二楼争胜。时时知有郁仪朝,羽盖霓旌往来盛。岱宗日观未云奇,更有雄文以敌之。垂诸琬琰传百世,字青石赤峋嵝碑。"(王揽《芦中集》卷九)

九月,王揽作《鱼缸歌》。

"炎州九月初凉夕,吾兄张筵宴宾客。樽罍珍重出鱼缸,倾以醲醾如琥珀。四尾鱼从缸面浮,生来鳞鬣丹砂色。得酒浑如戏水频,银塘荷动波摇碧。所怪缸盛涓沥微,相忘遂若江湖适。倘许它时化北溟,图南会展抟风翼。径寸无过白小同,双眼依然射波赤。岂有任公钓此中,钩饵欲施施不得。此缸制自茂陵年,窑口官哥许并传。莹白无瑕温且泽,不殊美玉生蓝田。纵未如鲸百川吸,侭堪一盏合自然。吾兄本是玉皇吏,谪居此地真神仙。风流太守文章伯,为亭子日罗浮巅。况求长生得真诀,内景熟读黄庭篇。识得杯中有深味,何辞治郡移酒泉。什袭藏来十年久,光华照耀惊四筵。酒半呜呜动城角,主宾座上诙谐作。帘卷轻风瑟瑟来,金波满地榕荫薄。岭外芳醪倒荔枝,尤胜京师饮桑落。酌焉不竭亦不盈,小器妙能成大壑。《庄子》:'大壑之为物也,注焉而不满,酌焉而不竭。'非惟于酒识圣贤,兼得观鱼殊不恶。腾波岂望如鲤神,顾辙应无忧鲋涸。从今不复叹无鱼,将欲因之悟鱼跃。仿佛身在濠梁游,非鱼宁不知鱼乐。"(王揽《芦中集》卷九)

十月,作《甲戌小春蓝子公漪榻寓斋作溪山烟雨图余见而悦之因题以志岁月》诗。(《集》第107页)

按蓝公漪即蓝涟。蓝涟,字公漪,侯官人,以诗画名。涟博物洽闻,工诸体诗,超脱遒逸。性喜游,在粤尤久。晚岁再至,遂卒于粤。有《采饮集》。

蓝涟有《春尽留王川南寓斋 王名瑛字紫铨宝坻人川南道》:"雨润轩墀碧藓通,水栀蕊白佛桑红。一春已尽余诗卷,百事无成学钓翁。胡蝶

梦中芳草路,杜鹃声里落花风。闲情多少惟君识,手抚朱丝目送鸿。"(国家图书馆藏蓝涟《采饮集》)

除夕,作咏橄榄诗四首。(《集》第107页)

屈大均作《除夕咏感橝和王使君》八首:"苞品诸珍淑,南威未易求。红盐惊一夕,青子落三秋。臭味兰心合,芬馨玉齿流。使君苹果好,共遣岁华愁。感橝即橄榄,一名南威。子瞻诗:'纷纷青子落红盐。'时岁除,使君兼以宝坻苹果见饷。""青果回甘物,分来守岁盘。味同良友谏,香得美人欢。落爱南枝晚,餐宜白露寒。雌雄人未识,都作木威看。橄榄,一名青果,亦曰味谏,以白露后摘食不病疟。其枝南向曰橄榄,东向曰木威。高雷人以乌者为木威,为雌,青者为雄。""细切辛盘里,频添素手香。青黄生半摘,甘苦老全尝。越俗多为豉,吴风更作汤。见珍因逾岭,争取不盈筐。""咀嚼能终日,含滋恨不留。森严多正味,芳润少烦忧。仁小休怀核,头织可作钩。分曹争射取,衣袖暗相投。子瞻诗:'正味森森苦且严。'""口实槟门似,含辞总若兰。逢君陈腊果,喜得上春盘。小辣能忠告,微甘亦合欢。雕花多女赘,珍惜掌中看。粤俗以糖梅、橄榄雕镂人物、花卉以为妇赘。槟门即槟榔。""瓠犀初苦涩,不食未曾忘。诃子难回味,油甘亦少香。干愁青玉皱,湿恨白丝长。饯岁多秋实,如君最耐霜。诃子、油柑子皆与橄榄相似,谓油柑即余甘子,非。榄中有丝榄、有丁香榄。""本草那知汝,芬芳更有情。既多贤友义,复得美人名。大小丁香似,艰难硕果成。岁除方见取,嗟尔后时荣。有曰新妇榄。""煎取余甘味,泉花泡更开。清香因火发,苦涩得盐回。未试调梅用,先挥颂橘才。稽含笺草木,博物复公来。余甘子即橄榄。升庵言有余甘子煎。朱氏言橄榄得盐不苦涩。"(陈永正主编《屈大均诗词编年笺校》第1015页)

陈恭尹《除夕咏橄榄同王紫诠使君梁药亭屈翁山吴山带季伟公作》诗四首:"嘉果防中酒,华筵列几枚。色迎青帝近,甘自隔年回。弱蒂因盐落,微香夺茗开。深宵人不远,相劝尽余杯。""正有文园渴,生津尔所优。添将牙后慧,藏作掌中钩。苍玉春王佩,丁香汉署求。明朝期献岁,一一记更筹。""果中推异品,地远乃名夷。岁岁无为赏,青青欲赠谁。车箱归北客,花实又南枝。消尽人间毒,渔翁只自知。""事后思忠谠,嘉名比直臣。病从苦口利,寒到尽头春。作弹驱群疠,堆盘杂五辛。谏书稀圣世,笑尔美芹人。"(陈荆鸿《独漉诗笺》第453页)

本年,作《丰湖书院记》。(《集》第419页)

文曰:"土地人民,有国之宝。因其高下而修之,因其知能而教之,则为政之所先也。惠于岭南为名郡,山川之胜,甲于东南。立言立功之臣,相望前史。余初外迁,得此为之色喜,谓与予山水之癖有合也。及抵郡,湖山无恙,而古迹名胜,则鲜有存者,盖干戈之息未久也。诵读之士,往往散处山谷乡落之中,索居离群,闻见寡眇。余思所以聚之,乃买叶氏孤屿废园,并前守所置义学地基,建堂舍二十四,以为讲学诵习之所。其亭、榭、台、沼,或仍或新,以为游息之地,名之曰'丰湖书院',聘师儒以主之。生童贫而愿学者,听其执经就业,给以膏火之资。买金龙镇等处田,岁收租五百余石;置水口圩店房,岁收租四十余两。令广文、经历两官,司其出纳,岁终汇册核销,自完果课。支师生修脯而外,岁有赢余,稍为修葺书院、点缀湖山之用。余以政暇,课生童学业其间,因以登临啸咏。比年以来,士之读书奋起,以得科名者,不乏其人。而远近宾朋,相与扁舟湖上,一唱一酬,篇什流传,颇极一时之盛。尝以为天地之钟美山川,与其钟秀于人文,一也。故山川之气开,然后人文之运振。惠之有此山川久矣,自陈、刘诸公为之有司,苏、唐诸公为之过客,亭馆堤桥,日以增益,而惠之先贤自兹而始出,至有明三百年间,事业伟矣。兵燹以来，山川之气或自今其复开乎？然古今为政，知养教人才者，犹不乏人，至于点缀湖山，则或以为无益之费，岂知山川之有助于人文若此也！余详而记之，俾后来者知二者之并重，不致偏废，以时省察稽考，而不使湮没。将见天不爱宝，而英姿挺生，则岂独一郡之宝云尔哉？"（《惠州志·艺文卷》）

（道光）《广东通志》卷一百三十九："西湖义学在丰湖上，国朝康熙三十三年知府王煐购叶氏废园改建。"

《惠阳山水记胜》书影

本年石濂有诗赠王煐。

石濂《遥寿王南村太守 二首 时余扫塔曹溪》："轻舟溯曹溪，溪水甘且贤。高溉象岭松，条柯含苍烟。云日媚英姿，寒暑余贞坚。虬尾结茯苓，枝交白鹤眠。缅昔仰秦封，挺此大夫贤。大夫东海旁，垂露荫间阁。长日鸡犬闻，深谷尽良田。乐岁兆民和，恩爱动缠绵。远近跻公堂，春酒介华筵。稽首同所愿，愿上南山篇。""窈窈鸣天鸡，冉冉上扶桑。盘盘如朱轮，灼灼使君堂。门内张氍毹，座上绾银黄。妙舞出西秦，食鱼必河鲂。广厦列邹枚，沉思发高唱。朝游历名山，夕月泛湖光。邈余限南华，往从道路长。持我钵盂峰， 南华山名 。似作万年

惠州丰湖书院坐落在惠州西湖湖心岛上　宋健 摄影

觞。"(《离六堂集》卷二)

吴山带作有《赠循州王子千太守》:"此邦为政知无事,桑麦来歌独至今。卧郡自成黄相治,寻山差遣谢公心。石楼秋见三更月,庭树朝栖五色禽。拟向登高诵新赋,朱幡时从出青林。"(此诗未纪年,推为本年所作。此诗转自《岭南五朝诗选》卷九)

又吴山带作有《雨后代泛亭望湖》:"一镜远涵波滟滟,红坭亭子霁初回。轻阴不为游人散,胜地还因太守来。内外湖分堤树出,东西山夹郡城开。更须鼓枻穷冥杳,箫鼓中流夕燕催。"(此诗不知作于何时,姑系于此。)

本年,余怀写成《板桥杂记》。尤侗撰《题板桥杂记》。

本年,友人顾图河中榜眼,周起渭、朱轼等中进士。

康熙三十四年乙亥（1695） 四十五岁

年初，接调任川南之命。

《正月七日阅除目量移川南志感》："六年薄俸虚甘旨，万里炎荒隔起居。妄代妻孥占好梦，欣从邮置得除书。已非毛义新承檄，深愧王阳未返车。欲寄双鱼凭驿使，灯前展纸更踌躇。""宦境何如梦境真，岂缘妄想遂成因。槎江又共云山别，巫峡行看雪痕新。_{戊辰甲戌梦中事}。旌节几行争羡宠，图书满载未云贫。敢辞辛苦迂前路，先向江南慰老亲。_{将命长男瓛迎奉家大人至金陵便道省亲即寄家焉}。"（《集》第108页）

陈恭尹作《人日次梁药亭韵兼柬川南长寿》诗："衰颜与懒岁俱增，心在冰壶更著冰。七日为人虽复尔，五伦于我独存朋。川南使者新贻酒，海外归僧昨寄藤。旧好无多皆白首，草堂期续夜吟灯。_{予于朋友一伦差可无憾，余皆有不可言者。二十年在药亭城西草堂作诗尝连月不寐}。"（陈荆鸿《独㵠诗笺》第1005页）

屈大均《赋为王紫诠使君寿兼送迁任川南》："使君一作罗浮君，亭开子日当飞云。要与岱宗日观敌，三更已见金乌踆。南溟咫尺即畼谷，吐纳不外扶桑暾。礼接曜灵本天职，朱明况与台门邻。青冥绝顶作云构，呼吸上通天帝欣。位置岂如赵汝驭，横翠拂松徒纷纭。白玉真人有夙契，梦中相命何谆谆。仙驾长在洞天里，朝元每夜同紫宸。前身或是鹤林辈，紫元紫华为高群。不然玉局一散吏，重来仿佛惊山魁。翠羽屡逢铁冠队，青牛时开云篆文。梅花村口劝农罢，都虚坐啸长经旬。耷田无讼鞭挞废，白衣山子皆良驯。半遮水帘视公事，欲归官阁还逡巡。治行第一股肱郡，邻邦疾苦兼谘询。荐章谓良二千石，荣迁忽向庐江滨。鹅城父老日奔走，乞留绯鱼丰湖潴。白石争求鲍太守，荔支宁数陈将军。黄龙诸仙亦惆怅，碧鸡鷯鹆皆酸辛。哑虎将出负书簏，啼猩亦欲攀车轮。玉女奉饯苏醪酒，麻姑泪沾蝴蝶巾。铁桥石柱黯无色，厌饫珠玉犹嫌贫。一峰一匹锦绣段，四百三十愁未均。争留大夫作生日，石楼星精来老人。八十九条瀑喷薄，二十四种芝轮囷。玉源为君作膏泽，瑶石为君铭功勋。丹成已坚黄金骨，婴姿孺貌长韬真。此行剑门历艰险，如乘龙蹻凌苍旻。舟上瞿塘利风水，旌麾高拂瑶姬裙。巫山十二为我数，一峰不肯相嶙峋。定贪暮行香雨去，芙蓉飞坠知横陈。天上王郎谁识得，烟宵一下婴埃尘。子晋且停白鸾鷟，方平休跨黄麒麟。阴功即是稚川药，直道惟凝姑射神。孟夏陶陶盛发育，初度令节丛嘉宾。安石榴吹丹灶焰，麝香萱吐华堂裀。阿翁红肌兼绿发，在家常醉田盘春。那能方朔至青鸟，安得琴高来赤鳞。王乔飞舄正杳杳，王阳叱驭方駪駪。昔为刺史今岳牧，神仙自来多外臣。日月薄蚀要补救，云雷屯难需经纶。四海饥溺未由己，百蛮恫瘝先在身。夜郎君长亦游戏，未忍鄙夷斯苗氓。会将礼乐变殊俗，尽令猡缅知同伦。有教岂分人兽类，但含血气皆尊亲。永宁居之亦何陋，咽喉三省劳才斌。诸葛治蜀虽多猛，庄蹻开滇元用仁。清廉得垂囊橐去，绝胜养砂成金银。代赏逋赋更破产，肯持南物过峨岷。脂膏毛米不濡润，斯道绝响今复振。与予金石交已定，六年相对忘依鹑。但怜华采似鸡鹊，未嫌蔬野同嘉靡。此行巴渝不偕去，参差儿女牵婚姻。簸弄明珠我亦得，婆娑海水公无嗔。终然相寻逾白帝，川南取道过金潾。勉赓白盐赤甲赋，只愁笑破花翁唇。杜陵放翁汝劲敌，将来鼎峙成三分。才华绝世不入蜀，争得奇险篇篇新。雄浑昊兀尽神变，要令鬼哭吾吟呻。五丁在手苦开凿，天然不露秋毫皴。知君拔山笔力大，此番冥搜天地根。乱挥三峡恣澎湃,细写千嶂穷氤氲。锦江桃色染笺纸,遗我作草龙蝹蝹。书君怪丽句千万,散为天花飞九垠。只恐管城不能给,紫毫抽尽东郭㕙。"(陈永正主编《屈大均诗词编年笺校》第1026页)

陈恭尹作《送王紫诠使君观察川南兼以为寿》诗:"箕尾出东隅,斗牛在其侧。如何分野内,燕越殊南北。与君隔万里,衰晚始相识。鸿飞与虮潜,事异中心得。君才具匡济,少小富学殖。方壮已为郎,纂修曾借职。雍容著作场,出入东西掖。禄养逮高年,公余事登陟。家近盘山阳,子春有遗恤。青鞋结两耳,健足生八翼。一线天门开,三潭龙雾黑。长啸踏烟萝,高吟呵鬼蜮。虎穴亦偶眠,僧厨频寄食。越险倍骁腾,耽奇忘逼仄。细写北岳真,传之子卿墨。九重有眷命,五马来南国。始至合江楼,溪山似能忆。丰鳄涤胸怀,罗浮在封域。时当废驰后,万绪纷如织。公事有期程,案牍常充塞。然膏继落晷,伏枕思嘉则。频年滋汗漫,一旦皆修饰。驱车四百峰,聊以适吾适。维时建子月,落木飞淅沥。野烧断复明,溪声浅犹激。南中冬向暖,雪下俄盈尺。煮茗斯成冰,题诗坐孤石。韵窄语有神,杯寒酒无力。夜宿就禅衣,朝行共山屐。兹山信奇秘,抱朴初来宅。近揖鲍使君,远招浮丘伯。三十二代仙,并注长生籍。家老野人黄,孙子真人白。相示有新铭,至理符元易。遂造飞云巅,夜半光赫赫。初日上空蒙,重昏顿昭晰。建亭名子日,用示丹砂的。至后一阳生,夜气中宵觌。大道本目前,世人自沉溺。真机一似握,百感无不寂。坦步任穷通,直心以行德。见义勇于为,与民共休息。宏才旋气化,远略销奸慝。干旌子四郊,羔裘丝五緎。湖桥时命舫,郡阁频留客。风流古有人,文采今谁敌。席门寄穷巷,往往劳熊轼。唱和靡不同,篇章渐盈百。吾生丘壑志,赖以遣晨夕。内顾何所长,诸郎谬求益。去岁雨为灾,及秋更其剧。野吏古亭西,书斋寸苔积。一跌出不虞,右股几成躄。师资谅非据,造物来深责。卧疾十余旬,至今犹怵惕。送君川之南,远想紫肝膈。洞庭四际天,巫峡双悬壁。扁舟溯浩渺,百丈行荆棘。白帝古高城,竹王旧疆域。仍当渡泸水,葛相曾于役。使节此经临,所向皆名迹。边陲况少事,行迈多余隙。妙笔发幽妍,闲心恣摹画。文章自千古,物色增高格。西蜀宦游人,杜陆为巨擘。花溪与剑南,鼎足看今昔。弱冠事远游,中岁聊停策。河汉一沿洄,衡庐常艺植。裹足太行西,北睇徒踧踖。峨眉心所往,拟得同探索。筑石更精奇,仙灵留采摘。吐丝下有苓,乌头小为菂。绝壑长空青,方流饶水碧。老态未龙钟,余生况鸡肋。去志乃勃然,儿曹阻行色。今晨届弧矢,几日移旌戟。四座称万年,下民歌九罭。语别在须臾,重期莫能测。各为南北人,复作东西隔。人生感知己,握手殊惘默。何以赠仁言,高明尚柔克。"(陈荆鸿《独漉诗笺》第475页)

王立安还宝坻,屈大均、陈恭尹有诗送之。

屈大均《送王立安还宝坻》:"朝辞罗浮东,暮指田盘北。代父观察公,还家敦子职。太公七十余,未杖多筋力。好学日神智,康强以不息。天生虽老姿,况复善饮食。脍兔春宜葱,羹鱼香用稷。自酿渠阳春,益滋玉颜艳。元气日斟酌,用精解织嗇。考造多子孙,一一皆歧嶷。大小诸蒙童,纳妇家能克。观察政大成,悦亲道已得。迎养苦路长,炎荒在蛮域。兹焉复川南,蜀道劳攀陟。尊老不遑将,靡盐情郁抑。所喜太公年,春秋尚千亿。眉寿天所私,于以报平直。君今去奉养,慈孙人尽识。文章为旨甘,仁爱乃容色。神明出不穷,古人渐相逼。吐纳风与骚,以为大雅则。子道在白华,弦歌贵朝夕。无欲尔处子,堂堂作矜式。脂车明启行,逾岭方崱屴。间关岂不苦,庶以荡胸臆。山川洞经纬,利害知兴塞。情伪若观火,庶几免回惑。风尚还淳庞,人心去斜曖。持此经术功,自可一道德。行矣趋祖君,于彼无终国。候燕春方归,翩翩同矫翼。上堂奉几杖,嬉然随钓弋。余闲向南丘,或亦观稼穑。引领当夔门,仆夫正匍匐。嶔崎栈阁倾,诘屈车轮仄。蚕丛九折中,而翁驭方叱。江行复险滩,丛石争雄特。千盘出崩崖,百丈牵生竻。巫云撒白盐,三峡俄昏黑。舟与阴预斗,象马势不测。入城尚无人,猿穴疑苍赤。豺虎方咆哮,甘人作口实。况渡泸水西,壤已邻滇僰。乌蒙与镇雄,翘首神君亟。抚绥亮有方,威爱知无忒。艰难移孝时,庭闱不敢即。万里致忠勤,何殊在亲侧。往觐君毋然,垂堂且自敕。居行各有经,至性本天植。纯孝质有余,不受丹青饰。矧君迩京华,会当驰玉勒。竭考得祕书,凤池簪笔入。曰惟大父庆,此事亦孔棘。帆开珠海湄,沙宣起鹡鸰。送送无尊酒,何以慰相忆。泽陂有芙荷,中心含苦薏。美人硕且鬈,瘨瘽终何积。"(陈永正主编《屈大均诗词编年笺校》第1030页)

陈恭尹《送王立安归都门》:"细雨乍过春花燃,金台归客扬金鞭。停鞭下马入揖我,虬须飞动东风前。长身玉面年殊少,直上彤墀应新诏。丈夫出处合有时,看尔昂藏岂常调。田盘山下好林皋,贤人隐处德星高。八龙二方侍左右,文君长文即尔曹。自到炎州供子职,省觐频年南复北。尊君五马驻罗浮,近复双旌向梁益。川南路比岭南深,便拟轻裘度翠岑。命儿将父劳臣事,中路留家久客心。天涯此别期难定,聊作枯吟为君赠。千秋志业尔自期,白首蹉跎吾善病。"

(陈荆鸿《独漉诗笺》第918页)

陈恭尹作《三水别立安后同王使君入羚羊峡四首》:"三江灯火夜无眠,舟楫分行向晓天。独挂东风更西去,川南燕北思绵绵。""春阴连日雨重重,不记舟行远近踪。酒后卷帘风刮面,白云堆里认诸峰。""峡山高峭月微明,十里如墙夹岸行。谁向中流喧爆竹,东西崖谷走雷声。""归途不怯打头风,缓棹乘流兴未穷。一片晴峰疏树外,

木棉新点两三红。"（陈荆鸿《独漉诗笺》第919页）

合江楼宴集，屈大均作诗赋之。

屈大均《合江楼宴集次苏长公韵 王使君出宝坻家酿饮客》："洋洋乎水何美哉，合似罗浮不复开。天下朋友之胶漆，安得尽似双江来。登临风日正清美，长啸休惊鸥鹭起。使君醇醪自宝坻，倾作金波逐江水。一杯明月一杯新，明月笑我非仙人。仙人未有不饮者，更须沉湎罗浮春。酒名。"（陈永正主编《屈大均诗词编年笺校》第1028页）

屈大均作《王观察招食嘉鱼率赋兼以为别》三首。

"诗人歌式燕，最重是嘉鱼。罩汕欢多有，鳣鲨叹不如。宁期晋康水，亦似沔南渔。出穴当冬始，分君玉馔余。"

"南有谁知汝，来从大小湘。金盘频作鲙，玉箸尽含香。饮燕嗟难再，离忧正未央。何当临丙穴，更与使君尝。公将之任蜀中。"

"此度嘉鱼会，衔鲂泪欲挥。鳟鲂留未得，蒲藻更何依。异日相思甚，休将尺素违。一双凭锦水，春饮乳泉肥。"（陈永正主编《屈大均诗词编年笺校》第1030页）

三月二十三日，广东巡抚高承爵参劾王煐失职。

据台湾"中央研究院历史语言研究所"所藏《内阁大库档案》载康熙三十四年三月二十三日广东巡抚高承爵《题报归善县知县佟铭捐陞同知任内钱粮案件限满册结未据缴核交代迟延之佟铭并接署县事平州知州于廷弼等相应指参》："巡抚广东等处地方提督军务兼理粮饷都察院右副都御史加叁级臣高承爵谨题：为遵缴实收事。该臣看得归善县知县佟铭捐陞同知，臣准部咨随行布政司将佟铭任内钱粮案件督令交盘清楚，造具册结详报。今据布政使张建绩详称：屡檄行催未据该府县将册结缴核。查此案扣至康熙叁拾肆年贰月贰拾伍日，两月限满，所有交代迟延之归善县捐陞知县佟铭、接署县事连平州知州于廷、督催不力之惠州府知府王焕，咎均难宽，相应题参，听候部议。谨会题请旨。"

作《乙亥孟夏将谢郡事集同人饮代泛亭》诗。(《集》第109页)

夏，湖上再集，有诗。(《集》第109页)

孟夏，重修代泛亭。作《代泛亭记》，陈恭尹书丹，刻碑树于亭侧。

文曰："惠州有西湖，不知始于何年。自苏长公来居此邦，始大著于天下，则其去千年不远矣。而楼台亭榭，寥寥不及杭湖之盛。顾丰鳄相连，溪谷幽深，殆盛于杭州片水，一览可尽者也。苏长公以西湖比西子，而有取于淡妆浓抹，盖谓湖光山色耳。然惠湖之淡妆浓抹，又岂在杭湖下哉？故常戏谓，惠之西湖，苎萝之西子也，杭之西湖，吴宫之西子也，闻者皆为大笑。然以身牵职事，在城郭中不得日与湖山相见，意每恨之。郡署西偏，有小丘焉，废屋颓垣，蒙蔽已久。余以视狱过之，偶一登临，隐见于女墙荆棘间，豁然悟曰：'是可亭其上也。'乃尽买其废屋，撤其垣瓦，聚其土石，以广斯丘，为亭如船，名曰'代泛'。全湖之胜，可坐而收也。郡人相矜以为快事。余晨夕之下，得以宾客僚佐，登临啸咏其中，非一日矣。前秋，亭为飓风所败，继以去年漏雨，土裂基颓，未假修葺。今年正月，余适有川南之命，每登斯亭，流连忘返，而深惧其朽涊不修，使胜地湮没于将来，而大观无闻于远迩也。于是，通守同寅俞君介石、连州牧于君右承、归善令佟君新德、龙川令王君云门、兴宁令黄（应为"董"）君宝臣、和平令邵君恕庵，欣然出资，以助于役。乃撤其故而更新之，易以巨石，为经久之计。中庭列十楹，为两行。后为板屏，旁列明窗，如画舫之有中舱焉。窗之下叠甓为短墙，下加板片，如船舷之可坐也。其外翼以朱栏，使可环行，而无登高临深之惧。前为亭，亭前为平台,亦如船之有舻,而不施蓬盖也。其势南北长而东西狭,然以南为首者,与厅前同其向背也。东窗之外,巨竹千挺,清风潇然。其西,湖光如镜,云山如画,渔艇牧犊,堤桥塔影,交呈于前,此'代泛'之名所由来,非独亭之有似于舟也。夫山川之胜,俟人而名。永柳溪山之奇,不知名者何限,而子厚所搜剔,至今独存。丰乐醉翁之亭,今皆芜没,而过滁者未尝不问丰山醴泉之所在,以想永叔当年。二公之文章有以寿之也。苏长公寓合江楼最久,其后乃作白鹤新居,唐子西寓湖南,筑寄傲庐。而此地并未经赏识,以一丘之小,不足供顾盼耶?抑密迩郡斋,非迁客所宜居也?余妄谓斯亭之美,与合江、鹤峰鼎足于惠,惜吾文不足以传之。后之君子,必有欧、柳为长官,苏、唐为过客,表而出之,知吾言之不谬。至斯亭之布置,犹未尽善者,亭前平台宜宽,可以步月,今亭过于长,而台独狭,非增补其南不可也。两旁宜垂湘帘,则舒卷自如,启闭无碍,今乃并用窗楅,未免赘疣,以帘易之可也。西窗之下,颇有余地,惟宜树丛桂以取香,毋多树高木以遮远,所欲详为后人告也。噫!身已远矣,亭之兴废善否,于我何欤!然犹谆谆及此者,天下之美,当与天下共之也。乃刻石,而树之斯亭之侧。康熙己亥三十四年孟夏,宝坻王焕记。"

龙川令王君云门王英(一作"王瑛"),江南江宁人(一作"山阴人"),康熙三十年任龙川县知县。(《惠州府志》卷二十《职官》、《龙川县志》卷三十一册《职官》)余待考。

兴宁令董君宝臣董天宠,铁岭人,康熙三十三年任兴宁县令。(《兴宁县志》卷之四《官师志·县令》)

和平令邵君恕庵邵大成,浙江余姚人,康熙三十二年任和平县知县。康熙四十二年具呈申请酌减兴宁盐引,未准,后因不能如数缴纳盐饷而革职。(《惠州府志》卷二十《职官》)余待考。

作《梦中赠人 既卸郡事将之会城买棹楂江顺溜而下夜梦豪客招饮华堂列鼎选声穷极奢侈》。(《集》第110页)

在广州,为石濂所居之长寿禅院题诗十二首。(《集》第110页)

陈恭尹有同题诗十二首。

其一,《离六堂》:"空堂临静沼,幽事属吾侪。对此一方水,悠然千里怀。乱花飞晚日,孤鹤在晴阶。好借袈裟宿,宵来月正佳。"

其二,《怀古楼》:"长吟登宝地,永望极南天。古意日寥廓,高楼风悄然。江明波浩浩,渚绿叶田田。俯仰自千载,浮生无百年。"

其三,《绘空轩》:"微云欲断石,古木验灵根。绘得虚空出,曾无笔墨痕。风生枝有态,日落谱全翻。老衲且含笑,青天何所言。"

其四,《云半阁》:"石门如带水,西日射波红。更上高楼望,方知沧海东。新凉生木末,清磬落云中。坐见三城晚,笙歌满路风。"

其五,《半帆》:"朱阑低拂水,隔岸见林阴。十亩发菡萏,一双飞翠禽。虚舟无去住,云壑有高深。为报秦人洞,知予遁世心。"

其六,《木末》:"芙蓉芳不染,灼灼出清澜。自入骚人赋,真从木末看。夏秋无异候,醒醉未殊观。莫咏寒山句,寒山本自寒。"

其七,《月步》:"空阶宜晚步,步步影随人。回首青天外,西飞月一轮。银蟾原不没,仙桂自长春。晦朔犹生死,人天总未真。"

其八,《招隐》:"疏泉开静社,刈棘敞重关。法嗣东西土,文高大小山。秋光枫叶外,诗思桂丛间。不有幽人召,劳生几日闲。"

其九,《响泉廊》:"海潮争出入,不激亦长鸣。小榻坐终夜,空山闻瀑声。听从天籁远,谱作玉琴清。不是成连子,安知移我情。"

其十,《老榕圃》(王煐作《老榕团》,当以"圃"为是):"榕自南州有,称奇此独存。八千椿树岁,半死峥桐根。车盖临官路,蒲团傍佛门。清凉深夏日,人识法云恩。"

其十一,《淀心亭》:"碧天为上下,中结一茅茨。柱以笼葱竹,环栽白玉枝。人来桥影报,风过水纹知。有客倦方倚,莺声还唤谁?"

其十二,《尺木桥》:"板桥三十度,曲折入清澄。一苇航偏广,如虹饮乍兴。往来人自照,彼此岸同登。正是龙蛇会,飞翔或尚能。"

(陈荆鸿《独漉诗笺》第827页)

按长寿寺在广州城西南五里,创于明万历间。禅人大汕重新之。寺西偏有池通珠江,池北为半帆;循廊曲折而东,为绘空轩,轩前佛桑宝相,诸花丛萃可爱;由半帆并池而南,缘岸皆荔支龙目;池之南,为怀古楼,高明洞豁;其下,为离六堂,水木清华,房廊幽窈如吴越间。寺有拈花释迦像,饰以黄金珠玉,庄严妙好。又有铜像,云是唐铸也。他如云半阁、木末、月步、招隐、响泉廊、老榕圃、淀心亭、尺木桥等,均是寺中胜概。(王士祯《广州游览小志》)

五月五日,在广州,与梁佩兰、屈大均、陈恭尹等岭南诗人泛游珠江,分韵赋诗。(此日之后诗,抄本收在《蜀装集》中,"贞久堂"刻本《忆雪楼诗集》亦多录入)

王煐《午日梁药亭先辈招同屈翁山陈元孝廖南炜吴山带王蒲衣蓝采饮诸子泛舟珠江观竞渡即席分赋得一先》:"初泛珠江听采莲,尊前屈指七经年。已巳四月至郡后即赴会城适逢天中同人约观竞渡。自怜绿髩愁边改,暂使朱颜醉里妍。访药拟过蒲涧寺,停舟还踏素馨田。他时此会谁为伴,万里相思一惘然。""龙舟尽道今年好,观察豪华不惜钱。张金事特捐千金制造龙舟旗帜。越女赛歌白苎曲,吴儿巧办采莲船。旗飞五采争凫鸭,投鸭中流令操舟者竞取先得为采。乐奏十翻闹舞筵。座上中丞应最乐,预知景物兆华年。"(《集》第115页)

陈恭尹作《五日泛珠江饯王紫诠使君观察川南》:"清尊相饯木兰桡,万里西行使节遥。珠海共吟惟此日,蜀门一路在青霄。江连金鼓涛声壮,山杂云霞雨气消。向后题诗人渐远,春光虽好亦无聊。"
(陈荆鸿《独漉诗笺》第990页)

僧愿光作《送王观察赴任川南》二首:"坐裳念南讹,平秩更宣化。乃咨畴能往,佥曰惟黄霸。帝曰俞汝往,于焉辞辇下。五马来惠阳,竹马遮道迓。使君莅郡时,讼简弥清暇。罗浮近衙斋,陟之无日夜。形胜穷僻邃,陡削兴不怕。又能捐俸资,奇赏营亭榭。古迹咸修举,但见丹青亚。经历必留题,所作陵大谢。或时来三城,名辈共倡和。倾箧付梨枣,顿令高纸价。经世有余才,豪爽无人过。考绩惟寅清,政声邻邦播。""邻邦仰政声,凤诏出神京。除官往川南,观察僰蛮情。省会开祖帐,江干罗行旌。宾朋惜远别,杂沓交筹觥。野僧何致意,聊以送西征。江水准如镜,霜天秋月明。"(引自江庆柏主编《清代僧诗集》)

廖燕作《丰湖歌送王观察之任川南》:"丰湖丘壑胸中物,别号西湖尤彷彿。前有东坡今使君,愈使山川气苍郁。须臾退食吏人散,莺花无数湖光媆。从容与客相唱酬,诗成争得被弦管。还欣万姓乐桑麻,并无官事到官衙。官闲亦复多高卧,开遍堦前桃李花。公署萧然独琴鹤,俸薪尽入文人橐。至今寒士得扬眉,无复鸡窗叹寂寞。燕亦承君下交久,略去苛仪时握手。呼酒高谈快论文,翻尽从前旧窠臼。谁知杨柳正依依,又向江干话别离。遥望川南送君去,丰湖歌罢谁与语?"(载清刻本廖燕《二十七松堂集》)

按廖燕(1644—1705),初名燕生,字人也,号柴舟,曲江(今广东韶关)人。一生绝意仕途,厌弃科举,从事著述,有《二十七松堂集》传世。廖燕是岭南著名的遗民诗人,文论家。其诗多写家国之恸,沉郁苍凉,颇负盛名。清光绪《曲江县志》卷十四有传。从诗中看,廖燕与王煐交往很久,二人交情不错,对王煐评价也很高。

在广州,作《佟声远索题寓园之华不亭》诗。(《集》第116页)

按佟声远即佟蔗村。佟鋐(生卒不详),字声远,号蔗村,本籍长白,卜居天津,居海河之滨。爱妾赵艳雪,有"美人自古如名将,不许人间见白头"之句,广为流传,遂筑"艳雪楼",亦称"佟家楼"。为人仗义,好交游,艳雪楼即成为当时名流雅士聚会之所。孔尚任、屈大钧等均为佟家坐上客。其兄佟铭,例贡,康熙三十一年任广东新会县知县(《广东通志·职官表》)。

屈大均作诗赠佟声远。《题华不亭 为佟声远作》:"却恨多莲叶,田田不见鱼。镜开云影外,珠泻月光余。雨滑休扶杖,风凉且枕书。爱君亭子好,绝似水中居。"《赠佟声远》:"长君四十年,汝乃谓予兄。岂非以才故,虽少可燕行。我愧老无闻,蹉跎徒杖乡。于道苦不足,岂敢矜文章。殷勤辱招致,何以酬谦光。暇日开园林,相与浮羽觞。袒跣攀芙荷,礼法亦已忘。亭似华绛趺,注立池中央。又如千叶间,特出为莲房。君多令兄弟,鞾如唐棣芳。华萼相承覆,亲爱多嘉祥。伯兮宰大邑,治行称循良。叔季皆大器,磨砻成珪璋。与父观察公,撞踵登庙廊。君今未欲仕,散带聊清狂。黄金得贵显,是道何足臧。才如汉司马,嗟彼乃赘郎。时时幸称病,不逐诸公卿。得与文君欢,饮酒清琴旁。君今美辞赋,知己多鸳鸯。毋令绿衣人,侵彼丹凤凰。君子哀窈窕,不淫师文王。如彼王雎鸟,和鸣当春阳。"(陈永正主编《屈大均诗词编年笺校》第1038页)

《送佟声远往杭州五首》:"此去江湖路渺茫,千金其必不垂堂。渊冰自守诗人戒,况复庭闱在异乡。""清浅秋光欲满轮,休食明月向江滨。月明不似琼闺镜,中有蛾眉十道新。""西子湖西返照明,南高峰雨北高晴。莼丝采共鲈鱼腊,归作高堂锦带羹。""舟向孤山柳外堤,知从处士问幽栖。故人亦是林和靖,家有梅花作女妻。""雨雪

归来匹马劳,翩翩不是武陵豪。锦囊双压明驼重,诗句多于金错刀。"(陈永正主编《屈大均诗词编年笺校》第1038页)

作《凤鸢》诗。(《集》第116页)

作《银河曲》诗。(《集》第116页)

八月,作《猛兽三章》诗。(《集》第117页)

序:"惜槛狮也。乙亥八月,有远彝贡狮,取道南越,盛以槛屋,载以巨艭,大中丞高公命百人舁之登岸,养于外圃。经三日,易笼入献,预召僚属观之,状如虎,面项稍长,色纯白,惟耳后尾尖各有黑毛,圆大如钱,颔下丛髯,洁如霜雪,威猛驯静,精神内藏,无凶暴之气,与画图所传绝不相类,即非真狮,亦猛兽也。感而赋诗。"

作咏荔枝诗三十首。(《集》第117页)

《离支词》序:"岭南荔子脍炙人口。余初入粤,至韶之英德,即有老圃献鲜,尝之酸而少味,以为此前相传者,过其实耳。抵郡六年以来,每得食,佳者但挂绿、凝冰、宋香、陈紫诸种,多出广肇属邑,以故未能遍尝而品题之。今夏谢郡事,久寓会城,往来端溪,因得以饱啖,穷其种类,别其优劣,定其等第,亦快事也!吁嗟!世俗之情,恒多否而少可,且从来物之尤者,固足移人,即使聋瞽,莫不欣然,而遘之者罕矣,无怪乎诽语之丛出。而以耳为目者,又从而附和之也。虽然,布帛菽粟以及鸡豚鱼鳖之常,则人习见而共知者,请得因物托喻,比拟其伦,庶使尝之者味其真,而未尝者知所慕也。爰附长句三十绝于左。"(抄本《蜀装集》此序文字略有不同,全文为:"岭南荔子脍炙人口久矣。余初至韶之英德,即有老圃献新,尝之酸而少味,以为此前相传者,过其实。抵郡七年以来,每得食,佳者但挂绿、凝冰、宋香、陈紫诸种,多出广肇属邑,以故未能遍尝。今夏谢郡事,久寓会城,往来端溪,因得以饱啖,穷其种类,别其优劣,亦快事也!夫物之尤者,固足移人,即使聋瞽,莫不欣然,而遘之者罕矣,无怪乎诽语之丛出。而以耳为目者,又从而附和之也。请得因物托喻，比拟其伦，庶使尝之者味其真，而未尝者知所慕也。爰附长句三十绝于左。"）

又作《波罗蜜》诗。(《集》第123页)

题下自注曰："有草本木本二种。木本大而味浊，瓤子皆可食；草本小而味清，状如苤蓝。"

又作《苹婆》诗。(《集》第123页)

题下自注曰："一名杜黄，树类榕，花叶似桂，结实入秋而裂，囊色外朱内红，瓣缀黑子，味清美。"

作《谢郡后久寓羊城闻雁有感随笔书所怀》诗。

"多累仍添口，无寒忘去声授衣。是日为第三女买从嫁婢家人有生子者请给衣资。尚平心莫遂，刘向事同违。交易生恩怨，官难免是非。岭南原有雁，只怪寄书稀。五月以来未有家书。"(《集》第123页)

其子瓛儿(王立安)奉王鼎吕南下，命琰璠两儿携家先赴宜兴迎候。

《闻瓛儿奉家大人南来因命琰璠两儿携家先赴宜兴》："连朝望不见家书，口信传闻到板舆。阳羡新租河畔宅，宝坻遥隔柳边庐。两孙已解承欢笑，三子还堪奉起居。更喜新生小豚犬，试啼亦引绀颜舒。"(《集》第123页)

又倩蒋别驾代理宜兴租赁寓所。

《速蒋别驾玉树代理宜兴寓屋 别驾为通永观察公令嗣》："东坡久拟居阳羡，南海年来遇故人。为我预谋三亩宅，与君恰作五家邻。园开隙地收蔬果，池浚清泉养疥鳞。自昔蒋王原世讲，何妨从此结朱陈。"(《集》第124页)

蒋别驾玉树即蒋宗瑜，字玉树，通永观察公蒋龙光之子。蒋龙光，字誉文，江苏宜兴人。顺治十一年进士。授中书舍人，迁刑部郎中,外补通永道,丁外艰归。起复补福建巡海道,官浙江驿传道。以引年致仕,卒于家。著有《日省录》《集庆堂诗稿》。详见嘉庆《宜兴县志》卷八《治绩》。《光绪顺天府志》"官师志"十六《国朝道表十》载蒋龙光,江南人,进士,康熙三年至七年任通永道。据《广州府志》,蒋宗瑜于康熙三十二年任广州府通判。

陈恭尹赋诗送王叔琬北上宜兴。

陈恭尹《送王叔琬季如奉川南使君命送家之宜兴时立安自都门奉太翁南来将至》:"西行路远北归贫,百口分为去住身。阳羡寄家初僦屋,粤江移棹暂违亲。清秋正熟黄花酒,紫气应来白发人。到日华筵开四代,德星今在太湖滨。"(陈荆鸿《独漉诗笺》第482页)

作《和屈处士翁山黄花四韵即以致祝》诗。(《集》第124页)

在广州,与同官作别。作《留别同官陈元敩》诗。

"七载流光转瞬过,谁能交谊重山河。醇醪易醉惟公瑾,苦药难忘是华佗。道直自嫌为计拙,时艰深愧受知多。但留一剑随身在,绕指虽柔锐不磨。"(《集》第124页)

作《留别同官罗水裕》诗。(《集》第125页)

作《留别岭南诸同人》诗。

"予生在辛卯,迟晚感岁秋。况居北海滨,先业荒锄耰。甲申兵燹后,里闬罹百忧。典型痛耆旧,凋丧冈或廋。家训承严君,延师赘脯修。岂乏聪颖姿,深愧气禀浮。百艺尟不好,沉湎惟糟丘。慷慨时悲歌,击剑工鞠敠。较猎出东郊,绿帻青臂韝。结客荆高辈,任侠轻王侯。意气自豪上,主客礼莫修。长啸凌苏门,嵇阮奚足侔。志大学无方,渐入滑稽流。丁未慈母逝,痛愤深自羞。明德未早立,此生不欲偷。庚戌抱沉疴,药饵难卒瘳。放达观空寂,自视同浮沤。壬子逢异人,导引真诀留。久久神形坚,经旬粮可休。性本爱岩壑,退心怀十洲。读书但味道，举业挥如仇。丁巳应明诏，庚申铨次收。京雒逐缁尘，倏忽十载周。交游伙冠盖，臭味殊薰莸。就中二三人，水乳胶漆投。论交誓古处，晨夕同穷搜。己巳忽外迁，奉命趋炎州。地僻事自简，野吏闲如鸥。盟心凫鹭侣，声气遥相求。南粤故多才，三五称其尤。吉士旧相善，请假驰归驺。久居侍从班，雅望齐枚邹。_{时药亭给假归里。}检讨齿未衰，长放归田畴。夙昔在东观，五载同校雠。_{含五曾同纂修之役。}处士三间斋，自题骚圣楼。著述富充栋，方驾班与刘。_{翁山著书独多。}太丘有雄略，胸藏黄石筹。高卧白云边，健笔兼韩欧。元方与季方，千里皆骅骝。_{元孝令子端木、士臮，克继风雅。}渊博传二廖，山居老松楸。_{谓南炜、柴辀。}虎泉吴孝廉，野性同麋麂。哦诗贾阆仙，写画顾虎头。东官来林生，利器怀吴钩。相与战棘闱，双双拔前矛。_{癸酉榜，赤见第二，山带第三。}黄生年最少，命名希班彪，作赋追三都，洒墨成琳球。_{谓汉人。}吾家病摩诘，结庐辋川幽，究心在雅乐，绝技精箜篌。有女同中郎，文雅承箕裘。_{蒲衣善病，解声律，著琵琶楔子及诗赋诸选。瑶湘有逍遥楼集。}伟元志高蹈，弃家来罗浮。放情鄙世故，汗漫任天游。从学有从子，淳谨真书囚。频年共休戚，往往抒嘉猷。_{谓础尘兄、若云姪。}季子久流寓，潇洒非常俦。诗坛树高帜，气欲吞刘曹。分题时刻烛，揽胜每联镳。倾盖已如故，白首应无忧。_{谓惟功。}蓝子武夷客，爱隐性通超。醉中每逃禅，题诗遍僧寮。_{谓采饮。}道人濮阳氏，异术精金符。家本近句曲，契结茅与陶。_{谓心驭道人。}支公结精蓝，僻在城西墟。麈谈多名理，许谢停轩辀。_{石公辟长寿精舍在越王台西。}维此数贤辈，后先相绸缪。忘年更忘形，道合心能孚。有时朝命驾，不惮途迢遥。减从携奚囊，珊瑚鞭玉虬。有时夜相思，乘兴移扁舟。霜雪忘寒威，沾洒余绨袍。或当花月辰，折简频相招。或当风雨晦，鸡鸣听胶胶。花田观竞渡，粤台亦登高。浮峤曳筇杖，铁桥跨蚴蟉。采药穷深林，灵禽鸣嘤呦。丰湖揽芙蕖，锦缆牵青舿。石桥携卧具，竹坞舁行厨。峦翠环苍苍，莎茵铺油油。素琴抱荣启，紫笛吹季牟。芬芳盛溪梅，烂熳间山榴。琥珀浮深杯，笙篁起清讴。险韵联城南，韩孟同锏锼。俳谐汉枚皋，阳秋晋褚裒。清言挥玉麈，挝鼓扬轻桴。共疑羲在越，还讶乔生缑。宁须锦步幛，或具乌毡兜。余兴倚飞阁，苦茗倾瓷瓯。开窗卧看山，野烧腾惊飍。乘月上层台，寥廓舒双眸。溽暑披轻绤，长林风飕飗。倦便相枕藉，眠或同衾裯。往还历寒暄，式好无相猷。今兹乙亥春，除书到遐陬。量移之夜郎，境当西南隅。山川多险隩，夷夏扼咽喉。政教远难被，风土杂蛮苗。矧自近百年，战伐屯貔貅。繁华尽蹂践，生命委渠沟。碧磷遍原野，城市丛蓬蒿。山魈侮行旅，故向人呀咻。惨澹余堞烟，戍兵枕兜鍪。历落布穹庐，劫夺雄群酋。何能保完卵，触目皆覆巢。休养将廿载，民居犹未稠。正须抚疮痍，疾苦勤谘诹。取道经潇湘，九疑望崷崒。瞿塘涨春雪，澎湃奔洪瀔。长年牵百丈，盘涡壁龙湫。巫峰郁嵯峨，芙蓉插青霄。阴崖多古木，枝柯互盘樛。密叶藏鹘鹆，深萝挂猿猴。终朝叫钩辀，彻夜啼嘲啁。平生癖山水，斯行良可酬。况多古贤迹，流览溯风骚。白帝攀孤城，武侯遗阵图。草玄子云宅，涤器相如垆。买卜访严遵，酤酒偕王褒。花溪寻杜甫，剑阁迟陆游。洪崖葛翁居，丹砂亦可谋。观察秩清散，有如五石瓠。吏民视长官，头项添瘿疣。放衙堪卧理，软被拥黄䌷。乘暇补荒陋，坟典宜旁搜。兰膏焰长檠，龙脑歕衣篝。宦游得仙境，深荷蒙天庥。老亲犹善饭，矍铄不扶鸠。省觐迂前途，行将慰离愁。所嗟失朋好，踽踽中无聊。乐事古难极，欢处生恃怊。哀笛怆山阳，素车陈生刍。箴颜本无别，凡圣同蜉蝣。其如生存人，感悼肠寸抽。濮阳心驭、龚舍五、础尘兄、若云侄，五年之内相继奄逝。人世等幻化，通塞在所遭。璞玉轻投泥，金椀满盛溲。鹏搏笑斥鷃，凤哕嗔秃鹙。贝锦意外成，青蝇苦纷纠。身同触藩羝,行止不自由。吁嗟遇迍邅,予美伊谁俤。程期纵稽滞,藉以稍逗留。此会良匪易,慎莫增呷嚘。达人贵知命,坦荡无踟蹰。从来百炼钢,终成绕指柔。但存不磷质,何妨磨砺遒。芒刃不催钝,进技方屠牛。人生各有志,怀宝宁勿售。珍重谢良友,苦药时加勒。临歧重握手,相期意何忧。一息已六月,九万将扶摇。布飔庶无恙,长此谢风涛。何以慰怀抱,拟置传书邮。后期邈难定,相顾心悠悠。"(《集》第 125 页)

陈赣,字端木,恭尹长子,茂才妻吴文炜女。诗笔得家法,有《弗如亭草》。

陈励,字士皆,恭尹次子,康熙三十八年举人。著有《东轩稿》,梁佩兰为之序。

瑶湘,王蒲衣女,擅诗,有《逍遥楼集》。

作《赋寄别家令诒明府》诗。(《集》第 129 页)

令诒明府即王原。

题蓝采饮《躬耕图》即以志别。(《集》第 129 页)

作《对镜》诗。(《集》第 129 页)

作《忆子日亭》诗。(《集》第 129 页)

题下自注:"在罗浮顶。余庚午岁游山后创建。近为飓风所欹,复捐金易石亭。"

作《五色雀》诗。(《集》第 130 页)

作《大蝴蝶》诗。(《集》第 130 页)

屈大均《广东新语》卷二十四《大胡蝶》:"大胡蝶,惟罗浮胡蝶洞有之。尝止花树间,见人弗动,即动亦依依不远,采者连枝持出,辄飞复故处不他之。其生以茧,茧中有一卵,小于鸡子。……明年二月,……大胡蝶飞来就茧,不饮不食,抱伏缠绵。经七日,茧破子出,大可六七寸。……雌雄不离,千里外必相寻觅。……大胡蜨本洞中仙种,相传麻姑遗衣所化。……罗浮人喜以胡蜨饷客。(下略)"

作《符竹》诗。(《集》第130页)

作《九节菖蒲》诗。(《集》第130页)

作《别罗浮老人》诗。(《集》第130页)

题下自注:"谓老人峰也。背南面北,在瑶石台之侧,近玉女峰,下为黄龙洞。"

作《怀仙诗》(《集》第131页)

题下自注:"仙人谭姓,本惠之归善人。庚午长至前九日降于署楼,指示前因后遇。"

作《紫清阁成奉白真人木主入祀敬志以诗》。(《集》第131页)

夏,作《白真人不立像记》。(《集》第417页)

此碑由陈恭尹书丹,至今尚存于惠州西湖之元妙观院内。

作《云庵索题新斋曲肱处》。(《集》第132页)

云庵,疑为王荣,浙江人,行伍。《广州府志》《新安县志》载其康熙十二年为参将。陈恭尹有《曲肱处自得居为王云庵赋》《九日王云庵参戎招集东皋即事二首》《围猎图为王云庵题》《为王

著者考察王煐惠州遗迹,在《白真人不立像记》碑前留影(胡静江摄影)

云庵题》等诗。未知是否其人。

作《又题自得居》。(《集》第132页)

作《过云庵新斋又索题绝句戏次陈元孝韵》。(《集》第133页)

作《雨后过大忠祠访友不遇戏留绝句三首》。(《集》第133页)

与蓝采饮、朱十洲、吴文炜等友人过佟声远寓园雅聚,有诗。(《集》第133页)

吴文炜《紫诠使君同过佟声远粟园再叠前韵三首》:"东关潮长入从祠,水脉潜通小苑池。住近南园风雅处,龙鳞波动写新诗。粟园在宋三忠明南园五先生祠南侧。""春风尚掩粟园开,东郭高眠似在山。一卷南华未曾了,石房摇落藓文斑。""迤逦沙路杂游龙,野老相逢自可容。莲萼一亭波上立,分明太华此中逢。"(见《广东诗汇》三编,清代稿钞本第一二〇册,305页。此条由惠州报业集团严艺超先生提供。)

与陈恭尹、吴山带、朱十洲雅聚,有诗。(《集》第134页)

又作《月夜小酌次蓝采饮韵》。(《集》第134页)

作《题李生寒林酿雪图》。(《集》第134页)

三月,友人郑子源过广州,有《丙子三月嘉禾郑子源过羊城寓斋以赠行诗册相示见查德尹索评端石荔支二绝句甚有意因代答之余与查初未相识盖欲以此相为介绍也》诗记之。(《集》第135页)

按郑子源,生平待考。陈恭尹《独漉堂集》有《送郑子源之香山》诗。

按查德尹即查嗣瑮。查嗣瑮(1652—1733),字德尹,号查浦,海宁人。康熙三十九年(1700)进士,选翰林院庶吉士,授编修,升至侍讲。幼警敏,数岁即解切韵谐音,随兄查慎行学诗。生平游迹遍天下,其诗精妙,与兄齐名,时人比作宋代"二苏"。后因弟查嗣庭文字狱案受株连,谪遣关西,卒于戍所。著有《查浦诗钞》《查浦辑闻》《南北史识小录》《音韵通考》《唐人万首长律》等。

作《留别同官张凤图》。(《集》第 135 页)

张凤图,疑为肇庆知府张至隆。

作《留别同官陈飑言兼祝初度 陈前为龙安太守》。(《集》第 135 页)

陈飑言,当为陈于朝。据清张晋生撰《四川通志》卷三十一《职官》记载,陈于朝,镶黄旗,官生,康熙二十一年任四川龙安府知府。此时在广州府知府任上。(见《广东通志》"职官表")

作《漫成》。(《集》第 136 页)

"自笑无端出岭迟,亲朋走札讶愆期。龙门水激鳞方逆,鹏路风微翼尚垂。世事变迁何定相,我心实获有遐思。谁家羌笛吹杨柳,翻喜新声欲赠离。"(《集》第 136 页)

年末,作一组题画诗。

《题令诒明府小照南行图 图用放翁身兼妻子都三口鹤与琴书共一船诗意》:"仙鹤瑶琴信所赍,胸藏七箧岂须携。珠江樽酒停舟日,君正南行我更西。时余将入蜀。"(《集》第 136 页)

《又题松南柳几图》。(《集》第 136 页)

《又题梅林晏坐图》。(《集》第 137 页)

《题竹溪听雨图》。(《集》第 137 页)

《题张生瘦牡丹卷后》。(《集》第 137 页)

《题蓝采饮烟月竹枝小画》。(《集》第 136 页)

作《赠医士》诗。(《集》第 137 页)

在广州,屈大均作《送王观察之官蜀中》二十四首。

"蜀道盘回似上天,川南更在二峨边。使君观察劳旌节,南极牂牁是下川。"

"回首京华北斗边,庭闱近与紫宸连。簪缨未敢辞神武,真逸华阳待暮年。"

"旧事真人白紫清,传来仙诀自朱明。拂衣中岁谁能早,亲老空悬万里情。"

"荆门西溯即高唐,一路风流屈宋乡。更向秭归寻故宅,无穷骚些在斜阳。"

"十二巫峰似九嶷,芙蓉朵朵斗仙姿。离骚弟子荒淫甚,神女无端入楚辞。"

"似有朱颜在镜中,香溪清与若耶同。美人心逐天山草,万里青青到汉宫。"

"风叶萧森乱夕阳,啾啾何处一声长。三声未断过三峡,无数哀猿尽断肠。"

"五女何年化石来,巫山亦有望夫台。细腰多少春魂在,云雨虚无不作媒。"

"断肠花满峡门香,复有相思碧草长。哀怨一从生望帝,三巴都作杜鹃乡。"

"褒斜天遣五丁来,美女金牛天府开。沃野况兼天下险,安危重望武侯才。"

"白城帝当赤甲开,东西江逐瀼溪回。阵图虚作常山势,汉贼天教两立来。"

"惠陵看与霸陵同,烟雨春山玉殿空。长恨赤乌真国贼,子鹃多向永安宫。"

"江含石镜似明霞,掩映千岩踯躅花。杜歔一开才子国,相如夫妇首英华。"

"白菟楼开紫翠空,岷峨色与锦江同。文君濯锦相如制,万匹蒲桃在赋中。"

"知浣溪花日几回,多情应数向琴台。锦江春色归辞赋,分取长卿绝丽来。"

"花潭春水满郊埛,玉垒诸峰尽作屏。为有文君眉妩在,教人长望远山青。"

"应知治行甚馨香,更有文华映绣棠。诗句尽教賨布织,流传半在竹枝娘。"

"竹郎祠下竹公溪,不合三江到峡西。白黑诸蛮春报赛,巴渝曲为使君低。"

"三峨相对白云边,复有青城大洞天。得似罗浮灵怪否,君行为访丈人山。"

"羚羊险口满嘉鱼,丙穴人言美不如。君到沔阳春尽候,相思应遣一衔书。"

"蒙顶茶香胜海棠,桃枝笙滑似流黄。更从筇笮求灵杖,寄我过眉九节长。"

"山愁九折是邛崃,剑阁横云郁不开。控扼诸番南更险,羊肠出入九天来。"

"三年未恨入朝迟,亲为张酺满秀眉。阙下公卿纷上寿,郫筒春酒待酴釄。"

"藩屏贮作紫薇臣,更为天南抚越人。节钺华容重罔顾,为君披拂玉台巾。华容,谓刘公大夏也,繇吾粤方伯晋总制。白沙先生常戴玉台巾。"(陈永正主编《屈大均诗词编年笺校》第1028页)

除夕,在广州,同岭南同官、诗友守岁观剧,赋诗记之。

王煐《乙亥除夜同袁通政休庵史吉士蕉饮陈太守元敷蒋别驾玉树周明府汉威布衣陈元孝陈武威吴右文蓝采饮守岁羊城寓斋观剧达曙次秦少游王仲至苏长西元日立春韵三首以丙子立春亦在元日

子时也》三首："珠斗遥从夜半回，六街爆竹急相催。椒觞共借新声劝，莫遣春愁入梦来。""宦境游踪愧偭同，合欢端赖鞠生功。萧骚短鬓添霜雪，感叹匆匆此夜中。""唱罢邻鸡曙色寒，朝衣更试带围宽。史郎假满供诗帖，好洒珠玑落笔端。"（《集》第 138 页）

陈恭尹作《乙亥除夕同袁密山史蕉饮蓝公漪集王紫诠使君寓斋次东坡元旦立春韵三首时予以夜禁先归》："东风恰与岁朝回，彻夜江城爆竹催。莫笑当歌却归去，青春非为老人来。""东西南北偶然同，细酌春醪报岁功。乡梦自分千里外，客心先醉一杯中。""烛残绮席未知寒，夜禁严城苦不宽。只隔禺山盈尺地，自邀春色向南端。"（陈荆鸿《独漉诗笺》第 971 页）

史申义作《除夕集南区寓限韵》："年里听歌尽此回，歌头频换拍相催。蛮天腊月花齐放，未信明朝春始来。""一醉屠苏那易同，醉乡日月引无功。都将柏叶椒花句，谱入夭弦羯鼓中。"（史申义《芜城集》卷中。）

本年，史申义作《九言诗赠王南区观察》。

"平生入骨爱山尤爱才，必逢名士输写心神开。只惜豪俊冠盖百无一，王郎风神玉雪仙人胎。耽吟嗜古惯负山水癖，骏马骑处宅近昭王台。徐无山顶刚得七日驻，朱明洞府笙鹤纷相催。飞云挂月两边躔未息，巫山神女请观滟滪堆。峨眉天半中有万古雪，锦江鸭绿酿就蒲萄醅。胡为旌戟迟迟犯蜀道，勾留神羊五色珠滨隈。笼葱竹上蝴蝶大于凤，灵风香雨飒飒罗浮来。邝仙抱朴拍肩挹袖熟，笑遮君侯再进山云叠。予也汗漫足迹穷炎海，手把香雪一枝大庾梅。峡山帝子采药已陈迹，花田美人歌舞同飞灰。脱不遇君鹤氅共娱笑，真珠璙瑁于我其徒哉。恨未想从璇房与瑶室，直上子日亭子之崔嵬。手扪星斗去天有几尺，日轮如血海动听惊雷。但于一卷冰雪清文里,怖叹龙鱼湖海无不该。海南腊底明月如春夜,冻醪玉色不胶红螺杯。偶然步屧相寻唤斟酌,蜜炬飐影谭辩争喧豗。畏人客子大难有来日,不曰且住为佳何嫌猜。危言剧论底须设城府,妙有良二千石美且鬈。谓陈韶州元敷。公等脱略不作宰官相,岂知贱子麁疏称怪魁。人生爵位所贵得行志,焉能呫嗫缚里如婴孩。神仙将相不可一手作,泠然御风吾欲寻蓬莱。"(史申义《芜城集》卷中。)

本年,梁佩兰作《送姚东胶之潮阳兼访惠州王紫诠太守》。

"花重江楼雨,丝轻水荇风。鹅城千嶂下,鳄渚一溪中。春谳官斋数,华灯客路浓。所思潮有信,寒食与君同。"(《六莹堂二集》卷六)

本年,大汕和尚赴越南传道,其间有《寄怀王紫千使君四首》:"五马风流自昔同,六如亭畔继苏翁。甘棠不散勤民迹,东阁时传好士风。已见九重天露下,未曾三峡栈云通。遥知孝感灵芝后,又捧彤墀晓日红。""别来消息想音尘,几历星霜梦不真。香浦久沉鸿雁信,金台空忆牡丹春。诗留海国传如旧,政在湖山去益新。翘首文河隔霄汉,虎溪明月赠何人?""曾见仙人雨露杯,题诗共上啸青台。飞云绝顶乘鸾至,海碧三更送日来。卧向峰头无剩月,踏余天际有残梅。自从骢马长安去,石室瑶宫闭绿苔。""卧病年来碧海间,薜萝门掩一池山。投竿无地船空泛,听曲何心楼自闲。竹外行吟钟磬寂,天边持钵杖藜艰。那能得遂蓬蒿愿,再睹霓旌导百蛮。"(大汕《离六堂近稿》)

本年,大汕和尚(石濂)在越南,得闻王煐调任川南,赋诗寄意。

大汕《海外纪事》卷一:"客有惠州来者,述紫诠王使君刻下擢巡川南。奈余客羁海外,缺为面送。白社知己,远隔天涯,赋诗以寄意云:忆昔循州莅任来,草堂正值梅花开。绘空轩中脱衣帽,淀心亭上坐苍苔。风流太守生宝坻,自幼学剑并学史。立心为政不要钱,辞赋偏偏众莫比。素性爱与方外交，目无富贵何英豪。多才雅士满江海，笑谈往往空人曹。公余闲钓丰湖月，秋风烟雨湖岸黑。张灯就树复登楼，倚楼凭眺吟忆雪。子瞻后身还胜前，使民无讼众称贤。罗浮新亭观子日，招余结社共谈禅。濯足临流随席地，合江夜静江声细。忽然长啸莫能知，相对无言深有意。苦劝老僧为酒民，解袍典酒不辞贫。每到五羊必枉顾，十年一日情最真。不期潦倒作洋客，回首飞云一片白。近闻擢巡之蜀中，路出潇湘过大别。君不见峨眉山，丹崖翠巘不可举；又不见清凉台，萝径烟霞拨不开。应怜名胜久寂寞，停车挥翰题剑阁。纡回窈窕凌霄梯，丈夫陟历始为奇。悬岩曲窦参差出，飞泉乱洒碎琉璃。阴冈阳阜多瑶草，前进峰峦逾觉好。峰回不断石嶙嶙，从兹行尽难行道。会经蜀道走碧空，因知秦栈与天通。安南遥隔炎州外，伏波故道沧溟冲。人生聚散千万里，去住不由岂得已。君之登山山是山，我之涉水水是水。一为法道浮杯中，一因节使继文翁。山水错落虽异势，雄奇谲怪将毋同。怀君斫月之玉斧，羡君殪兕之金弩。重君治化之条陈，展君惠我之词谱。海上读之春色残，反令凄凉不忍看。东风乱卷杨花落，花下春愁日未阑。旌发珠江黄鹤去，白白瞿塘流滟滪。啼猿深数乱山间，夕雾朝烟不知处。七盘九阪折羊肠，公尔王遵前叱御。天涯有梦亦徒然，不得临歧握手语。纵教瓶钵转艨艟，铁鹿长樯驾海风。

大汕《海外纪事》书影

海风风信即迅速,归时人已分东西。未期后会更何日,聊为骊歌舒寸衷。"

作观瀑图,陈恭尹、梁佩兰分别题诗,屈大均作《图赞》。

陈恭尹《题王惠州紫诠使君观瀑图》:"一树苍松偃盖深,高崖飞瀑落千寻。使君雅操清如水,不用临流更洗心。""不将笔墨对林峦,燕坐超然静五官。老易本来无二道,河图天一是金丹。""曾宿田盘最上方,一麈频岁驻罗阳。知君滋味尝都遍,南山北泉孰较长。"
(陈荆鸿《独漉诗笺》第911页)

梁佩兰《题王紫诠观瀑图》:"长松屈铁龙鳞皱,瀑布飞空出云窦。阴厓激射无时无,天乳蒙蒙太虚媾。使君自著青茸衫,坐来丰骨何巉岩。玉冰洞地见肺腑,旁罗日月行秋潭。元气淋漓大无外,银河纬繡失破碎。使君神明日灌溉,天门詄荡在其内。"

屈大均《观瀑图赞 为王子诠太守作》:"黄岩布水,康王谷帘。夏有三叠,流为王川。庐岳之胜,以此诸泉。若罗浮者,弥多泉源。九十九瀑,来皆自天。云日掩映,在郡楼前。使君政暇,与泉周旋。或在浮东,或在罗西。尚有一瀑,在心之渊。以其有本,四海沛然。天含其一,雷吐其元。于其未发,亥子之间。以虚而待,生得涓涓。阳开草昧,暖进水坚。遂为泉主,泉听命焉。目之所见,色匪澄鲜。耳之所闻,声匪潺湲。是为真瀑,夜气所存。"(《翁山文钞》卷十)

按王煐所绘《观瀑图》当绘于惠州任上,具体时间待考;诸家题诗及屈大均题赞,不知作于何时,姑系于此。

本年,著名学者刘献廷去世,年仅四十八岁。

刘献廷(1648—1695),字君贤,一字继庄,别号广阳子,先世江苏吴县人,父官太医,遂家居顺天府大兴(今北京市)。他一生治学广泛,对于律历、书教、音乐、理学、诗文、佛老、象纬、医药、法律、军事、农桑等均潜心研究。著有《新韵谱》《广阳诗集》《广阳杂记》等。

本年，著名学者黄宗羲与世长辞，终年八十六岁。

黄宗羲(1610—1695)，字太冲，号梨洲，世称南雷先生或梨洲先生，浙江余姚人。明末清初经学家、史学家、思想家、地理学家、天文历算学家、教育家。黄宗羲与顾炎武、王夫之并称"明末清初三大思想家"(或"明末清初三大儒")；与弟黄宗炎、黄宗会号称"浙东三黄"；与顾炎武、方以智、王夫之、朱舜水并称为"明末清初五大师"。黄宗羲亦有"中国思想启蒙之父"之誉。一生著述大致依史学、经学、地理、律历、数学、诗文杂著为类，多至五十余种，三百多卷，其中最为重要的有《明儒学案》《宋元学案》《明夷待访录》等。

康熙三十五年丙子(1696)　　四十六岁

正月二十九日，同袁景星、梁佩兰、史申义、于天池、王原、屈大均、陈恭尹、王隼等讌集寓斋，分题赋诗，即以志别。

王煐《正月晦日同袁密山通政梁药亭史蕉饮二吉士史万夫明经于右承州牧家令诒明府招同布衣岑金纪廖南炜屈翁山陈元孝王蒲衣蓝采饮孝廉吴山带林赤见秀才梁王顾陈献孟曾秩长童子黄汉人讌集寓斋分赋即以志别》："人生似萍梗，聚散诚偶然。萍梗生江湖，好风为之缘。矧为有情类，结交岂等闲。古人不同时，追慕犹拳拳。兰亭与金谷，感慨深前贤。至今读其文，能令心流连。尔我虽同时，居处各一天。偶当萍水聚，宁忍不为欢。况复素心侣，臭味如芝兰。宫商应鸣弦，信义金石坚。倾盖岂云新，白首仍相怜。先哲重友生，伦叙称克全。晚近慕荣利，初好终弃捐。此理本不殊，习尚趋轻儇。今兹值佳辰，苹藻陈离筵。_{时余将之川南。}共此一樽酒，殷勤奉君前。论交誓古

处,毋为流俗迁。少长罔或异,忘形并忘年。"(抄本"史万夫"作"史耻夫",当以"万夫"为是。)(《集》第140页)

按岑金纪即岑徵(1625—1699),字霍山,号金纪,南海人。诸生。工诗,好任侠,谈韬钤占候之法。泛三湘,走金陵,游燕赵,生平游览凭吊,多寄于诗。性方介,终世坎壈弗悔,没后三年其子索于耆旧门生得诗百四十九首刻为《选选楼集》。生平详见《南海县志》卷三十九《列传》八。

梁王顾即梁无技,字王顾,号南樵,番禺人,贡生。潜心力学,性复纯笃,工诗,主粤秀书院讲席。年八十余以终。著《南樵集》《唐诗绝句精华》。生平详见乾隆二十四年本《广州府志》卷三十九。

陈献孟即陈阿平(1651—1721),字献孟,东莞人。康熙中岁贡生,与屈大均、陈恭尹、梁佩兰游,相唱和,雅集罗浮,岁必一至。晚耽禅说,与今但为方外交。著《钵山堂诗集》。事具《东莞县志》卷三十《人物续》下。

曾秩长,梁佩兰《六莹堂二集》二《城南公谳诗序》称之为茂才,《二集》有《送甥曾秩长之韶阳》诗三首。与周大樽、吴文炜等岭南名家多有唱和。

史申义作《正月晦日公谳四十韵》:"匆匆岭海春,已去三分一。我来踰腰腊。祇觉花飞疾。所欣富朋侪,裙屐探春出。旧雨翻邂逅,新知遽胶漆。屈平怨兰畹,翁山。袁闳辞土室。密山。伯鸾妙五噫,药亭。王瞻美三术。蒲衣。老苍同跌荡,矜严不流逸。一一后来器,英绝才寡匹。招寻不我偕,可惜在今日。麋鹿群岂恋,萍蓬聚难必。明明灯烛光,照见笙歌溢。金元好原本,妙借吴歈述。花枝飐屏幛,酒痕污书帙。辅之敢酬叫,羊曼惟真率。登筵足鲑菜,饤盘却梨栗。游同贤集垆,乐比仙在橘。今非永和九,人逾建安七。高怀得所归,旅愁一笑失。隐囊侧挂颊,交床互倚藤。骊言等兄弟,列坐浑甥姪。神合延津剑,心叶清庙瑟。性既融水乳,种何判粳秫。喂子冲瘴疠,五岭陟崒崪。遥遥揽涨海,掉头远圭筚。无旦一药囊,雅志剧芝术。玄解目送鸿,唾弃裈处虱。未惯槟榔饥,怯损蒲柳质。辱兹山泽游,日及始和吉。悦心甜中边,如苦得食蜜。口素眛杯铛,茗芋今何卹。限韵扣铜钵,数字酬绢足。义取有报赠,章莫矜格律。勉旃青云姿,底慕黄金镒。德业必成玉,瑕垢与爬栉。相将扶大雅,亦愿底秋实。古处誓所敦,猥巧众共嫉。苟礼忘客主,难记无某乙。诗老即头衔,野性远禄秩。日月易变换,山河有疏密。他年双鲤鱼,勿忘奉手笔。"(史申义《芜城集》卷中。)

陈恭尹作《丙子正月晦日袁密山通政史蕉饮梁药亭两吉士王令诒明府王紫诠使君招同蓝公漪史万夫于南溟廖南炜岑金纪屈翁山吴山带王蒲衣梁王顾林赤见家献孟曾秩长黄汉人集使君寓斋分赋》:"首月已云晦,蓂荚未全落。既惜节候迁,况有良朋约。烛下起笙歌,吟间命杯杓。旷志挟天壤,深思契冥漠。袁子古纳言,前身老行脚。理棹下湘漓,经年击青雀。史氏好兄弟,妙龄各鸣跃。一时两玉人,维扬并花萼。南王与北王,车辙相交错。东行指铜柱,西登铭剑阁。美政在天隅,后先同一格。蓝生好牧牛,商声时扣角。三山及五岭,几度垂芒屩。吾乡十数子,大半头如鹤。一二少年郎,赋质皆文弱。嘉会叶应求,高言成盍各。朝台霸气散,禹甸淳风薄。缅忆髫龀初,盛事空如昨。先哲有遗徽,而今不可作。遥深怀古情,且尽新知乐。飞栖雪下鸿,聚散风中籜。后期杳何所,远道伤离索。踟蹰一搔首,牵率为酬酢。莫拟送穷文,徒令五鬼噱。"(陈荆鸿《独漉诗笺》第649页)

梁佩兰作《城南公讌诗并序》。序:"正月二十九日,川南观察王紫诠使君招同袁休庵通政、史蕉饮庶常、王令诒明府、史万夫明经、岑霍山、陈元孝、王蒲衣、廖南炜处士、蓝采饮山人、陈献孟、曾秩长、梁王顾茂才雅集城南官斋,觞谶之余,各赋诗以纪一时之盛。"诗:"天地为门堂,人物塞其内。今古成往来,时序互迁代。佳游续城南,高唱属我辈。上春日寅旗,午夜月朏晦。烛光吐鸿蒙,星影落破碎。长筵闻丝竹,列坐却车盖。辨同三耳藏,赛作五家队。中肠筑诗城,侧弁忘酒令。罗笼创宇宙,开辟彝草昧。琉璃嵌积雪,沙汭含紫贝。或尊若朝庙,或肃若冠佩。或森若武库,或竦若华岱。或杂若元黄,或雕若藻缋。或离若隐见,或合若妃配。或轻若飞行,或重若负载。或宽若用众,或严若割爱。或勇若赴敌,或恬若求退。或栉若鳞鳞,或朋若兑兑。或上抗兀兀,或下坠斾斾。或险拔鲸牙,或空骑鹤背。牛触明破齐,鹤鸣暗擒蔡。万有极变化,一气归淘汰。所造关神明,是处振聋聩。群公诚升堂,予也犹户外。不能夺螫弧,徒然奉盘敦(音唯)。"(《六莹堂二集》卷二)

岑徵作《王紫诠观察招同袁休菴通政梁药亭太史暨廖陈屈黄诸子谶集城西别业余不及赴观察以公谶诗见示属和赋此答之》:"春明假上方,西轩恣偃息。惠风集菩提,钟磬闲巾舄。使君罢循州,蚕丛开荣戟。珥节尉陀城,置酒召嘉客。坐上半簪缨,余子皆名硕。六博间弹棋,高吟穷晨夕。贱子亦见招,将命屡催逼。闻召欢且疑,次且驻孤策。顾彼未同言,念此云泥隔。况乏季重才,敢厕南皮席?乃承折瑶华,邀我兰茝摘。宋人不自量,腼然发燕石。见彼西施容,憎貌惭愈积。年来倍疏慵,荒芜及笔墨。弹射神宗工,一示虞翻宅。"(岑徵《选选楼遗诗》"五古")

初春,屈大均有《病起作》诗四首。

自注:"丙子初春,时年六十有七。"

"愁因春色豁,病逐岁华除。岂欲长居世,惟思更著书。身惭枯木在,心恨死灰余。那得长为蝶,翩翩向太虚。"

"物化何妨速,蜉蝣即是仙。如能生羽翼,便作一高蝉。抱影归明月,遗音在碧泉。泠泠风与露,吸饮病长捐。"

"处顺吾何事,余生且复留。药劳贤太守,方得古丹丘。未死终无用,非仁岂有求。自今除痛苦,更得几春秋。_{惠州王使君、韶州陈使君为治方药,病得以瘳。}"

"伏枕已多时,春光总未知。儿欢梅结子,女喜柳垂丝。杖好扶须力,冠轻戴莫移。郊行殊未可,两失野人期。"(陈永正主编《屈大均诗词编年笺校》第1053页)

屈大均作《病中奉柬王南区使君兼送之任川南》六首。

"一卧百余日,相关惟使君。药钱能苦致,餐物每甘分。羽恐蝉将蜕,声愁鹤不闻。明朝挂帆去,谁复念孤云。"

"日来思复食,杯箸久生尘。感尔金无橐,遣予味有珍。鄜田香秫美,浙海鲞鱼真。稍损瓯中物,肝肠即古人。_{贾浪仙有《卧疾酬昌黎》诗:'身上衣频寄,瓯中物亦分。'}"

"松老思为石,桐焦待作琴。但存辞世念,并绝学仙心。暖喜茶烟入,香嫌药气侵。君来忧绝粒,又与白山葠。"

"一室沉冥日,全家惨澹秋。无生曾亦学,不死欲何求。香烬烟犹袅,灯残焰未收。念君行有日,相诀且淹留。"

"此别最凄然,当予衰疾年。泪同春雨水,流满大江烟。赋望将归日,魂招未死前。休令巴峡里,添得一啼鹃。"

"流泪到潇湘,君看必断肠。时无骚子姓,定少楚辞章。哀怨一家善,风流终古长。投诗赠先子,招我共琼浆。"

屈大均作《病中再送紫翁王使君之任川南》六首。

"蓬庐久病绝车轮,君为沉绵日益亲。垂老幸逢生死友,临危忍作别离人。之官况值黔巫远,遣使何由药饵新。知有啼猿代呜咽,一声先寄峡门春。"

"乐好人伦识鉴清,分来仁孝有深情。穷愁似我能无死,疾痛呼君即所生。治药兼劳陈仲举,公与韶州陈太守亲治方药,病得以疗。传经总爱郑康成。腐儒衰晚惭无补,感激知交泪欲倾。"

"重来玉局似令威,为政风流麈尾挥。风月追随从此远,湖山收拾又全非。题诗浮岳云驱笔,驻节峨眉雪溅衣。铃阁虚明无一事,美人何处不忘机。"

"伏枕从教不复朝,尘封药灶更箪瓢。谁能裹饭求桑户,自合持蔬槁鲍焦。黄蝶多情难速化,白鸾无信只空招。凭君此去频相忆,锦水双鱼慰寂寥。"

"三春长夜如秋夜,卧疾沉沉欲返真。体魄何妨随变化,神仙亦是一埃尘。泉飞喷薄无生话,岳立峥嵘不死身。君最高深知此意,梦魂相逐到双岷。"

"著述无成欲假年,天须后死续遗编。论文水乳真知己,求友岩阿最得贤。微贱每遭交态薄,孤高终抱道情偏。使君更是无骄吝,安得重依衮绣前。"(陈永正主编《屈大均诗词编年笺校》第1056页)

作《次韵酬朱甸安》。(《集》第140页)

朱甸安,绍兴人,生平待考。

陈恭尹作《月夜紫诠使君寓斋同蓝公漪朱甸安吴山带叠韵三首》:"咫尺濂溪有旧祠,石存九曜已无池。光风霁月今犹昔,辜负前贤石上诗。""月舞应门未上阙,尘机暂息似空山。澄清天宇谁能滓,多谢微云点缀斑。""漏水迢迢转玉龙,金壶银箭未从容。眼前共坐人千里,良夜他时何处逢。"(陈荆鸿《独漉诗笺》第991页)

陈恭尹作《羊城月夜同王紫诠吴山带次蓝公漪韵》:"众窍因成籁,一弦犹抚琴。岂能谐里耳,聊以散幽襟。地古春怀远,杯凉夜语深。三农方望雨,明月最宜阴。"(陈荆鸿《独漉诗笺》第992页)

作《黄鼎沙渚候潮再遇许仪九主事》。(《集》第140页)

许仪九,生平待考。潘耒《遂初堂集》诗集卷九有《同许仪九泝惠州东江游菊潭精舍》诗。

史申义、史万夫兄弟游罗浮并取道福建还扬州,赋诗送之。(《集》第140页)

作《次韵送吴右文北上》。(《集》第141页)

吴右文,生平待考。

三月初三,有诗。(《集》第141页)

作《送袁密山通政还平乐》。(《集》第142页)

三月二十二日囲人饷新荔枝苦瓜有作。(《集》第142页)

陈恭尹作《有进川南使君新荔枝者是日初尝苦瓜使君纪之以诗与吴山带和之次吴韵》:"二年留滞思三峡,七载清吟守一廛。瓜果东南尝已遍,无人轻快似消梨。""疥皮青紫各为篮,君自能餐我亦堪。只是平生酸不得,越人尝胆旧来谙。"(陈荆鸿《独漉诗笺》第993页)

作《留滞羊城又将春暮每忆丰湖胜游辄动并州故乡之感正拟赋诗遣兴适采饮山人以新篇见示遂次其韵亦各言其意也》。(《集》第142页)

作《次韵酬屈翁山处士扇头六首》。

"何年征辟到蒲轮,常着莱衣娱老亲。作些有词皆泣鬼,题诗无语不惊人。世情愧我黄金尽,古谊怜君白发新。却为风波久留滞,木棉红绽两经春。"

"蓼莪纯孝采薇清,大节从来本至情。宁必多方求不死,肯将所学负平生。许张义共千秋著,文陆仁能一辙成。赖有遗编传往事,幽光潜德后人倾。_{翁山著《成仁录》,未付梨枣。}"

"尘封笔砚走伊威,柔翰劳君病里挥。谁道先生称好好,曾闻国语著非非。眼前冠盖多纨绔,乱后耰锄老布衣。指日西行到巴蜀,欲寻卜肆问支机。"

"静看潮汐长还消,为厌烦声不挂瓢。早岁论兵惊李赵,穷年注易补京焦。采芝四老终同隐,丛桂群公久见招。作吏悠悠经七载,此邦耆德未寥寥。"

"莫因别远倍伤神,千里同风道本真。但得挥戈长返日,不妨渡海屡扬尘。百年著述无余事,一代春秋系此身。他日相思定相访,肯辞雪浪溯湘岷。"

"知非伯玉进因年,学易宁辞屡绝编。困厄临危怀往哲,操存加勉赖高贤。春风珠水情何限,秋月峨眉望欲偏。次韵题诗书短笺,各从怀袖忆当前。"(《集》第142页)

按从"却为风波久留滞,木棉红绽两经春"一句看,王煐滞留岭南,系受到弹劾、诬陷,致使无法动身赴川南之任。

作《戏傚元白放言二十首_{有引}》。(《集》第144页)

引:"春雨联绵,漫漫长夜。拊髀增感,兀坐书空。偶读往哲遗篇,遂尔效颦学步。茶余酒后,枕上厕中,有触即鸣,无情不写。闭户三日,得诗廿章,聊自豁其胸怀,未遑计夫工拙也。"

屈大均作《临危诗》嘱托后事。

"丙子岁之朝,占寿于古哲。乃得邵尧夫,其年六十七。我今适同之,命也数以毕。所恨成仁书,未曾终撰述。呜呼忠义公,精神同泯泱。后来作传者,列我遗民一。生死累友人,川南自周恤。独漉题铭旌,志节表而出。华跌存后人,始终定无失。林屋营发冢,俾近冲

虚侧。"(陈永正主编《屈大均诗词编年笺校》第1058页)

五月十六日，屈大均卒，享年六十七岁。王煐痛失挚友，赋诗悼之。(《集》第148页)

序："丙子仲夏，余将入蜀。屈处士翁山病剧，贻诗六首道诀别之意，情词凄切，不忍多读。数日后遂已长逝。卜葬有期，因次其韵挽之。"

诗："大雅惊凋丧，伤心又到君。日星天并著，泾渭世谁分。仪范今长隐，声华昔共闻。从兹挥泪别，行处断空云。""家传骚颂后，文藻绝纤尘。变化池中物，光铓席上珍。宦情知我拙，交道感君真。孝誉题私谥，洵堪风世人。""过墓徒悬剑，登床欲碎琴。已同今日事，肯异古人心。片石凭苔护，重棺避土侵。苍龙眠处煖，元气结苓蒣。""悲悼从今夏，追欢记去秋。诗篇能细序，草诀许频求。翁山去秋为余作《田盘记游》《忆雪楼诗集》二序，又赋长歌赠行，草书入妙，数索书之。茗椀风前洗，碁枰月下收。无端经岁驻，却似为君留。""寿与先贤并，春王自卜年。翁山生平慕邵康节，新岁闻其传，亡年六十七，适相符合，因占易知病不起，遂诀别亲知。黄金难铸骨，紫玉易成烟。名定传身后，心无愧死前。贻诗那忍读，一字一声鹃。""蚕丛多磴道，盘折比羊肠。计日浮湘汉，乘风度贡章。生存情尚苦，死别恨弥长。次第呼孤幼，殷勤酹酒浆。"

访黄葵村及其子黄汉人，有诗记之。(《集》第149页)

黄葵村即黄河澂，字葵之，一字葵村，新会人，诸生。少遭丧乱，年十二始入塾。潦倒名场，清贫终老。有《葵村集》。

黄汉人，黄葵村之子，生平待考。

梁佩兰赠砚一方，赋长句谢之。(《集》第150页)

赋长诗赠别陈恭尹。

《赠别陈处士处士名恭尹字元孝别号独漉子顺德人》："忆自己巳登君堂，

惊看七尺形昂藏。双眸烂烂若岩电，朱颜绿发髯微苍。手挥玉麈论娓娓，令我心折神飞扬。从此订交日无间，芝兰臭味同芬芳。郡斋枉驾倒筐庋，珠江乘兴移沙棠。罗浮绝顶看云日，丰鳄幽处携壶觞。石桥藤簟月清皎，江楼茗椀风苍凉。有时深谈灯屡炧，曈昽户牖升晨光。吾宗仲宣为挚友，相依没齿忘还乡。季子苦吟年最少，通眉长爪尤清狂。谓础尘兄、季唯功也。桑梓二三老名士，才华齿德无低昂。谓药亭、翁山、山带诸君也。因君获交并知契，晦明风雨时相将。登临胜赏极奇险，诗歌赠答偕宫商。积久不觉遂成帙，箴扬宁复羞粃糠。诸儿材质愧顽劣，频年奔走成膏粱。赖君通家敦世好，善教咸许归门墙。达才答问胜私淑，诱掖奖劝诚无方。比来风波起意外，青蝇贝锦纷乖张。量移一载尚留滞，进退踯躅同藩羊。我思古人心有获，椒辛胆苦俱亲尝。惟君古情频慰藉，往还岂避人猜防。要言不烦比金石，欲我柔克毋徒刚。病中伏枕首再拜，书绅恐失铭肝肠。古人缔交贵终始，世俗情态良堪伤。翻云覆雨等闲事，当前推许旋雌黄。素心直道笑迂腐，轻儇佻挞夸当行。先生一切付浑默，万斛容载须汪洋。往余少时最豪诞，燕赵余习多锋芒。父师明训自针砭，矢当弦上犹难降。自奉教言近七载，苦口之药功诚良。总然倔强未绕指，渐能百炼镕其刚。兹当西行入巴蜀，樸被几日催行装。即嗟豚犬失师范，身违良友犹彷徨。寓斋咫尺日相过，宁论寒暑身偁忙。微言片语奉拱璧，宏篇杰构罗珪璋。秦章汉隶逼李蔡，草书行楷追钟王。琐屑索书曾未厌，筐篋璀璨盈琳琅。客途有此壮行色，谁云薄宦无私囊。吁嗟人生多聚散，晨星萍水洵难量。平居旧雨半凋落，哀笛近复闻山阳。季唯功、陈元敷、屈翁山数月之内相继奄逝。驴鸣吊客共相效，碎琴聊复同登床。如君心知更无几，相看髭鬓添冰霜。后此晤期邈难定，临歧握手情茫茫。那堪风飙催远别，九疑苍翠纡衡湘。瞿塘滟滪雪涛壮，巴陵三峡猿声长。殊方风土饱游历，夜郎境远趋跄踉。读君诗歌对图画,潇潇风雨生篷窗。吴孝廉山带作《潇湘三峡图》,同人各题长歌赠行。知君他时亦相忆,长宵月照空斋梁。怀人好句各留草,春鸿秋雁能高翔。锦江双鱼非铁铸,定教鼓鬣穿涛泷。韩潮州《表》:'涛泷壮猛。'又诗:'始下乐昌泷。'"(《集》第151页)

韩潮州,唐诗人韩愈,其《潮州谢表》有"通海口,下恶水,涛泷壮猛,难计程期"之语。其《泷吏》诗有"南行愈六旬,始下乐昌泷"之句。

与吴文炜夜话,赋诗三绝。(《集》第153页)

作《纪梦诗》。(《集》第153页)

作《朱十洲索和春夜听雨韵》。(《集》第154页)

朱十洲,待考。

作《送徐竹田归平湖》。(《集》第154页)

按徐竹田疑为徐宣。徐宣(生卒不详),嘉兴人,画家,写山水平远苍郁,康熙四十一年(1702)仿富春山图扇藏故宫。(见《中国美术家人名辞典》第1461页)

作《寄呈高宫詹江邨同梁庶常药亭次和元韵》。(《集》第154页)

"尺水修鳞困,虚传鹏徙南。追随同馆阁,怅望隔烟岚。先生旧为会典总裁,余为郎时亦与纂修之役。作吏经年七,论诗得友三。谓药亭、翁山、元孝也。瞿塘西去远,更欲访仙楠。成都永宁观有石楠四株,皆千岁物,下可荫车百两,仙人逯君所植。"

按高江邨即高士奇。高士奇(1644—1703),字澹人,号江村,谥文恪,钱塘(今属杭州)人。祖居余姚(今浙江省余姚)。以诸生供奉内廷,为康熙帝赏识,任南书房行走大臣,官詹事府詹事。左都御史郭琇疏劾士奇"欺君灭法,背公行私,其罪之可诛者四也"。副都御史许三礼又疏劾徐乾学与高士奇"植党营私,表里为奸,招摇纳贿",解职归里。康熙三十三年,复召入宫修书,仍直南书房,官礼部侍郎。能诗，善书法，精鉴赏，通医道，所藏书画甚富。康熙帝自言"得士奇，始知学问门径。初见士奇得古人诗文，一览即知其时代，心以为异，未几，朕亦能之。士奇无战阵功，而朕待之厚，以其裨朕学问者大也。"著有《春秋地名考》《左传纪事本末》《江村销夏录》等。

六榕寺访友不遇，有《六榕寺访岑处士不遇因题雪巢精舍三首_{处士名徵字金纪别号霍山南海人}》诗。（《集》第155页）

按六榕寺为广州最著名之寺庙。始建于梁大同三年（537），初毁于火灾，宋端拱二年（989）重建，改名为净慧寺。苏东坡来寺游览，见寺内有老榕六株，欣然题书"六榕"二字，后人遂称为"六榕寺"。

作《赠别于天池王云门》。（《集》第155页）

"人生唯五伦，朋友居其一。属吏与长官，情同异斯秩。尊非比君父，卑不类臣妾。相合在名义，寅恭乃俦匹。五臣廿二人，量能分厥职。下本无趋承，上亦公黜陟。唐虞盛得人，臣邻昭典册。周公勤吐握，所以广敷纳。传说戒私昵，深用防反侧。乃自三代降，仕路遂多术。君子守其正，履奉励常节。直道罕纡回，平情不粉饰。致君比尧舜，立身希禹稷。世代有污隆，操修鲜惭匿。小人呈其才，机变诚莫测。躁进恒躐等，旁猜多媢疾。危人以自安，倾众以自植，树党窃威权，炙輠恣罗织。荣利苟有在，靡弗用其极。焉知天爵贵，立功与立德。是岂赋性殊，良由怙积习。余也生北海，潇洒烟霞客。无端尘累牵，金门谬通籍。曼倩惯诙谐，游戏少拘束。臣意亦嚣嚣，帝呼曾叱叱。饮酒复鸣琴，古人意愿毕。遐慕嵇阮俦，不才更寡识。十年历郎署，委蛇惭伴食。蒙恩忽外迁，拜手辞丹阙。五马向炎荒，驽骀事鞭勒。簿牍日纷纠，章程递促逼。讼狱正繁兴，徽纆亦孔亟。临割学操刀，拙工就绳墨。风中理丝发，鲜能免铍滑。绠尽汲苦深，袖短舞弥拙。大小等鳌蚁，冠带易山粒。蚊负与螳当，均非力所及。强项惭非董，憨性每同汲。尚敢持璧争，聊复引车匿。威思恩并用，刚虞孤易折。大德本好生，小过宁失出。其如嗜好别，顿觉河山隔。难容凿枘方，共哂钓钩直。用不及屏风，从俗能屈曲。羞吹吴市箫，独操齐门瑟。富贵纵可求，贱役那甘执。水乳定能融，薰莸岂相入。始也致微嫌，终焉成大惑。动摇及山岳，震慴矧州邑。沧海衔石填，孟津捧土塞。缥缈三神山，可望不可及。吁嗟锥处囊，颖钝未易脱。庸才遭异数，宠命移班级。持节赴三巴，王程限有日。共拟鲲化鹏，云霄振羽翼。岂其风力微，却作六月息。忧患生意外，无端因羁絷。颇类行乞儿，裈中处群虱。又如坐禅僧，魔障逢魈魑。航海及中流，鲸鲵忽追迫。片板委波涛，存亡在顷刻。簿篆余孤注，胜负惟一掷。转跃未成庐，四子已先黑。危同置卵累，安犹寝薪积。身经益热焚，实有不寒栗。已知埒虎须，那遑惜鸡肋。何能学元放，羝群作人立。痴比雄与鹿，犹知避赠弋。宁当机穽深，矧复罗网密。鹰隼意飞扬，骐骥步踟躅。玉毁虎兕出，竟是伊谁责。楚则失已多，齐亦未为得。曲突本无功，抱璞徒隐泣。聋鼓听犹雷，哑连饮殊蜜。真同画地囚，未有回天力。直教身似绵，但膣心如铁。匹夫各有志，终非势可夺。磨涅倘磷缁，奚从识坚白。众已失青黄，谁为别淑慝。不有信陵侠，莫赴平原急。空传济洧舆，但见浮江笠。非无殷帝仁，恐废商君法。驻久多见知，儿童与走卒。瞻星又流火，吹律转夷则。诵诗感旄丘，占易得丽泽。逡巡二载过，始得拨云日。风鹤有余惊，中怀时怵惕。深谢同舟侣，匡扶助不给。有如历崄巇，幸不致陨越。忆昔己巳岁，余来自畿北。二君相继至，弱冠才二十。吏治独老成，究心晓法律。文藻更缤纷，广谈佐虞笔。交不异芝兰，情渐同胶漆。岁时来郡城，琴尊成雅集。弄月向湖波，吟风转林麓。唱和定推敲，登堂期入室。不以私废公,肯使文胜质。襟怀任自然,礼数存真率。非独了余闲,且以释劳瘁。国人诸大夫,即此为矜式。政令但风行,民情忘火烈。宁敢疾声呼,恐使小弦绝。悠悠经七载,风尚臻和洽。愧我鬓添霜,劳君躬立雪。兹当万里行,知是几年别。前路正漫漫,寸心增恻恻。临歧还握手,嘉言相勉勗。巢燕恒避戊,食鱼慎防匕。百错尽由忙,万当未如默。病痊方易传,痛定苦难述。幸各鉴前车,毋复蹈斯辙。朱明古洞天,洪崖仙窟宅。会当生枣梨,先须扫荆棘。抱一而守元,心虚腹可实。月晦明渐生,日中影斯昃。理韵有循环,行藏任通厄。洞虚乃致明,注满宜防溢。怨可消悔尤,谦能迪贞吉。乾乾各自强,庶几齐古哲。"

五月七日,友人陈廷策病逝于京师。

程履新《康熙刊武溪集序》:"予尝观《广东通志》载人物,以唐张文献公、宋余襄公为最,二公皆产于韶,可谓盛矣。心向往之,无由至焉。壬申岁,予倩黄调庵由南安郡丞移守粤西梧郡,强予偕行,道涉韶阳,适友人陈公元敷为太守,款留殷勤,因得询二公文集,仅见张公《曲江集》,然已漶漫,其所谓《金鉴录》者,则伪作也;余公文集,则遍觅无从可得。惆怅久之。无何别去。乙亥冬,接陈公札云:'已获余襄公集稿矣。第字句讹缺,幸来校付梓,何如?'予闻之喜,即星驰抵韶。至则公膺廉能之荐,入京陛见,束装甚迫。遂取《武溪集》自为一序,嘱予校云:'赖有此耳,归当付梓。'因考欧阳文忠公为《余襄公神道碑记》云:'公有文集二十卷,《奏请》五卷,《刊误》四十卷。'明成化九年,丘琼台序云:'余公文仅得其《潮说》及诸书判,盖莫能睹其全也。求之天下几三十年,今始得于馆阁群书中。'嘉靖四十五年南韶道刘仁山序云:'张集幸不残缺,乃余集则漶漫无所考。及索旧守所刻于郡者,仅存百一,已磨灭不可读,文献不足,何以征之哉！稍为校雠重刻。'今去嘉靖曾几何时，板已乌有，惟有黄君少涯手录文集二十卷，业已不绝如线。所谓《奏请》五卷，《刊误》四十卷，则杳不可问矣。其错缺字，更无他本可以校对，不敢参改，惟照原稿而已。噫！以余襄公之贤，世远人湮，简编残缺尚且如是；自古迄今，文章散失不可胜计，存之不存，有幸有不幸欤？为之叹息。方期公归，忽得讣音，知公于五月七日卒于京邸。呜呼痛哉！合郡思公德政，咸欲建祠奉祀，久而未果。予受公知，愧无以报，拟刻此集，成公素志。适廉二守来署府事，闻而乐之，与乐昌田邑侯、曲江叶邑侯捐俸助资。后翁、英二邑侯皆相助为理，同校当道，例得并书。始于丙子仲冬，成于丁丑暮春，板留曲江署中。予喜是集之成，因直书其事，更望后之君子保而勿失，庶文献足征，永垂不朽云。康熙三十六年三月上巳新安程履新识。"（康熙三十六年刻本《武溪集》卷首）

五月十八日，李录予奉差祭南海神庙，与友人袁密山、梁佩兰等陪同游灵洲山宝陀寺，有诗。（《集》第147页）

诗后自注："寺僧远布敏言皆能诗。"

远布，法性寺僧，法名达津，字远布。周大樽编《法性禅院倡和诗》卷四录其诗。敏言，释元默，字敏言，一字葆庵，南海人。俗姓冯。光孝寺僧。能诗，与梁佩兰等有唱和。（汪庆柏主编《清代僧诗集》第一五册）

李录予作《王紫诠先生招游小金山晚宿宝佗僧舍限韵四首》："寄枕邯郸梦未闲，旌旃飞度遍江山。且来白石寻三昧，可许黄梅转一湾。砥柱独高烟荡里，皎轮故满翠微间。谁弹中散龙池曲，子夜犹开响玉环。""珠海何人径半闲，灵洲一榻识眉山。重来白发颜如镜，不老青霞树几湾。把酒刘琨清啸夜，挥毫陆贾纵谈间。洞箫如怨依江水，那得周郎不解环。""劳尘羁影羡云闲，客路何能便买山。南斗剑铓分祖咏，洛阳雁信滞王湾。宁抛香阁壶樽外，偏插昙花箫鼓间。

鸣磬不须惊上下，梵轮久识转如环。"
"精舍悠然去住闲，红尘不起荔枝山。窗留花气风常定，门送蒲帆江乍湾。知已天涯疑汉渚，归程日下计河间。迢迢钟漏南溟月，千里云华一岭还。"（《岭南五朝诗选》卷十一，《国朝诗的》卷二）

《国朝诗的》书影

按李录予，字恒麓，一字山公，山西介休人，寄籍顺天大兴。康熙庚戌进士。任翰林院侍讲学士，左春坊左中允，起居注官，升吏部侍郎。康熙四十五年任丙戌会试正考官。擅书法，尊奉二王。曾与修《明史》《大清一统志》，诗文俱健，惜大多散佚不传。本年奉差祭南海神庙。（黄登《岭南五朝诗选》）

陈恭尹作《王川南使君招李宫詹山公袁通政密山梁太史药亭蓝山人采饮游灵洲予以事不果往诸公分韵及之仍同游韵八首》："目送轻帆出越城，灵洲西去趁潮平。山环野寺天中断，水绕高台月四明。荷叶采为酣饮具，梵钟和入苦吟声。髯苏诗石苍苔上，不获同君蹑屩行。""本是闲身偶不闲，支颐吟望海头山。离怀黯黯伤今夕，渔火星星别一湾。声气相求南北合，行藏难定去来间。当年频记寻僧夜，隔水呼船月半环。_{时故人屈翁山物故。}""石间随处宿僧房，长夏无风也自凉。得句好题青竹粉，有人曾悟木樨香。画桡倚岸传歌板，冰簟横阶置笔床。望日始过良夜短，诘朝明月有余光。""使节东西路各遥，良朋远近返岩椒。一堂啸咏同斯地，万古溪山有此宵。赤水得珠期象罔，沧溟为鸟待扶摇。无才久已安衰拙，不与扬云叹寂寥。_{宫詹、川南将去，密山、采饮将归。}""汉将旌旗下石门，天南霸业已全吞。宏农盛气占孤屿，刺史清泉翳树根。北去京华犹古路,南来寻隩失荒村。眼前陈迹千年事,一棹沿洄好细论。""荔子垂垂带夕烟,维舟深竹似凉天。乡人尚识红云宴,居士同参玉版禅。鹤听琴声依槛外,月摇江影上灯前。梦游却比狂吟胜,欲学希夷且打眠。""石势嵯峨别一峰,隔江云影岫重重。人来彼岸先寻筏,壁护笼纱不为钟。闲以深杯邀顾兔,笑吹横笛起吟龙。宝佗自是千年院,偃盖当门见老松。""探奇今夕几人来,小院初为上客开。佛有慧灯曾不夜,天飞明镜复当台。旌旐缭绕移烟树,筇屐从容踏翠苔。拈韵禅床吟未了,裟裟长揖使星回。"(陈荆鸿《独漉诗笺》第994页)

梁佩兰作《王紫诠观察招同李山公宫詹袁休庵通政蓝采饮山人灵洲宝陀寺留宿敏言上人精舍限韵九首》:"四围山色静当门,入夜风来水石吞。归鹤认巢投树杪,定钟回响落松根。官船大舫停孤屿,渔网深潭接一村。长夏幽寻能有几,佛幢灯火与僧论。""话别佳山意已遥,松门今始共良宵。照林水色疑霜雪,点地山花满桂椒。清梦石床移簟冷,白檀香篆向人摇。孤心独忆三生事,容易繁华托寂寥。""水上孤峰入望遥,到来红雨没山椒。云垂瀑泻阴厓隐,沙涨溪连碧草摇。百感易生犹昨日,半年难得是今宵。都忘后辈兼前辈,三竺天中总寂寥。""冠盖追随得暂闲,入林初见月衔山。谈禅正好同深夜,消夏何妨别一湾。寺背禅声藏竹里,地中人影立云间。牛头自昔传金锁,当下谁能便解环。""江馆侵星出郡城,卸帆刚及暮潮平。登山衣落千重翠,渡水云开几片明。曲渚渔灯连野火,半天人语杂经声。惯游也似初来客,犹绕回廊处处行。""寺前溪水到禅房,不待风迎客尽凉。贝叶自翻金殿暗,藤花时落石厓香。樽前得句裁湘管,梵后听歌出笛床。遥望薄云天上起,鱼鳞吹去又清光。""稻田风定隔溪烟,返照山中似晓天。一带水光惟匝地,半间云住是何禅。虚空铃铎飞檐下,历落星辰迫坐前。同在白莲清净里,蒲团虽设不曾眠。""了然江上见孤峰,磴道纡盘复几重。沙岸远生前浦月,石楼高闭一山钟。求心拟自调狂象,入定看僧制毒龙。深夜独眠还数起,断吟闲依寺门松。""为访名山得得来,岛边林麓石堂开。相忘鸥鹭闲临水,一揖袈裟便上台。地白坐堪三五夜,院深行破几层苔。诸天月色青冥上,忍逐波涛发棹回。"

八月,重回惠州,登忆雪楼,感慨万端,赋诗十首。(《集》第155页)

十月二十六日,吴文炜卒,享年六十一岁。(陈恭尹《独漉堂文集》卷十二《吴山带行状》)

陈恭尹《独漉堂文集》卷十《吴山带行状》:"君讳文炜,初字仪汉,先世始自宋,世居南海大圃(中略)。君少而敏慧(中略),十九就童子试,受知番禺蒋侯,取冠一军。补弟子员,名噪一时。庚子闱,试卷拟元,以后场语有疵,遂置不录。及己酉,复中副车。信以为得失有命,乃去名之'文'与'火',而以'韦'为名,别其字曰'山带'。遂放意诗酒间。(中略)天性萧散,出或不告家人,所往遇弈即流连忘返。(中略)有所赋咏,杂书坠叶败纸,不复存稿,同人随而搜录,得《金茅山堂集》若干卷,惠州王子千使君为刻之。(下略)"

仲秋,《忆雪楼诗集》编成,题写跋语。(《集》第421页)

"仆本北海顽夫,自号南区居士。身长九尺,迹类东方;心痛千秋,病同西子。十三以上,颇知乐志琴书;二十将过,未免放情杯酒。沉酗无度,乐托不羁,以致病入膏肓,沉疴难疗,遂尔情亲药饵;举业无成,嗣遇异人,授之导引,复承严父策以功名。十载为郎,仆仆缁尘满面;七年作郡,滔滔白浪惊心。或抑郁而无聊,或悲凉而有感。往往寄情短句,时时托意长吟。偶当风月佳辰,则横排笔阵;更遇林泉胜地,亦坚筑诗城。曩曾踏雪盘山,近复观梅浮峤。箬冠玉

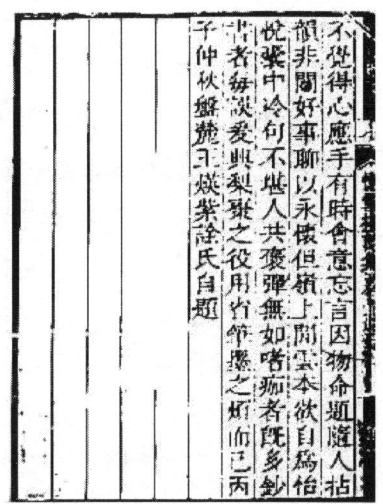

《忆雪楼诗集》王煐自题跋语

塵,集四海之贤宾;鹤驾虬骖,降三山之仙侣。不觉得心应手,有时会意忘言,因物命题,随人拈韵,非关好事,聊以永怀。但岭上闲云,本欲自为怡悦;囊中冷句,不堪人共褒弹。无如嗜痂者既多,钞书者每误,爰兴梨枣之役,用省笔墨之烦而已。丙子仲秋盘麓王煐紫诠氏自题。"

九月九日,登广州镇海楼,有诗。(《集》第159页)

九月三十日,与友人集大汕精舍雅集送秋。

陈恭尹作《九月晦日同王惠州王础尘连双河诸公集石公精舍送秋同限蕉字松字》:"黄花开尽转无聊,处处园林战绿蕉。顿觉朔风凝玉露,不知明月变凉宵。郊西满目登新稼,物外何人识后凋。想到北庭冰可折,最分寒燠是今朝。""鸿来燕去各从容,白帝将归驾白龙。且让羲和旋北陆,尚余朝爽在西峰。千卮醽醁忘忧酒,百尺青青偃盖松。暮别山门尚回首,数声犹是此秋钟。"(陈荆鸿《独漉诗

笺》第 985 页)

冬日,邀樊崑来等集大汕长寿精舍雅集赋诗。(《集》第 160 页)

石濂《冬日紫诠王大参招樊太史刘铨部暨白社诸公过集小院分赋得七阳》:"卧病讶相访,都忘三径荒。到来钟渺渺,坐久月茫茫。海叠阶前浪,花辞徼外霜。松门过使节,水木有辉光。"

刘省庵《王紫诠观察招同樊崑来梁药亭太史陈元孝王蒲衣处士雅集长寿寺拈韵石濂上人方丈得隅字》:"越王台下寺,倚树抱城隅。竹密吟风细,花深引径纡。饮凭高士醉,病讶老僧臞。归去扁舟晚,潮头海月孤。"(《岭南五朝诗选》卷十二)

陈恭尹《王川南招陪樊检讨崑来刘铨部省庵集长寿石公精舍分得二冬》:"故作禅房会,深防俗子逢。僧归万里浪,客到一声钟。北酒邀新月,南花发孟冬。后期那可易,使节为从容。"(陈荆鸿《独漉诗笺》第 1000 页)

按樊崑来即樊泽达。樊泽达(生卒不详),字崑来。少时,值张献忠攻泸州、宜宾。泽达奉二亲避兵越溪。家贫,负米百里外,徒跣供炊。人称至孝。康熙二十年(1681)四川乡试解元,主考官编修方象瑛、副考官吏部员外郎王材任奇其才,谓为"脱颖之才,学富思精"。二十四年(1685)进士。选翰林院庶吉士,散馆,授检讨。三十一年(1692)因学行超卓,擢侍读学士。癸酉(1693)科充广东乡试主考官。四十五年(1706)提督广东学政。泽达能文善诗。其文内容丰厚,多记离乱之苦,其诗有俊逸之气,格调高昂。著有《敬业堂稿》《江山杂咏十三集》三十二卷行世。李调元《蜀雅》、孙桐生《国朝全蜀诗钞》、徐世昌《晚晴簃诗汇》录有其诗。《四川通志》《锦里新编》有传。

按刘省庵即刘曾。刘曾(生卒不详),字鲁如,号省庵,临潼人。康熙己未进士,授溆浦知县。三年,擢吏部主事,迁员外郎。再迁吏部验封清吏司掌印郎中，补贵阳知府。丙子与樊崑来主试粤东。著有《南游集》。事见《临潼县志》卷七。

刘省庵作《次来韵奉别王紫诠观察兼赠赴任川南》："十载词场说姓名，一朝投分友兼兄。莺花此日同珠浦，丝管他时忆锦城。陆贾归装持旧节，王尊叱驭促严程。客怀暂共离愁剧，会见双凫入帝京。"

十月，有端州之行。

作《将游西樵道经鉴江何慎思明府留饮登署楼超然台次陈元孝韵》："暂留翻笑剡溪船，水部耽诗列绮筵。履道曾闻平似砥，论文更喜直如弦。耸身危磴南山近，放眼层台北斗前。三峡二樵行渐远，片时欢赏意悠然。"（《集》第160页）

陈恭尹《陪王川南饮何慎思邑侯署中登超然台作时将有西樵之游》："山水游踪此泊船，风流贤宰夜开筵。篱花对酒如含笑，霜月当头正上弦。一径细穿修竹里，诸峰忽立古台前。官衙胜处谁能到，宾主燕吴不偶然。"（陈荆鸿《独漉诗笺》第1001页）

按何慎思即何玉度。江南长洲人，监生。康熙三十三年甲戌任顺德知县。慎思殆其字也。（《广东通志》）

作《晚泊石湖》（《集》第160页）

作《樵溪听雨同元孝》。（《集》第160页）

作《西樵道中》。（《集》第161页）

作《碧玉岩观瀑》。（《集》第161页）

在肇庆，与樊崑来等夜集披云楼，有诗。

《张次公招同樊崑来刘省庵佟伟夫夜集披云楼分赋》楼在肇庆府署后与星岩相望："天南十月夜初凉，高谶飞楼对月张。历落峰峦齐北斗，诙谐宾主尽东方。歌翻红豆听逾细，酒近黄花饮更香。他日追寻行乐地，披云忆雪两难忘。"忆雪楼在惠州署后，粤中惟二郡基最高。（《集》第162页）

按张次公疑为张至隆,汉军镶红旗人(一作"辽阳人"),荫生,康熙三十二年人肇庆府知府。(见《肇庆府志》卷十三《职官表·国朝》)北京图书馆编《地方志人物传记资料丛刊·东北卷4》转《盛京通志·人物十五》:"张至隆,奉天汉军镶红旗人,康熙三十二年知粤之肇庆府。郡当胖河下流,岁三四月西流暴涨,丰乐长围一决,其害更甚。至隆亲驾小舟,相度经营,躬先负土,日夜督率,筑堤巩固,水害顿息。黄江厂税吏胥多横索,悉裁抑之,商民立碑记焉。"

佟伟夫疑即佟铭,新会知县,佟鋐(蔗村)之兄。

在肇庆,再集清豫楼,有诗。(《集》第162页)

游顶湖,宿庆云寺,有诗。(《集》第162页)

按顶湖庆云寺即肇庆鼎湖山之庆云寺,为广东四大名寺之一。

孟冬,赵执信赴广东,在英德至清远之间舟中读王烸《忆雪楼诗》,知其尚在惠州,作诗遥寄。

赵执信《读故人王南村副使忆雪楼诗喜闻其尚在广州遥寄》:"独卧罗浮顶,长忆寒门雪。岂知万里心,空落峨眉月。峨眉山月秋,照见南海头。故人吟啸风飕飕,问胡不行为我留。我家北海侧,雪花大如席。偶来岭表游,亦作怀乡客。作客何期与子逢,买舟疾下趁天风。蜀江且愿持为酒,共醉海山明月中。"(赵蔚芝、刘聿鑫笺注《赵执信诗集笺注》第662页,黄河出版社出版。以下引用赵执信诗,均出该书。)

仲冬,赵执信抵广州,初访王烸不遇。

赵执信《暮抵广州》:"扁舟忽南海,万里又黄昏。落日动江色,寒风生虎门。远钟催蜑唱,微月逗珠痕。江中有海珠石。沽酒酹归汐,此波连故园。"(赵蔚芝、刘聿鑫笺注《赵执信诗集笺注》第669页)

赵执信《访南村不遇题寓斋壁》:"故人卜居处,门对碧海间。海上无心云,送我来扣关。应门僮仆静,晴日栖檐端。照见读书室,隙风乱陈编。炉香寂不发,庭树寒自妍。思君在何许,窈窕西樵山。云峰七十二,峰峰落飞泉。遥知寄中意,拟谢区中缘。闻当诘朝还,一夕剧十年。且复拂君床,遣梦相流连。"(赵蔚芝、刘聿鑫笺注《赵执信诗集笺注》第670页)

赵执信再访王煐,下榻王氏寓斋。

赵执信《下榻于南村氏_{前守惠州筑忆雪楼以书招余}》:"他时忆雪楼头望,悬榻江山待我来。今日越王台畔客,对床怀抱为君开。乳蕉花下风落橘,荔子林中香绽梅。共醉不须论往事,南溟清浅易生埃。"(赵蔚芝、刘聿鑫笺注《赵执信诗集笺注》第672页)

赵执信结识陈恭尹、王隼、石濂等岭南文士。

赵执信《与陈元孝王蒲衣两处士夜坐论诗》:"老大两布衣,宴然当世士。各出以诗卷,邈矣古男子。岭南冬亦春,坐讶清寒起。乃是冰与血,披拂怀袖里。我行穷万里,所遇无可喜。今夕忽欣然,风灯落连蕊。"(赵蔚芝、刘聿鑫笺注《赵执信诗集笺注》第675页)

赵执信《长寿庵赠石濂上人_{近始浮海归自安南}》:"城西闻磬处,寂历赞公房。池聚碧海色,窗分绝域香。树形龙听江,_{庵有老榕甚奇}。僧病鹤还乡。颇爱宗风大,能知楚客狂。"(赵蔚芝、刘聿鑫笺注《赵执信诗集笺注》第677页)

大寒日,与赵执信、樊崑来、梁佩兰等泛舟小港桥。

赵执信《樊检讨崑来招同刘郎中省斋梁吉士药亭及南村元孝蒲衣雨中泛舟小港桥》:"是日天大寒,北风落潮早。郭外霜雨深,水南溪山好。高贤命彩鹢,狂客躐朱鸟。相与写胜情,殊方事幽讨。寺荒花木荣,地迥人烟少。杯鸟凌空明,歌呼动莽渺。酒酣起四顾,海气横八表。诸公济以才,飞动意未了。吾与二三子,仙期缅云鸟。东去访泉源,青春长瑶草。"(赵蔚芝、刘聿鑫笺注《赵执信诗集笺注》第680页)

与赵执信、陈恭尹登镇海楼。

赵执信《与元孝南村登镇海楼》："登楼窥玄冬，满目尽江海。三城飒雄风，五岭凝寒彩。高天如可扪，短日复谁待。太息越王台，乾坤尔空在。"（赵蔚芝、刘聿鑫笺注《赵执信诗集笺注》第698页）

与赵执信、梁佩兰等集佟声远粟园观早梅，有诗。（《集》第162页）

梁佩兰《佟声远粟园看早梅同赵秋谷中允王紫诠观察陈元孝处士赋》："黄村久讯无消息，为向诃林寺里寻。孤梦可怜前夜月，名园今副一冬心。冰池影落寒犹浅，衫袖笼来气已深。高会尚烦供纸笔，擘笺书遍酒人吟。"

陈恭尹《佟声远招王紫诠使君樊崑来翰检赵秋谷宫赞梁药亭吉士雅集粟园看新梅分赋五律得八庚七律得九佳》："户外青丝骑，林中白玉英。此时天末会，一片岁寒情。老脚闻香住，方塘倚酒行。念君趋省侍，非久寓三城。""积水清泠照小斋，深冬云物尚能佳。峰峰黛色眉谁画，阵阵鸿声字不差。南郭子綦风激謞，东方曼倩语诙谐。酒阑更绕池边树，笑指新梅似玉钗。"（陈荆鸿《独漉诗笺》第1002页）

赵执信暂离广州赴惠州等地。

赵执信《别意答南村》："十年万里欢相见，相见应知有别时。晨夕阴晴经月酒，江山鱼雁几篇诗。只言渺渺他乡路，动作迢迢隔岁期。试问云中望桑浦，何如云半倚峨眉。"（赵蔚芝、刘聿鑫笺注《赵执信诗集笺注》第707页）

冬至前二日赵执信自珠江之潮阳，不及送，赋诗。

《至前二日赵执信自珠江之潮阳不及送赋此寄怀且申新岁丰湖之约》："故人八载音书缺，意外重逢欢匝月。天涯暂别倍伤神，似送从前梦中客。风前延贮更登台，寒云压江吹不开。为约西湖桥畔月，春宵相待共徘徊。"（《集》第163页）

冬至日,对梅花小酌,有诗。(《集》第163页)

作《读秋谷闲斋集至斥鹦笑鹏黔驴踶虎二诗戏有此作》诗。(《集》第163页)

作《浴日亭次东坡韵》。(《集》第163页)

与陈恭尹联袂游览西樵,作《沙浦寻梅 近南海庙与沙冲西台诸村相接高低错落小山绵延百余里居人尽种梅花武陵桃源恐无此幽绝也》。(《集》第164页)

陈恭尹《冬夜同川南使君舟泊樵溪骤雨有雷》:"数载篇章唱和同,将分仍得共游踪。雷鸣南海初冬夜,月落西樵七十峰。乍泊且尝他国酒,不眠遥听隔山钟。芒鞯未怯青泥滑,树杪应添瀑百重。"(陈荆鸿《独瀧诗笺》第493页)

陈恭尹《寻碧玉洞瀑布同王川南作》:"昔余寓西樵,兹泉最心赏。及乎匡庐游,三叠差争长。各在岭一隅,无由较修广。夜来歇孤棹,不寐心养养。肩舆历翠微,旧路多榛莽。谷深无耕樵,厓欹隔轮鞅。偪侧不可立,况乃通来往。旁睨已战兢,下视殊惚恍。未见瀑布飞,先闻风雨响。安得趋捷躯,猿猱同下上。从行数童子,体轻时用罔。奋身独先下,绝叫咸鼓掌。使君益兴发,手卓青藤杖。挟扶有力士,羽翼兼兵仗。驾肩或并腾,驻足不容两。更番迭送迎,老脚亦能强。遂造磐石巅,列坐首皆仰。白练明高空,银河垂晃朗。峭壁立如墉,激流更奔放。横敷半百尺,直下七十丈。轻风吹余沫,散作仙翎氅。云轻玉龙池,珠泻天人帑。耳目为一新,神形顿萧爽。维时初冬候,雨潦收田瀼。壮观虽未殊,浩瀚仍非曩。威凤见一毛,或可得其仿。慨此万古流,不息同天壤。谁能探其源,悠然发遐想。"(陈荆鸿《独瀧诗笺》第494页)

碧玉洞,在西樵山。瀑布最高而奇,为诸泉冠。隆庆末,邑人霍尚守建飞玉台于泉下,先生撰《西樵泉石记》云:"碧玉之水白双鱼陂而北,汇于钓台,又北,会翠微之水,广三丈余,自下望之,沛乎若悬江河,动心骇目,其鸣陨山裂石,咫尺不能相语。其上半循壁而下,中忤巨石,激而离之,春夏水壮,人涉其内而不濡,喷沫弥空,日照彩翠横生,不可名状。"(《广东通志》)

陈恭尹有《送赵秋谷之潮州》诗:"半月五羊城,紫梅开尚浅。何以乐新知,青尊共游衍。良俦惟二三,美酝无沉湎。时寻广漠野,或命岢峩舩。古寺搜碑遗,清溪候潮转。悠然发长啸,倏尔飞雄辩。归来读君诗,烛下终长卷。如有神物凭,顿使心目展。东海与泰山,真形入裁剪。人言之子傲,我独钦其善。群惊叶县龙,信有蜀州犬。性情虽各适,去取良无舛。倘君非不狂,即我狂难免。寒冬为此别,宿约诚须践。昌黎驱鳄地,风教今重阐。首路指龙川,君家旧疆畎。怀古一沉吟,新篇会非鲜。引领望归舠,芳郊及春饯。"(陈荆鸿《独漉诗笺》第497页)

陈恭尹作《题吴山带潇湘三峡送王紫诠使君之川南》。

"君不见双流江汉岷山来,潇湘九面衡岳开。大别山前神禹凿,长江东走如轰雷。荆梁万派此奔汇,溯流千里其艰哉。君持旌节川南路,一年理棹今方赴。涉尽人间翻覆澜,瞿塘滟预宁堪顾。吴生放笔为此图,神光离合超有无。气吞云梦者八九,笔挟造化为前驱。数峰便具万仞势,片帆直指蚕丛都。巴东三峡定远近,身边似听猿猱呼。鱼服八阵日在眼,峨眉古雪明高衢。锦水文章多哲匠,司马扬王最其上。千篇更有浣花翁,两表犹传卧龙相。羡君此去得其源,继美千秋岂多让。即今吴生已入燕,送行反在君行先。君行向西伊向北,独我南滞朱明天。人生聚散寻常事,所惜诗篇远难致。作歌送君并索吴,新图分寄西南隅。"(陈荆鸿《独漉诗笺》第526页)

陈恭尹作《赵秋谷自潮州至即归其乡诗以送之》。

"春来望尔海东头,及到翻成送去舟。岭路过时梅未标,乡园归日麦应秋。地留胜迹供高咏,天放闲身作远游。久土茫茫行已半,后期相对又何州。"(陈荆鸿《独漉诗笺》第535页)

陈恭尹作《题忆雪楼江山无尽图送紫诠王使君之官川南次留别原韵》。

"东坡手书默化堂,不知堂后山泽藏。使君冷眼忽觑得,架楼收尽天苍苍。楼基正与城楼敌,窗外远见风帆扬。我来舣舟此城下,楼花飞落船头香。宾朋共识庾亮兴,小民窃比燕公棠。前轩后户卷帘幕,良宵胜日传杯觞。云峰四起若邻并,蒸炎三伏来清凉。北窗企脚望不及,千叠万叠皆山光。象头白水古佛迹,朱明七洞仙人乡。虹霓隐见占雨至,烟岚出入因风狂。聚如稠人互窥瞷,纷如舞袖相低昂。天池鹏翼击巨浪,斗间剑气明干将。云阴穿漏或显晦,松声断续流清商。不知汉晋是何代,陶铸尧舜其粃糠。常拟腰镰刈葵藿,每思寄梦炊黄粱。登临万象积富有,忘却四壁和雕墙。使君家在燕冀北,思亲恋阙皆同方。霞生想像斑斓彩,屏列如对繡帐张。归心欲蹑双飞燕,省稼时乘五色羊。擢巡西蜀忽留滞,万事险阻皆经常。回思楼上昔坐啸,明月直入无猜防。欲春灵药问顾兔,拟摘桂蕊呼吴刚。安知俗态工贝锦,遂使仕路成羊肠。赖君雅志在吟咏,南中久驻无嗟伤。溪山四远皆游陟,图书万轴增丹黄。集名忆雪三百首,隋珠卞玉森成行。气齐五岳争耸峭,才如海若奔汪洋。或于谐谑寓规讽,时同星日舒光芒。浣花老洁可企及,剑南平易应来降。此行所遇多古意,笔仗况复俱精良。图形尽归大禹鼎,切玉不啻昆吾钢。孤舟三峡上百丈,七年大郡宜轻装。西听猿啼易寂寞,北念鹤发增徊惶。连天别绪语不尽,数日解缆仍嫌忙。膝前侍列子若弟,特达不异珪与璋。移家暂寓虎踞石,门巷复见乌衣王。雏凤长鸣协钟吕,宏音亮节皆琅琅。东西各驾青雀舫,山水收以古锦囊。巫山之高不可极,长江之水难为量。悬帆今月已春暮,计程到日应秋阳。送君不妨屡水宿,几人同卧舟中床。问年我已踰耳顺,将髭君亦添新霜。九州宇宙本窄狭,后期未可云渺茫。将寻幽约指吴越,更揽宿莽过沅湘。待君旌节自蜀出,玺书惠下云天长。新篇不厌数回读,老脚尚可同趋跄。且题此卷作后验,恍如身复当楼窗。迷蒙远近翠欲滴,不辨扬越并燕梁。高歌激昂以赠我,平生意兴因飞翔。安得如鸟有羽翼,从君唱和踰三泷。"(陈荆鸿《独漉诗笺》第537页)

本年,"贞久堂本"《忆雪楼诗集》付梓(扉页有"康熙三十五年王氏贞久堂刻本"字样。然内中王原序文却作于"康熙三十六年春三月",则二者必有一误。推想此书康熙三十五年年末付梓,康熙三十六年春夏之际刻成。)。**钱塘汪霦、秀水朱彝尊、虞山陶元淳、南海梁佩兰、番禺屈大均、顺德陈恭尹、青浦王原、青州赵执信**分别在此之前撰写序文。(《集》第425—438页)

王氏贞久堂版《忆雪楼诗集》封面

按汪霦,字朝采,号东川。钱塘人(今浙江杭州)。原籍平湖(今属浙江嘉兴市)。康熙十五年进士。官行人。十八年,举鸿博,授编修。官至户部侍郎。有《西泠唱和集》。汪霦是王煐在京为官时之同僚好友,后又为《风木图》题诗。

据《康熙朝实录》:"(辛亥,1671),升詹事府少詹事汪霦为詹事。""(戊午,1678),升詹事府詹事汪霦为内阁学士兼礼部侍郎。"

"(丙子，1696)，升内阁学士汪霖为户部右侍郎。""(乙酉，1705)，谕大学士等：今年顺天乡试声名不佳，人或怨其不公；又闻试卷不加圈点者甚多。应试者各执落卷以示人，又作草人至试官家门砍之。观其举动，人怨殆不可言矣。果不点不圈，可谓之阅卷乎？想汪霖等亦无词以对也。朕在避暑处点汪霖、姚士藟为正副考官，以为出人意料。朕亲手封发，当不复生弊矣。由此观之，亦不在此，但存乎其人之所行而已。科场之设，以为选择人材之地，于此事而行之不正，虽学问优长，何益之有？汪霖、姚士藟着解任。以其考试声名，问九卿詹事科道。至科道官，朕倚为耳目而用之者也，专在言职。考官不阅度卷，考试不公，何不参劾？亦将此问科道官。……据九卿等云：汪霖等考试不公，不阅卷，人皆怨之是实。据科道云：闻怨汪霖之言，但无实据，是以未曾纠参。上曰：科场之事，关系重大，其弊不可不除。朕于此事，大加详慎，着将汪霖、姚士藟交该部严加议处。"汪霖因涉及科场作弊案，名声受损，王氏"贞久堂"初刻《忆雪楼诗集》，汪霖之序列在首篇，后来王家为避嫌计，将汪霖姓名挖去，而序文犹存。

按陶元淳（1646—1698），字子师，江苏常熟人。康熙中举博学鸿词，以疾不与试。二十七年，成进士，廷对，论西北赋轻而役重，东南役均而赋重，原减浮额之粮，罢无益之费。阅者以其言戆，置二甲。三十三年，授广东昌化知县，到官，首定赋役，均粮于米，均役于粮。裁革杂征，自坊里供帐始，相率以力耕为业。县隶琼州，与黎为界，旧设土舍，制其出入，吏得因缘为奸，元淳立撤去。一权量，定法度，黎人便之。城中居人，旧不满百家，至此户口渐蕃。元淳时步行闾里间，周咨疾苦，煦妪如家人。琼郡处海外，军将多骄横，崖州尤甚。元淳尝署州事，守备黄镇中以非刑杀人，游击余虎纵不问；且贪，索黎人献纳。元淳廉得其状，列款以上，虎私以金贿之不得，造蜚语揭之。总督石琳下琼州总兵会讯，元淳申牍曰："私揭不应发审，镇臣不应侵官，必挫执法之气，灰任事之心。元淳当弃官以全政体，不能蒲伏武臣，贻州县羞也。"初鞫是狱，镇中令甲士百人佩刀入署，元淳据案怒叱曰："吾奉命治事，守备敢令甲士劫持，是藐国法也。"镇中气慑，疾挥去，卒定谳，论罪如律。崖人为语曰："虽有余虎，不敌陶公一怒。"而总督卒因元淳倔彊，坐不检验失实，会赦免。复欲于计典黜之，巡抚萧永藻初授事，曰："吾初下车，便劾廉吏，何以率属？"为言于总督，乃已。元淳自奉俭约，在官惟日供韭一束。喜接诸生，讲论至夜分不倦。屡乞病未果，竟以劳卒于官。昌化额田四百余顷，半沦于海，赋不及二千，浮粮居三之一，民重困。元淳为浮粮考，屡请于上官，乞豁除，无应者。乾隆三年，元淳子正靖官御史，疏以入告，竟获谕旨免焉。(《清史稿》列传第二百六十三)

本年，余怀逝世。

按余怀(1616—1696)，字澹心，一字无怀，号曼翁，又号曼持老人。福建莆田人，侨居南京。晚年退隐吴门，漫游支硎、灵岩之间，徵歌选曲。他与杜浚、白梦鼎齐名，时称"余、杜、白"。余怀才情艳逸，其诗词用笔较为深细，表现出悠情绵邈的意境。尤其是明亡后，他对一代兴衰发出千秋感慨，颇多凄丽之辞。作品情感凄怆，词采清丽，颇为吴伟业、王士禛所称道。此外，他的笔记《板桥杂记》记载狭邪之事，共分三卷，上卷雅游，中卷丽品，下卷轶事。其自序曾阐述了以狭邪、艳冶之事生发感慨的原因，认为："鼎革以来，时移物换。十年旧梦，依约扬州。一片欢场，鞠为茂草。红牙碧串，妙舞清歌，不可得而闻也；洞房绮流，湘帘绣幕，不可得而见也；名花瑶草，锦瑟犀毗，不可得而赏也。间亦过之，蒿藜满眼，楼馆劫灰，美人尘土，盛衰感慨，岂有过此者乎！"因此，极力渲染当年的繁华，以对照今日的凄凉。著有《味外斋文稿》《研山堂集》《秋雪词》《板桥杂记》《东山谈苑》《砚林》等。

康熙三十六年丁丑(1697)　四十七岁

年初,作题画诗《题叶秀才罗浮寻梅小照 秀才名适惠之归善人能诗》(《集》第164页)、《题黄翁垂钓图》(《集》第164页)。

孟春,赵执信泊舟惠州城外。

赵执信《晚阴泊惠州怀南村》:"高城结愁阴,我亦忆雪色。寒烟断续生,晻暧鹤峰白。美人隔层波,怅望江湖夕。孤梦耿残灯,微风闻叹息。"(赵蔚芝、刘聿鑫笺注《赵执信诗集笺注》第719页)

孟春,赵执信访惠州府衙。

赵执信《惠州署寄南村》:"饱闻君作郡,触时得清新。无讼多佳句,为楼望故人。迟来空对月,近约又辜春。吟绕堂前竹,王猷我后身。"(赵蔚芝、刘聿鑫笺注《赵执信诗集笺注》第756页)

孟春中旬,赵执信作《遥题代泛亭》诗。

自注:"南村所筑。"诗曰:"高亭一凭眺,闻道尽西湖。湖阔水清浅,亭闲人有无。拿舟何路到,载酒与谁俱。剩语名亭者,他年寄画图。"(赵蔚芝、刘聿鑫笺注《赵执信诗集笺注》第758页)

孟春,赵执信回广州,王煐已迁新居。

赵执信《再入广州舍于南村新居》:"我行蚁旋磨,君居鸠移巢。萍流大海中,浩浩还相遭。初寻门巷殊,渐入花树交。空斋识旧榻,细雨清尘寮。几间纷毫素,屋后堆芳藜。云知子当来,以此为久要。我已决归计,春风感柔条。愧君惓惓意,且复问寂寥。同声二三子,过语不俟招。愿挥鲁阳戈,回夜长为朝。"(赵蔚芝、刘聿鑫笺注《赵执信诗集笺注》第762页)

仲春,赵执信作诗悼吴山带。

赵执信《悼吴孝廉文炜山带》:"渔洋未识名先著,谢客相知最相亲。余门人谢文洽编修,其座主也。为欲寻君来岭海,岂关避我走风尘。余未至岭,山带已入都。遂于北土为新鬼,何处天涯见此人。归橐强携遗砚去,一回点笔一伤神。山带有砚在南村所,以遗余。"(赵蔚芝、刘聿鑫笺注《赵执信诗集笺注》第767页)

按王士禛《北归志》:"(程)衍祖示南海吴韦(炜)山带诗,颇清逸。广州英妙有王隼蒲衣、梁无技王顾,昨皆见之。韦(炜)独不至。"

谢文洽编修即谢陈常,陈常,字雪楼,号文洽,山西临晋(今临猗)人。康熙二十四年(1685)进士,翰林院编修。康熙三十二年(1693)任广东乡试正考官。

陈恭尹为赵执信《观海集》作序。

序曰:"孔门七十子,曾皙独号为狂。考其鼓瑟师庭,志存风咏,意其为诗酒中人也。李太白以诗名唐代,嗜酒放旷,苏子瞻目之为狂。余每疑狂者近于粗疏,而尼山'与点'之言,思归有斐然之叹。太白能识郭汾阳于缧绁中,不可不谓奇士。然则人固不易狂也。益都赵秋谷,早通仕籍,才名振天下;然好纵酒,喜谐谑。士以诗文贽者,合则投分订交,不合则略视数行,挥手谢去。是以大得狂名于长安。余往从王紫诠使君见其诗,循循皆有法度,非狂也。比者逾岭南来,相见于五羊。接其言议,深心远识,介然有不可拔之操,非狂也。然后知古今所目为狂者,特以其异于时而狂之也。问其近作,示以《观海》一集。气则包括混茫,心则细若毫发,片言只字,不苟下笔。其要归于自写性情,力去浮靡。如是士亦何妨于狂哉!夫海之为物也,际六合而不见其有余;浮大地而不见其不足,形之巨者也。析而分之,有间必通,无微不入,质之至细者也。合之无断续之痕,离之无割裂之迹,性之至和者也。然当其乘风而涌,则浪如山岳。有激而奔,则势摧城郭,是谓之狂澜。及其渊静波澄,则其清可以鉴须眉;润可以生万物。夫非至巨不能狂,非至细不能鉴,非至和不能生。海之观止是矣。秋谷观于海而有得焉。则其狂益未有极也。独诗也乎哉!"

仲春,赵执信离广东北返。

赵执信《赠别广州诸子十二韵》:"南海多君子,我来嗟已迟。遂令屈高士,_{翁山已前逝。}不得作相知。犹喜逢陈实,苍然野鹤姿。忘年结新契,细律出雄词。旧与梁夫子,金门接履綦。我狂甘放斥,君老亦昌披。二妙齐芳誉,王生不见遗。_{阮翁谓王蒲衣、梁王顾为二妙,余独见蒲衣。}卜邻恐难遍,荐士定先谁。交淡梅无艳,谈深海有涯。五旬非梦寐,千载岂差池。并世真成幸,同心莫怨离。重悲虎泉叟,竟隔死生期。"(赵蔚芝、刘聿鑫笺注《赵执信诗集笺注》第773页)

梁佩兰有《送赵秋谷太史归山左》诗四首。其三:"川南观察使,守惠相期久。万里远致书,鲤鱼竟虚剖。临当拥旌节,天外还矫首。腊残睹税驾,共剪春前韭。故交恋同心,新知乐携手。闲来一赋诗,兴到即饮酒。有时访山僧,证性及笤帚。磬声寂闻见,世事忘八九。人生有何常,所贵在不朽。维昔排金门,于今聚林薮。天地至广大,世人自枷杻。谁能貌衣冠,拱揖随木偶。"

仲春,送赵执信至佛山,执手相别。

赵执信《佛山别南村》:"相逢元不意,相别更无憀。执手江干暮,东风催上潮。蛋人寒泛泛,龙目雨潇潇。复有销魂处,清秋万里桥。_{计南村今秋定至蜀矣。}"(赵蔚芝、刘聿鑫笺注《赵执信诗集笺注》第778页)

北返舟中,赵执信赋诗寄王煐。

赵执信《望西樵山却寄元孝南村》:"舟行甘午睡,雨过起开襟。忽与西樵对,顿惊离别心。昔来老怅望,君正快登临。春色碧云_{峰名}

际,佳期谁重寻?"(赵蔚芝、刘聿鑫笺注《赵执信诗集笺注》第780页)

春,樊崑来、刘省庵离粤,赋诗送之。(《集》第165页)

即将离粤,与当地官员告别。

《寿李奠原提帅兼以志别》:"浃岁恩威遍,春深队仗闲。雄风清粤峤,紫气出函关。名重人争睹,功高鬓未斑。海疆巡历后,帝德暨诸蛮。""世禄西河外,承家数百年。丹书存异代,雄略在安边。燕奭孙曾命,曹彬父子贤。何如陇西好,晟懿总超然。""阀阅宁非贵,文章更自豪。名看金榜上,功以玉门高。揽辔随龙驭,论兵献豹韬。九天多雨露,南国遍恩膏。""仰止非朝夕,风帆此再过。却缘留滞久,得奉教言多。澷澦今如马,江城旧号鹅。感知兼恋别,酌斝且长歌。"(《集》第164页)

按李奠原即李镇鼎,康熙三十四年至三十六年任广东提督,卒于任。

三月,过惠州,拟登忆雪楼,不果,感慨赋诗。

《丁丑三月再过惠州拟登忆雪楼不果戏柬李南禾太守》:"忆昔初成忆雪楼,虬骖鹤驾日相留。斋居曾作游仙梦,咫尺三山与十洲。""别来不觉二十强,梦里登临兴欲狂。莫怪怀居三宿恋,并州原自异他乡。""去年秋半一径过,风景依然奈若何。月夜疏萤度庭户,双星隐隐隔明河。""再到渔郎莫问津,石梁一别隔红尘。分明八尺重垣内,真觉萧郎是路人。"(《集》第166页)

按李南禾即李遥谷(生卒不详),昆山人,举人,康熙三十四年继王煐任惠州知府。

陈恭尹作《送黄兰偶暂归金陵即同王川南入蜀次见赠原韵》。

"少长曾闻上巳游,十年节序叹如流。东风又绿王孙草,别酒重开赵尉楼。扇枕归心当永夏,挂帆行色近清秋。川南使者今词伯,入

峡猿声不用愁。"《陈荆鸿《独漉诗笺》第1006页）

按黄兰偶即黄鹤岩，字兰偶，一字兰嵩，上元人，辉斗子。乔梓风雅，光映后先。著有《蕴山堂集》《吹影词》。重订元李云阳先生诗文集、明李西涯先生《拟古乐府》行世。事见黄登《岭南五朝诗选》卷一〇。

季春，赵执信北返过大庾岭，赋诗寄王煐。

赵执信《却过岭北寄南村省斋_{皆相约同行不果}》："风吹归客落千寻，草色黏天蜡屐深。岭路春回唐日迥，关门云过北偏阴。群峰故掩经行迹，野水能知欲去心。忽忆故人虚结伴，纁黄徙倚独长吟。"（赵蔚芝、刘聿鑫笺注《赵执信诗集笺注》第811页）

春末，离粤，陈恭尹、周大樽等赋诗送之。

周大樽《乳峰堂集》卷三《送王南区使君之任西南四首》："泛爱及吾曹，真称不渎交。世人重黄白，君子有蓬蒿。日醉南中酒，吟登兰侧皋。幽林旧栖鸟，争敢见奇毛。""节使使年余，巴人候属车。祇闻曾借寇，今见久维驹。设醴诸侯重，登门野士疏。旌麾拥江上，西指百花初。""已近金牛路，还将汉水通。经途思宋玉，属郡戴文翁。轩骑春随至，峨眉雪尽融。召公能听断，人不间西东。""珠浦侵星别，金陵展觐过。君怀兹不寐，民望夙无他。蜀雨春含旬，川童夜醉歌。重临极南徼，黄相较如何。"（此四首诗由中山大学陈永正教授提供，在此致谢。）

按周大樽（1652—1720），名匏，一字冷泉，康熙壬午举人，顺德人，一作南海人。喜游，之吴越楚，尝数载不归。从学于屈大均、梁佩兰、陈恭尹三家诗人。著有《乳峰堂集》。

黄宽《自然堂遗诗》卷二《送惠阳王使君之任川南》："玉节临风暑气清，皇华载道拥双旌。文翁化俗今能事，杜甫题诗昔有名。波静瞿塘秋色好，月来白帝素光明。罗浮别后应多赋，还向山人一寄声。"

按黄宽，字鹤堂，番禺人。生顺治、康熙之际，晦迹远名。惠州知府王煐、陈恭尹深相推挹，尝亲送入罗浮，住冲虚观为四百峰主。既而退居穗城

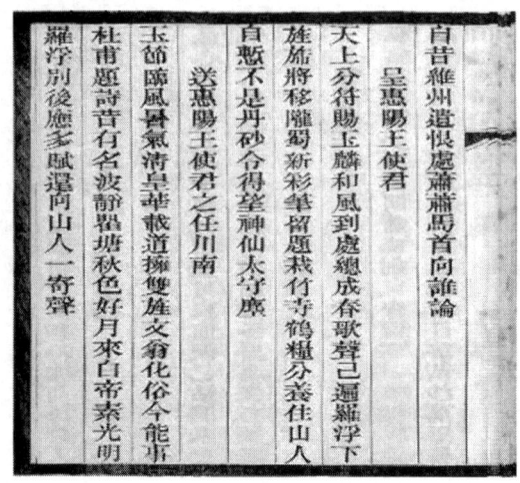

黄宽《自然堂遗诗》书影

之西城。著《自然堂遗诗》三卷。(李君明《明末清初广东文人年表》第342页)

《自然堂诗集》卷二有《呈惠阳王使君》诗，似应作于去年王煐初获川南之命时，唯具体月日无考，故系于此："天上分符赐玉麟，和风到处总成春。歌声已遍罗浮下，旌旆将移陇蜀新。彩笔留题栽竹寺，鹤粮分养住山人。自惭不是丹砂令，得望神仙太守尘。"(此二首诗由中山大学陈永正教授提供，在此致谢！)

闰三月朔日，为重刻余靖文集作序。

《重刻余襄公文集序》："韶郡山川之秀，甲于五岭。其钟于人文，唐有张文献公，宋有余襄公，事业文章，炳烺青史，而遗集散佚。明成化间，琼山丘文庄公始从馆阁钞出，重付梨枣。二百年来，其板亦无复存矣。往岁友人陈元敷守韶，余问二公之集，则文献诗文有重刻者，而襄公之集止存钞本，元敷携之箧中，将重刻之。会以荐举入觐，遂卒于京师。天都程君德基时客郡斋，惜其志之未竟，乃校定而授梓，募于同志助而成之。

夫君子之道所以久而不废者，以其得人心之同然，而后世必有为之续也。余公经济之文，其所措画，千载下犹可见之施行。文庄博极群书，雅相推重，后进末学，何容复为赞一辞。然计自文献后三百年而有襄公继其文，襄公后又三百年，而有文庄刻其集。文庄后二百余年，而有元敷发起端，德基成其志。君子之道所恃以历久而长存，人心之同所以异世而相感者，其在斯乎！其在斯乎！因书其始末，为来者告。康熙丁丑岁闰三月朔 宝坻同学弟王煐序。"(康熙三十六年刻本《武溪集》卷首)(《集》第422页)

四月，王煐之父王鼎吕去世。

王煐《纪梦述哀诗》《述哀》序："先大夫卒于丁丑四月。时余方之任川南中途。闻变仓卒奔丧。"

离粤，出岭，有诗。

《出岭》："五岭势巉屼，委蛇限百蛮。卫公终远谪，坡老幸生还。圣代边陲广，遐荒烽堠间。九年重过此，添得鬓毛斑。"(《集》第166页)

按五岭，盖指大庾岭。大庾岭在广东、江西交界处，为出入岭南之要道。

过惶恐滩，有《惶恐滩用东坡先生韵》诗。(《集》第167页)

按惶恐滩在江西万安县境内，是千里赣江著名的十八险滩之一，文天祥"惶恐滩头说惶恐，零丁洋里叹零丁"即指此。

至江西南昌，登滕王阁，有《登滕王阁有怀秋谷》诗。(《集》第167页)

仲夏，得知父丧讣音。匆忙北上。

《纪梦述哀诗》："仲夏吴楚交，讣音至邮驿。""号泣带星奔，不遑具縗绖。修途逢溽暑，悲来忽呕血。"(《集》第171页)

立秋，江上，有《江上逢立秋》诗。(《集》第167页)

仲秋,回到宝坻。

《纪梦述哀诗》:"艰辛及仲秋,始得返故宅。"(《集》第171页)

守孝期间,哀痛欲绝。

《纪梦述哀诗》:"哀号不欲生,气结肠寸裂。沉忧增百感,昏昏居匝月。"(《集》第171页)

腊月,禹之鼎为王煐作《风木图》。

按禹之鼎(1647—1716),字尚吉,一字尚基,一作尚稽,号慎斋。江苏兴化人,后寄籍江都。清初著名画家,擅山水、人物、花鸟、走兽,尤精肖像。初师蓝瑛,后取法宋元诸家,转益多师,精于临摹,功底扎实。肖像画名重一时,有白描、设色两种面貌,皆能曲尽其妙。形象逼真,生动传神。有《骑牛南还图》《放鹇图》《王原祁艺菊图》等传世。《风木图》亦为禹之鼎传世名作,今藏北京故宫博物院。

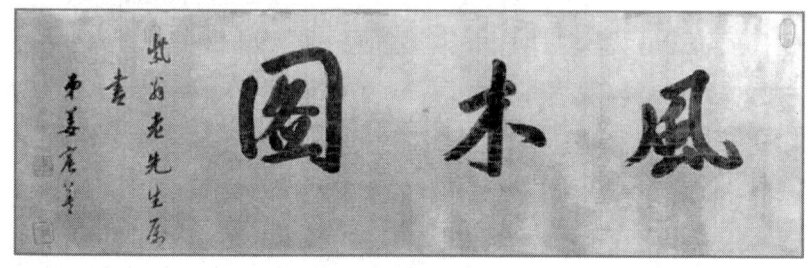

姜宸英题写卷首

禹之鼎作《风木图》

后有 25 家题诗及史恩培题识，年代自本年至光绪六年（1880），为便于读者了解全貌，均系于本条下。

史恩培题识前半段："图为广陵禹鸿胪为忆雪楼主人写照也。谨按渠阳《王氏族谱》，公讳煐，字紫千，官至浙江温处道按察副使。生于顺治辛卯，康熙丁未遭母芮太夫人丧，计其年公甫十七岁。考讳鼎吕，字翼明，顺治丁酉选拔贡生，考授知县，卒于康熙丁丑四月。作图正是十有二月也，公盖四十有七矣。题什自宋文恭以下凡十八（应为二十五）人，查声山则并题签，姜西溟则并题书额，国初名宿略萃于此，洵巨观哉。又考《宝坻县志》，翼明公已祀乡贤。如公行谊，祀典犹阙甚，所以励世教也。因文考献留心阐幽者，或于此乎取之。"

按此段题识为史恩培所书。题识分两段，此为前半段，裱于图前；后半段，裱于图后。

史恩培题识后半段："公于恩培为外家七世从祖。母舅闻卿夫子出图命观时，恩培母丧犹未期年。忆儿时在粤，先母述

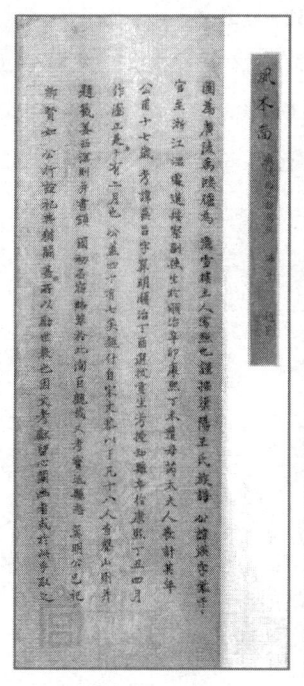

史恩培题识前半部分　　史恩培题识后半部分

公官惠州太守时,建忆雪楼,有牧牛谭公道者,在罗浮得道降乩题长句,载渔阳(洋)《居易录》中;又与僧灵源辈饮于官署,遇虬髯绿瞳卖瓜者,疑为仙,后解组寓姑苏,患痢,果降乩示服胡麻丸而愈,乩诗一绝,载《莲坡诗话》。先母论此两事,皆涉诞异,未足传公。今得仰公风采,当年慈训,恍遇目前,不禁泪潸然下。礼居久废笔墨,仍敢僭注颠末如右。若题和韵语,敬请俟诸异日耳。崑(时)光绪六年庚辰二月上浣,距作图时越百有八十有四年矣。畿东史恩培谨识。"

此为史恩培题识之后半段。题识书于光绪六年(1880)二月,其时史恩培二十八岁。

按史恩培(1852—1922),字惺石,号竹孙,晚号畿东退民,直隶(今河北)遵化人。同治十二年(1873)癸酉科贡生;光绪十五年(1889)己丑科张连勋榜联捷进士。初任山东知县,历署新城、滋阳、钜野、滕县知县,补鱼台县知县,保升直隶州知州。有《鹭藤吟舍诗钞》。

宋荦题诗:

"颜生负土群乌助,褚子居庐野鹿驯。毫颓今添图画里,麻衣如雪是何人。"

"蓼莪一恸停春社,风雨三更守墓雷。自是孝门传永世,松风涧水写余哀。绵津山人宋荦题。"

按宋荦(1634—1713),字牧仲,号漫堂、西陂、绵津山人,晚号西陂老人、西陂放鸭翁。河南商丘

宋荦题诗

人。商丘"雪苑六子"之一,著名诗人,书画家、文物收藏家和鉴赏家。顺治四年(1647),应诏以大臣子列侍卫。逾年考试,铨通判。康熙三年(1664),授黄州通判,累擢江苏巡抚,官至吏部尚书。康熙帝誉为"清廉为天下巡抚第一"。著《西陂类稿》《绵津山人诗集》等。

赵执信题诗:

"竟变轩冕相,只为山泽癯。终然方寸中,不屑猿鸟俱。况当凶忧时,蒿目祥与除。草土讵云佳,丹青宁足娱。吾党王夫子,躬筑南村庐。蓼莪时一吟,泪尽长林枯。何人写形容,神气惨不舒。寒溪咽细流,悲风无时无。始为折臂营,既作闻雷呼。独立向寥廓,青天照踟蹰。由来至性子,举动寻常殊。终身傍坟墓,此志非虚迂。山川或恐迁,竹帛良难渝。寄语好事者,无然侈画图。秋谷友弟赵执信题。"

赵执信题诗

汪霦题诗:

"板桥斜渡水无穷,梦里乡园一径通。独立苍茫知有恨,不关五月买松风。"

"楚楚衣裳淡淡神,三毫颊上写来真。丹青底事全无用,留取南陔洁白身。"

"我亦春明失路还,三年丙舍傍秋山。因君更下终天泪,洒向霜缣尽作斑。同馆

汪霦题诗

弟钱塘汪霦拜题。"

汤右曾题诗：

"秋草自成径，悲风乍入林。松枝如盖合，溪水到门深。郁郁佳城气，伥伥孝子心。惊乌沙际起，落日万峰阴。仁和同学弟汤右曾拜题。"

按汤右曾（1656—1721），字西涯，浙江仁和（今杭州）人。康熙二十七年（1688）戊辰年二甲进士，改庶吉士，散馆授编修。康熙三十九年，授刑科给事中。四十四年转河南学政。四十八年，迁奉天府府丞。四十九年，迁光禄寺卿。五十年，转太常寺卿、通政使。五十一年，擢翰林院掌院学士。次年授吏部侍郎，仍兼翰林院掌院学士。六十年，解侍郎职，专领掌院学士。次年病卒。诗与朱彝尊齐名，并为浙派领袖，康熙帝以"丛香密叶待诗公"诗赐之，目为"诗公"。著有《怀清堂集》二十卷等。

查昇题诗：

"蓼莪废后念深思，饮血三年傍墓门。风起麻衣吹似雪，不知绵定有奇温。"

"新松百尺绕坟低，忍见慈鸦到日西。十斛清涛声不绝，夜来都作断猿啼。

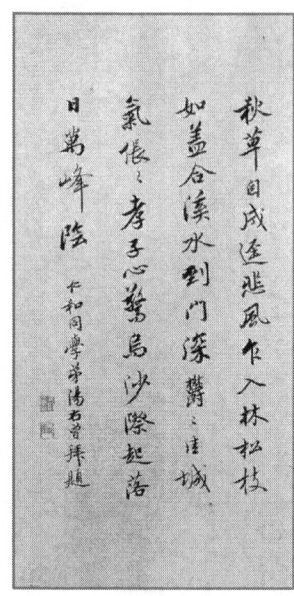

汤右曾题诗

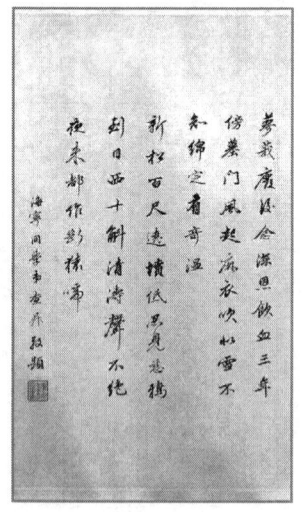

查昇题诗

海宁同学弟查昇敬题。"

按查昇（1650—1707），字仲韦，号声山，海宁袁花人。康熙二十七年（1688）进士，选翰林院庶吉士，授编修。时康熙帝选儒臣侍值以备顾问，他经荐入直南书房多年，累迁至少詹事。书法秀逸，得董其昌神韵，小楷尤为精妙。办事谨慎勤敏，备受器重，康熙帝赐书、画、御笔、砚台，赐第西华门，并御书"淡远"堂名。品行高洁，待人不分贵贱，一视同仁。著有《淡远堂集》。时人称查昇书法、查慎行诗、朱白恒画为"海宁三绝"。

姜宸英题诗：

"石桥流水绕孤坟，独立苍凉倚乱云。恠鸟欲啼山树黑，夜深时共哭声闻。"

"风起白杨愁暮寒，荒蹊无路棘团团。父兮母兮知何在，不见儿衣身上单。慈溪同学弟姜宸英题。"

按姜宸英（1628—1699），字西溟，号湛园，又号苇间，浙江慈溪人。明末诸生，康熙十九年以布衣荐入明史馆任纂修官，分撰刑法志，记述明三百年间诏狱、廷杖、立枷、东西厂卫之害。又从徐乾学在洞庭山修《大清一统志》。康熙三十六年七十岁始成进士，以殿试第三名授翰林院编修。越两年为顺天乡试副考官，因主考官舞弊，被连累下狱死。擅书法，与笪重光、汪士鉴、何焯并称为"康熙四家"，为清代帖学的代表人物。著有《湛园未定稿》《湛园题跋》《苇间诗集》

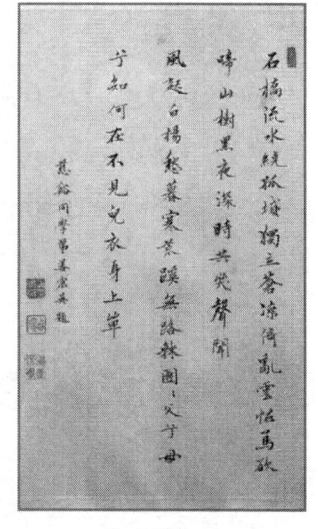

姜宸英题诗

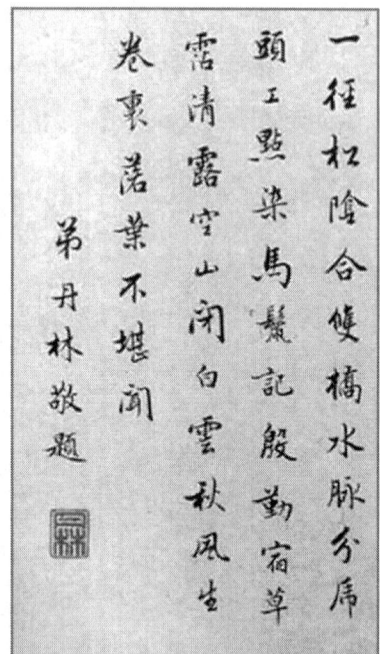

史申义题诗　　　　王丹林题诗

《西溟文钞》等。另有《姜先生全集》三十三卷由后人编撰。

史申义题诗：

"声起长林飒飒中，纸钱寒食几东风。枝头谁洒啼乌血，雪飐麻衣泪点红。"

"蜀道抽回叱驭身，一吟风木一伤神。村邻不敢修春社，自古王郎是恨人。江都弟史申义拜题。"

王丹林题诗：

"一径松阴合，双桥水脉分。虎头上点染，马鬣记殷勤。宿草沾清露，空山闭白云。秋风生卷里，落叶不堪闻。弟丹林敬题。"

按丹林即王丹林。王丹林（生卒不详），字赤抒，号野航，钱塘（今浙江杭州）人。拔贡生，官中书舍人。善画，尤工题识。诗学晚唐，托意甚深，诗尤高妙。著有《野航诗集》。

吴暻题诗：

"松栝萧萧野水昏，白云厚夜覆南村。何时春草虾蟆路，一束(束)生刍拜墓门。己卯七月同学弟吴暻敬题。"

按吴暻(1662—？)，字元朗，江苏太仓人。吴伟业之子。康熙二十七年(1688)进士，官兵科给事中。以诗、画世其家学，尝蒙召入畅春苑命画"清溪书屋"屏风，并奉敕与王原祁等纂辑《佩文斋书画谱》。著《西斋集》。

杨中讷题诗：

"发发不肯休，起自群松枝。麻衣白如雪，独立者为谁？云是王惠州，风木有余悲。鸿胪濡妙笔，写此衔恤姿。神明在意外，粉墨竟何施。南陔讵须补，此即无声诗。晚研同学弟杨中讷敬题。"

按杨中讷(1649—1719)，字遄木，号晚研，浙江海宁人。康熙三十年(1691)进士，官右中允。有书名。模晋唐，纵横中有法度。尤工草书。卒年七十一。康熙四十四年与曹寅、彭定求、沈立曾等奉敕编纂《全唐诗》。

钱名世题诗：

"高原万木秋萧索，独立伤神向寥廓。五鼎三牲不可恒，牛眠马鬣长如昨。颊毫点染恐未工，蹙口一啸生悲风。人生大半皋鱼泪，白华须补蓼莪废。毗陵钱名世敬题。"

按钱名世（生卒不详），字亮工，一名亮功。常州府武进县

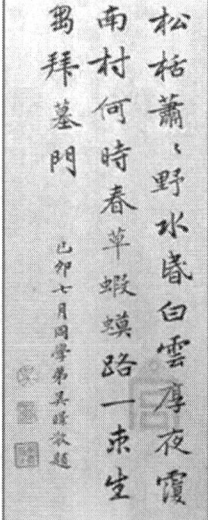

吴暻题诗　　杨中讷题诗

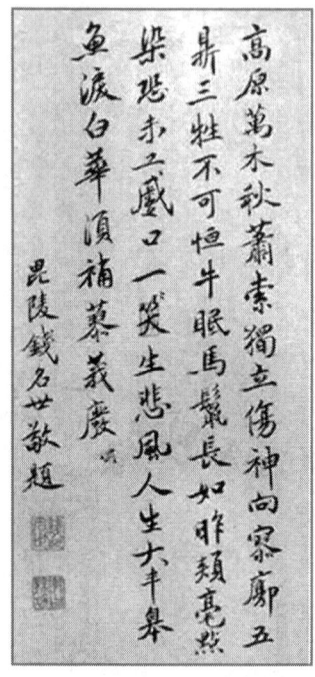

钱名世题诗

人。清初名士。清康熙三十三年（1694）曾以布衣进京协助王鸿绪修撰《明史》。康熙三十八年（1699）直隶乡试中举，康熙四十二年癸未科一甲第三名（探花），任翰林院编修、侍讲学士。因与年羹尧乡试同年，交情颇好。康熙四十三年，与修《佩文韵府》。康熙四十八年，与查慎行等同入武英殿校刊《佩文韵府》。康熙四十九年，与赵熊诏、杨大鹤等先后编纂《渊鉴类函》。康熙五十八年，与方苞等修纂《骈字类编》。雍正二年，年羹尧平定青海叛乱，钱名世赋诗八首赠之，有"分陕旌旗周召伯，从天鼓角汉将军""钟鼎名勒山河誓，番藏宜刊第二碑"之句，并在第二句诗后特意加注解说："公（年羹尧）调兵取藏，宜勒一碑，附于先帝'平藏碑'之后。" 雍正四年，因赠诗而受年羹尧案株连，以"谄媚奸恶"罪当死，雍正虽只叫革职逐返，却亲书"名教罪人"匾额，悬其家门，又命文臣写诗文声讨其"劣迹罪行"。著有《崇雅堂集》《古香亭诗集》，其诗悠然自得，颇得大诗人王士祯赞赏。

张远题诗：

"可怜叱驭驱车日，即是扳条执叶年。画史为图风木恨，诗人交赋蓼莪篇。巴江潋滟鹃啼血，栈道淋漓雨漏天。行役从兹休望远，更无人在白云边。侯官张远拜题。"

按张远（1648—1717），字超然，侯官（今福州市）人，家住乌石山之榕庵。生于顺治五年(1648?)闰四月。父泰元,邑诸生。张远生三月而父死,赖母陈氏教养至大。年二十余,尝筑榕亭于庵中读书。时明室初亡,永历帝尚建国西南,故张远少即有遗民的思想。加以清兵占领福州,圈占土地,民多流亡。御史周世科等更严行规定:一户有逃亡者,株连亲邻。张远因于康熙五、六年间逃走离闽,初停留湖南永州,后走百粤,尝至江西,以耿精忠反清,道路梗塞,不得归,及乱定始归,而其母已死,家毁于兵,乃葬母于冶山麓。适侍郎曹溶随大军入闽,路过江西,读张远之《滕王阁》诗,大加惊

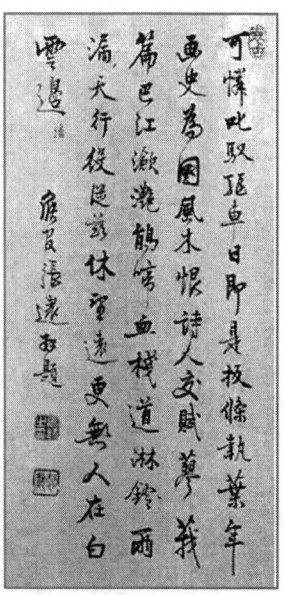

张远题诗

异,及至福州,乃招张远入幕,为之延誉,张远由是诗名大噪。张远一生踪迹多在客中,行踪不定。康熙十六年和二十年、二十九年曾回过福州,其余时间多滞留北京及广州。在北京时,为王士禛、宋荦所器重,时与朱彝尊、查慎行、屈大均、魏禧、潘耒等唱和。康熙三十八年(1699),张远乡试得中解元,时年已五十有二。他自称"志不在功名",故不复进取。晚年曾任云南禄丰县知县。卒于官,年七十岁。著有《无闷堂集》二十八卷。

毛奇龄题诗:

"闻君为思亲,筑楼表忆雪。如何茂木间,朔吹更寒冽。"

"吴隐南中守,曾因哭父还。王阳真孝子,肯度苁头关。"

"迢迢青桤林,中有痛心处。刁嘹助悲吟,何止数株树。"

末署"萧山弟毛奇龄初晴氏时年七十有八"。

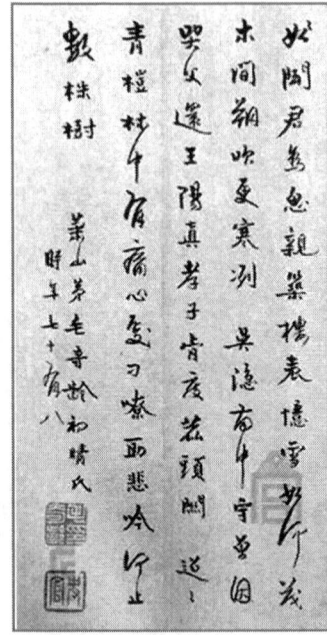

毛奇龄题诗

按毛奇龄（1623—1716），字大可，又名甡，号秋晴，一曰初晴，学者称"西河先生"。浙江萧山人。康熙十八年（1679）应试博学宏词科，列二等，授翰林院检讨，充《明史》纂修官。后以假归，不复出。初曾著《毛诗续传》三十八卷，既因避仇，流寓江淮间，失其稿，乃就所记忆著《国风省篇》《诗札》《毛诗写官记》，复在江西参议道施闰章所，与湖广杨洪才说诗，作《白鹭洲主客说诗》一卷。明嘉靖中，鄞人丰坊伪造《子贡诗传》《申培诗说》等，奇龄作《诗传诗说驳议》五卷，引证诸说，多所纠正。通籍后，进所著《古今通韵》十二卷，诏付史馆。归田后，僦居杭州著《仲氏易》，及著《推易始末》四卷、《春秋占筮书》三卷、《易小帖》五卷、《易韵》四卷、《河图洛书原解编》一卷、《太极图说遗议》一卷。又就《春秋》经文起义，著《春秋毛氏传》三十六卷、《春秋简书刊误》二卷、《春秋属辞比事记》四卷。又欲全注《礼经》，以衰病不能，乃次第著昏丧祭礼、宗法庙制及郊社禘祫明堂学校诸问答，而于《论语》《大学》《中庸》《孟子》各有考证。奇龄所学博杂，而自负者在经学，然好为争辩，他人所已言者，必力反其词。《古文尚书》自宋吴棫后多疑其伪，及阎若璩作《古文尚书疏证》，奇龄乃力辨为真，作《古文尚书冤词》，又删旧作《尚书广听录》为五卷，以求胜于若璩。但于《周礼》《仪礼》，又以为战国之书。《古文尚书冤词》未免意气，而于二《礼》

之断定乃持平之论。奇龄好胜,所作《经问》指名攻驳者惟顾炎武、阎若璩、胡渭三人,以三人博学重望,足以攻击,而余子碌碌,不足齿录。并素喜音律,著有《竟山乐录》四卷,又有《圣谕乐本解说》二卷、《皇言定声录》八卷。康熙五十五年(1716年)卒于家,年九十四。门人蒋枢编辑遗集,分《经集》《文集》二部。《经集》自《仲氏易》以下几五十种,《文集》合诗赋序记及其他杂著凡二百三十四卷。四库全书著录多至四十余部。

陈世安题诗:

"噫气停时天籁息,依然端正见平林。卷中何事风常急,画出栾栾不尽心。"

"落叶枯林正力争,狂飙猎猎太无情。模糊澹墨苍茫景,似蘸皋鱼泪写成。海昌陈世安拜题。"

按陈世安(?—1722),字子敬,号傅岩。海宁人。康熙十六年(1677)举人。由行人官兵科给事中,尝使俄罗斯。著有《出塞纪略》二卷、《扈从纪略》二卷、《傅岩疏稿》。见《海宁州志》,《海昌艺文志》卷七。

黄与坚题诗:

"萧槭疏林落叶闻,泉声潋潋遍斜曛。滴残松柏将枯泪,目断天边起白云。"

"麻衣绚屦伴灵枫,洒析西风涕泪空。桧栝尽容霜雪古,好教人认画图工。太仓弟黄与坚题。"

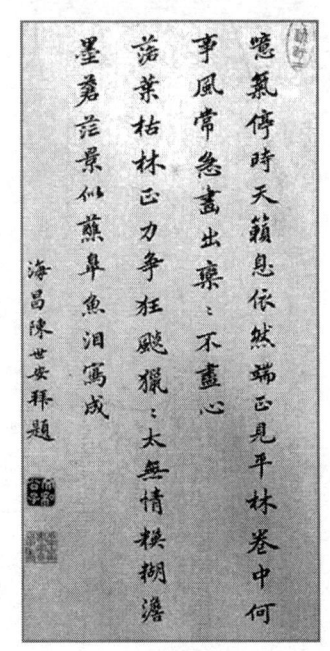

陈世安题诗

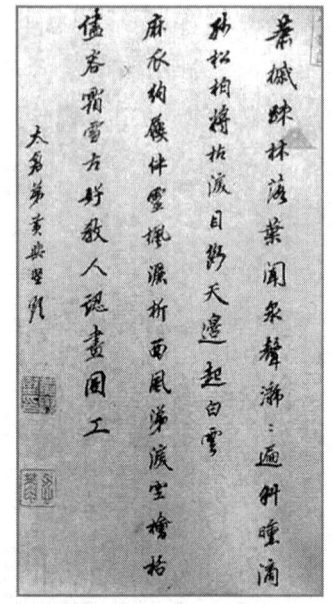

黄与坚题诗

按黄与坚（1620—1702），字庭表，号忍庵。江苏太仓人。幼有奇慧，三岁能识字，五岁能诵诗，十四岁时即慨然有志于古学。性落落，与人交有终始。以拔贡入成均，廷试第一。顺治十六年（1659）成进士，授推官。奏销案起，罢官。康熙十七年（1678）召试博学鸿词科，授翰林院编修，擢赞善，与修《明史》，充贵州乡试正考官，又分修《一统志》。有辅导皇太子之命，大臣群推与坚，以原衔充讲官。以葬亲乞归，家居委巷，寂寞著书。学本经史，诗文俱克名家，文章醇雅，诗在韩渥、元好问之间，海内称之。吴梅村编《太仓十子诗选》，以与坚为冠。钱谦益评其诗谓"顿挫钩锁，缠绵悱恻"。徐世昌称其诗"丰蔚壮丽而有情韵"。画亦工，能山水，与同邑顾钺相类。尝缉《太仓州志》，未及梓行。卒，年八十三。有《大易正解》《论学三说》《愿学斋文集》《忍庵集》等。

朱彝尊题诗：

"鸿胪下笔写寒木，飒飒风声动树间。绝肖川南王副使，麻衣如雪见星还。"

"记得吴趋唐六如，曾将尺纸貌（貌）皋鱼。新图别自开生面，树底飘残泪满裾。秀水弟朱彝尊。"

尤侗题诗：

"每爱华阳夜梦中，入官犹自听松风。谁知一点皋鱼血，化作霜枫万叶红。"

"闻说王阳度阪来,三年庐墓有余哀。只今素鞸还如故,白马青袍安在哉。鹤栖老人尤侗题。时年八十有四。"

按尤侗(1618—1704),字展成,一字同人,早年自号三中子,又号悔庵,晚号艮斋、西堂老人、鹤栖老人、梅花道人等,苏州府长洲(今江苏省苏州市)人。明末清初著名诗人、戏曲家,曾被顺治誉为"真才子",被康熙誉为"老名士"。于康熙十八年(1679)举博学鸿儒,授翰林院检讨,参与修《明史》,分撰列传300余篇、《艺文志》5卷,二十二年告老归家。四十二年康熙南巡,得晋官号为侍讲,享年八十七岁。侗天才富赡,诗多新警之思,杂以谐谑,每一篇出,世人争相传诵,著述颇丰。作品有传奇《钧天乐》《黑白卫》,杂剧《读离骚》《吊琵琶》《桃花源》《清平调》共六种,收入《西堂曲腋》。另著有《鹤栖堂集》《西堂全集》六十一卷和《余集》共一百三十五卷。《西堂小草》收其诗作120

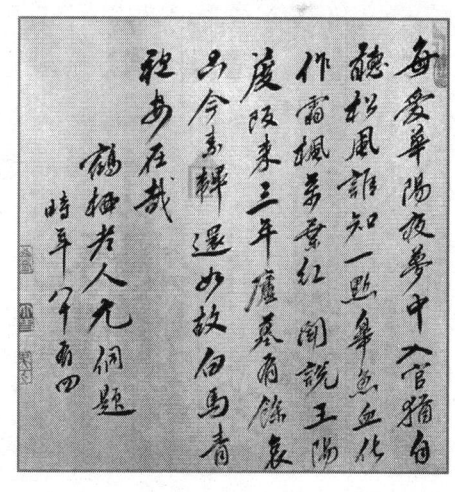

朱彝尊题诗

尤侗题诗

首。乾隆时,《西堂全集》因"有乖体例,语多悖逆",一度被查禁。

曹寅题诗:

"风木吟何限,抔圈属孝思。穷年护丘垄,黪墨变松茨。破散伤游子,清明摘柳枝。披图良触迕,日暮更深悲。壬午三月 弟寅拜手题。"

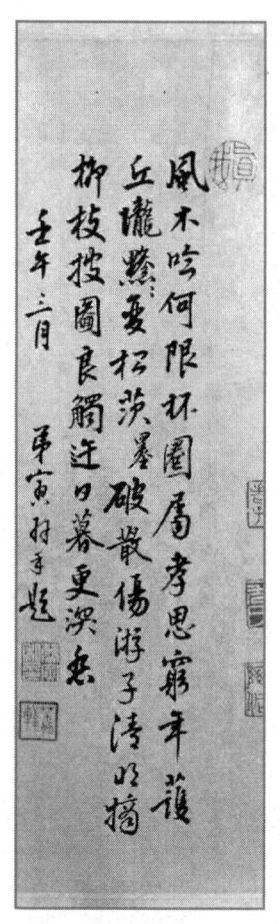

曹寅题诗

按此为曹寅题。曹寅(1658—1712),号荔轩,又号楝亭,先世为汉族,原籍奉天辽阳(今辽宁,一说祖籍河北丰润)。自其祖父(曹振彦)起为满洲贵族的包衣(奴仆),隶属正白旗,官至通政使、管理江宁织造、巡视两淮盐漕监察御史。善骑射,能诗及词曲。奉旨主持编辑、刊刻了《全唐诗》《佩文韵府》《御定历代赋汇》等大型文献,出资为当时著名文士刊刻文集、诗集,如顾景星《白茅堂全集》、施闰章《学余全集》、朱彝尊《曝书亭集》等,为中国历史文化传承做出了极大贡献。有《楝亭集》等著作传世。是伟大长篇小说《红楼梦》作者曹雪芹的祖父。

王泽弘题诗:

"涛声谡谡响松阡,流水淙淙落涧泉。泉语松声尽悲咽,不须更废蓼莪篇。"

"北望愁肠似裂缯,返魂无力涕垂膺。泪痕有尽恩难极,膝下生生报未能。"

"少日奔驰远二亲,身虽生我似无身。伤心宦海人无数,强半终天抱恨人。壬午四月 郏城王泽弘题。"

按王泽弘(生卒不详),字涓来,字昊庐,湖北黄岗人。顺治乙未进士。康熙三十一年任左侍郎,三十八年任左都御士,升礼部尚书,官至少詹事。有《鹤岭山人诗集》十六卷。

刘灏题诗:

"君不见仲由养亲嗟无及,累裀列鼎泪沾臆。回首翻怜负米时,犹洁晨餐供子识。今君与我强视息,白华各已无颜色。白华既已无颜色,头上簪缨抛亦得。便当被(披)发痛哭谢人间,南山之南北山北。丁亥九月十八日泾阳刘灏题。"

按刘灏(1662—1712),字若千,陕西泾阳人。康熙二十三年(1684)甲子科举人,二十七年(1688)戊辰科进士。选庶吉士,散馆授编修。三十一年,以编修充日讲起居注官,出任三十二年癸酉科乡试湖广考官,三十九年,以编修

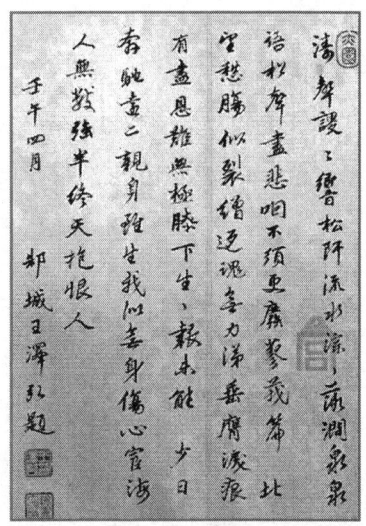

王泽弘题诗

刘灏题诗

授监察御史。巡按长芦盐政,"首劾去大吏,按治私贩渠魁,威惠大著"。此外,刘灏以御史之职,"独被命与诸翰林修《广群芳谱》",又与修《康熙字典》。

刘岩题诗:

"万窍如叫如怒号,见之调调之刁刁。愁猿哀鸟啼林皋,空山马鬣三板高。隧上丛丛薤与蒿,有肉在俎浆在瓠。儿兮于此夕复朝,父兮母兮不可见,白杨叶战声萧萧。江湄刘岩题。"

按刘岩(1656—1716),原名枝桂,字大山,亦字日丹,号无垢,江苏江浦人。康熙四十二年进士,授翰林院编修。妙解音律,工画善弈。因为戴名世《南山集》撰写序文,康熙五十年被逮议罪,后隶汉军旗籍。有《拙修斋稿》《大山诗集》《石樵诗

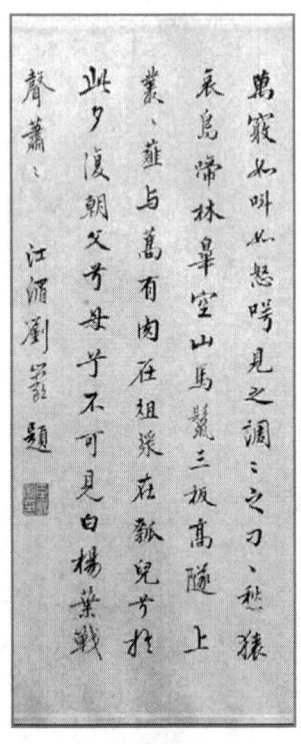

刘岩题诗

集》《匪莪堂诗集》等。

查嗣瑮题诗:

"山苍苍,风屑屑,松可枯,泉可竭。嬴然者谁谢巾幨,五十麻衣但如雪。绛人姓名那忍斥,传与斯图共鸣咽。友弟查嗣瑮题。"

按查嗣瑮(1652—1733),字德尹,号查浦,海宁袁花人。查慎行之弟。康熙三十九年(1700)进士,选翰林院庶吉士,授编修,升至侍讲。幼警敏,数岁即解切韵谐音,随兄学诗。生平游迹遍天下,其诗精妙,与兄齐名,时人比作宋代"二苏"。后因弟查嗣庭文字狱案受株连,谪遣关西,卒于戍所。著有《查浦诗钞》《查浦辑闻》《南北史识

小录》《音韵通考》等。

王原题诗：

"谁写栾栾衔恤形，数株风木入丹青。知君纵有林泉癖，涧语松吟不忍听。西亭居士原题。"

此为王原所题。按王原（1656—1729），本名原深，字令诒，晚号西亭。康熙二十七年进士。四十三年由铜仁知县行取工科给事中。归田后，颇事著述。卒于雍正七年，年八十四。所撰《有学庵类纂》，颇知学问，学文于朱彝尊，学诗于王士禛，诗文雅饬，不斤斤于派别。著有《西亭文钞》十二卷等。

杨瑛昶题诗：

"恬澹悲风夜怒号，松阴瑟瑟卷飞涛。百年莫补终天恨，五鼎难酬罔极劳。野哭声随流水远，纸灰飞共白云高。披图我亦

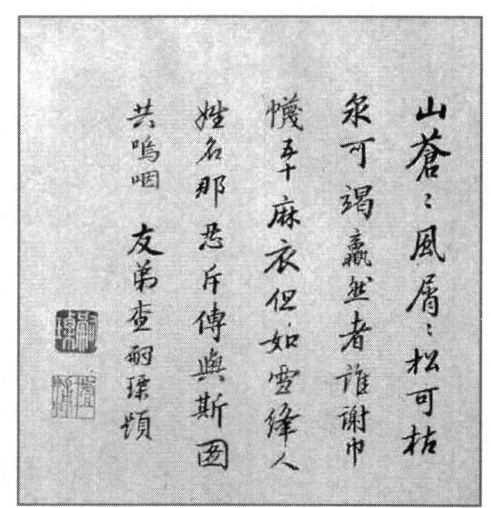

查嗣瑮题诗

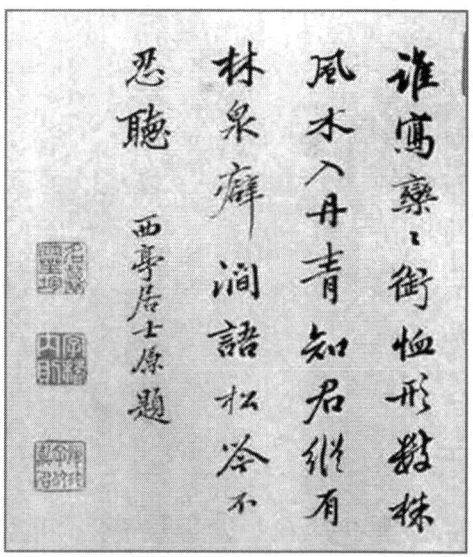

王原题诗

伤心者，血泪千行染素袍。龙眠后学杨瑛昶拜题。"

按杨瑛昶（生卒不详），字米人，桐城人。据《辽海丛书·皇清书史卷十四》："杨瑛昶，字印蘧，号米人，桐城人。由诸生官天津盐运司，工书，善篆刻，所著印谱，赵味辛司马序之。"而据《晚晴簃诗汇·卷一〇三》，杨瑛昶署宝坻知县。有《燕南赵北诗钞》。《都门竹枝词》亦其所作。《清代诗文集汇编》收录其所著《不易居诗钞》四卷、《燕南赵北诗钞》四卷、《红豆词钞》二卷、《衍波亭初稿》二卷。

《光绪顺天府志·官师志三·传三》："杨瑛昶，字印蘧，又字米人，安徽桐城人。监生，雄县丞，乾隆四十九年，署永清县事。□□年，真授宝坻，摄三河。嘉庆四年六月，署蓟州，七月去，擢北运河同知，迁天津运同。其在宝坻，人文寥落，乡试榜出，往往无名。瑛昶至，创修书院，亲课之。五年中，中式八人，邑中诧为仅事。遇蝻孽生，以斗米易斗蝗，米尽按市价给钱代之。在运河，河水决，抢修应时，事豫而立。故同时南北两岸丞倅，多被劾，瑛昶独得免。所著《都门竹枝词》。"（《光绪顺天府志》北京古籍出版社，2729页）

吴贻咏题诗：

"树欲静，风不宁，哀猿啼破雨霜冥。高木脱露冷萱零，知我如此不如无生。襁褓空自夸宁馨，紫泉居士性天成。空山负土足在垧，

杨瑛昶题诗

披图望见面深墨，乃信千秋一日如孩婴。树欲静，风不宁，风声在树不可听。西风飒飒吹残纸，犹似皋鱼夜哭声。桐山吴贻咏敬题。"

按吴贻咏（1736—？），字惠连，号种芝，桐城人。二十五岁补县学生，肄业国子监。清乾隆四十八年（1783）举人，五十八年（1793）中会试第一，时年五十八岁。由翰林院庶吉士，改刑部主事。旋授吏部验封司主事。著有《芸晖馆诗集》《种芝堂诗文集》。

吴贻咏题诗

杨瑛昶、吴贻咏都是桐城人，主要生活在乾隆朝，与王煐已不属于同一时代，二人因有感于《风木图》而题诗，亦情理中事。

本年，友人严虞惇中榜眼，姜宸英中探花。

康熙三十七年戊寅（1698）　四十八岁

本年冬，长子王立安病逝于徐州旅舍。岁除，柩归，赋诗哭之。

王煐《述哀》诗序："先大夫卒于丁丑四月，时余方之任川南，中途闻变，仓卒奔丧。瑊儿与眷属留寓白门。己卯春，将安厝先灵。儿于戊寅冬奉母北来会葬，途次感疾，卒于徐州旅舍。岁除，柩归。为诗哭之。"

诗："两年下尽伤心泪，千里招回失路魂。嬴博有人同薄葬，西河无地讼烦冤。畏看手迹封行笈,忍见铭旌树墓门。哭父未终还哭子,朔风号木暮云昏。""寄来书信墨痕新,两字平安认尚真。岂料竟成儿绝笔,如何不使我沾巾。梦醒一万二千日,肠断东西南北人。先死也知诚有意,代余泉下奉双亲。儿生于戊申,加闰十有一月,在世几一万二千日。""驱驰岭海历风霜,翻为还家丧路旁。力疾北来将母切,多忧中岁致身亡。相随未得长如过,无误偏教短似雾。永诀数言无系恋,徒令弟妹裂肝肠。余官岭表,儿代省往还南北,不遑宁处,未若叔党之长侍东坡也。诸孙留白下,临绝时惟一弟一妹在侧。""江南幼弟及诸儿,音耗无凭梦寐疑。只为一官多踟躅,遂令八口动暌离。身同误触藩中角,事似难分风里丝。斩断葛藤先撒手,如犀端的是便宜。儿修眉长爪,美须髯,先大夫每呼为髯孙,儿遂自刻私印曰髯。""平生师友多凋谢,岭外惟存陈锦衣。前月书来犹念汝,经年客寓未能归。岂知路已伤回逝,却使元先与暂依。泉下读书偕旧侣,青燐萤火月光微。儿在惠,初受业贞亮先生础尘兄,继受业陈锦衣元孝。与番禺屈翁山、南海吴山带、钱塘季唯功、无锡王翼运最为友善。四子与贞亮先生俱先逝,故云。""不禁寸方百忧煎,拟作骚词更问天。生此须眉岂无意,悭其年寿亦徒然。朝闻夕死夫何憾,琴在人亡最可怜。他日重逢定何所,武夷浮峤事真仙。壬申长至,儿代余扶乩,得紫清真人寄书,遂潜心学道。戊寅春,顿有所悟,预知是岁应卒,编次《道书》一卷。"(《集》第172页)

又绝句三首,伤子之逝。

"家声恐落前贤后,品行心希第一流。屈指古人谁似汝,一生少喜最多忧。"

"年如潘岳悼亡深,每虑神伤致病侵。二女泉台久相待,墓门从此结同心。"儿两娶于刘,俱早逝,赋悼亡诗,有愁眉冢待齐之句。

"中年哀乐谁能遣,学道忘情自勉之。因检儿书悟儿意,不须更赋哭儿诗。"意儿所遗《道书》,欲以悟余,使节哀也。(《集》第171页)

本年，姜宸英为王鼎吕撰写墓表、赵执信书铭。(文见本年谱卷首。《宝坻县志》乾隆十年本收录全文)次年(己卯)葬宝坻城南石桥之祖茔。

九月，友人陶元淳卒，年五十三。(《历代名人年谱》卷十)

十一月四日，曹贞吉卒于里，享年六十五岁。

曹贞吉(1634—1698)，字升六，又字升阶、迪清，号实庵，安丘(今属山东省)人。曹申吉之兄。康熙三年进士，官至礼部郎中，以疾辞湖广学政，归里卒。嗜书，工诗文，与嘉善诗人曹尔堪并称为"南北二曹"，词尤有名，被誉为清初词坛上"最为大雅"的词家。著有《珂雪集》及《二集》《朝天集》《鸿爪集》《黄山纪游诗》《珂雪词》等。

查士标逝世。

查士标(1615—1698)，字二瞻，号梅壑散人、懒老。新安(今安徽歙县、休宁)人，流寓扬州。明末生员。家富收藏、精鉴别，擅画山水，为"海阳四家"之一。著名画家，书法家和诗人。与孙逸、汪无端、僧弘仁等书画家一起被称为"新安四家"。卒年八十四，有《种书堂遗稿》等。

康熙三十八年己卯(1699)　四十九岁

康熙帝第三次南巡。

正月二十一日，康熙帝以黄、淮连年溃决，下流地方时遭淹没，虽耗费库银数百万两，多年仍无成效，遂决定第三次南巡，查看河道，指示方略，并巡历江浙，察吏安民。他谕户、工、兵等部，南巡一切供应由京备办，严禁沿途官吏借名科派，地方官员也不许馈赠扈从人员，违者均以军法论处，百姓不必引避，有在驻跸处告讦者以冲突仪仗例治罪。二月初三日，南巡启行，皇太后及皇子胤禔等同行，于大通桥乘舟南下。十二日，康熙帝舟泊桑园，命直隶巡抚李光地等往视漳河与滹沱河,如漳河故道可寻,即可开通,引入运河;如虑运河难容,即于运道之东别开一河,使之赴海。十八日起,康熙帝只乘一舟,减少扈从,往阅黄河以南各处堤防。三月初一日,康熙帝召见桑额、于成龙、徐廷玺等详加指示治河方略,并命于成龙委派效力人员从速开浚下河海口。初六日,康熙帝舟泊高邮州,指出经过测量河水比湖水高四尺八寸,湖石堤被水浸坏,命于成龙迅速派人查验修理。十三日,康熙帝见因南巡,山东、江南地方官员备办船只非常勤劳,便谕示吏部,此等官员中有因公挂误、罚俸、住俸、降俸、降级、革职留任者,皆予宽免;以后对浙江官员亦重此谕。十六日,康熙帝谕示江南、浙江巡抚,申明不许百姓因竞相观看皇帝而践踏麦苗。四月初四日,康熙帝渡太湖时,有百姓奏称水东地方,田地已无而钱粮尚存。地方官回奏风浪冲坍处处皆有。康熙帝说:"朕不到江南,民间疾苦焉能知道。"十三日,康熙帝亲自祭奠明太祖陵。十五日,康熙帝还命江南巡抚宋荦、江宁织造曹寅修明太祖陵,为明陵题"治隆唐宋"殿额。十六日,康熙帝离江宁府,二十一日抵达扬州府。五月十七日返京,此次南巡历时一百零三天。

本年,陈恭尹得知王立安讣讯,赋诗哭之。

陈恭尹《得王立安讣音哭之》:"把书终日恨难平,叹息修文召已成。督亢陂前新宅兆,罗浮峰下旧师生。三年已罢升堂瑟,万里难伸自牖情。爱汝是翁知是我,只应南北各沾缨。""朗吟终日将虬髯,七尺昂藏好丈夫。五字号城真莫敌,百春为咏只须臾。行虽越众偏能恕,文不求名只自娱。忆雪楼前风雨散,不堪扶杖过丰湖。""金丹炼就谁人识,玉树埋来恨有余。几日已为黄壤客,昨朝犹见白门书。家悬两地星霜久,膝绕诸郎象勺初。末后数言殊了了,前身应得悟真如。"(陈荆鸿《独漉诗笺》第627页)

王立安亦能诗，尝从陈恭尹学，有《百春诗》，陈恭尹作序。惜《百春诗》失传。

陈序收入《独漉堂文集》。此序作于王立安在惠州时，具体时间待考，姑系于此。

陈恭尹《王立安百春诗序》："咏物之体，本乎国风，《螽斯》《鸱鸮》，其权舆也。降及汉魏，变为五言，班姬《纨扇》之词，繁钦《蕙槐》之作，以自写其怨思，皆非无所为而发也。六朝南北，华藻相高，每咏一物，必征事选材，拘牵俳偶，或乃读之终篇而不得

陈恭尹《独漉堂文集》书影

其意之所存，有唐作者，始以声律协之情理赴之。若骆义乌之《蝉》、张曲江之《燕》，斯为善矣。然不过一二为之，其多而传之至今者，李巨山、杜少陵为盛。巨山都大位，负重名，体物虽工，而比兴特少；少陵老于离乱，萍梗楚蜀之交，触绪兴怀，乃不自知其思之所至，不区区于物象，而终不可移易。譬之于画，少陵，意笔也，淡墨淋漓而生气故自跃跃；巨山，以丹青图之，虽古法具存，一失其神，将不免痴肥之诮。宝坻王子立安，乃撮二公之胜而损益之，其所为《百春诗》，率性描写，不必有为而作，而言外之旨，含映甚远。其辞丽而不纤，巧不伤雅。自二公以来，咏物盖未有若斯之多者也，而系之于春，命笔尤为不易。王子年二十余，长身虬须，意气落落然，有丈夫之概。身居重庆之下，随侍尊大人南区使君来惠州

署中,定省余暇,则上忆雪楼,北望罗浮诸峰,穷睇万里,想见其祖翁诸叔家园之乐;良时佳节,则偕诸弟群纵放舟丰鳄二湖,钓鱼、酌醴,攀芰荷、摘菱芡,访苏子瞻白鹤峰合江楼遗址,以旷其心目。天性好书,嗜吟咏,使君有所著作,命之嘱和,皆应声而就,自拈百春题,不旬日而脱稿,其好学如此。夫久处华膴,则鄙浊之气萌;多涉世途,则忧患之心作。以王子天质之美,而上有贤父祖为之提命,外无所俯仰于时,读书怀古,自适其适,使少陵易地而处,固无所发其悲愁;即巨山降格为之,亦未得同气萧散也。仆获交于使君,既庆其有才子,又美王子年齿方富,所就未涯,不自禁言之娓娓矣。"

按李巨山即唐诗人李峤,有《咏物诗》一百二十首;杜少陵即杜甫。

年初,有寄盘山智朴和尚诗。(《集》第177页)

按智朴和尚,字拙庵,俗姓张,扬州人(一说徐州人),传为洪承畴手下的一名高级将领,松山杏山之役战败后,不肯投降而只身潜逃。明清鼎革时年三十五岁,在盘山青沟寺结庐出家。工诗文,善绘画,多才多艺,著述颇多。与康熙皇帝诗文之交甚深,康熙每次去祭祀东陵,都要顺路去盘山与智朴和尚酬唱。现盘谷寺遗址,尚存康熙"赠智朴和尚"诗碑一通。铭文为:"铃铎鸣山下,田畴雨露恩。经声连静舍,法语闭柴门。阴迹安无意,清思礼老尊。春风来拂面,依旧是乾坤。"智朴和尚与当时的著名文人"南朱北王""南洪北孔"等都经常诗酒往还。著有《盘山志》《盘谷集》等。智朴圆寂后,刘岩为之撰《拙庵禅师塔铭》,述其生平甚详。见刘岩《匪莪堂文集》。

从诗意看,王煐守孝期间,智朴和尚曾寄书慰问,并赠《盘山志》刊本。据智朴《盘山志序》,王煐关于《盘山志》的编写曾与智朴有深入的研讨,颇有贡献。又从诗意看,当时王煐寓居京华,未在宝坻家中。

中国人民大学图书馆藏《盘山盘谷寺拙庵朴禅师尺牍》(侍者德盛记录)有智朴致王煐书信二通,写信的具体时间有待考定,姑系于此,供读者研究。

第一通:《与王紫诠观察》(《尺牍》第26页):

"去冬得手书,审知别后况味,多不如意。复诵佳诗,知从不如意中得以游历山水,交接隐逸,妙句奇思,云奔川赴,斯乃天之造公成此不朽事业也。喜甚慰甚。承谕春作盘山游,崇朝望之,竟不果,想贵冗繁兴,难以摆脱也。衲昨一病经年,几不起,比来稍愈,恨不得与我公把臂倾谈数十日,以消积悒也。遣僧奉候,笔不既意。"

第二通:《与王紫诠观察》(《尺牍》第43页):

"子式来山,得手书,横知居士连年遭此变故,山僧不以之为忧,且以此为喜;窃想居士深究名理,久知幻化无常,终归磨灭,自然脱中,旷达与他人不同,获读新诗可见矣。然其中无一凄怆之音,无一感伤之词,洵有道人也。趁此时光,猛然深省,割断尘缘,作个无罣无碍解脱男儿,岂不快哉!功名富贵不过如此。尝著口休,若只是廉廉纤纤,终无了日。譬沙土井,逾淘逾深,每见贪程失路者,往往后悔无及,言之可叹。知己面前,不敢用套语相诳,真情吐露,故乃如此,惟冀采纳。子玉在山甚安,不须萦怀。清秋保玉是祝。新刻附览。"

以上两条资料承中国人民大学张全海先生抄录。据张先生说,智朴尺牍里与朱彝尊、王士祯、王泽弘等人通信较多,与王煐仅此二通,疑尺牍如非选本,则必有佚失。

春,作《纪梦》诗,哀悼父亡。(《集》第171页)

作《梦陈元孝寄诗及印章醒而追忆仅记诗中大意印章则中心藏之四字感念故人辗转不寐因成二律》。

"年来同赋岁除诗,怀抱惟君许共知。天运推移元似毂,人情变幻甚于棊。书空咄咄徒多怪,随寓嚣嚣慎勿疑。万里萍踪难更聚,还凭短咏寄相思。自己巳至丙子居岭南凡八载,每当岁除与元孝互唱和。"

"寒暄南北各为天,久客初归觉倍偏。卧雪麻衣悲岁晚,看云藜杖忆雪前。梦中诗句能遥寄,醒后年光已暗迁。老矣交期须共勉,还将此意付斜川。令嗣端木、士昌与儿辈最相友善。"(《集》第177页)

作《集查编修荆州寓楼次西崖韵》。(《集》第178页)

按查荆州即查嗣韩。查嗣韩(1645—1700),字荆州,号墨亭,浙江海宁人。康熙二十六年应顺天乡试,康熙二十七年(1688)廷试一甲第二名(榜眼),赐进士及第,授翰林院编修。三十年充会试同考。曾主顺天武乡试,未及改官而卒。

史申义出任云南乡试主考,临别赋诗赠友。

史申义《留别同学姜西溟杨崑木王紫诠赤抒汤西厓严宝成查荆州声山吴元朗钱亮工徐大临蒋扬孙诸子》:"游好在文史,清襟数子存。朝来折杨柳,送我春明门。执手弟兄意,衔杯肺腑言。滇云渺天末,此别最消魂。"

按姜西溟即姜宸英。

杨崑木即杨中讷。

王紫诠即王焕。

赤抒即王丹林。

汤西厓即汤右曾。

严宝成即严虞惇(1640—1713),字宝成,号思庵,江苏常熟人。

康熙三十六年以一甲第二人及第,授编修,官至太仆寺少卿。为文清劲,有欧阳修、曾巩笔意。诗冲和大雅,不拘一格,大或千余言,小或数十字,力厚思沉,似宗韩愈、苏轼。沈德潜以为其所著《读诗质疑》尤有功于诗学,古今体诗则寄兴而已,"然亦不苟同于人"。著有《严太仆先生集》一二卷、《读诗质疑》二〇卷、《文献通考详节》二四卷。生平事迹见

史申义《使滇集》书影

《清史列传》卷七一、《清史稿》卷四八四、杨绳武《诰授中宪大夫太仆寺少卿严先生虞惇墓表》、《国朝诗人徵略初编》卷一七、《清诗纪事初编》卷一三、钱仲联《清诗纪事》康熙朝卷。

查荆州即查嗣韩。

声山即查昇。

吴元朗即吴暻。

钱亮工即钱名世。

徐大临即徐昂发。

蒋扬孙即蒋廷锡(1668—1732),字扬孙。江南常熟(今属江苏)人。云贵总督蒋陈锡之弟。康熙后期赐进士。历官至内阁学士、户部尚书兼兵部尚书、文华殿大学士加太子太傅。雍正间,先后上疏请兴文教,办社学;通源节流兴水利,以济漕运,对山东水道规划甚详,皆得准行。颇得雍正帝信任,封世职一等阿达哈哈番。充任《大

清会典》副总裁,《圣祖实录》总裁。诗画兼长。雍正十年卒。谥文肃。

作《城南僧舍》诗。

"城南已过杏花天,兰若经过意怆然。树底残红消蝶粉,壁间旧墨污蜗涎。故园初返八千里,往事重追二十年。忆每当春时,随侍先大夫张筵花下,招邀宾友,欢赏累日。昔日僧雏犹识我,为烹苦茗汲新泉。"(《集》第178页)

有盘山之游。作《山中》诗。(《集》第178页)

又作《题拙公台山诗后》诗二首。(《集》第179页)

又作《乱石邨避雨却寄青沟拙公》诗。(《集》第179页)

在北京与好友王原重逢。作《都门重晤深兄答惠州赠别韵二首》。(《集》第179页)

夏,有《晚晴望终南诸峰和贾岛》诗。

"雨歇青山净,依檐势似随。岚光凭几在,瀑响拂琴宜。潄暑收花院,残阳带藓池。闲来偕素友,追和古人诗。"(《集》第180页)

从诗意看,王煐本年夏天似有终南山之游,然考察本年王煐行迹,实无远足秦岭之可能。或系"无终山"之笔误。蓟州古称"无终"。无终山即盘山别名。

夏,作《蜘蛛二首》。(《集》第180页)

夏,与友人游崇效寺,有《雨后同杨兔令过崇效寺因赠雪坞上人》诗。(《集》第180页)

按崇效寺,据丁福保《佛学大词典》"崇效寺"条:"崇效寺,位于北平(今北京)。为北平名刹之一。唐代幽州节度使刘济舍其住宅建为寺。历代屡建屡毁,仅存殿宇数处。清初诗人王士祯称之为'枣花寺',因其寺曾植枣树千株,但已无存。寺内牡丹、芍药极为著名,有姚黄、魏紫、黑色诸异种。寺内又珍藏盘山僧智朴所作《青松红杏图》,自王士禎以下均有题咏。春夏之际,游人如织。"

按杨凫令即杨乔年。杨乔年,武进人。工书,与薛㸌、白铭、唐宇肩齐名,号称"后四家"。(《武阳合志》)杨钟羲《雪桥诗话余集》卷三:"杨凫令乔年,手笔高妙,得唐人三昧,集不知流落何所。"(杨钟羲《雪桥诗话全编》第2331页)

按雪坞上人,俗姓刘,名德广,大兴(今属北京市)人,崇效寺主持僧,能诗,与王士禎、田雯诸名士交游唱和。卒于康熙五十二年(1713)二月。王苹(1661—1720,字秋史,号蓼谷山人),应其弟子之请,为撰《雪坞禅师塔铭》。

王原任职铜仁,赋诗送之。(《集》第181页)

按《青浦县志·王原传》:"王原,(中略)康熙二十七年进士,(中略)三十三年选广东茂名县知县。(中略)再起,补贵州铜仁县。县荒且僻,视茂名益甚。原至,建学以训子弟,教民治葛以为布,焙茶榨油以为用,溪水湍急,教之造舟以兴贩,(中略)铜仁大治。四十一年行取授工科给事中。(中略)年八十四,卒。"

作《和刘宾客阮籍啸台》诗。(《集》第182页)

按刘宾客即唐诗人刘禹锡。查刘禹锡诗集,无咏啸台诗。待考。阮籍啸台,又称阮籍台,晋代阮籍舒啸处。为尉氏县八景之一。

作《春园即事》诗。(《集》第182页)

夏,作咏萤诗二首。(《集》第182页)

作《赋得小屋如渔舟》诗。(《集》第183页)

秋,咏秋海棠。(《集》第183页)

有《除架》诗。(《集》第179页)

有《赋得树红山果熟》诗。(《集》第183页)

有《赋得微明渭川树》诗。(《集》第183页)

作《题许真意岁寒书屋》诗。(《集》第184页)

按许真意即许遇,生年不详,卒于康熙五十三年(1714),福建侯官(今闽侯)人,字不弃,一字真意,号花农、月溪。顺治贡生。任河南陈留知县,后调长洲,有政声。工诗画。善画松竹梅石,所画多巨幅。亦能诗,师王士祯,著有《紫藤花庵诗钞》。

喜晤友人,有《喜晤刘石渠》诗。(《集》第184页)

刘石渠疑即刘璐(1643—1728),字石渠,号雪水,别号"柳浪七里人家",沈丘人。博览群书,凡易学、象数、术艺之书,无不精研其妙,医术尤精。

作《匏瓢》诗。(《集》第184页)

友人王摅病中赠诗集,赋诗二首。

《虹友兄病中寄芦中新集并索余旧刻稿》:"贻我《芦中集》,深宵剪烛看。钟镛宫徵叶,冰雪齿牙寒。草木无遗状,山川尽大观。奚囊富如许,只虑损心肝。时兄咯血初愈,故用昌谷事。"

"旧历成抛弃,流光感掷梭。重看如隔世,掩卷奈情何。霾瞖天终霁,尘埃镜更磨。年来饱经历,江海本无波。《忆雪楼诗》多粤中八载记事之作,与历本日记同,故云。"(《集》第184页)

按虹友即王摅。有《芦中集》,内有题赠王煐诗数首。

作《题折枝豆荚》诗。(《集》第185页)

仲秋,离京南下。

作《赋得灯火雨中船》诗。(《集》第185页)

作《赋得震泽逢残雪》诗。(《集》第185页)

按此诗作于冬季震泽(太湖)。时令错乱,显系编集时致误。

经宛平,有《题牟东山来爽阁》诗。(《集》第186页)

牟东山即牟钦元,字东山,汉军人,累官江苏布政使。

来爽阁，戴璐《藤阴杂记》记芦沟桥西，有见一轩、来爽阁。

经山东历城，作《题朱子青枫江渔父图》诗。(《集》第186页)

按朱子青即朱绅(1670—1707)，字子青，号橡村，山东历城人。尝与弟纲学诗于王士禛。官候补主事。绅诗有《橡村集》四卷，凡分四种，为《风香集》《吴船书屋集》《观稼楼诗》《云根清壑集》，《四库总目》后三种皆为王士禛所评定。

朱子青《观稼楼诗集》有《王紫诠招饮观剧》诗二首："罗衣微拂暗尘香，红牙一串动晚凉。不用销魂江上路，潇潇暮雨听吴娘。""珠帘秀出花屏环，舞雪儿郎意态闲。飘渺曲终天上去，落花飞絮满人间。"未详作于何时。姑系于此。

经明水，作《明水道中》。(《集》第186页)

按《中国古今地名大辞典》："明水镇在(山东)章丘南二十余里，金时旧镇也。"

仲秋，访老友赵执信秋谷山园。

《仲秋访赵赞善秋谷山园留别二首》："山深谁识有名园？一水透迤引到门。蓬径旋开知客少，岚烟顿散觉峰尊。地称秋谷心先爽，人坐春风语更温。偕隐十年存旧约，终当结屋近南村。"

"坐来心境自无尘，不为长松覆四邻。架有秘书还课子，瓮余醇酒偶留宾。啸歌不废诗传正，造化能参易入神。只恐谢公

朱子青《观稼楼诗集》书影

容易起,东山鱼鸟暂相亲。"(《集》第 186 页)

经临朐,作《临朐怀古》诗。(《集》第 187 页)

按临朐地处山东半岛中部,今潍坊市西南部,沂山北麓,弥河上游。东与昌乐、安丘县毗连,南与沂水、沂源县接壤,西界淄博,北邻青州。

游沂山百丈崖。有诗。(《集》第 187 页)

按东镇百丈崖瀑布位于沂山东镇庙上行二公里处。崖高六十五米,绝壁如削,山陡谷深。雨季,山泉激流在崖顶喷涌而下,形成飞瀑。夏初崖下积雪犹存,古人有"百丈瀑布六月寒"之句。

经莒县,作《莒州道中》诗。(《集》第 188 页)

按莒州即今山东莒县。

经郯城,作《郯城道中》诗。(《集》第 188 页)

按郯城即山东郯城县,位于山东南部,临近江苏省。

经淮安,有《泊淮上柬刘副使六皆》诗。(《集》第 188 页)

按刘六皆即刘谦吉(1622—1709),字六皆,号讱庵,江南山阳(今淮安)人,康熙三年进士,官中书,出参抚远大将军幕。补刑部主事,出任思南府知府。康熙三十三年至三十五年以副使任山东提学。有《雪作须眉诗钞》。

八月三十日夜梦亡儿王立安。有《八月晦前一夕发宝应梦亡儿蹶化一玉人醉眠几上旁置儿手书不死之诀以手抚之默为持诵觉肌体渐温忽为橹声惊觉不禁潸然泪沾衾枕起书二绝句以志悲感》诗。(《集》第 188 页)

按宝应即今江苏宝应县,地处江苏省中部,夹于江淮之间,京杭运河纵贯南北,为水陆要冲,被誉为扬州的"北大门"。

为《贾定番出守夜郎图》题诗。(《集》第 189 页)

贾定番,当为贾铉。贾铉,因避康熙皇帝讳,更名钲,字玉万,号可斋,别号百石翁老人,室名百石堂,山西临汾人,约崇祯十二年至十四年(1639—1641)间生,康熙五十八年至六十年(1719—1721)卒,年八十余。以三晋名儒出守黄州,累官至道员。善诗古文辞。工画山水、竹石、人物、花鸟,喜用瘦笔干墨,所画无不毕肖,名噪都下。道光《贵州府志·职官表·定番州》载其为"康熙朝知州"(任职年份未记),"平阳人"(山西临汾),即此人也。

初冬,至焦山,作《焦山对雪二首》。

"山楼四望白漫漫,雪压江流匹练宽。乱掷琼梭引经纬,更烦玉女织花团。江风横吹,雪如织素,真绝景也。"

"病骨冲寒酒易醒,且携筇杖别岩扃。春风更泛渔家艇,来剔岩前瘗鹤铭。铭在崩崖之下,久为沙水所没。"(《集》第189页)

从诗意看,王熼似初到焦山,即有打捞《瘗鹤铭》之举。

在焦山,作《自焦山放舟至金山登岸中途风雪愈大景愈奇客方有覆溺之虞为作长歌慰之》诗。(《集》第189页)

在镇江,作《题张公子明月夜归图》诗三首。(《集》第190页)

按张公子疑为张景蔚(字少文)之弟张柱客。《明月夜归图》,为石涛所作。王源《居业堂文集》卷二十有《明月夜归图跋》,曰:"予曩访张少文于京口,晤其弟柱客,年少沉毅,工于诗。"

岁除日,客居苏州,故人周东来招饮,有诗纪其事。(《集》第190页)

按周东来为王熼旧友,生平不详,王熼守惠时,周东来曾往惠州。周东来与顾汧相交甚密,顾汧《凤池园诗文集》有多首诗提到周东来。

孔尚任写成《桃花扇》。

孔尚任(1648—1718),字聘之,又字季重,号东塘,别号岸堂,自称"云亭山人"。山东曲阜人,孔子六十四代孙,清初诗人、戏曲作家。时人将他与《长生殿》作者洪昇并论,称"南洪北孔"。

康熙三十九年庚辰(1700)　五十岁

顺天发生乡试舞弊案。

顺天乡试放榜以后,有的考生写出文章张贴街市上,揭露考官不念寒士之苦,利欲熏心,趋炎附势,把朝廷高官的子弟尽列前茅之事情,部院大臣数十人的子弟也都被取中,考官不问文章优劣,只问给多少贿赂钱。还列举大学士王熙、李天馥,尚书熊一潇,左都御使蒋宏道,湖广巡抚年遐龄等子孙通贿中举的情形。这次乡试的正副考官是修撰李蟠、编修姜宸英,于是,便有"老姜全无辣气,小李大有甜头"的传言在民间散布。江南道御史鹿祐疏参李蟠、姜宸英等纵恣行私。康熙帝命复试后对李蟠等严加议处。正月二十八日,顺天科场复试,由康熙帝亲阅。原主考官李蟠遣戍关外,姜宸英病死狱中。

客居苏州。有《千尺雪和荔轩芷园两使君》诗。

"韶光九十半晴阴,胜地名流得共寻。谡谡松涛听渐远,萧萧竹院坐来深。日移瀑影悬珠箔,风激泉声奏玉琴。对此便成濠濮想,悠然遥会古人心。"(《集》第 191 页)

千尺雪,《南巡盛典》卷九十九:"在寒山,石壁峭立,明赵宧光凿山引泉,缘石壁而下,飞瀑如雪,不减匡庐。"

荔轩即曹寅。

芷园即曹宣,字子猷,号筠石,又号芷园,曹玺子,曹寅弟。

与友人叶桐初、田梅岑过访叶燮二弃草堂不遇,题诗壁间。

(《集》第 191 页)

按二弃草堂为叶燮居处。叶燮(1627—1703),字星期,一字已畦,号横山,又号独岩。嘉兴(今属浙江)人。康熙九年进士,十四年任江苏宝应知县。因耿直不附上官,被藉故落职,后纵游海内名胜,寓佛寺中诵经撰述。晚年定居江苏吴江之横山,筑"二弃草堂",世称"横山先生"。著有《原诗》《已畦集》等。

按叶桐初即叶藩(1643—1703),字桐初,又字南屏,江苏昆山人,诗人叶燮之侄,杜睿之婿。有诗词名,终身不仕。客游四方,名公巨卿争延礼之。早年(康熙十六年以前)即与曹寅相识。康熙二十一年,桐初南归,曹寅有诗送之。后多有唱和。桐初与王熯亦应为旧交。

田梅岑即田登(生卒不详),字梅岑,号春帆,江都(扬州)人。《淮海英灵集》:"康熙间,滇黔逆变。登从祖将军南征,驻湖湘数年,其诗多沉雄矫挚之音。与黄冈杜于皇齐名,尤精五律。"《广陵诗事》卷四:"田梅岑尝从祖将军征吴逆,归卧广陵。"有《埋照集》。

作《题尤雯玉行脚图》二首。(《集》第 191 页)

尤雯玉,曾为杜立德西席,余待考。

秋,往扬州,过雷塘,有诗。(《集》第 191 页)

按雷塘,在扬州城北。隋炀帝葬此。唐罗隐《炀帝陵》诗:"君王忍把平陈业,只博雷塘数亩田。"明夏完淳《大哀赋》:"扬州歌舞之场,雷塘罗绮之地。"清郑燮《扬州》诗之二:"廿四桥边草径荒,新开小港透雷塘。"

作《秋夜雨中》诗。(《集》第 192 页)

与老友赵执信相见于扬州,适其将归,赋诗送之。

《送赵秋谷归青州》:"去年秋谷寻君日,正是名园秋半时。明月

挂檐谈往事,青灯照座咏新诗。虎丘载酒欣重见,邗水维舟订后期。顾我萍踪尚无定,暂须相对展双眉。"(《集》第192页)

按李森文《赵执信年谱》,本年赵执信有扬州、常熟之行,秋暮北归。(《赵执信年谱》45页)

在扬州,作《芜城杂咏》组诗八首。(《集》第192页)

《文选楼》:"野寺颓楼旧额张,风流帝子忆萧梁。书台曾筑虞山麓,选局还开邗水旁。六代文章归著述,五臣斟酌别丹黄。雪泥鸿爪存疑似,曹宪门庭亦渺茫。" 郡人曹宪以文选教授生徒,李善辈出其门,所居亦名文选楼。或谓此楼即曹氏居,非萧梁建也。"

《迷楼故址》:"大业繁华尽此州,望中禾黍是迷楼。钗钿埋没锄犁出,瓦砾销沉犊豕游。皎月曾经照私语,好风那复散春愁。祇今暮雨雷塘路,萤火青燐貉一丘。"

按迷楼故址,在扬州城西北郊的观音山上,传说是隋炀帝杨广建造的行宫。唐人冯贽《南部烟花记》载:"迷楼,凡役夫数万,经岁而成。楼阁高下,轩窗掩映,幽房曲室,玉栏朱楯,互相连属。帝大喜,顾左右曰:'使真仙游其中,亦当自迷也。'故云。"

《琼花观》:"后土灵祠碧水涯,香台闻道产奇葩。冰绡细剪多风态,雾縠轻笼想月华。孤洁自难移地脉,幽芳偏不媚天家。唐昌玉蕊同仙种,曾降云中双凤车。"

按琼花观,本名"藩厘观",前身是始建于西汉元延二年(前11年)的后土祠,唐中和二年(882)由淮南节度使高骈增修,北宋政和年间宋徽宗赐额"藩厘观"。此观以琼花而闻名。

《竹西亭》:"偶然书记吟佳句,遂使繁华艳竹西。歌吹青楼红粉夜,烟花画舫绿杨堤。斗鸡客散遗鞭去,跨鹤人归醉眼迷。禅智寺南桥畔路,秋风寒露草萋萋。"

上方寺在扬州城北五里许，原为隋炀帝行宫，寺内有"竹西亭"。按李斗《扬州画舫录》卷一："（上方寺）左建竹西亭，亭名本取小杜诗'谁知竹西路，歌吹是扬州'句。"

《平山堂》："真赏何年更建楼。后人迹附古贤留。长江素练当窗展，远岫青螺入酒浮。风雨欲来添墨画，笙歌催去荡轻舟。登临对景休辞醉，明日重寻已旧游。真赏楼在堂后。"

按李斗《扬州画舫录》卷十六："平山堂在蜀冈上。《寰宇记》曰：'邗沟城在蜀冈上，宋庆历八年二月，庐陵欧阳文忠公继韩魏公之后守扬州，构厅事于（大明）寺之坤隅，江南诸山，拱揖槛前，若可攀跻，名曰平山堂。'"《舆地纪胜》："负堂而望，江南诸山拱列檐下，故名。"历代诗家，题咏甚多。

又《扬州画舫录》卷十六："真赏楼本'晴川阁'旧址，阁名取'平山栏槛倚靠晴空'句，为孔东塘尚任所书。旁悬章藻功联云：'雨今雨旧，乃知晴亦为佳；无想无因，那不空诸所有。'"

《杏花村》："杏花枯尽不成村，韩赵遗堂瓦砾存。柳径春风无鸟弄，菊坡秋雨没苔痕。青帘影里归樵客，牧笛声中见墓门。惟有斜阳识兴废，乱鸦啼罢又黄昏。宋太守赵玘筑四并堂于村中，用韩魏公旧题额，'柳遥''菊坡'，皆当时遗踪。"

杏花村舍，在漕河北岸，扬州北郊二十四景之一。

《淳于梦宅》："槐安大国广陵东，醉梦淳于有路通。廿载繁华野马过，半生勋业夕阳红。橘中四叟游何异，枕上卢生事略同。树老柯颓蚁穴改，一墟狐兔走西风。"

按淳于梦乃唐传奇《南柯太守传》中之人物。《扬州府志》卷三十记扬州有淳于梦宅。

《玉勾井》："古井潜通小洞天，玉勾题署自何年。云章髣髴留层藓,羽服依稀照冷泉。槎泛岂知星汉远,钵浮应信蜀江连。琼花枯后断晨汲,石甃香台共悄然。"

按玉勾井全称为"玉勾洞天井"。据康熙《扬州府志》载:"玉勾井在蕃厘观后"("蕃厘观"即"琼花观")。《名胜志》云:"昔有黄冠持画轴见守帅,画中皆云章鸟篆不可识。既去,使人尾其后,至后土井而没。乃使狱囚縋下视之,见一洞署名'玉勾洞天'。复使人,已水漫不可寻矣!"今若使人探寻,复得古井泉亦未可知。

陆楣有《和王紫诠使君芜城杂咏原韵》六首。

《杏花村 南宋太守赵巩构四并堂于此有菊坡柳径诸胜》:"红杏花残失旧村,檐间绿字记犹存。牧归野店斜阳路,马过山桥细雨痕。种菊坡荒余藓石,垂杨径断有柴门。依稀南渡风流守,翠幪银灯照夕昏。"

《琼花观 蕃厘观内花自唐人植天下独一枝元时朽以八仙花补之》:"蔓草荒祠但水涯,游人争自颂奇葩。祗愁照眼迷仙种,何用惊心动物华。荣落不关炎冷候,生成谁识帝王家。笑看岁岁蓬莱使,捆载东风欲满车。"

《竹西亭》:"书记才名原轶俗,风流贻误竹亭西。才陪五马吟莲幕,又逐双凫飐柳堤。借箸谈深应索莫,当筵歌巧总低迷。凭高试望淮南路,极目荒烟正惨凄。"

《迷楼址》:"洛阳池馆此仙洲,犹是驱驰觅舞楼。辽海未成鞭石计,邗江重见锦帆游。彩缯点染狂峰误,白雨飘零野鹤愁。好护雷塘一抔土,指迷须信有荒邱。"

《玉钩井》:"春云漠漠水冲天,照出冰心不计年。一自为陵几深谷,谁论用汲有寒泉。仙源疑自罗浮窟,地脉遥从井络连。料得玉人亲素绠,辘轳声小月婵娟。王守惠迁蜀左辖。"

《淳于棼宅》:"蛮触谁分西复东,邯郸只与大槐通。匆匆隙驹难

把玩,好因蕉鹿契参同。旧时公案分明在,无限秾华一晓风。"(陆楣《疏快轩诗》卷下)

按陆楣,原名梁,字子任。后改今名,字紫宸,号铁庄。无锡人。生于顺治六年(己丑,1649),卒年不详,据乾隆《无锡志》载,康熙五十七年(1718),他七十岁还在勤奋作诗,雍正间尚在世。他一生不事科举,终身布衣。擅古文辞。著有《铁庄文集》《疏快轩诗》等。

腊月,有镇江之游,作《京口杂咏》组诗八首。(《集》第194页)

《铁瓮城》:"城郭南徐铁瓮坚,金焦犄角势依然。鸡笼遥望孙郎逝,天堑中分魏帝还。六代藩篱资重镇,千秋锁钥忆名贤。我来凭吊斜阳外,兴废分明尚眼前。"

铁瓮城又名子城、京城,位于北固山的前峰,即青云门街北面的鼓楼岗上。《至顺镇江志》:"铁瓮城在正峰前周府治,又名子城。"《建康实录》在建安十三年(208)条下:"权始自吴迁于京口而镇之","孙权自吴理丹徒号曰'京城',今州是也,十六年迁都建业,以此为京口镇。"

《北固山》:"形胜自来称北固,屏藩岂独重东吴。江吞九派成天堑,海涌三山拓地图。遥控石头销王气,俯环铁瓮作雄都。金焦孤注真堪赌,豪快登临忆寄奴。"

按北固山,镇江三山名胜之一,远眺北固,横枕大江,石壁嵯峨,山势险固,因此得名北固山。山上亭台楼阁、山石洞道,无不与三国时期孙刘联姻等历史传说有关,成为游人寻访三国遗迹时的向往之地。

《金山》:"青障丹楼坠碧虚,云涛缥缈列仙居。御风我欲乘鹏怒,长啸谁能似凤响。日月东西两飞毂,乾坤今古一蘧庐。此山登眺多名辈,诗思韩垂愧不如。韩垂诗:'盘根大江底,插影浮云间。'"

按金山,镇江三山之一。原是屹立于长江中流的一个岛屿,有"江心一朵美芙蓉"之称誉。唐代张祜描述为"树影中流见,钟声两岸闻";北宋沈括赞颂曰:"楼台两岸水相连,江北江南镜里天"。风景幽绝,形胜天然,自古为游览胜地之一。

《焦山》:"蓬莱左股隔尘寰,破浪重来秋满山。野菊似僧寒彻骨,霜枫共客醉酡颜。一铭龙护仙人迹,三诏云封处士关。颇意去年风雪里,短筇独倚翠微间。"

按焦山,镇江三山之一。原名樵山,岿然耸立扬子江心,与对岸象山夹江对峙。相传东汉末年,陕中高士焦光隐居于此,皇帝三下诏书而不出,宋徽宗时赐名焦山。又因绿波环抱,林木蓊郁,绿草如茵,满山苍翠,宛然碧玉浮江,故又有一名称"浮玉山"。焦山古迹甚多,摩崖石刻尤为人所称道,其中被称为"碑中之王"的《瘗鹤铭》碑为稀世珍宝。山上多禅寺精舍亭台楼阁,有名的有定慧寺、别峰庵等。

《多景楼》:"望里山川总画图,况当朝霭夕阳铺。片帆飞鸟互来去，云树烟岚乍有无。词赋六朝工点染，英雄三国久销沮。斯楼更自多兴废，剩有清宵片月孤。"

按多景楼，位于北固山甘露寺内。甘露寺，即为三国时刘备江东招亲故事发生地。

《招隐寺 寺为戴颙旧隐》："野径连冈烟草迷，偶寻居士旧招提。南朝松老常栖鹤，北涧林深忽唱鸡。门外寒泉度清磬，楼前修竹拂丹梯。年来自觉诗肠涩，还拟逢春一听鹂。"

招隐寺在镇江南郊招隐山，初由南北朝戴颙私宅改建而成，原在山上，五代时移至山腰。寺内有大殿、读书台、增华阁、虎泉亭、珍珠泉等名胜。附近花木繁茂，尤以秋天红叶最美。招隐山远隔尘嚣，清幽断俗，历代文士名流留下了珍贵的古迹和名篇，其中有梁代昭明太子萧统在此编纂了中国第一部文学选集《昭明文选》，北宋米芾、米友仁父子居住此地四十余年，自创"米氏云山"。招隐寺为中国隐士文化的圣殿。

《丁卯桥》："略彴斜通村舍连，诗人踪迹宛当年。岩扉叶响鸟初定，水槛蒲荒犬正眠。隐隐疏钟万峰月，茫茫残梦一江烟。寂寥五载浮家客，未买南湖二顷田。许浑《夜归》诗：'自有还家计，南湖二顷田。'"

按丁卯桥位于镇江城南丁卯港。晋元帝子哀镇广陵，运粮出京口，因水涸，奏请立埭，以丁卯日制可，后人建桥，遂名为"丁卯桥"。

《扬子江》："江到南徐势转奇，金焦双锁怒涛驰。海门潮上如迎敌，京口风生又誓师。刘宋创基流壮志，孙吴定策照雄姿。湘岷浔汉虽多派，万里朝宗路不岐。"

按长江自扬州以下至入海口又称"扬子江"。

在镇江喜遇老友智朴和尚。

智朴《京口喜遇王紫诠观察舟中夜话》："舣舟铁瓮城，忽焉与君遇。觌面骇且疑,四目久凝注。缓缓问来由,放言倾积愫。金山客除夕,金陵宦流寓。姑苏两载余,恍如一朝暮。直北望蓟丘,冥冥隔云树。莫须说行藏,翻然成苦趣。且得快今宵,萍蓬偶然聚。"

智朴有《王紫诠观察见寄依韵答之》八首,不知作于何年,姑系于此。"畅游七日遍盘阿,回想分离岁月多。妙句瑶笺天上堕,名山宦海梦中过。""浮生幻化总非坚,一意归投大觉仙。君在岭南吾蓟北,谊谇岂止路三千。""松岩幻住度年华,三界茫茫那是家。杏子才青榍果放,了知无处不拈花。""从缘一味信天公,不话西来不语东。拄杖头边春色好,天红姹绿总成空。"《再叠前韵》:"众艺玄门首唱阿,无边妙义曷罗多。请君读礼饶闲空,林下华岩看一过。""泡影色身那得坚,只从个里悟金仙。期来绿树青厓下,荐取毫端隐大千。""消磨岁月妙莲华,本自无家却有家。纵得与君倾积愫,还同捏目说空花。""殿角风铃语最公,清飙一动韵丁东。十年契阔难分诉,且说庵中大小空。"(智朴《盘古诗集》)

岁除,寓金山海岳楼,作《岁除寓金山海岳楼雪中题绝句十首庚辰》。(《集》第196页)

按海岳楼,在金山寺内。

本年,友人陈恭尹卒,享年七十岁。

本年,友人冯廷櫆卒,享年五十二岁。

本年,友人姜宸英逝世,年七十二。(《历代名人年谱》卷十)

本年,友人汪绎中状元,友人徐昂发、高舆、查嗣瑮等中进士。

康熙四十年辛巳(1701)　五十一岁

春日,与查浦、费密、卓尔堪等友人雅集平山堂咏广陵古迹。

李驎《辛巳春日查德尹招同费此度王南村朱西柯乔东湖张

山来朱自观卓鹿虚顾峙宗闽旷斋苏友燕萧徵乂汪博亭诸君集平山堂阉赋广陵古迹即席得八韵》:"彦会际芳辰,虚堂敞晴旭。怀古情忽深,旷然肆遐瞩。吴公旧弩台,髣髴若在目。镇南既名将,裴忌亦良副。决策拔寿阳,淮右赖恢复。师屯十万雄,戍垒曾兹筑。眴眼倏千年,莽荡成平陆。四望惟荒榛,何处寻遗镞。"(李驎《虬峰文集》卷四)

卓尔堪《查德尹表兄招同戴南枝王紫诠孙物皆闵宾连李简子李苍存程松皋乔东湖张星闲诸公大集平山堂分咏扬州古迹得浮山石五律一首》:"成平怀禹绩,拳石压沧溟。岁久犹遗响,春来不见青。六鳌分一鬣,古庙冠孤亭。淮泗年年决,江城亦泛萍。"(卓尔堪《近青堂诗》)

查德尹即查嗣瑮。

费此度即费密(1623—1699),字此度,号燕峰,四川新繁人。费

扬州平山堂内景

经虞子。奉父流寓泰州，其父邃于经学，尽传父业，工诗文，究心兵农礼乐等学，以教授、卖文为生，当道拟举鸿博，荐修《明史》，皆为辞。费密守志穷理，讲学著述，在文学、史学、经学、医学、教育和书法等方面都有很高的造诣。著书极多。

朱西柯即朱紫（生卒不详），字仲与，一字西柯，上元人。《扬州画舫录》记其尝于上巳日与孔东塘、卓尔堪、邓孝威、李艾山、黄仙裳、宗定九子发、查二瞻、蒋前民、闵宾连、乔东湖、朱恭、张楷石、杨尔公、吴彤本、赵念昔、王孚嘉、楚士允、文闵义行红桥修禊。可知朱紫亦非俗士。

乔东湖即乔寅。按《淮海英灵集》戊集卷二："乔寅字东湖，著有《游黄山诗》一卷，题为扬州人。"张慧剑《明清江苏文人年表》，李灵年等《清人别集总目》因清初宝应乔氏多闻人，作宝应人。据邓汉仪《诗观二集》卷十四乔寅《太湖晚望》诗名下注："孚五，东湖，山西平阳人。"则其应为山西平阳人，旅居扬州。著有《碧澜堂集》，孔尚任为之序。杨钟羲《雪桥诗话三集》卷三："东湖为广陵隐君子，好友，重气节。孔东塘称其诗多深情远识。"

张山来即张潮，字山来，一字心斋，号三再道人，安徽歙县人，生于清顺治八年（1650）。文学家、小说家、刻书家，官至翰林院孔目，康熙十年侨寓扬州，与戏剧家孔尚任和文学家陈维崧交好。康熙二十六年被陷入狱，不久获释，淡泊名利，潜心著述。张潮著作等身，著名的作品包括《幽梦影》《花影词》《心斋聊复集》《奚囊寸锦》《心斋诗集》《饮中八仙令》《鹿葱花馆诗钞》等。编选了一部笔记体小说《虞初新志》。

朱自观即朱观，字自观，号古愚，安徽歙县人，侨寓扬州，与石涛、李考及八大山人交游。工诗，喜辑时人之作，成《岁华纪胜》《岁华纪胜二集》《国朝诗正》等。

卓鹿虚即卓尔堪（生卒不详），字子任，号鹿墟，一号宝香山人。江都（今江苏省扬州市）人，一作仁和（浙江杭州）人，辑有《遗民诗》。著有《近青堂诗》。

顾峙宗，待考。唐孙华《立夏日抱灌轩雨坐周羽良乐友顾峙宗枉过小饮》诗："摘来梅子青犹小，落尽篱花绿正肥。最惜芳菲好时节，恩恩把酒送灵威。"

闵旷斋即闵长虹（1662—？），字在东，号旷斋。江南歙县人。祖业盐，遂家扬州。与石涛、郑兆新等交游。有《闽在东诗集》，吴肃公（字青岩）为之序。

苏友燕即苏同许，又作苏仝许，字友燕，号朴园。高邮人，工诗，善行草书。

萧徵乂即萧旸，号冶堂，江都人，居黄子湖畔，有万石庄别业。平生与孔尚任、曹寅、石涛、卓子任等相善。与王焕是好友。

汪博亭，即汪良溥，歙县人。初名汝良，后改良溥，字博亭，迁家扬州，二弟汝沛、汝正从焉。据汪喜孙《伯曾祖博亭公传略》："公少承家业，当时知名。工诗，四海论交。"

戴南枝即戴易（1621—1702），初名冠，字峨仲，一字巢南，更名易，字南枝，晚号西照头陀。浙江山阴（今绍兴）人，少从学于刘宗周，擅长书法。寓居长洲浒墅关，与徐枋、杨宾等往来。卒于虎丘。事具杨宾《晞发堂文集》卷四《戴南枝传》。

孙物皆即孙自成（1673—1761），字物皆，号介庵，江都人。顺治丁亥进士。曾任福建归化知县。有《霁园诗选》。

闵宾连即闵麟嗣（1628—1704），字宾连，号橄庵。徽州区岩寺镇人。生平喜爱游历和吟咏，足迹半天下，每至一地，均以诗纪游，著有《悟雪诗草》等。他与屈大均、沈德潜、施闰章、魏禧等人往来较密,屈大均有《莲花峰篇赠闵宾连》,对其人品和诗文十分推崇。编撰《黄山志定本》八卷,集历代黄山志书之大成,以体例精当,搜罗宏富完备著称于世。

李简子即李驎(1634—1710)。《虬峰文集·自叙》云:"李驎,字西骏,别号虬峰,原名国遴,字简子。"李驎在《与友一》中云:"简子,仆旧字也,耻与降逆廖国遴同名,而名与字具更于今四十二年矣,诸君称仆简子,岂犹未知仆字西骏乎?"

李苍存即李峄瑞(生卒年不详),字苍存,江南盱眙(今属江苏)人。嗜吟咏。为童子时即知声病。既冠,筑讲堂于洪泽之陂,偕二三学友读书其中。成诸生,盛有文名,前后督学使者皆以国士相待。膺选贡入太学,出其才与京师文人士大夫交游,所学日进。凡所见山水崖谷之奇,鸟兽虫鱼草木之美及身世之感,一寓之于诗。既久困科场,出任教习。期满,循例为唐县知县。非其所好,乃作《鹤怨猿惊图》以见志。未几卒。生平事迹见郑方坤《国朝名家诗钞小传》、张维屏《国朝诗人徵略初编》。

程松皋即程仕,字松皋,号梅斋。江南桐城人。芳朝嗣子。生颖悟,工诗,以荫补内阁中书。授福建建宁知府,罢官后,囊无长物,百姓以薪米相赠。诗名震京师。著有《梅斋诗集》三卷。

张星闲,名垣,张霖第四子,余不详。故宫博物院藏禹之鼎绘《张鲁翁像》朱书题识记张霖长子张坦(逸峰),"叔子声百(张壎),季子星闲。"梅文鼎《绩学堂文钞》卷二有《张星闲字说》云:"童子张垣,从余受经。……其兄逸峰请余字之,……曰'星闲'。"

三月,石涛为王煐作《忆雪楼红树》诗画合璧图。

自题:"鹅城刺史却绶住,忆雪依然最高处。仙人引见四百峰,未入罗浮点苍树。布帆无恙挂江边,兴来谁问老龙眠。当时迢叠主能贤,即今四野称二天。至人著世声长久,风流往事王公后。白头相见喜非常,慷慨生平宛如旧。士林风月得何人,太守归来总率真。莫怪野人轻住笔,谭公妙韵借传神。人间万事看磊落,春花莫管秋云薄。频呼斗酒叫顷尘,碧桃花下醉绿萼。一觞一咏兴何多,千峰万壑抱蹉跎。图就凭君开笑眼,清湘端不为诗歌。真人有意他时约,蓬岛天涯尽牛角。请君住最高楼(疑此句缺一字),有酒延仙仙可酌。余欲摹惠州太守王紫诠忆雪楼,恨未目睹。今见谭真人妙韵,想像为之题此。辛巳三月清湘大涤子济。"钤"老涛"(白文)。(转自杨新主编《四僧绘画》286页)

按谭真人妙韵,王士禛《带经堂诗话》卷二十六《异徵类》:"谭公道者,惠州人,幼为人牧牛,后得道罗浮。一日降乩,题王子千(煐)忆雪楼长句云:'鹅城刺史城西住,伐木结楼最高处。当窗便见四百峰,绕屋何须三十树。江光山色望无边,不学苏森惯懒眠。雨过披襟共长啸,月来把酒问青天。沧桑几度荒芜久,恰喜停骖向君后。疎棂白屋只寻常,径转林开已非旧。知君元是住山人,五马南来不失真。试倩维摩留妙笔,吴绫一幅可传神。满前花开复花落,人情翻覆秋云薄。何如万卷摊匡床,幺凤飞来栖绿萼。百年瞬息本无多,及时行乐莫蹉跎。纷纷红土争颜色,奏尔瑶琴白雪歌。载笠他时钓蓬岛,(阙二字)依稀挂檐月。尊中有酒绿如渑,会须坐向楼头酌。'"

作《六浮阁䜩集》诗。

"东风散霜雪,花影浮春城。旅人甫辍棹,词伯来寻盟。黄赞善忍葊至自娄江,朱检讨竹垞至自檇李,徐检讨虹亭至自吴江。吴趋张公子,折简邀同声。西郊觅篮舆,探幽跻山径。诸峰递高下,一峰如槎横。依山筑丙舍,杰阁开南荣。俯瞰震泽湖,千顷波澄泓。绕屋皆寒梅,铁干芬芳英。恍游旃檀林,身拟飞仙轻。嘉会不易逢,况值春山晴。看花复对

酒,好句相酬赓。七步魏陈思,八叉唐飞卿。群公尽名彦,伊余称酒兵。侧弁卧颓阳,绕树幽禽鸣。"(《集》第 197 页)

按六浮阁,在吴县光福茶山之麓。明朝李流芳欲在此建"六浮阁",未果。康熙间,张文萃买山营建,仍以"六浮阁"名之。朱彝尊有《六浮阁记》。

按黄忍荠即黄与坚(生卒不详),字庭表,号忍庵,太仓人。顺治己亥进士,官知县。康熙己未召试博学宏词,授编修,历官赞善。工诗,与周肇等被吴伟业合称为"娄东十子"。有《忍庵集》。

徐虹亭即徐釚(1636—1708),字电发,号虹亭、拙存、鞠庄、菊庄,晚号"枫江渔父",吴江人。监生。康熙己未召试博学宏词,授检讨。著有《词苑丛谈》《南州草堂稿》《本事诗》《菊庄词》等。

作《题陈子敬观察种园图》诗。(《集》第 197 页)

按陈子敬即陈世安(?—1722),字子敬,号傅岩。海宁人。康熙十六年(1677)举人。由行人官兵科给事中,尝使俄罗斯。著有《出塞纪略》二卷、《扈从纪略》二卷、《傅岩疏稿》。见《海宁州志》《海昌艺文志》卷七。

作《湖上逢人入粤寄怀岭南诸故人》诗。(《集》第 198 页)

作《饮酒诗为张防御吉友作》诗。(《集》第 198 页)

按张吉友,待考。陆奎勋《陆堂诗集》卷九有《张吉友索题恩荣图》诗,题下自注:"吉友尊人讳思恭,原任京口将军。"据吴正治《清诰封光禄大夫兵部尚书都察院右副都御史加从一品善征刘公(正则)墓志铭》:"(正则)次(子)殿衡,娶张氏,京口副都统讳思恭公侄女,浙江台州黄岩知县讳思齐公女。"

游洞庭东西山,有卜居之意。(《集》第 199 页)

洞庭东西山,在吴县(今苏州吴中区)。

冬至日，作《壬申至日紫清真人寄书有风月窝其为尔食土之语近读涌翠亭记始悟其旨诗以纪之》诗一首。(《集》第199页)

按白玉蟾(南宋)《涌翠亭记》："骚翁逸人，品藻山水，平章风月，皆曰：江南山水窟，江西风月窝。嘉定戊寅，琼山白玉蟾，携剑过玉隆，访富川。道经武城，双凫凌烟，一龙批月，憩武城之西，望大江之东，扶剑而长呼，顾天而长啸。环武城皆山也，苍崖翠壑，青松白石，寒猿叫树，古涧生风，峭壁数层，断岸千尺，翼然如舞天之鹤，婉然如罩烟之龙者，柳山也。白苹红蓼，紫竹苍沙，鱼浮碧波，鸥卧素月，琉璃万顷，舳舻千梭，窈然如霞姬之帔，湛然如湘娥之谷者，修江也。山之下而江，江之上而亭，亭曰'涌翠'，盖取东坡'山为翠浪涌'之句。观其风物，披其景象，如章贡之郁孤台，如浔阳之琵琶亭者，涌翠亭也。飞甍际天，倒影蘸水，天光水色，上下如镜，烟柳云丝，高低如幕。绿窗漏蟾，朱檐咬雨，华椽跃凤，鳞瓦铺鸳，四榻无尘，一间如画。玉栏截胜，银海凝清，鸥鹭不惊，龟鱼自乐。适其酒量，任其诗怀者，亭中人也。若夫风开柳眼，露浥桃腮，黄鹂呼春，青鸟送雨，海棠嫩紫，芍药嫣红，宜其春也。碧荷铸钱，绿柳缫丝，龙孙脱壳，鸠妇唤晴，雨酿黄梅，日蒸绿李，宜其夏也。槐阴未断，雁信初来，秋风无言，晓露欲结，蓐收避席，青女办装，宜其秋也。桂子风高，芦花月老，溪毛碧瘦，山骨苍寒，千崖见梅，一雪欲腊，宜其冬也。复何所宜哉？朝阳东杲，万山青红，夕鸟南飞，群木紫翠，桐花尽落，柏子烧残，闲中日长，静里天大。渔舟唱晚，牧笛惊云。有时而琴，胸中猿啼，指下泉悲；有时而棋，剥啄玉声，纵横星素；有时而书，春蛇入草，暮鸦归庐；有时而画，溪山改观，草木生春。以此清兴，以此清幽，收入酒生涯，拥归诗世界，盖有得于斯亭，而不知有身世矣。山光浩荡，江势澎湃，松声如涛，月华如水，萤火万点，俯仰浮光，禽簧一声，前后应和，飞青舞碧，凝紫流苍。于是四山涌翠，芦湾不尽，凫渚无穷，挽回亭前，酌以元酒，招入酒里，咏入新诗。名公钜儒，鳞踞叠副，骚赋如栉，峻韵如霜。前者唱，后者和，长篇今，短篇古，亦莫罄其趣也。最是春雪薄空，高下玉树，夜月浸水，表里冰壶，渔歌断处，碧芷浮天。帆影落时，绿芜涨岸，菰蒲萧琴，舟楫往来，其乐自无穷也。作亭者谁？李亚夫也。一日，桐城谭元振、上清黄日新，与余抱琴而憩其上，风吹鹤袂，人讶水仙，磐礴数篇，酬醽百盏，月影在地，马仆候门，援笔不思，聊述山水风月之滋味耳。知此味者，然后可以觞咏乎？斯亭主人曰：'然。'予亦酩酊，明日追思，世事如电沫，人生如云萍，蓬莱在何处？黄鹤杳不来。抱琴攫剑，复起舞于亭之上。神霄散吏书。"

岁除日，作诗《岁除杂感五首 辛巳》。（《集》第199页）

本年吴敬梓出生。

康熙四十一年壬午（1702） 五十二岁

正月二十日，康熙帝颁发诏旨，重修国子监。

春，与石涛之焦山搜剔《瘗鹤铭》，石涛作《焦山剔铭图》。

王烶《题杜处士书载造车图》其二诗后自注："壬午春与石涛同游焦山，寻《瘗鹤铭》，因作《剔铭图》。"

朱彝尊、曹寅、王士祯、博尔都、周起渭、史申义、梁佩兰、陈大章等为此图题诗。题诗年代前后有差，为研讨方便计，均系于本年。

王士祯《带经堂集·蚕尾续诗》《王子千副使焦麓剔铭图 楚僧元济写》："摩围居士言有征，大字无过瘗鹤铭。瘗鹤之铭海门侧，风涛万古长冥冥。雷轰浪打日剥蚀，鱼龙舣触莓苔腥。逸少贞白辨疑似，众喙纷纭徒听荧。胎禽化去几千岁，片石呵护劳山灵。欧阳及见六百字,逮今存者如晨星。淮阴张弨老好事,作为考辩穷沧溟。我昔怀古焦仙岭,醉下水府搜林扃。电光回首四十载,岁月几换尧堵冀。东川使君勇过我,双屐踏破三山青。坐卧空山待水落,古寺破壁风泠泠。椎拓数字比琼玖,绨锦什袭罗中庭。楚僧作图向篷底,青春白浪浮空舲。题诗却忆旧游历,百年飘忽风中萤。"(亦见《焦山志》卷六)

朱彝尊《曝书亭集》卷二十一《焦山剔铭图为王副使焕作》:"华阳真逸昔瘗鹤,井穴乃在焦山根。铭文不省谁氏作,纪年第有干支存。审视要非唐后勒,昔年曾与张弨论。兹山不与浮玉伍,其地僻左稀攀援。漩涡转湍奔溜急,沐日浴月惊涛翻。峰坳集海舶,浪啮藏江豚。铭辞汩没露日少,谁抉地户开天门。丈人守灵威,真官降赵尊。若非神人护,遗迹安可扪。芦台王君信好事,躬自荷锸操犉裈。剡苔剔藓竟深入,先以前趾次尻臀。手摸其文无阙失,一纸价已当瑶琨。西江道士为传写,衣袂尚带寒潮

《焦山志》书影

《焦山志》书影

痕。惜哉辕马且北去,山游未遂栝与温。何年金石共搜讨,疑义相析穷其源。"(亦见《焦山志》卷六)

梁佩兰《六莹堂二集》卷四《焦山剔铭图为王紫诠大参赋》:"焦山一发天畔青,海门截断烟冥冥。真人昔时此瘗鹤,元黄帀里云松扃。铭中一百五十字,立石纪年备旌事。得来华亭遂寥廓,化去朱方失骐骥。或言铭是右军书,岂知标格全不如。世人耳食喜附会,错误帝虎讹鲁鱼。萧梁迄今历年久,波涛山下雷霆走。狰狞岂免蛟龙触,缄縢赖有鬼神守。神物终然出世间,譬之二气当循环。不是其人不能见,到山往往徒空还。南村好奇特相值,山根谁涸露沙脊。崩崖欹处铭石悬,手剔莓苔见真迹。岣嵝禹碑高可摩,陈仓石鼓载橐驼。何似此铭閟岩壑,得之水府无洪波。华阳法书不使断,千余年来满人愿。楚僧急取入丹青,何生许为拓真本。呜呼,西京鹦鹉旧塔无,孝鹅之冢藏义乌。安得尽如南村者,并与瘗鹤传其图。"

史申义《过江集》《题王紫诠焦麓剔铭图》:"水涸月堕空江船,沉碑露脊沙痕穿。缒幽穴险惊龙眠,霑裹不怕饥蛟涎,骊珠到手神光圆。华阳真逸谁代仙,浮丘丈人差拍肩。胎禽遗蜕如轻烟,想当骑背摩青天,夕游瑶岛朝芝田。玄裳缟袂乘蹁跹,岂料埋骨寒潭渊。丹翠削壁当空悬,谽谺欲压波涛喧。神仙有情泪如铅,作铭记瘗忘岁年。水声

梁佩兰《六莹堂二集》书影

风声泠泠然，清唳仿佛山之巅。驻惨白雁愁黄猿，山鬼踯躅江妃怜。插江玉笏鬼趺坚，籀奇砾古鱼魇缠。珠堂贝阙晶莹连，雷霆回驭不敢鞭。玉霄仙客来紫骕，海门三过寻焦先。啸震林木歌叩舷，狂搜宝迹荒江边。阴灵秘怪相回旋，龙宫水府纷擎拳。人力椎凿何能前，愿君宝此轻琼璇。烂鼎缺鼓同蝙斓，束以绨锦包以毡。勿使六丁下取腾龙泉，焦麓金薤长流传。"

周起渭《桐埜诗集》卷二《题王紫诠焦山剔铭图》："瘗鹤之铭谁所传，胎禽骨化今千年。海门波涛拍天去，终古沄沄悲逝川。此铭或与鹤俱瘗，抑或镌刻留山巅。金焦浮空瞰溟渤，乌尾上揿金陵烟。陵迁谷变几更改，此碑零落埋重泉。石发蒙茸沙砾碎，冯夷窟宅谁贪缘。耳目玩好力可致，昭陵玉匣犹人间。而况舟楫所及到，讵有探索愁险艰。今年霜降水枯涸，有客鼓棹寻潺湲。摩碑碑拓龙爪挲，一字贵比黄金

史申义《过江集》书影

周起渭《桐埜诗集》书影

千。昔者涪翁爱此书，位置不但崔杜前。款识逋翁或贞白，又款会稽兼平原。作者何人不须问，但爱宝气光浮天。古人偶尔一游戏，千秋永镇蛟龙渊。鸣皋之禽尔何幸，一铭不朽身应仙。凌烟将相空石表，死后无人知墓田。"

杨宾《晞发堂诗集》卷七《题王紫诠观察焦麓剔铭图》："焦山西麓瘗鹤铭，一百五字剽苍冥。王陶颜顾谁能辨，元气淋漓露晶莹。至宝每遭造物忌，何时风雨轰雷霆。横斜欹侧入江汜，三五落落如晨星。春夏波翻鱼龙窟，秋冬水涸泥沙渟。洗剔爬梳且不易，何况搨拓同黄庭。往年泛舟过其下，手自摩挲身拘囹。借草仰卧施墨渖，被面沾衣同淋泠。力尽乃得七十字，模糊脱漏无全形。今日见铭并见画，知君先我扬吴舲。丹青纸墨互辉映，胎禽恍惚下云汀。吾闻岐阳石鼓弃于野，郑向司马有心者。或移国学或民间，十鼓复完庙庭下。又闻天禧寺门三段石，宗师在浚皆擘画。从来立德必不孤，独为君子岂吾徒。请君更倩丹青手，并写杨髯入画图，君其一笑许我乎。"

按杨宾（1650—1720），字可师，号耕夫，别号大瓢，晚署小铁，浙江山阴人。善书法，擅长金石之学。父坐事长流宁古塔，没戍所，宾扶丧奉母以归，以布衣终。诗文不甚修饰，而善叙述。文多记沧桑间事，诗亦如之，其《亡友诗》四十七首，各系小序，颇多轶闻。初有诗三卷，唐甄、费密序刻之。著有《晞发堂诗集》二卷、文集四卷、《力耕堂

曹寅《楝亭诗钞》书影

诗稿》三卷、《杨大瓢杂文残稿》一卷、《柳边纪略》五卷、《铁函斋书跋》六卷、《大瓢偶笔》《金石源流》。生平事迹见《清史列传》卷七〇《文苑传》《清史稿》卷五〇四、姜宸英《安城杨君墓志铭》《国朝诗人徵略初编》卷一〇、《清诗纪事初编》卷二、《清诗纪事》康熙朝卷。

曹寅《楝亭诗钞》卷五《题王南村焦麓剔铭图 楚僧元济写》："近代云间称好手，橅碑今复在山巅。冷金蝉翼无由辨，浪打雷轰亦醒然。""雨余北固山全碧，风起江门种种声。何许孙刘真事业，流观泛览足平生。"

陈大章《玉照亭诗钞》书影

陈大章《玉照亭诗钞》卷十五《题焦麓涤铭图为王紫诠》："海门潮汐连天白，奇峰缥缈浮金碧。就中微隤是焦公，下有胎仙龙爪迹。蛟鼍怒吼白昼昏，沐浴日月朝百神。谁知累劫消沉后，大有物外探奇人。君不见包山玉检天所惜，去水之珠象罔得。豪夺巧取竟何为，怜君好古空成癖。穷冬一叶来江沱，开缄示我同摩挲。寒灯老屋病眸涩，昭揭星斗森骈罗。人闲快意复何许，暮落朝荣真粪土。痛饮且须倾百壶，直曳飞霞上岣嵝。时公将游衡岳。"

博尔都《问亭诗钞》(国家图书馆藏钞本)卷三"七古"《题焦麓剔铭图为王南村观察赋》："君不见昔有真逸号华阳，作铭瘗鹤焦山旁。三珠树老不归去，一朝羽化埋沧浪。劈窠大书真绝好，自古相传见者少。焦山突兀海门西，地久天荒不知老。苍厓赤壁含风雨，鱼龙日月相吞吐。水色浸淫铁画深，浪花渐（音尖）染阴苔古。东川仙吏雄骚坛，冥搜鼓楫乘风湍。刓泥掘石过数仞，摹来秘宝成奇观。石涛隐者海天客，濡毫磨墨兴郁浡。长江浩淼金焦间，挥翰收来不盈尺。劝君爱惜日摩挲，勿论铭额由谁何。铭书或云右军，或云华阳真逸。青田猨岭无消息，空对长江东逝波。"

章藻功《思绮堂文集》书影

章藻功《思绮堂文集》卷五（康熙六十一年刻本）《跋南村居士剔铭图》

序："焦山下瘞鹤铭，华阳真逸所作。崩坠江滨，不可复识矣。南村于潮落时，搜剔数十字，乃为此图。"

文："信城郭之都非，志碑铭其何必。俱见下注。丁令威归来华表，疑是虚谈；《续搜神记》：辽东城门华表柱忽有一鹤集，徘徊空中，言曰：有鸟有鸟丁令威，去家千岁今来归，城郭如故人民非。杜元凯沉著水中，终于亡有。《晋杜预传》：预好为后世名，刻石为二碑纪其勋绩，一沉万山之下，一立岘山之上，曰：焉知此后不为陵谷乎？乃无端瘞鹤，偶作遗铭；遂使探骊，《庄子》：夫千金之珠必在九重之渊，而骊龙颔下，子能得珠者，必遭其睡也。故为胜事。南村粤中屏翰，《诗·小雅》：之屏之翰。原注：南村原任广东惠潮道副使。三载言旋；江上金焦，《镇江府志》：金山府城东北江中，一名浮玉，唐裴头陀于此开山得金，故名。又，焦山府城东北江中，焦先隐此。一方逆旅。分题阑韵，尝叩钵以联吟；见《秋声》注。历险寻幽，每挐舟而独往。斯时也，密雪敲窗，横风打桨，正地降天腾之际，《礼月令》：天气上腾，地气下降，天地不通，闭塞而成冬。方水落石出之余，苏东坡《赤壁赋》：山高月小，水落石出。径访焦先，见上注。特求真逸。《镇江府志》：瘗鹤铭，焦山下江滨铭，乃华阳真逸譔，字亦奇。古图经谓王羲之书，颇不类其笔法。华阳真逸乃顾况道号，碑无年月可考，欧阳修云：好事者伺水落摹之，祗得数字，惟予所得六十余字，独多也。记崩崖而后，与华阳年隔三千；问断碣所存，惟永叔字摹六十。俱见上注。而南村坠渊凿穴，扪藓排沙，搜剔若干，摹临几许。竟尔图经宛在，已不同没字之碑。五代《任圜传》：明宗问谁可相者，安重诲以崔协对，圜前争之，曰：重海未谙朝廷人物，为人所卖，天下皆知崔协不识文字，而虚有仪表，号没字碑。若教潮汐未来，《皇极图经》：海潮者，地之气喘息也。所以应月者，从其类也。随月消长，早曰潮，晚曰汐。无复虑阙文之史。彼鼓传鲁叟，八九多遗；苏东坡《石鼓歌》：冬十二月岁辛丑，我初从政见鲁叟。旧闻石鼓今见之，文字郁律蛟蛇走。又，强寻偏旁推点画，时得一二遗八九。帖剩洛神，十三可法。《集古录》：法帖中有王献之书《洛神赋》一本，后残缺，但存十三行云。如以文章不满，年岁难寻，见上注。《石鼓歌》：欲寻年岁无甲乙。或则为瘗者疑，或则为铭者惜，抑知去云麈所，在水仍虚，维形定之有常，《相鹤经》：七年小变，十六年大变，百六十年变止，千六百年形定。即多言而何益乎？《墨子》：子禽子问曰：多言有益乎？对曰：虾蟇日夜鸣，口干而人不听之；鹤虽时夜而鸣，天下振动，多言何益乎？呜呼！生遭罗网，岂真献以羽毛，《隋书》：大业三年，诏州县送羽毛，民求捕之，网罗被水陆，禽兽有堪氄毦之用者，殆无遗类。乌程有树高逾百尺，上有鹤巢，民欲取之，不可上，乃伐其根。鹤恐伤其子，自投氄衣于地。时人或捕以为瑞，曰：天子造羽翼，鸟兽自献毛羽。死别樊笼，讵肯供其耳目。去三山而弄影，沈佺期《咏鹤诗》：拂云游四海，弄影到三山。原不须谀墓中之文，唐《刘义传》：义持愈金数斤去，曰：此谀墓中人得耳，不若与刘君为寿。争万世以留名，恐难免乘轩之好矣！《左闵》：卫懿公好鹤，鹤有乘轩者。"

按章藻功(1656—？)，字岂绩，自号息庐主人，浙江钱塘(今杭州)人。幼承家学。康熙四十二年(1703)进士及第，改翰林院庶吉士。在官五月即引疾归，事母终身。藻功与陈维崧、吴绮皆以骈文有名，以新巧胜。著有《思绮堂集》。

张云章《朴村文集》有《题王子裕焦麓剔铭图》。文曰："大凡好古之士，于世人之所嗜，往往唾之而不顾。至于幽崖绝壑，断碑残碣，必携筇蹑屐，挈朋侣，载酒肴，穷搜极访，必一得之而后快，此非有超然高世之致者不能也。瘗鹤铭碑，沦于焦山之麓殆千有余年矣，昔之名人胜流求而拓之者，以不能多致其字为憾。乃其亲至碑下，乘水之涸，手自摹取者，如邵亢、张堡、黄伯思、董逌、严谷洲、张邦基，皆好古之尤者也。东川王使君南村非其匹俦欤？此图盖二十年前与楚僧石涛同至山下时所作，为言披寻剜剔之状，殆始朱竹垞检讨所云'先以前趾次尻臀'者，乃实录也。卷中题咏之多怪奇伟丽之作，一时名胜，略尽是矣。追惟畴昔新城先生，余所撰杖履者，自余诸公亦曾执鞭，弭周旋，今大半皆成古人，存者晨星落落矣。既赏南村使君之嗜好有独异，又相与展卷数四，忾然增慨者久之。时癸巳六月，寓吴门之水周林，南村持此图访余，余方幸此碑之重建，为陈使君沧州作此记，亦一奇也。"

按张云章(1648—1726)，字汉瞻，号朴村，江苏嘉定人。康熙初诸生，五十五年荐举文学之士。著《朴村集》三十九卷。事具方苞撰墓志铭(见《望溪文集》卷八)，光绪《松江府续志》卷九。

钱大昕《潜研堂文集》卷三十二《跋汪退谷手书瘗鹤铭攷草藁》："退谷先生《瘗鹤铭攷》板行已久，此乃其手书初稿。信笔数千言，绝不求工，而楮墨间极生动变化之趣。自黄伯思定此铭为陶贞白书,后世罕有异论。张力臣独证以为顾逋翁书,朱锡鬯复举《逋翁集》中《谢王郎中见赠琴鹤》诗以实之,然他日题《王副使焦山剔铭图》有云:'审视要非唐后勒,昔年曾与张弨论。'则朱亦未尝坚持其说也。卷中采力臣说最备,独不取其证为逋翁者,既博而精,吾无闲然矣。"

厉鹗《瘗鹤铭》:"我生好读浮丘经,焦山来访瘗鹤铭。累累之冢令威叹,羽化谁使传千龄。乃知仙家重文字,不异人世谀幽扃。崩崖敲浪下无路,直待水缩霜霰零。墨痕浅面叶藉背,仰卧乃可摹真形。张王近事僧指说,_{张弨、王煐}。奇险欲动鱼龙听。长沙陈公发天祕,_{陈鹏年}。抉取覆以屋建瓴。缮亭何必历三癸,凿石直疑烦五丁。上皇樵书今得覩,尤虑毡樵日敲击。比量北海遇赵岐,特护翠珉藏复壁。敢辞米老河豚击,膺本重镂外加幂。篝灯侧足窥大幽,弹涡亲剔笔划遒。真官若掌女青律,笐牡失职当穷搜。百番赫蹏走书估,三日卧看毋自苦。摩挲后此五百年,锋棱就视空茫然。吁嗟神物非近玩,不如天吴什袭犹能全。"(光绪《丹徒志》卷五十一)

《文献徵存录》卷二:"张弨字力臣,又字函斋。山阳人。父致中,字性符,为复社魁首。以经明行修举未授官,卒。弨不应试,家虽贫,储藏鼎盂碑版文甚富。以贾为业,博雅好事。尝登焦山,乘江潮落往山岩之下,藉落叶而坐仰读瘗鹤铭,聚四石绘为图联,以宋人补刻字证为顾况书。朱彝尊举《逋翁集》中王郎中见赠琴鹤诗以实之,他日《题王副使焦山剔铭图》则云'审视要非唐后勒,昔年曾与张弨论。'朱亦不坚持其说也。入秦拜唐昭陵,徧观从葬诸王公表碣,潜珉断碣,必三复而联缀成篇;过村寺,有碑碣埋没榛莽者,悉椎拓之。尝模岘山石幢竝以《瘗鹤铭辨》《昭陵六马图赞辨》各一篇寄新城王士正。士正悉其雅意,以七言诗贶答之。年老矣,又耳聋,携两子一孙客京师。（下略）"

仲春，与朱彝尊、潘耒、顾嗣立、张士俊、张大受、文点、释元祚等雅集师子林联句。

朱彝尊《曝书亭全集·集外诗》卷五"联句"："勾吴之门，曰蒴曰娄。宝坻王煐紫诠。猗彼师林，在城东陬。长洲文点与也。或梜其车，或系之舟。吴县金佩亦淘。有菀者松，有丰者蓿。吴江潘耒次耕。有峰有岫，有涧有湫。吴县周靖枚宁。降观深窌，忽焉崇邱。朱（彝尊）。空嵌乖合，莫知其由。吴县周旦龄汉绍。巨者狻猊，小类貗獀。长洲张士俊吁三。或偃其背，或昂其头。吴县陆潆其清。卧紫丝毯，戏黄金球。嘉定张大受日容。攫揭爪利，鬣鬖发髟。长洲顾嗣立侠君。其眸土眯，厥尾棘钩。昆山徐昂发大临。古苔疣瘢，细泉泡溲。秀水朱甫田袠远。音生地籁，乳滴山窦。江陵释元祚木文。勇贾蹠踔，气竭嘘咻。嘉定张士琦天申。孙孙子子，大小挽楼。华亭高不骞查客。引之栈阁，锢以铁镠。煐。讵愁飈拔，不虑贪偷。点。昔有僧伽，营此夷犹。佩。碑题至正，作者危欧。耒。青莲华界，十友倾投。靖。北郭徐赍，绘图以留。朱。暨逃虚子，赋诗迭酬。旦龄。日月逾迈，经三百秋。士俊。之子卜宅，宛在中洲。潆。写心求友，结佩绸缪。大受。舍尔钟鱼，翮我觥筹。嗣立。维时仲春，风日和柔。昂发。江梅白脱，兰草青抽。甫田。池浮舒雁，屋拂鸣鸠。元祚。织鳞鲅鲅，丛竹修修。士琦。载永载歌，聊以忘忧。不骞。"

按文点（1633—1704），字与也，号南云山樵，长洲（今江苏苏州）人。彭玄孙。工诗文，善书、画。山水能传征明家法，用笔细秀，染晕迷离，盖以墨者胜也。兼善人物，尤长松竹小品，笔墨极其文雅，松身好点苔，时人戏曰："文点松，文也文，点也点。"清介不求闻誉。之京师，人欲以国子博士荐之不就。父殁，依墓田以居，弃举子业，以书、画自娱给衣食。卒年七十二。著《南云集》。

金侃(？—1703)字宜陶、一作亦陶，号立庵，别署拙修居士，吴县(今江苏苏州)人。藏书家、刻书家。工书画，能诗，杜门抄书，校雠精审，所藏宋元秘本甚富，宋元人之名集秘本插架满屋。

潘耒(1646—1708)，字次耕，一字稼堂、南村，晚号止止居士，藏书室名"遂初堂""大雅堂"，吴江(今江苏苏州)人。师事徐枋、顾炎武，博通经史、历算、音学。康熙十一年，客太原，与傅山、阎尔梅辈交，以议论道艺为乐。康熙十八年，举博学鸿词，授翰林院检讨，参与纂修《明史》，主纂《食货志》，终以浮躁降职。其文颇多论学之作，能诗。著有《遂初堂诗集》《文集》《别集》等。

周靖(1645—1710)，字敉宁，号䎹斋，吴县人。明吏部文选司郎中周顺昌之嫡孙。工篆隶。著《篆隶考异》等。同治《苏州府志》卷一三七有传。

周旦龄(生卒不详)，字汉绍，吴县人，明东林党首周顺昌之孙。从陆心源学。工篆隶。事具同治《苏州府志》卷一三七。

张士俊(生卒不详)，字吁三，又字景尧，别署查山子、半桥居士，康熙四十年书室六浮阁落成，故又自号"六浮阁主人"。苏州富商，喜交名士，是狮子林主人，居水周林。刻印过自辑《泽存堂五种》五十五卷，均据宋本翻刻，以精良著称。著《春秋集传》二卷。杨钟羲《雪桥诗话三集》卷四："泽存堂张士俊吁三，旧为吴江之溇里人，迁长洲，雄于资。(中略)晚年为生圹于太湖之滨曰查山，面对湖中六浮。李长衡欲建六浮阁，未果，至是始成之。辛巳，吁三招朱竹垞诸人觞咏于此，有《查山雅集诗》，漫堂序，竹垞记，高查客为之图。吁三名在太学，不应举，有诗名。"

陆漻(1644—？)，字其清，号听云。吴县(今江苏苏州)人。藏书家、医生。早年学医，遂精于医术。自幼就有藏书之志。苦于家贫，无力购书，借书昼夜抄写。后凭行医之资，致力于藏书，长达六十余年，至数万卷。所居"听云室"，另辟"佳趣堂"，储藏图籍。一时名士，如朱彝尊、何焯等曾慕名前往观书，内有宋元刊本、宋元人抄本、明贤录本、稿本甚多，如珍本《巨鹿东观集》《玉山雅集》等。编有《佳趣堂书目》二册，书目成于康熙五十六年，由后人加注刊行。康熙三十年为曹寅绘《楝亭图》。杨钟羲《雪桥诗话余集》卷三："长洲陆漻，字其清，隐于医，善别宋元板书。所居'听云室'。曹秋岳每过吴，必先访之。尝曰：'陆生有隐操，吴门第一流也。'"

张大受(1641—1725)，字日容，江苏嘉定(今属上海)人。生有异才，通经史百家。少从学于朱彝尊，为彝尊、汪琬所重。世居吴郡匠门，喜诱掖后进，四方造门请业者无虚日。圣祖南巡，尝召至御舟赋诗，因宣入纂修馆。康熙四十八年(1709)进士，改翰林庶吉士。散馆，授检讨。五十九年奉命督学贵州，教诸生读书之法，风气为一变。世宗闻其名，诏留任。旋卒。大受善诗，尤工骈体，清新独出。著有《匠门书屋集》三十卷。事具《清史列传》卷七十一。

顾嗣立(1665—1722)，字侠君，号闾丘，别号醉愚居士，江苏长洲(今苏州)人。康熙五十一年进士，选翰林院庶吉士，改补中书舍人。曾与修《佩文韵府》，授知县，以疾归，喜藏书，尤耽吟咏，性豪于饮，有"酒帝"之称。博学有才名，喜藏书，尤工诗，著有《秀野集》《闾丘集》。编《元诗选》，自元遗山而下汇为百家，又广为三百家，凡四集，合千二百卷，网罗浩博，至今仍为研究元代文学之重要文献。杨钟羲《雪桥诗话》卷三："顾十一侠君，为松交吏部予咸子，家有秀野园，水木亭台之胜甲吴中。(中略)侠君嗜书，耽吟咏，尝笺注飞卿、昌黎诗。搜辑元人诗家凡四集，合千二百卷，有元一代之诗，网罗为备。以南巡献诗召入书馆纂修。康熙壬辰赐进士，入翰林。乙未放归。"

徐昂发(生卒不详),字大临,号絅庵,又号畏垒山人,昆山人,长洲籍。康熙三十九年(1700)进士,改翰林院庶吉士。散馆,授编修。充福建乡试副考官,迁提督江西学政。昂发以文酒自豪,常倾四座,未第时,作宫词百首,遍播旗亭酒社间。亦工骈体文,尤长于考证。著有《畏垒山人诗集》四卷、《畏垒笔记》四卷。

朱甫田(生卒不详),字袭远,秀水人。朱彝尊从子。

释元祚(生卒不详),字木文,江陵人(《湖北艺文志》称其为云梦人),西洞庭山僧。著《鹤舟诗草》。

张士琦(1664—1719),字天申。江苏嘉定人。康熙二十三年副榜,康熙四十二年任江西永新县知县,坐事罢免。后卒于京师,年五十六。著有《茧山诗草》等,今不存。事具《清史列传》卷七十四,民国《崇明县志》卷十六。

高不骞(1615—1701),字槎客(一作查客),晚号小湖,华亭人。好学,不屑为举子业。圣祖南巡,召试称旨。命献诗及骈体文,脱口立成。帝大悦,使扈从入都,赐第西华门,供奉内庭。旋授翰林院待诏。所纂《方舆考略》《月令辑要》,分注《御选唐诗》既成,乞假葬母归,遂不出。优游林泉,以诗文为事。不骞少亲炙朱彝尊,与惠士奇、何焯、张大受诸名士游。嗜古最深,为学长于考订,诗专尚唐音。

夏,史学家万斯同逝世,终年六十五岁。

万斯同(1638—1702),字季野,号石园,门生私谥"贞文先生",浙江鄞州人,师事黄宗羲。康熙间荐博学鸿词科,不就。精史学,以布衣参与编修《明史》,前后十九年,不署衔,不受俸。《明史稿》五百卷,皆其手定。著有《历代史表》《纪元汇考》《儒林宗派》《群书辩疑》《石园诗文集》等。

欲离苏州,作《别意》诗一首。(《集》第202页)

为曹殷六东皋草堂图卷题诗四首。

《题曹殷六东皋草堂卷即用四字为韵》:"苍翠田盘远,幽居潞水东。行歌秋色里,高躅想无功。""吾家住青口,阡陌接东皋。策蹇曾相访,柴门月正高。""仕宦每误人,一生恒草草。孝悌与力田,天真得全保。""与君同作客,何日更登堂。丙舍南村在,时时忆故乡。"(《集》第202页)

按曹殷六,生平不详,曹寅称其为"表兄",在宝坻有庄园,名"东皋草堂",曹寅曾作《东皋草堂记》。见曹寅《楝亭集》。

青口,今宝坻北清沟村;东皋,疑在武清崔黄口附近。曹寅家之"受田"亦在宝坻,疑在宝坻窦家桥、尚庄一带。余曾撰《曹家受田宝坻西》述之。文载《天津日报》副刊"满庭芳"。

秋,北上,经镇江,登金山寺江天阁,作《题徐氏江天阁画卷》诗。(《集》第203页)

秋,过淮河,有《渡河》诗。

"生死三年隔,荒原寄一抔。绵绵恨无尽,滚滚此河流。不遣儿生渡,偏增我客愁。从兹倦行役,畏近北徐州。戊寅冬,瓛儿北归,卒于徐州旅舍。"(《集》第203页)

八月十五日,经滹沱河,水骤涨不得渡。借宿田家,赋诗寄老友梁雍。

《月夜经滹沱河水骤涨不得渡借宿田家寄怀梁元肃观察》:"滹沱忽涨连宵雨,乘月扁舟欲渡难。遥忆故人应见讶,行吟倚遍竹西阑。""农家鸡黍足乡情,闲话桑麻近豆棚。浊酒瓦盆煨更煖,纸窗凉月坐三更。"(《集》第203页)

按梁元肃即梁雍。梁雍(1662—1709),正定人,梁清标之孙,历官广西按察司佥事。四川分巡建昌道按察司佥事。卒于官。王士禛门人,王士禛有《送门人梁元肃佥事之建昌》二首。与梁穆为孪生兄弟。有《散朗斋稿》。参陶梁辑《国朝畿辅诗传》卷三十一。

在北京,作《汪司成斋头赋得雨余清晚夏》诗。(《集》第 203 页)

按汪司成即汪霦。曾任国子监祭酒。是王煐京中故友,为《忆雪楼诗集》作序,为《风木图》题诗。

作《题章敬夫小照》诗。(《集》第 204 页)

按章敬夫,生平待考。

秋,妾谢氏病逝,赋诗悼之。

《夜雨悼谢姬二首》:"积雨兼旬未肯收,客窗淅沥动离忧。带围旧减浑忘病,华发新添始觉秋。宋玉悲凉徒作赋,仲宣潦倒更登楼。宵来忽得江南信,池畔清霜损并头。""岭外相随最汝怜,子霞墓畔重留连。朝云字子霞,墓在惠州西湖。六如应悟金经义,一子聊存玉镜缘。谢姬梦人授以玉镜,生珏儿。仕宦风波多变态,东西奔走动经年。食贫未已成长别,梦里曾逢隔晓烟。"(《集》第 204 页)

为禹之鼎《卜居图》题诗二首。(《集》第 204 页)

按禹之鼎《卜居图》是一幅著名的作品。后有当时名家题诗一百一十余家。

好友张廷瓒去世,赋诗悼之。(《集》第 205 页)

按张廷瓒(?—1702),字卣臣,号随斋,桐城人。康熙己未进士,授编修,历官少詹事。有《传恭堂集》。

为李馥《西溪草堂册子》题诗。(《集》第 205 页)

按李中丞即李馥(1662—1745),字汝嘉,号鹿山,又号信天居士。泉州福清(今属福建)人。康熙二十三年(1684)举人,曾至四川做官数年,历官西漕史、工部员外郎、刑部郎中、安徽布政使、苏松常镇道、江宁按察史。后官至浙江巡抚,因内讧被解除官职。留在吴中多年,游览于九仙鸟石、南江西峡之间,收罗古籍善本,藏于"笔山阁"中。任浙江巡抚时,收书极多,一时善本齐入"曹仓"。并手自抄写古籍,与郑杰、刘筠川等人称为康雍乾间福建藏书家。藏书印有"曾在李鹿山处""笔山阁图书记"等。乾隆九年重宴鹿鸣,年八十四卒。能诗文,著有《李鹿山集》《鹿山诗抄》《居业堂诗稿》等。

冬,作《赋得积素广庭闲》诗。(《集》第205页)

冬,作《赋得门对寒流雪满山》诗。(《集》第205页)

冬,雪后集汤右曾斋,赋诗五首。(《集》第205页)

按西厓编修即汤右曾。

除夕,作自嘲诗一首。

《除夕自嘲 壬午》:"流年五十逾二,明日半百过三。精细眼还借镜,萧疏发不胜簪。果腹太仓惰鼠,埋头敝篋痴蟬。岁晚永怀古哲,虚生内省多惭。"(《集》第207页)

本年,严绳孙逝世。

严绳孙(1623—1702),字荪友,号秋水、勾吴严四,晚号藕荡渔人,无锡人。与朱彝尊、姜宸英被誉为"江南三布衣"。顺治六年(1649),参加由吴伟业主盟的慎交社。顺治十一年,与邑中顾贞观、秦松龄等十人结云门社,时称"云门十子"。康熙十四年(1675)结识满族词人纳兰性德,成为莫逆。康熙十八年(1679)三月,调举博学鸿儒,受荐而避试,仍被选中,授翰林院检讨,参与《明史》编纂。历任日讲起居注官、山西乡试正考官、右中允兼翰林院编修、承德郎等职。康熙二十四年(1685)辞官回乡隐居。卒年八十。著《秋水集》《无锡县志》《国朝画徵录》等。

康熙四十二年癸未(1703)　　五十三岁

康熙帝第四次南巡。

正月十六日,康熙帝第四次南巡从京师启程。二十六日,登泰山。二月初一日,谕示山东巡抚王国昌,应妥善抚绥灾民,不可使之流离失所。十一日,经扬州、镇江、常州,抵苏州。十五日,抵杭州,检阅驻防官兵,并赏给银两。二十六日抵江宁府,遣大学士马齐祭明太祖陵,赏赐扈从官兵及驻防兵银两。二十八日,康熙帝离江宁返京,舟经镇江、扬州、高邮、宝应、东平府、东昌府、沧州、天津卫,于十四日在通州登岸,驻南苑,三月十五日返回京城。

康熙帝西巡。

十月初五日,康熙帝谕吏、户、兵三部:乘此冬令农闲之际,欲往陕西、河南、山西观览民风,询察吏治,简阅禁旅,整饬军营。十一日,启程西巡,经涿州、安肃、保定、庆都、新乐,十八日至真定府。后自井陉出固关,二十二日抵平定州。二十五日至太原府。十一月十五日,渡黄河,经潼关、临潼,到达西安府。青海蒙古亲王札什巴图尔、鄂尔多斯郡王董罗布松阿喇布等朝见。十六日,检阅西安驻防官兵,见军伍骑射娴熟,军容整肃,非常高兴,表示要大沛恩泽,以示不忘劳苦人员之意。十七日,谕示免陕西、甘肃两巡抚所属地方康熙四十二年以前未完钱粮,免河南杞县等十四州县本年度水灾额赋有差。十八日,在西安城外阅兵,宴赏蒙古王公等。十二月初一日至河南府。初二日,在孟津渡过黄河,初四日至修武县。因怀庆镇兵射技不堪,营伍不整,官兵铠甲全无,将总兵官王应统及千总一人,把总二人俱械系带往京城审问。初六日,召见河南巡抚,对官吏互相容隐、贻误地方进行斥责。十九日,返回京城。

热河（承德）避暑山庄开始兴建，至四十七年（1708），初步建成。

正月十二日，在北京，集杜承三寓斋，有诗。（《集》第207页）

按杜承三即杜恭俊（1661—1704），字承三，别号拙庵，宝坻人。杜立德第三子。劳之辨《广信守承三杜公墓志铭》："杜公，讳承三，别号拙庵，畿东之宝坻人。太子太师保和殿大学士兼礼部尚书谥文端杜公之第三子也。世藉江南之金坛，世祖以军功袭梁成所千户，遂家焉。（中略）公之生母则李恭人也。文端公得公也晚，最爱怜之，而公亦岐颖凝重，开敏俨如成人，亲友咸以克家目之。壬寅，授一品荫生（中略）；至甲子，奉新例，不得入试，始以家督代文端公应门户事。（中略）丙子，授工部都水司员外郎；丁丑，转刑部河南司郎中；（中略）服阕，补督捕司郎中，升江西广信府知府，束装赴任，便道归家，疾作，八月而卒。（中略）公生于辛丑年十一月二十六日酉时，卒于甲申五月二十二日亥时，得年四十四岁。任督捕司郎中加二级，时遇圣恩授中宪大夫，元配李氏，吏部左侍郎兼翰林院学士李公录予女，诰封恭人。子二，长端怡，王孺人出，聘刘氏，巡抚湖北都御使刘公殿衡女；次广怡，穆孺人出，聘王氏，少傅大学士谥文靖王公熙女。（下略）"

为刘中柱小照题诗。（《集》第207页）

按刘雨峰即刘中柱。中柱字砥澜，号雨峰，又作禹峰，宝应人，康熙中以廪生授临淮县教谕，历官户部郎中，奉命监京仓，帝赐以诗轴。出为直隶真定府知府，裁革陋规，李塨为诗记其事。未几，乞归。好与故老遗民游，所谈多兴亡之事。中柱工诗古文辞，常与朱彝尊、查慎行、王式丹相唱和，著《渔山园集》一卷、《兼隐斋诗》十一卷、《史外丛谈》等。《清史稿》有传。

正月二十七日，前保和殿大学士礼部尚书王熙卒，享年七十六岁。

王熙（1628—1703），字子雍，号胥庭，又号慕斋，顺天宛平人。明礼部尚书王崇简之子，顺治四年进士，选庶吉士，授检讨。累迁右春坊谕德。召直南苑。译大学衍义，充日讲官，进讲称旨。累擢弘文院学士。时崇简方任国史院学士，上曰："父子同官，古今所罕。以尔诚恪，特加此恩。"十五年，擢礼部侍郎，兼翰林院掌院学士。考满，加尚书衔。时崇简为尚书，父子复同官。圣祖嗣位，熙改兼弘文院学士。康熙五年，迁左都御使。迁工部尚书。十二年，调兵部。十七年，以父忧去。二十一年，拜保和殿大学士兼礼部尚书。加太子太傅。四十年，诏许致仕，晋少傅。四十二年，卒，上命皇长子直郡王允禔、大学士马齐临丧，行拜奠礼，举哀酹酒，恩礼有加。谥文靖。王熙富贵五十余年，门生故吏满天下。有《王文靖集》。

作诗四首哭王熙之逝。

《宛平相国诔词四章 有序》：序："粤以昭阳协恰之岁，月在孟陬，日斜青陆，冰垂树稼，星折中台。何梁木之倾颓，奠楹有梦；讵昊天之渺邈，升屋难招。九重聆讣而嗟咨，百辟闻薨而震愕。朱墙碧翣，来天上之恩荣；缞乘明旐，尽人间之品节。于是泪浮垩室，哭撼纶扉。素车填文杏之庄，白马溢灵椿之里，莫不托笺缣而悼挽，藉铅椠以铺张。七日歌虞，滴泪到泉之客；千秋颂美，摧峰坠月之文。缅惟夫子，衡岳钟灵，岱宗毓瑞，自天生德，金紫从容，惟岳降神，科名彪炳。补乾文于五色，经纶则作述同功；成岁律于四时，钧轴则后先济美。汲引忘公孤之贵，和衷尽盛德之容。参赞两朝，羽仪百代。身依日月者五十八年；衮补山龙者二十一载。衮衣赤舄，位极人臣；画荣金貂，名标世阀。三辰丽天之绩，四渎纪地之功，掌中黼黻之文，肘后文章之印。总令穹碑概日,未足磬其形容;健笔摩云,岂易摹其显奕。某派同溟渤,代侍宫墙;柏荷壅培,西麋更切;马经剪拭,北望弥殷;下拜平生,难忘畴昔。感恩知己,声激楚而不成;注海倾河,管含商而难搦。成五言于一恸,该百行于数端。霜天把酒,成千载之酸辛;辇寺题诗,表寸心之凄恻。"

诗:"镇岳耸幽天,灵异妙名述。门轴应坤乾,金银作宫室。中有古仙人,尊居上公秩。身衣青城云,手浴虞渊日。垠锷亘幽燕,神光烛奎毕。间以五百年,而为圣世出。余家射圃亭,世弄经生笔。仙李念蟠根,垂荫润枯苴。云泥成古欢,团结如胶漆。槐堂把一编,爱我加诸膝。""若木无卑枝,珠渊生夜光。凤德备九苞,丹山多鸾凰。圣作万物觊,股肱歌维良。欹欤文贞公,功业仰光昌。福生必有基。食报非寻常。嵩岳降申甫,作述遥相望。济济登崇阶,振振秉珪璋。高门列荣戟,绿树笼青箱。此树初种时,吾父在门墙。亲见三鳣鱼,鹳雀衔入堂。""华钟动间阖,重瞳晓垂旒。天官列铨注,剖竹封诸侯。临轩进宰执,郎署拔其尤。内举不避亲,微名达龙楼。星言秣五马,春水绿卢沟。二十有一人,同时出皇州。吾公盛奖借,祖道陈芳羞。千金壮行色,慷慨厉清修。嘉言犹在耳,华发忽盈头。死生成契阔,感泣空千秋。""白云在天际,乘箕何所之。华屋启帷荒,鼓吹含酸凄。缅怀吾公德,令人千载思。相业在朝廷,昭昭寰宇知。起易大夫箦,不愧中郎碑。春风动丹旐,执绋行迟迟。挥泪设几筵,再拜陈鄘辞。异代尚相感,何况生同时。从此西州门,羊昙动深悲。"《集》第208页)

春,梁佩兰来京城,以罗浮蝶茧见贻,作《罗浮大蝴蝶诗 有引》诗。(《集》第210页)

引:"癸未春,药亭吉士来自岭南,以罗浮蝶茧见贻,数日,双蝶继出，栩栩相逐。忆自丁丑出岭六年余矣，复从罗浮故人得见罗浮故物，甚快也！时宗人取园芍药盛开，因携往放之花间，傍暮忽失所在。诘朝，二绿蝶宿花上。噫！岂曩者之所化耶？灵物变怪，去来莫测。诗以纪之。"

为曹希文《远游图》题诗。(《集》第210页)

按曹希文即曹三才，字希文，号廉斋，又号廉让，浙江海宁人。康熙三十八年(1699)举人。工书法，查慎行称他是"不羁之徒"，又以篆刻闻名当时。与查慎行、查嗣琛、张云章等均有唱和。著有《廉让堂诗集》《廉让唱和集》《半砚冷云集》。

为朱绱《观稼图》题诗。(《集》第210页)

为林沂泽处士珊瑚杖题诗三首。(《集》第211页)

林沂泽(1630—1700稍后)，字号不详，林培之孙，父某，曾官法曹，有直声。兄弟四人，沂泽行三。康熙三十九年(1700)陈恭尹卒，林沂泽往吊。似是王煐岭南旧友，屈大均、陈恭尹有赠林沂泽诗。

寒食日，与丁筠雪集博尔都别墅小饮。

博尔都作《寒食王南村丁筠雪两观察偕过白燕栖小饮时王将赴昌平任即席各赋四律志别得七阳》四首："天际盘双鹤，翻飞各一乡。离筵逢禁火，幽思满斜阳。原草纷含翠，庭花递送香。低徊流水上，那惜柳条长。""风雨促青阳，红亭话别长。江云迟去棹，塞柳待行装。黍谷花千树，龙湫雁几行。何时重把臂，对酒意茫茫。""销魂何处甚，怅饮在河梁。目断关山迥，愁随云树长。旌旗分去路，箫鼓促离舫。况是春风里，天涯草正芳。""景物随时晚，骊歌引恨长。须眉惊老大，去住各悲凉。话旧怜芳草，临歧恋夕阳。新诗频报达，莫使永相望。"

丁筠雪即丁克懋，字筠雪，镶黄旗汉军人，贡生。丁思孔之子。

奉天北镇人。康熙二十五年任顺德府同知,康熙二十九年任凤阳府知府。康熙四十四年任霸昌道(官署在今北京昌平区)。

五月初五,集博尔都东皋草堂,赋诗二首。(《集》第211页)

五月初七日,集博尔都岚影阁,赋诗一首。(《集》第212页)

夏,作《苦雨》诗。(《集》第212页)

夏,夫人崔氏去世,作《悼亡诗》。

"结缡近三纪,所遇半通塞。仕宦历中外,游处动暌隔。忆岁当辰巳,万里事行役。之子暨诸雏,留侍高堂侧。嗣以严亲命,南征理舟楫。申酉戌亥间,三载得同室。秩满应转阶,量移夜郎域。从来蜀道难,八口艰携挈。寄家石头城,拟买阳羡宅。岂料宦海波,无风作顷刻。迹滞越王台,两见冬春易。丁丑闰三月,鲸鲵浪初息。度岭得纤程,蒲帆鼓风翼。高天忽崩坠,严亲成永诀。奔丧遄北上,过门不遑入。戊寅冬会葬,长途载冰雪。长男奉母来,感疾逆旅殁。彼苍胡不仁,无复鲜民惜。计自己巳后,频年值凶逆。一女嫁后亡,诸妇相继绝。皇考方弃捐,冢男复殒灭。吾生亦何辜,荼毒至此极!古人称旷达,忘情惟上哲。最苦为妇人,足不出闺閤。触绪多感伤,中怀恒戚戚,吁嗟母子间,天性元倍切。矧事当其变,安免肠寸裂。猿声泪难断,鹃口血应竭。毁深能灭性,悲过遂成疾。渐已入膏肓,讵能投药石。偃然寝帏榻,倏尔成长别。相隔仅片木,声容邈秦越。林鸟与川鱼,伤哉中路拆。岂不通乎命,嗷嗷哭何益!念兹临诀言,不觉涕霑臆。生者形既离,逝者神或接。两男与二女,诸妇暨亡妾。率以事舅姑,泉台庶团集。其如生存人,因境悲怀积。清尘蔽空房,皎月照窗隙。虫网冒屏衾,悲风响檐铁。忧来可奈何,抚膺长叹息。"(《集》第212页)

作《题沧浪高话图二首》。(《集》第213页)

重九,在博尔都东皋草堂讌集,分赋,作诗一首。(《集》第213页)

作《题张后村五湖垂钓图》诗二首。(《集》第214页)

张后村疑为张参鲁。参鲁,字唯一,号后村。吴江人,监生。书法得晋唐笔意(《江苏诗徵》)。与徐釚、潘耒、曹禾诗酒唱和,是一位名士。

岁除,作《咏砚池冰 癸未岁除》诗。(《集》第214页)

本年,叶燮因病去世,享年七十六岁。

本年,友人王式丹中状元,钱名世中探花,汪灏、查慎行、章藻功、刘岩等中进士。

康熙四十三年甲申(1704)　五十四岁

九月九日,在天津,过张霖问津园,赋诗四首。

王煐《写忧集》(本年诗抄本系于乙酉秋,显误。因乙酉王煐在苏州,而本年王煐在京津,诗亦为在京津所作也。)《重九直沽泛舟因过问津园截句四首》:"画舫乘潮泛远汀,渔歌处处总堪听。莫愁无地登高望,绕座眉峰入眼青。""寻诗停棹叩荆扉,踏遍秋园损石衣。梁上燕泥闲落尽,当年歌管记依稀。""新声婉转舞便娟,击钵催诗较后先。自是酒徒狂醉态,却教俗眼认登仙。""潆洄一水派分三,鼓棹中流兴正酣。入耳清歌杂吴语,醉中错认到江南。"(《集》第215页)

九月十三日,与张霖、博尔都、赵执信等友人登篆水楼分韵赋诗。

王煐《重九后四日张鲁荟方伯招同博问亭将军赵秋谷赞善登篆水楼对月分赋时问亭返东皋秋谷亦将归青州》:"佳节匆匆过,良朋得得逢。清尊和月满,归兴与霜浓。虚阁明三水,遥天没数峰。夜潮来往意,真是聚萍踪。""老去自知非,其如心事违。有家浑作客,无地可言归。频见秋花放,空怜南雁飞。故人携手处,相对重唏嘘。""倚醉听清歌,惊心唤奈何。主人情自重,客子感偏多。思曼年方少,谓令子逸峰。安仁鬓已皤。都将摇落意,分付与青娥。""得放山阴棹,宁辞溪路赊。新诗惊绝艳,故态较前加。我与周旋久,卿言亦复嘉。连宵拼狂醉,更向少年夸。谓赵秋谷。"(《集》第 215 页)

按张鲁荅即张霖(？—1713),字汝作,号鲁荅(又作鲁庵、鲁菴)。抚宁人。贡生。由主事历官福建布政使,有《遂闲堂集》。《天津府志》:"霖幼歧嶷,读书十行俱下,为诗古文词,卓然成家。由岁贡官福建布政使。家饶于赀,推解不倦,中缘事落职,遂构'问津园'为偃息之地,招大江南北名流觞咏其中,如梅定九、朱竹垞、姜西溟、查夏重、赵秋谷诸前辈,咸主其家。"

逸峰即张坦(生卒不详),字逸峰,号青雨。抚宁人。霖子。康熙三十二年举人,官内阁中书。有《唤鱼亭诗稿》。《国朝畿辅诗传》卷二十五》《天津县志》:"坦原籍抚宁,祖明宇贾天津,遂家焉。性嗜学,于书无所不读,博览穷搜,叩之立应。康熙癸酉举人,考授中书舍人。著有《履阁诗集》《唤鱼亭诗文集》若干卷。犹学诗于王司寇阮亭,学书于赵宫赞秋谷,渊源有自云。"《红豆馆诗话》:"逸峰昆季承其父鲁庵叔笨庵之学问,与同时诸名士游,故作诗皆清逸妥帖,彬彬乎质有其文。"

博尔都作《秋夜同友人集篆水楼赏月即席分韵是夜予先北上》四首(国家图书馆《问亭诗钞》钞本):"结伴快登临,凭栏暮霭深。共看明月色,因见故交心。妙妓红巾舞,骚人白雪吟。莫随风叶散,他日重相寻。""共对海天月,清吟万虑闲。不因贤地主,那得一开颜。接席逢今雨,衔杯话故山。烟波迷好梦,倚槛听潺湲。""爱兹秋月皎,长啸海门西。潮水翻青屿,林烟生白蜺。谈深银蜡短,坐久玉绳低。行旅催晨鼓,依依客思迷。""月下骊歌发,分携在水滨。灯回劝酒妓,烟罩趁虚人。聚散翻疑梦,淹留欲问津。离情将旅雁,嘹呖下秋旻。"

博尔都作《同王南村宋旧山佟声远泛舟杨柳青分韵》(国家图书馆《问亭诗钞》钞本):"载酒当清夜,兰桡次水滨。潮通深柳港,月照浣纱人。零露沾衣湿,遥山入座新。迷离烟树里,应有武陵津。"

按宋旧山,《中华全国竹枝词全编》(潘超、丘良任、孙忠铨等主编)一转载《天津纪闻》:"宋旧山,名宾儒,江南芜湖人,侨居天津。亲死,庐墓三年,过者无日不闻哀号也。墓前池内荷开并蒂,人谓孝感所致。"《芜湖县志》卷十四《人物志·孝义》有传。

佟声远即佟蔗村。佟蔗村在天津有"艳雪楼",又称"佟家楼",是远近闻名的私家园林。

九月,作《寄莲衣兼呈秋谷》诗。(《集》第 215 页)

莲衣,待考。陆以湉《冷庐杂识》记有"莲衣僧",不知即其人否。

约当本月,王烻、赵执信为禹之鼎绘《张鲁翁像》图卷题诗。

王烻的题诗是《题澄潭印月图》:"皎皎云中月,澄澄潭下水。微风吹尽云,影落澄潭里。此时潭上人,披襟独隐几。澄怀万机息,湛然返无始。心境两相忘,水月差堪拟。作图聊寄意,画工有神理。"(《集》第 215 页)(《张鲁翁像》图卷后附王烻手迹,全文是:"皎皎云间月,澄澄潭中水。微风吹云尽,月满澄潭里。此时潭上人,披襟独隐几。息机观至道,湛然返无始。心境两相忘,水月差堪拟。借问曹将军,何由会神理。 鲁翁老长兄正 南区友弟王烻题。"将王烻此诗手迹与赵执信题诗对照,显然出于一人之手,可知当为赵执信代书。王烻书法真迹今藏广东省博物馆,与此风格迥异。)

按《张鲁翁像》乃禹之鼎为张霖所绘,现藏北京故宫博物院。此图绘制于康熙三十九年。绢本,设色。纵 49.7cm,横 212.3cm。画心款署:"方伯张公取'了然潭上月,适我胸中机'之句为题,属补尊照

禹之鼎绘《张鲁翁像》局部

于内,时庚辰春,广陵后学禹之鼎。"钤"禹之鼎印"白文方印、"尚吉"朱文方印。庚辰为康熙三十九年(1700),禹之鼎时年54岁。画中主人公的五官轮廓用淡墨勾勒,又施墨略染后再赋色彩,衣纹用兰叶描,轻重变化有致,得惟妙惟肖之趣。禹之鼎为人画像不仅注重形神兼备,也通过对人物所处环境的描绘来烘托人物的某种特定性格。据禹氏亲笔题款可知,他是应像主张霖的要求,以唐代诗人李颀《东京寄万楚》中的诗句"了然潭上月,适我胸中机"所表现的意象为背景完成这幅肖像画创作的。明月清辉,水流缓缓,营造出的清寂幽然的环境恰如其分地反映出像主淡泊宁静的心态。据《清代职官年表》,张霖于康熙三十七年任福建布政使,三十八年解任。康熙三十九年正在津闲居,篆水楼、遂闲堂即为此时所建。

为此图题诗题识者还有:钱名世、王丹林、刘骅良、林佶、查慎行、孙致弥、张翼、汪霦、汪绎、俞兆晟、查嗣瑮、吴雯、刘灏、程师恭、朱书、顾图河、陈奕禧,皆一时名流,题诗时间集中在康熙三十九年至康熙四十一年。余撰《禹之鼎〈张鲁翁像〉像主考》有考论,文载《今晚报》2013年7月21日"副刊"。

附文:北京故宫博物院藏禹之鼎《张鲁翁像》像主考(宋健)

康熙三十九年（1700，庚辰）春天，禹之鼎绘制了一幅著名的作品，一般称之为《张鲁翁像》，今藏北京故宫博物院。此图为绢本，设色。纵49.7cm，横212.3cm。画心款署："方伯张公取'了然潭上月，适我胸中机'之句为题，属补尊照于内，时庚辰春，广陵后学禹之鼎。"钤"禹之鼎印"白文方印、"尚吉"朱文方印。庚辰为康熙三十九年，禹之鼎时年54岁。画中主人公的五官轮廓用淡墨勾勒，又施墨略染后再赋色彩，衣纹用兰叶描，轻重变化有致，得惟妙惟肖之趣。禹之鼎为人画像不仅注重形神兼备，也通过对人物所处环境的描绘来烘托人物的某种特定性格。据禹氏亲笔题款可知，他是应像主的要求，以唐代诗人李颀《东京寄万楚》中的诗句"了然潭上月，适我胸中机"所表现的意象为背景完成这幅肖像画创作的。明月清辉，水流缓缓，营造出的清寂幽然的环境恰如其分地反映出像主淡泊宁静的心态。

按禹之鼎（1647—1716），字尚吉，一字尚基，一作尚稽，号慎斋。江苏兴化人，后寄籍江都。擅山水、人物、花鸟、走兽，尤精肖像。初师蓝瑛，后取法宋元诸家，转益各师，精于临摹，功底扎实。肖像画名重一时，有白描、设色两种面貌，皆能曲尽其妙。形象逼真，生动传神，"一时名人小像皆出其手"。有《骑牛南还图》《放鹇图》《王原祁艺菊图》等传世。

在这幅图的后面，有清初著名天津诗人王焻的题诗。"皎皎云间月，澄澄潭中水。微风吹云尽，月满澄潭里。此时潭上人，披襟独隐几。息机观至道，湛然返无始。心境两相忘，水月差堪拟。借问曹将军，何由会神理。鲁翁老长兄正 南区友弟王焻题。"这首诗，后来被收入王焻《写忧集》中，文字作了一些改动。诗题为《题澄潭印月图》。

吴雯题诗手迹

王焌（1651—1726），字子千（亦作子裕），号盘麓、南区、南村、紫诠（亦作紫铨），直隶宝坻（今属天津市）人，康熙二十八年出任惠州知府，与岭南三大家屈大均、陈恭尹、梁佩兰诗酒唱和，友情弥深；后又任温处道，解组漂泊江南，与赵执信、曹寅、刘廷玑、朱彝尊、石涛、顾嗣立、查嗣瑮、毛奇龄、毛际可、潘耒、钱名世等名流友善，当时诗名甚盛。乾隆时，其诗集遭禁毁，致使被埋没近三百年之久，鲜为人知。

为此图题诗题识者还有：钱名世、王丹林、刘骅良、林佶、查慎行、孙致弥、张翼、汪霦、汪绎、俞兆晟、查嗣瑮、吴雯、刘灏、程师恭、朱书、顾图河、陈奕禧，皆一时名流，题诗时间集中在康熙三十九年至康熙四十一年。

这样一幅在清代绘画史上著名的肖像作品，其像主"张鲁翁"到底是谁，似尚无人考出。故宫博物院的网站上，在介绍这幅画时，也说"像主的身份待考"。查吴雯《莲洋集》卷十九，有《题张鲁庵方伯清潭印月图》，与《张鲁翁像》卷后吴雯的题诗仅个别文字有异。又查嗣瑮《查浦诗钞》卷七，有《秋潭印月图》诗，与《张鲁翁像》卷后查嗣瑮题诗，也只是个别文字有异。可证此图原名《清潭印月图》（或《澄潭印月图》，或《秋潭印月图》）。

据图后朱书题记，"壬午与逸峰友兄同下帏潞水之'青雨山房'，因传致大方伯公之命为题此帧"，又称此大方伯有"叔子声百、季子星闲"，则《张鲁翁像》像主可确定为当时天津的大官僚、大富商张霖无疑。

按张霖（？—1713），字汝作，号鲁菴（又作"鲁荟""鲁庵"），晚自号卧松老衲。其先抚宁人。父明宇，于顺治间行盐长芦，遂迁家天津。张霖由岁贡官工部管缮司主

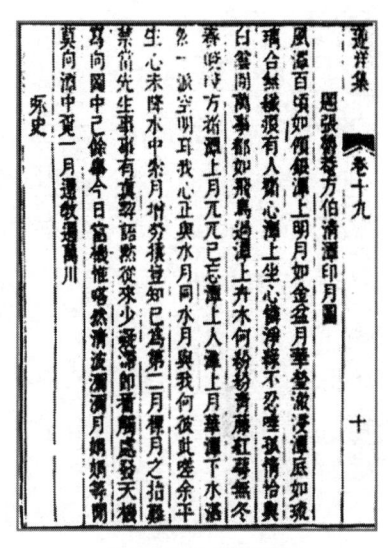

吴雯《莲洋集》书影

事，历官福建布政使（即所谓"大方伯"是也），康熙三十八年调云南布政使，未及赴任，即因事解职。康熙三十九年，张霖正在天津闲居，筑遂闲堂、一亩园、篆水楼、问津园、思源庄等园林名胜，园亭之胜，为天津第一。张霖风雅好客，当时名士如姜宸英、梅文鼎、赵执信、吴雯、朱彝尊、方苞、查慎行、查嗣瑮、博尔都、石涛、王翚等均为"遂闲堂"座上之客，文酒之宴无虚日。著《遂闲堂稿》。其长子张坦，字逸峰，号青雨，有"青雨山房"，康熙三十二年举人，考授中书舍人。曾学诗于王士禛，学书于赵执信。著《履阁诗集》等。张霖第三子（朱书所谓"叔子"是也）张埙，字声百，康熙三十二年举人。著有《秦游集诗草》等。（俱见光绪重修《天津府志》卷三十七）张霖第四子（朱书所谓"季子"是也）张星闲，名垣，"星闲"乃其字或号，与卓尔堪、费密、李峄瑞、李骥、闵麟嗣等诗文名家交往甚密。卓尔堪《近青堂诗》就曾记载张星闲与江南文人雅集扬州平山堂咏广陵古迹之事，王煐

也在其中。

王煐为《张鲁翁像》题诗,当在康熙四十三年九月,据王煐《写忧集》有《重九直沽泛舟因过问津园截句四首》。九月十三日,又有《重九后四日张鲁莽方伯招同博问亭将军赵秋谷赞善登篆水楼对月分赋时问亭返东皋秋谷亦将归青州》四首。其第三首有"主人情自重,客子感偏多"之句。又在"思曼年方少"句下自注曰:"谓令子逸峰。"对张坦颇为赞赏。

禹之鼎的《张鲁翁像》图卷,为我们留下了清初天津文化"重镇"张霖的"形象写真",让我们在近三百年后的今天,可以一睹张霖的风采。

九月二十五日,写家书。告知家人得获任职永嘉之消息。(《集》第219页)

作题画诗二首。(《集》第219页)

友人索和,赋诗一首。(《集》第219页)

作《有感偶成》二首。(《集》第219页)

除夕,赋诗一首。(《集》第220页)

梁佩兰《六莹堂二集》卷七记有王煐论诗之语,未知述于本年何时,暂系于此。

文曰:"王南邨曰:诗固神明变化之事。其声也气也,其神也情也,心之所触,口不能宣,而默喻以解,此余在岭南与三大家论诗之义,而六莹先生犹深契之,今忽别七年,复于燕台旅邸得读公诗,接席倾箧,长啸高吟,其情至也,神之融也,气之浑也,声之和也,神明变化之能事备矣。斯之谓诗,斯之谓古今所必不可少之诗。"

五月二十七日,故人吴雯卒,享年六十一岁。

吴雯(1644—1704),字天章,号莲洋,原籍奉天辽阳,后居山西蒲州,诸生。康熙十八年试博学鸿词,不第。游食南北,足迹几遍天下。其诗清挺生新,自露天真,为王士禛、赵执信所赏。著有《莲洋集》。

六月初一日,剧作家洪昇去世,终年六十岁。

洪昇(1645—1704),字昉思,号稗畦,又号稗村、南屏樵者。钱塘(今浙江杭州市)人。康熙七年(1668)北京国子监肄业,二十年均科举不第,布衣终身。代表作《长生殿》历经十年,三易其稿,于康熙二十七年(1688)问世后引起轰动。次年因在孝懿皇后忌日演出《长生殿》,被劾下狱,革去太学生籍,离京返乡。晚年归钱塘,穷困潦倒。四十三年(1704),曹寅在南京排演全本《长生殿》,洪昇应邀前去观赏,在返回杭州途中,于乌镇酒醉后失足落水而死。与孔尚任并称"南洪北孔"。

阮元编《两浙輶轩录》卷四,王蓍《挽洪昉思》诗序云:"……甲申夏,泊舟乌镇。因友人招饮,醉后失足,竟坠水死。"诗注:"杨妃以六月朔日生,明皇于是日命梨园小部奏《荔支香》新曲于长生殿上。今昉思适以六月朔日死,故及之。"

曹寅《楝亭诗抄》卷四《读洪昉思稗畦行卷感赠一首兼寄赵秋谷宫赞》:"惆怅江关白发生,断云零雁各凄清。称心岁月荒唐过,垂老文章恐惧成。礼法谁尝轻阮籍,穷愁天亦厚虞卿。纵横捭阖人间世,只此能消万古情。"

六月八日,阎若璩卒,享年六十九岁。

六月,故人尤侗病逝,终年八十七岁。

尤侗(1618—1704),字展成,一字同人,早年自号三中子,又号悔庵、晚号良斋、西堂老人、鹤栖老人、梅花道人等,苏州府长洲(今江苏省苏州市)人。于康熙十八年(1679)举博学鸿儒,授翰林院检讨,参与修《明史》,分撰列传三百余篇、《艺文志》五卷,二十二年(1683)告老归家。四十二年康熙南巡,得晋官号为侍讲。侗天才富赡,著述颇丰,有《西堂全集》六十七卷,《西堂余集》六十六卷,《鹤栖堂集》六卷等。顺治帝曾称誉尤侗是"真才子",康熙帝也称他是"老名士"。一个汉族知识分子,受到两代皇帝的赞赏,在当时实属不多。

八月,故人韩菼卒,享年六十八岁。

韩菼(1637—1704),字元少,别号慕庐,长洲(今苏州)人。性嗜酒,顺天乡试时,尚书徐乾学取之遗卷中。康熙十二年状元。授翰林院修撰,修《考经衍义》百卷,历官日讲起居注官、右赞善、侍讲、侍读、礼部侍郎、吏部右侍郎。官至礼部尚书兼翰林院掌院学士。韩菼总裁《大清一统志》。著《有怀堂稿》二十八卷。谥文懿。方苞为撰墓表。事具乾隆《长洲县志》人物传。

本年,友人田雯、文点去世。

康熙四十四年乙酉(1705)　　五十五岁

康熙帝第五次南巡。

二月初九日,从京师启程。行前,他晓谕吏、户、兵、工等部:河工虽告成功,尚须察验形势,筹画善后规章。帝乘舟经过天津、静海、青县,于二十二日进入山东省境内。在德州,多次召见历算学者梅文鼎。又经过临清州、东昌、济宁,于三月初六日进入江南境,十一日抵扬州府。十七日,抵苏州府。命江苏巡抚宋荦主持刊刻《资治通鉴纲目》。二十五日,至松江府。二十七日,在松江小教场行宫前检阅江宁八旗及绿旗官兵。四月初一日,离松江。初三日抵杭州,初五日在演武场检阅八旗绿旗官兵,初七日诏赦浙江福建两省死罪以下罪犯,减等发落。二十二日抵江宁。二十三日遣尚书徐潮祭明太祖陵。二十六日检阅江宁驻防官兵,招赦安徽、江苏所属地方死罪以下罪犯,减等发落。二十七日,赴明太祖陵行礼,然后离开江宁。二十八日在京口检阅水师。闰四月二十八日,返回京城。

年初,作《题陈健夫吾谷霜枫图》二首。(《集》第220页)

按陈健夫即陈于王(生卒不详),字健夫,苏州人,入沈阳,隶汉军,后居顺天宛平。著有《西峰草堂杂诗》。康熙三十八年,孔尚任《桃花扇传奇》问世后,陈于王有《题桃花扇传奇》:"玉树歌残迹已陈,南朝宫殿柳条新。福王少小风流惯,不爱江山爱美人。"一时传诵。杨钟羲《雪桥诗话》卷三:"宛平陈于王,字健夫,一字榆存。著有《慎思堂集》。"刘廷玑《在园杂志》九九"陈健夫"条:"陈健夫(于王)诗名颇著,与检讨(陈)其年通谱雅善。"

寒食日,偕友人丁筠雪过博尔都白燕栖小饮分韵赋诗。(《集》第220页)

按白燕栖为博问亭别墅,位于潞河岸边,今北京通州境内。

博尔都作《送王南村宪副之任东鸥(瓯)》:"建节东鸥(瓯)古越东,林泉幽处墨池通。长堤柳色迎征盖,夹路花香送好风。橘市夜喧山影里,讼堂春静水声中。预知政简多闲暇,把酒高吟忆谢公。"(国家图书馆《问亭诗钞》钞本)

清明后三日集抱瓮亭分韵赋诗。(《集》第221页)

按抱瓮亭位于北京西长安门附近,明代袁宗道所建,亭外多花木,正西有大柏六株,五六月时,凉荫满阶,暑气顿消。

赋诗赠友人。

《赠赵东篱广文》:"东篱君寄傲,南郭我留村。同有古贤慕,应知真意存。赋诗聊自悦,纵酒与谁论。他日如相遇,乡情好共敦。"

（《集》第221页）

  按赵东篱即赵维藩（生卒不详），字介人，先世山阴人，居京师，补顺天诸生，以例贡于礼部。嗜酒，追慕陶渊明为人，自号"东篱"，为人胸无城府，醉辄大言，操越音，不能自休。著有《槿园集》十二卷。

  友人王原得子，赋诗贺之。（《集》第222页）

  五月，南行，作《景州道中》诗一首。（《集》第222页）

  按景州，即今河北景县。

  至宝应，患足疾，暂寓乔氏别墅。

  王熯《舟次宝应以足疾待医假寓乔氏别墅》："疾痛须医药，风涛阻去舟。天时方肃杀，人事正幽忧。歧路轻桑梓，宝应王令为余乡人。平情省怨尤。故人乔子在，下榻愧南州。""良友十年没，名园信宿留。药香石洞暖，荷静水亭幽。方物饥堪慰，醇醪疾可瘳。新诗成快诵，风雅绍箕裘。"（《集》第222页）

  按王令疑为王颖，顺天府宛平县人，康熙四十三年任宝应知县。

  乔氏别墅，当为乔莱别墅。

  六月八日，抵杭州，随后赴温州任温处道观察副使，在官十日即解任。

  王熯《黄山谷守姑熟九日解绶而去作返櫂图遥题二截句》诗后自注："乙酉夏，余赴任永嘉。六月八日抵会城，公座，旋奉文解任赴京，计在官仅十日。"

  僧元璟有《送王紫诠观察之任永嘉》："使君才地两堪夸，云外双旌指永嘉。玩月一亭留岛屿，吟诗两袖领莺花。名山于越连瓯越，胜事王家与谢家。他日携筇定相访，龙湫闲看水帘斜。"《完玉堂诗集》

卷六）

按元璟,字借山,号红椒,又号晚香老人。初名通圆,字以中。浙江平湖人,化成庵僧。为道忞再传弟子。英年好学,才情清俊。遍参济宗诸名宿,历十六寒暑始得虚空扑落,知其本分事已透彻稳当。尝寓超果寺西来堂,受业于华亭翁蛰园,其诗派本出云间。后与松江诸名士唱和,能标举颉颃其间。康熙四十二年圣祖南巡,诣吴门接驾。入京供奉,诗名大噪,公卿皆与订交,敕赐"栖心寺"额并砥石砚一方。后南归。平生游历南北,足迹半天下。诗体屡变而愈新,清初诸老咸推重之。著有《完玉堂诗集》。

仲秋,与赵执信重会于苏州织造李煦别业。

赵执信《小舟沿葑溪至李莱嵩煦使君别业对饮话旧知王南村亦客此二首》:"秋水迷城郭,悠然小艇来。碧溪新结屋,端为故人开。桐竹细含雨,轩窗虚照苔。心情无恙在,未减昔衔杯。""寒日传书远,去冬使君以书见招余天津。江天鼓棹迟。只缘忧俯仰,岂敢避旌旗。迹已飘蓬惯,身从道殣遗。道左比岁大饥,人相食。年来问生事,剩被子猷知。"(赵蔚芝、刘聿鑫笺注《赵执信诗集笺注》第964页)

按李煦(1655—1729),满洲正白旗人,祖籍山东莱州,字旭东,又字莱篙,号竹村。父李士桢,本姓姜,崇祯十五年(1642)被清兵掳去,过继给满洲正白旗佐领李西泉为子,遂改姓李。李家为内务府包衣,接近皇室,顺治四年,八旗抡才,士桢以第十六名中选,成为清皇室的近臣。获得康熙帝赏识。李煦历官内阁中书、韶州知府、宁波知府、畅春园总管。康熙三十二年(1693)出任苏州织造。李煦与妹夫曹寅(任江宁织造三十年),不断向康熙帝呈递密折,奏报江南地方民情。八次兼任巡视两淮盐课监察御史。李煦为人宽怀仁慈,颇得当地的民心,有"李佛"称号,但是"公性奢华,好串戏,延名师,以教习梨园",康熙四次南巡,李煦、曹寅等大事铺张,导致亏空白银数十万两。雍正二年,因亏空公家白银三十八万两,被抄家籍产。雍正五年(1727)二月又因曾为雍正政敌胤禩等诸皇子(即阿其那、塞思黑)买过苏州女子,定为"奸党",发配往打牲乌拉(黑龙江布特哈旗)苦寒之地,"两年来仅与佣工二人相依为命,敝衣破帽,恒终日不得食",最后因冻饿而死于戍所。临死之时,"囊中无一钱……亲识无一人在侧。"有二子,李鼎、李鼐。

仲秋,与赵执信、陆莱臣话旧。

赵执信《与南村及陆生莱臣安期话津门昨事感怀四首 去年俱客于彼》:"荷香淡泊月无情,金谷楼危逼太清。谁向九天传一笑,人间始信有倾城。""人去朱门事事空,堂间蜡泪带尘红。啼乌与唤圜扉月,莫遣笙歌赴梦中。""地当沧海易扬尘,世半交游但怆神。从此令人轻郭解,黄金散尽不关身。""怕逢酒伴说欢场,花月参差又一乡。君去江头见阳雁,应怜犹带北来霜。"(赵蔚芝、刘聿鑫笺注《赵执信诗集笺注》第966页)

陆莱臣,苏州人。余不详。

秋,赵执信作诗寄曹寅。时曹寅主持《全唐诗》刻印。

赵执信《寄曹荔轩寅使君真州》:"闻道高楼临水起,使君坐卧此楼间。帆樯竞作鱼龙戏,宾客空和燕雁还。唐代精灵应有属,曹实司诗馆。清秋烟月肯教闲?遥怜解带衔杯里,收取江南几许山。"(赵蔚芝、刘聿鑫笺注《赵执信诗集笺注》第952页)

朱彝尊在苏州。

赵执信《赠朱竹垞》诗:"失喜君犹健,明灯语夜阑。禅枯容客久,势热托交难。诗已穷无敌,天教老未安。才贤满江上,憔悴此相看。"(赵蔚芝、刘聿鑫笺注《赵执信诗集笺注》第979页)

仲秋，与赵执信、张超然暂过虎丘。

赵执信《新晴与南村及张超然远暂过虎丘》："虎丘好秋月，我来逾所闻。正当积雨晴，亭午烟景新。寺门画舸集，冶游何缤纷。顾笑万众中，有此三数人。栉比见华馆，喧阗罗芳樽。竹树酒炙丛，水石红粉春。云方初弦时，歌管郁未陈。预愁三五夜，科梦惊心魂。临高夜四望，历历多松云。何人赴幽赏，惟有清远君。因知习俗古，弥感气象尊。回棹同所适，月明白鸟群。"（赵蔚芝、刘聿鑫笺注《赵执信诗集笺注》第969页）

按张超然即张远（1649—1723），字超然，号无梦道人，福建侯官人。入赘常熟何氏，居常熟。康熙三十八年举人，五十五年始授云南禄丰知县。工诗，善书法，有《无闷堂集》三十卷。事具《清史列传》卷七十，民国《闽侯县志》卷四十八。

中秋夜，与赵执信泛舟石湖赏月。

赵执信《中秋与南村泛舟石湖望月》："王郎与我能无愁，客中放棹寻清秋。清秋了知在何许，且远城市辞歌讴。胥江水洗天宇净，片帆轻驶如星流。横塘西去见山影，苍翠豁露霜烟收。楞伽灵岩两迎揖，此中安得无夷犹。湖光一曲萦我舟，与子呼酒相劝酬。以湖为酒恣拍浮。须臾湖月忽晃漾，照映天上白玉楼。须眉萧飒凤飕飕，飘然疑坠海外洲。却视人世真蜉蝣。我已一身随落叶，子亦一官成赘疣。不见吴越俱荒丘，鱼城酒城何处求，伍胥种蠡同浮沤。惟有石湖湖上月，曾照石湖居士游。西施溪畔余温柔，坐中微笑寒花羞。子既醉矣我未休，回帆挝急不可留。夙昔中秋有此不？令我却忆西湖头。"（赵蔚芝、刘聿鑫笺注《赵执信诗集笺注》第972页）

季秋，将赴京吏议。

曹寅《西轩赋送南村还京兼怀安侯姊丈冲谷四兄时安侯同选》：

"宦游常苦累,食指遍天涯。朱绂聊通隐,青毡尽挈家。计程除目美,绕道出京斜。舒卷层霄内,风云望眼赊。""愁坐怀亲串,空轩结想初。连镳双使节,上塚一回车。墟里寒泉在,蛮音稚子余。南村饶乐事,早晚报缄书。""洹水不可钓,松茨闻欲荒。春风苦楝树,夜雨读书床。骨肉论文少,公私拂纸长。频烦达声口,努力学农桑。"(曹寅《楝亭诗钞》卷四)

按:安侯姊丈即宝坻人刘殿邦,字安侯,刘殿衡之仲兄,累官至苏松粮道署布政使。事具乾隆十年本《宝坻县志》卷十二《人物》。又据吴正治《清诰封光禄大夫兵部尚书都察院右副都御史加从一品善征刘公(世则)墓志铭》:"次殿邦,内阁中书候补主事,娶芮氏,贡监讳化南,号梁公公女;继娶曹氏,已亥进士,江西广信府知府讳鼎望,号冠五公女。"冲谷四兄即丰润人曹镕,字冲谷,曹鼎望之子,曹钊(字宾及)之弟,官至理藩院知事。有《雪窗诗集》。曹氏兄弟钊、镕、钤与王煐交往甚密。

季秋,将赴京吏议,赵执信写诗送之。

赵执信《送南村北上将赴吏议》:"蓟门秋色接江南,摇落心情只共谙。异地频逢真偶尔,比年相送复何堪。空余楚客临寒水,谁向秦累赠左骖。前路江河正奔注,沉吟短棹莫轻探。"(赵蔚芝、刘聿鑫笺注《赵执信诗集笺注》第980页)

赵执信《又戏赠二绝句》:"棹咽离声不可闻,空囊何计贮行云。女坟湖上秋风里,无限横波总为君。""春梦无端傍翠微,秦箫吹彻凤将飞。可能烟雨楼头问,前此何人怨晚归。"(赵蔚芝、刘聿鑫笺注《赵执信诗集笺注》第982页)

孟冬,赵执信有《胥江晓泛有怀南村》诗。

赵执信《胥江晓泛有怀南村》:"寒烟漠漠曙江平,柔橹何心有

送迎。忽忆隔窗人草草,渡头和月唤船声。"(赵蔚芝、刘聿鑫笺注《赵执信诗集笺注》第1011页)

除夜,守岁,赋诗。(《集》第222页)

本年,朱耷逝世。

朱耷(1626—1705),号八大山人,又号雪个、个山、入屋、驴屋等,入清后改名道朗,字良月,号破云樵者,南昌(今属江西)人,明朝宗室。明亡后削发为僧,后改信道教,住南昌青云普道院。绘画以大笔水墨写意著称,并善于泼墨,尤以花鸟画称美于世。在创作上取法自然,笔墨简炼,大气磅礴,独具新意,创造了高旷纵横的风格。他的大写意花鸟画受徐渭影响,以简洁孤冷的画风,而自成一代宗师。与原济、弘仁、髡残合称"四高僧"。

康熙四十五年丙戌(1706) 五十六岁

被废黜的六世达赖仓央嘉措(1683—1706)死于青海。

本年四月,大型类书《古今图书集成》初步编成。

该书分六编、三十二典,六千一百零九部,总计一万卷,分订五千册,约一亿字,内容方博,经史,天文地理,乃至山川草木、百工制造,海西秘法,无所不包。

元夜独坐,有诗。(《集》第223页)

夏,在博尔都庄园,赋牡丹。(《集》第223页)

作《管鲍》诗,叹知己难遇。(《集》第223页)

重九日,集寄园赋重阳。(《集》第224页)

按寄园,赵吉士园林。赵吉士(1628—1706),字天羽,号恒夫。休宁人。早年侨居杭州,顺治八年(1651)举人,康熙七年(1668)得任山西交城知县,在任凡五年,政绩卓著。迁任户部主事,奉命征收扬州关钞,兴利除弊,显示了财政管理才能。晚年任国子监学正,寓居北京宣武门外的寄园,以诗文和考据自娱。主要著述有《寄园寄所寄》十二卷、《万青阁全集》八卷、《林卧遥集》三卷、《徽州府志》十八卷(纂修)。《清史稿》有《赵吉士传》。《日下旧闻》:"寄园在教子胡同,本朝康熙中户科给事中赵吉士别业也。"朱彝尊《曝书亭集》:"寄园,浚池累石,分布亭馆,种花木,海内名士入都,恒留恋不忍去。"孔尚任《桃花扇本末》:"长安之演《桃花扇》者,岁无虚日,独寄园一席最为繁盛。名公巨卿,墨客骚人,骈集者座不容膝。"赵吉士是王烜参与编纂《大清会典》时的同事故友。

赵吉士有《王紫诠大参约游盘山未果拙庵和尚寄山志相招展阅之余赋四律以当卧游》诗:"珠龛嵌稳上方楼,拂石穿云画里游。蓟北滦东边塞拥,长城大漠海波流。横空峡狭锥何锐,山顶小而锐。绝顶台欹剑不留。山顶有李药师舞剑台。世上炎寒全不到,三时风景一如秋。""何时济胜谢流尘,瀑激灵岩发性真。佶曲奇松蟠立壁,谽谺怪石搏游人。上中下麓浮岚引,十百千盘积翠伸。峰骨凌虚青紫绣,高空欲雨湿山纶。天将雨,雾罩山巅,谓之山戴帽。""仰观蒙蒙雾罩余,难寻旧隐子春居。清沟白峪闻仙语,金马红龙护御书。车驾三幸,咸赐御制诗字。天上云雷常在下,心中丘壑不曾疏。云鬟石髻虬枝袅,精舍悬空响木鱼。""鸣泉宛转向空论,断碣苔封字半存。面面开生呼石丈,林林长养抱篁孙。订期扫壁镌新句,觅志搜奇醉晚樽。饮马潭前宜眼甲,凯旋遥忆卫公墩。"诗后自注云:"龙盘为燕蓟佳胜,控山抱海,去都百八十里耳。名山在迩,安可不一登临以添诗兴?奇句如许,又何俟登临方得大观?"又注云:"阅《山志》,即如登山;订山约,已如游山。试读一过,恍觉紫盖、宿猿诸峰,芙蓉射目;龙潭二水,波涛澎湃,宇宙奇观,安在不意想得之?"(赵吉士著《千叠波余》,见《四库全书存目丛书补编》第三册,第 200 页。)

赵吉士这四首诗,当作于本年,唯具体时间无法考订,故系于此。

当日,又集陈健夫西峰草堂分韵赋诗。(《集》第 224 页)

重阳后再过西峰草堂,有诗。(《集》第 224 页)

访东园主人不遇,留诗一首。(《集》第 225 页)

按东园,或即"东皋草堂"之别称。问翁,即博尔都。

九月十六日,集博尔都东皋草堂,随问翁并骑入都,有诗纪其事。(《集》第 225 页)

杨钟羲《雪桥诗话三集》卷四:"博问亭将军园林曰'东皋草堂',曰'涴溪',曰'香界庵',曰'怀远堂',曰'一枝阁',曰'晕香亭',曰'竹坞',曰'红蓼滩',曰'啸堂',曰'川上',曰'杏墅',曰'北濑',曰'蕊泉',曰'老是庵'。"

秋末,博尔都招王煐看红叶,因迟暮而至,主人已入城。有诗纪之。(《集》第 225 页)

十月初三日,归天津,拜访朝琦。

王煐《立冬前一日归自直沽经费村朝定侯方伯留宿寓斋限韵》:"短景移南陆,繁霜饯晚秋。板桥呼早渡,茅屋枕寒流。山喜逢青眼,涛惊送白头。茫茫天莫问,仆仆我何求。朔也饥无米,秦乎敝有裘。悬金谁买骏,敛衽谢屠牛。良友欣重遘,名圃忆旧游。苦吟髭屡断,痛饮白频浮。共勉遵三省,无劳咏四愁。暂来同白社,终拟访丹丘。忍便分襟去,离违投辖留。雪中应有兴,还放剡溪舟。"(《集》第 226 页)

定侯方伯即朝琦,字定侯,一字勿斋,满洲人。康熙甲午举人,累官甘肃布政使。后寓居天津,与佟蔗村、查为仁等友善。

冬，李嶟瑞招饮，有《李后圃招饮同赋熊白东鱼》诗。(《集》第226页)

按李后圃即李嶟瑞。李嶟瑞字苍存，盱眙人。王士禛称其纵横有奇气。"屡不得志于有司"。有《后圃编年稿》十六卷，万斯同、孔尚任作序。

熊白，熊背上的白脂，珍味之一。《本草纲目·兽部一》李时珍集注引陶弘景曰："(熊)脂即熊白，乃背上肪，色白如玉，味甚美。寒月则有，夏日则无。"东鱼疑为马哈鱼，又叫鲑鱼，素以肉质鲜美、营养丰富著称于世，历来被人们视为名贵鱼类。此二物，皆东北名产。

岁除，赋诗。

王煐《岁除偶成 丙戌》："十二年来远寄家，故乡卒岁似天涯。闭门自笑心非石，策马先愁面打沙。人事低昂风里絮，世情浓淡雨中花。幸余顽健身如旧，临水登山尚可夸。"(《集》第226页)

康熙四十六年丁亥(1707)　　五十七岁

康熙第六次南巡。

正月二十二日，康熙帝从京师出发，开始第六次南巡。二十五日，在静海县杨柳青登舟。二月初一日，舟泊德州第六屯，对贵州巡抚陈洗密折奏报土司情形颁布谕旨，强调以不生事为主。十五日，舟抵江南台庄地方，登岸接见耆老，询问农事、生计。二十日，由清口登陆，详视溜淮套。二十一日，命将沿途所立开河标竿尽行撤去，百姓见后，均踊跃欢呼万岁。晓谕马齐等人：凡天下事行之有益，自应速办；无益，断不可轻举。二十二日，对河道总督张鹏翮不随时巡视河堤，唯以虚文为事提出斥责。与此有关官员均革职、降级。三月初六日，由扬州抵江宁府，初八日，检阅江宁驻防官兵，初九日，亲往明太祖陵行礼。十一日，离江宁。十六日抵苏州。二十日，离苏州。二十三日，至松江府。二十四日，检阅松江提标官兵，表彰江苏按察使张伯行居官清廉，并提升为福建巡抚。二十八日，离松江。四月初二日，抵杭州，初五日，检阅驻防官兵。十二日，离杭州。十五日至二十一日，在苏州。二十四日，抵扬州。五月初二日，向张鹏翮等河官谕示治河形势及方略。二十二日，返回京城。

正月十五，有诗。（《集》第227页）

春，赴东皋看杏花，有诗。（《集》第227页）

五月初一日，到丰台看芍药，有诗。（《集》第227页）

五月初五日，集柳塘书屋，有诗。（《集》第228页）

柳塘书屋，待考。

五月初六日，到城西看芍药，有《五月六日城西看芍药经草桥小饮水亭得阳齐二韵 座客陈健夫姚次耕韩鹤汀张少文张柱客》诗。（《集》第228页）

按陈健夫即陈于王。

姚次耕即姚陶。姚陶字次耕，号息园，姚启圣次子。绍兴人。由会稽籍选授陕西乌延靖边同知，署府事，安塞令，大计卓异。守淮安，推升霸昌道。未上，以事罢。著《捕蝗说》《息园诗草》等。见《绍兴乡贤志》。

韩鹤汀，查《广东通志、职官表》有"韩锦，字鹤汀，正红旗人。康熙四十九年任灵山县知县"。当即此人。据朱良志《石涛研究》一书称，汪观《清诗大雅》收"襄平张景苍皆园"之诗，其中有《初夏雨中同王紫千、陈健夫、姚息园、韩鹤汀、少文二兄至丰台看芍药》诗（著者到国家图书馆查阅此书及《清诗大雅二集》，此诗未见）。知此人也是一位名士或下野之官僚。

张少文即张景蔚,字少文,号鹤野、借亭等,辽阳人,镶蓝旗。曾作过定远县、怀远县令(二县均在安徽省)。张少文与石涛相善,石涛曾为少文画了一组册页,共十三幅,是石涛花卉的代表性作品。册页上有张少文印章多枚,无一重复。还是书法家,光绪《丹徒县志》卷三十四:"张景蔚,字少文,书法东坡。"(参朱良志《石涛研究》)

张柱客即张景苍,字柱客,张少文之弟。康熙末任新喻(今新余)县令,修纂《新喻县志》。雍正三年(1725)任浮梁知县。性廉平,喜与儒生游,闲则竟日吟哦。事至立应,案无留牒,谋复义学,为官清正。

在博尔都东皋草堂之枫庄,与主人唱和。作《枫庄杂咏和东皋渔父》组诗二十四首。(《集》第228页)

七月初七日,作《七夕感怀》三首。(《集》第233页)

将南下远游,过昌平留连数日,与老友丁筠雪告别。(《集》第234页)

王熯《余将远游过昌平别丁筠雪观察感旧论心留连累日各拈一韵得诗六章》:"素友经时别,相寻匹马来。日蒸岚气变,沙涨水波回。古树蝉声咽,山城鱼钥开。筲斋侵晓到,屦齿破苍苔。""宾主忘形契,清言间谑诙。新诗繙卷帙,藏酝倒尊罍。秀野对花竹,珍鲜荐笋梅。况添佳客在,尽日快追陪。""重读枫庄咏,斯人安在哉。黄垆忆稽阮,白社怆宗雷。翰墨留尘壁,池亭没草莱。西州他日路,清泪洒芳埃。问亭将军下世数日。""未息波臣怒,遥惊旱魃灾。一身滞京国,八口寄江隈。雁字云中断,蚕吟砌下哀。自怜多累日,何敢寸心灰。余家宝坻,寄寓金陵,去年畿辅水荒,今夏霪潦,又损禾稼,而江浙久旱,谷价腾贵,殊深隐忧。""月影穿虚牖,秋声落古槐。谈深灯屡炧,坐久漏频催。湖海行将去,云山首重回。南枝香煖后,应上越王台。将携长孙就姻入粤。""世讲兼同调,襟怀坦不猜。升沉惟任运,慷慨独怜才。公望真廉让,私心每溯洄。重逢定何处,且尽手中杯。"

从诗中得知:

一、老友博尔都去世。

二、宝坻发生涝灾。

三、江浙久旱,米价昂贵。

四、长孙与岭南故人之女(或孙女)有婚姻之约,将赴粤就婚。

过澹远堂探望病中的老友查昇,有诗。(《集》第235页)

按查宫詹即查昇。查昇(1650—1707),字仲韦,号声山,一号汉中。海宁人。康熙二十七年(1688)进士,选翰林院庶吉士,授编修。时康熙帝选儒臣侍值以备顾问,累迁至少詹事。书法秀逸,得董其昌神韵,小楷尤为精妙。品行高洁,待人不分贵贱,一视同仁。四方求书法者甚众,经常燃烛挥毫。时人称查昇书法、查慎行诗、朱白恒画为"海宁三绝"。入直南书房,圣祖屡称赏之。著有《澹远堂集》。室名"澹远堂"。藏印有"臣昇""声山""吴下阿昇""一字仲韦""云亭""幻墨""石漾主人查仲韦""行藏独倚楼""仲韦一字声山""澹远堂印""海宁查昇声山图书""澹远堂图书印"等。卒年五十八。

查昇有《王紫诒将有惠州之游出罗浮观瀑图索题为口占三绝以送其行》诗:"惠州太守最流传,前有髯苏后紫诒。为爱名泉九十九,不离重上粤东船。""昔年作宦犹嫌俗,此日闲游兴倍浓。酒伴诗人今在否?入山深处有仙踪。""悬崖峭壁认题诗,惠爱人多去后思。往日儿童皆长大,使君仍是旧须眉。"(查昇《澹远堂诗钞》)

王煐有重游惠州、罗浮之心愿,惜终未成行。

过磐石荟,有诗。(《集》第235页)

磐石荟,未详何地。

作《题查宫詹写经图二首》。(《集》第 235 页)

集陈健夫西峰草堂,有诗。(《集》第 236 页)

按西峰草堂为陈于王(健夫)别墅。

作《西峰山人乞花子并赠以诗》。(《集》第 236 页)

按西峰山人即陈健夫别号。

集西峰草堂,有诗。(《集》第 236 页)

为查昇作题画诗二首。(《集》第 236 页)

为曹廉让作题画诗一首。(《集》第 237 页)

按曹廉让(生卒不详)名三才,字希文,号廉斋,浙江海宁人。康熙三十八年举人。工书法,以篆刻名世。有《廉让堂诗集》。

作《晒罾》诗一首。(《集》第 237 页)

应查昇之约,为其所藏赵左画题诗二首。(《集》第 237 页)

按赵左,明代画家。字文度。华亭(今上海市松江县)人。生卒年不详,约活动在明末。善山水画,初随宋旭学画,后师法董源、黄公望、倪瓒,作画主张得势,强调要取势布景,交错而不乱,自然合理。所画山水,构图较繁复,笔墨浓淡干湿互用,山峦向背,层次分明。也作浅绛设色与水墨互融,风格秀润巧致,颇有影响,创明末山水画中的苏松派。善于临摹,尤精于董其昌作品,常替董氏代笔。有《溪山无穷图》《富春大岭图》《山水卷》等传世。

九月九日,讌集分赋。

王煐《九日同人讌集占旧句为新题余未之赴江都郭子于宫以明人王英日日追趋九日间之句分笺索赋走笔奉答即以闲字为韵》:"佳节高吟独闭关,人生随遇觅安闲。菊花香处聊沽酒,枫叶丹时且看山。乌兔升沉从显晦,乾坤今古自循环。年来探得玄中秘,薄醉忘饥是大还。"(《集》第 238 页)

按郭于宫即郭元釪（？—1722），字于宫，号双村。扬州人。诗人、学者。"江左十五子"之一。家世业盐，康熙南巡，元釪以诸生两次献诗，皆蒙嘉奖，取入纂修馆，与修《佩文韵府》；又编纂《全金诗》，体制大备。授中书舍人。壬寅夏，橐笔热河，初冬病还，逾月卒。有《一鹤庵集》《牛鸣双村集》。

冬至日，集柳塘书屋，有诗。(《集》第238页)

柳塘书屋，待考。

查昪去世，赋诗哭之。

王煐《丁亥小除挽查宫詹》："凝阴肃寒夕，万木僵严风。客心惨不欢，冰弦折枯桐。念我同心友，久病涸昌容。呵冻叙离索，待晓传诗筒。俄惊讣音至，乘箕返苍穹。河清犹可待，哲人难再逢。倾河涸清泪，短发成霜蓬。""何以慰悲辛，遣言肠欲绝。拭目惟荒帏，图书俨平昔。忾乎气若兰，空际霏琼屑。分袂时几何，音容渺难即。仁人天所私，自尔膺耄耋。谁使厄龙蛇，一朝成永诀。客泪洒长空，因风散为雪。玉树竟徂春，徒令天下惜。""海水相冰沤，冬春互凝释。谁能留不朽，千秋寿金石。先生应运生，珥笔赞羲画。令德际昌期，廿载承恩泽。九重想风度，四海钦标格。片纸落人间，爱惜同拱璧。伊余过墨池，吟咏每晨夕。素性爱君书，龙蛇满缣帛。朝来检云笥，寥寥余墨迹。物在人已亡，凄然泪盈臆。""浮云引丹旐，祖怅开青郊。恩光逮薤露，珍赐来天庖。设几奠椒醑，列鼎陈兰肴。仙人衣化鹤，学士词腾蛟。酒气醉刍灵，哀声杂金铙。手泽炳八法，家声扬九苞。龙光及子姓，继武登螭坳。庞眉有书客，世悉云霞交。鼎鼎感驹隙，浮生如系匏。执绋忽哽咽，韵叶奇牙謷。灵兮来仿佛，宿草风萧□。（下缺）"(《集》第238页)

六月，老友李铠卒，享年七十岁。

李铠(1638—1707),字公恺,号惺庵,顺治十八年进士,补奉天盖平县知县。康熙十八年,荐应博学鸿儒科试,授翰林院编修,与修《明史》,官至内阁学士兼礼部尚书。所著有《读书杂述》《史断》,王士禛称为有本之学。

友人徐釚去世,卒年七十三。

友人毛际可去世,卒年七十六。

乡贤刘兆麒去世,卒年八十。(朱彭寿编著《清代人物大事纪年》)

十月,友人、大画家原济在扬州去世,终年六十六岁。

原济(1642—1707),即石涛,清初四僧之一。法名原济,一作元济、道济。本姓朱,明靖江王之后,名若极,字石涛,又号苦瓜和尚、大涤子、清湘陈人等,广西桂林人,晚年定居扬州。半世云游,饱览名山大川,是以所画山水,笔法恣肆,离奇苍古而又能细秀妥帖,为清初山水画大家,画花卉也别有生趣。著有《画语录》。

康熙四十七年戊子(1708)　五十八岁

正月十三日,与查嗣瑮、顾嗣立、张大受、周起渭等友人雅聚。

顾嗣立《试灯日立春查编修查浦周检讨桐野招集寓斋王观察南邨携沟酒泥饮》:"月明旋逐马蹄尘,未至相如半醉身。凤辇鳌山初闘巧,青丝白玉又尝新。檠吹蜡泪销长夜,瓮擘红泥试酒人。嶰路霜华踏影慢,笙歌别作一番春。"(顾嗣立《闾邱诗集》卷二十七)

按查编修查浦即查嗣瑮。

周检讨桐野即周起渭(1662—1714),字渔塘,一作渔璜。贵州贵阳人。康熙三十三年进士,改庶吉士,由检讨官至詹事府詹事。学诗于王士禛、陈廷敬。诗与顾图河、汤右曾、史申义齐名。著有《桐野诗集》。

张大受《试灯日立春查浦桐野招集寓斋王南村携沟酒饮客即事成句》:"词林前辈爱清嘉,并约穷交赏岁华。燕市灯光明此夜,凤城春色到谁家。情多语密三更静,舞乱狂歌四座哗。沟酒载携王副使,兴高无奈发鬖鬖。"(张大受《匠门书屋文集》卷四)

三月十一日,与陈健夫等友人看桃花、小饮。有《清明前四日偕陈健夫赵璞厓李彦绳耐公城南看桃花经祖氏园小饮水亭分赋》诗。(《集》第243页)

赵璞厓,待考。

李彦绳,名敏启,号筠圃,高阳李霨孙,贡生。由主事提督四夷馆、太常寺卿,历升大理寺卿。见《高阳县志》卷七。与孔尚任相交甚厚。

耐公,待考。

作题画诗一首。(《集》第243页)

作《灵谷八功德水》诗。(此诗并见《还庚集》)(《集》第243页)

《金陵选胜》卷五"泉石"《八功德水》:"在灵谷寺东,梁天监中胡僧昙隐寓锡于此,值旱致祷,有庞眉叟忽相遇,曰:'余山龙也,措之何难!'俄一沼沸出,澄挠一色。嗣西僧继至,云:'此西天阿耨池水也。本域八池,今涸其一,将无竭彼盈此乎?一清二冷三香四柔五甘六净七不饐八蠲疴,此名八功德。后人凿石为曲池,水不复溢矣。"疑此诗乃王煐寓居金陵时所作,时在康熙六十一年壬寅之春,编集时窜入本年者。

新秋,寓天津张霖之问津园,有诗怀友人。

《新秋寓问津园有怀元叹使君》:"偶来池馆遂忘机,镇日摊书静掩扉。急雨打萍分复合,震雷惊鹭坠还飞。闲芟径草惟留竹,遍检林花又放薇。如许秋光成独赏,故人惆怅共春归。元叹春前亦寓此园。"

(《集》第244页)

元叹使君即刘凡,字元叹。安徽颍州人,康熙十五年进士,官河阳知府,行取入为户部郎。有《清芳阁诗》。见《清诗纪事》卷五。

至姑熟(今马鞍山),饮太白楼,作《赠孙乔瞻使君》一首。(《集》第244页)

孙乔瞻使君,即孙道林,字乔瞻,大兴人。孙承泽季子。历官至岳州知府。晚年卜居邺城,闭门读书。卒年七十六,葬县东新安村。

按太白楼有多处,南京采石矶、宣城敬亭山、歙县、山东济宁等地均有太白楼。此太白楼疑是采石矶之太白楼。因王煐自天津南下,任职姑熟,正其属地也。

秋,在姑熟,遇故友周子昭,有诗。(《集》第244页)

王煐《与周子昭话旧 有序》序:"壬午岁,余自江南还宝坻,癸未正月与邑中亲友春盘酬酢,颇极桑梓欢情。屈指今甫六载,座中承三表弟殁于甲申之秋,赵子右廉殁于乙酉之春,而歌姬文素、月英亦相继各为情死。子昭,曩时座上客也,别逾四年,今秋遇于姑熟,握手道故,感慨系之,因成长句。"

周子昭,待考。

承三表弟即杜恭俊,杜立德之子。宝坻人。

赵右廉,即赵之蔺,字右廉,宝坻人。由岁贡生授云南大理府通判。时康熙二十七年,三藩初定,滇中甫离兵火,民气未复,之蔺加意抚绥之。而苗疆复兀兀蠢动,之蔺乃单骑直入,谕以朝廷威德。诸苗罗拜听命,旋即解散。历著劳绩,擢刑部员外郎。三十五年,随巡抚于成龙督粮运,运至口外二十八台,不辞鞅掌。以军功议叙,引见记名,恩赉有加。未竟其用而卒,人咸惜之。其弟之虞,后亦以西宁军前效力,议叙擢云南曲靖府同知。叙同功,仕同地,时人称"二难"

焉。(乾隆十年本《宝坻县志》卷之十二"人物下"《政绩》)

游丹阳，作《丹阳怀古》二首。(《集》第245页)

秋，作《黄山谷守姑熟九日解绶而去作返櫂图遥题二截句_{车子才绘图题赞刻石在太平府学官尊经阁前}》二首。

"六年棘道履危机，九日姑溪一棹归。自昔贤豪困朋党，谁解避弋学鸿飞。"

"烟霞石屋驻双旌，十日匆匆我亦行。千载升沉偶同辙，披图想见古人情。_{乙酉夏，余赴任永嘉。六月八日抵会城，公座，旋奉文解任赴京，计在官仅十日。烟霞、石屋，二洞名，近韬光}。"(《集》第245页)

秋，游采石矶，赋诗《采石咏怀八首》。(《集》第246页)

秋，登采石矶太白楼，有诗。(《集》第246页)

八月十四日，登中秋前一日登采石矶钞远阁，有诗。(《集》第247页)

王泽弘去世，赋诗挽之。

王焊《挽大宗伯王黄冈先生》："词苑摘毫久，卿班补衮忠。力犹挽元气，身已御长风。谱系因人重，官阶与道崇。香山耆旧会，特许狄庐同。_{予告归金陵，与熊司空、车给谏、陈侍御及诗僧词客登临觞咏，方香山洛社之遗，余贞例亦与焉}。""绛帐悬畿辅，师恩四十春。后堂容侍坐，乔寓近为邻。勘破邯郸梦，抽回洛社身。要令千载下，知世有全人。_{公督学顺天，余为诸生，特蒙赏拔通藉，后奉教最久。近同寄居白下}。""雪里登山屐，田盘信宿留。微言曾屡扣，大道信难求。往事一弹指，同时几胜流。年来凋谢尽，应共玉京游。_{戊辰冬，陪祀山陵归，侍公登盘山，时同游者为博问亭、曹仲嘉、李公凯、卫凡夫。二十年来，俱已物化，地下有知，众应感叹余之独存也}。""世道方凭藉，云胡不憗遗。重如镇乔岳，宽可纳须弥。鸥阁开无日，蠹陵葬有期。重来緫帷闭，瞻拜动深悲。"(《集》第247页)

按熊司空即熊一潇(1638—1706),字蔚怀,南昌人。康熙三年(1664)三甲进士,改庶吉士。五年,改浙江道御史。九年,巡视河东盐政。十七年,迁顺天府府尹。十八年,任刑部右侍郎,同年十月升工部尚书。后因事革职。三十一年起复,三十四年补太常寺卿。三十五年,转大理寺卿,升工部尚书。致仕日,康熙御赐"怡情泉石"匾额。一生为官清廉,颇受赞誉。著有《浦云堂诗集》。

车给谏即车万育(1632—1705),字双亭,一字与三,号鹤田,又号敏洲、云崔,湖南邵阳人。康熙二年(1663),与兄万备同举湖广乡试,明年(康熙三年)中三甲八十四名进士,选庶吉士,散馆改户部给事中,转兵科掌印给事中。他"在谏垣二十余年,拒请谒,发积弊,当路严惮之"。性刚直,声震天下,至性纯笃,学问赅博,善书法,所藏明代墨迹最富。著有《声律启蒙》《怀园集唐诗》《萤照堂明代法书石刻》十卷、《历代君臣交儆录》等。

陈侍御疑为陈元龙(1652—1736),字广陵,号乾斋,浙江海宁人。清康熙二十四年(1685)一甲二名进士(榜眼),授翰林院编修,入直南书房。后被劾结党营私,招纳贿赂,罢官回籍。三十年,复任,迁侍讲转侍读。曾随康熙帝征噶尔丹并巡幸塞北、江南。三十八年,任陕西乡试主考官,后迁侍讲学士、侍读学士、吏部侍郎。五十年,出任广西巡抚。五十七年,升工部尚书,后转礼部尚书。雍正七年(1729)授文渊阁大学士兼礼部尚书。十一年,归老,加太子太傅衔。谥文简。

故友顾小谢去世,赋诗哭之。

王煐《挽顾小谢四首 有序》:"余与先生订交京洛三十余年,投分忘形,情逾骨肉。向也分符岭外,君方返棹吴中,岁序频更,相思弥切。嗣尔奔丧北上,未遑纤道停骖;继缘抱病南来,遂得登堂下榻。

支硎溪畔,频维泛雪之舟;邓尉山前,共策探梅之杖。交期古处,久乃益真;禅许同参,老而精进。玉楼忽召,惊良友之云亡;熊梦载占,喜佳儿之既诞。别从壬午,殁在甲申。奄冉有期,梦魂遥感。心相许于生前,义难忘于身后。红丝白裕,永伤执手之言;薤露清商,用写抚棺之痛。"

诗:"延陵再至徒悬剑,钟子先亡欲碎琴。友道千秋谁复重,因君感叹泪盈襟。"

"生前心许盟姻娅,身后宁容负此心。弱女字君遗腹子,知君鉴我意良深。"

"支硎别业曾招我,偕隐频年未有因。从此西州门外路,扁舟重过倍伤神。"

"幽显途殊不隔情,梦魂犹得话平生。素车践约聊相引,行矣先生赴玉京。"(《集》第 248 页)

按顾小谢即顾以安,苏州人,是王煐、赵执信在京中时的好友。从诗中可知,王煐把自己的女儿许配给了顾小谢遗腹子。

腊月二十六日,赴顾小谢西崦山庄吊唁。(《集》第 249 页)

西崦山庄为顾小谢庄园。杨宾《晞发堂诗集》卷八有《经顾小谢西崦山庄》诗。

岁除日,为歇山大师题画。(《集》第 249 页)

歇山大师即僧舣山,名超拳,无锡周氏子。结庵邓尉之菖蒲,与诸名人结"寒香社"。庵有古梅,甚高,乃架木为巢,与客对弈其上。游人探梅诣其处,每于花下闻丁丁落子声。与石涛有交往。其庐,即名曰"菖蒲精舍"耶?

又戏赠一首。(《集》第 249 页)

本年,曾访故友谢重辉。

谢重辉《杏村诗集》(戊子诗)有《王子千过访》诗:"汝貌惊如此,吾衰复如何。梳头怜白发,裹足避青莎。故友贻书少,新知下石多。幽栖正愁绝,喜见子猷过。"《又》:"垂老相知尽,君能枉驾过。绸缪春日晚,邂逅暮云多。僻地惟鸡黍,塞门见雀罗。淹留情不浅,最怪是骊歌。"

按谢重辉(约 1639—1711),字千仞,一字杏村,号方山。山东德州人。以父荫授中书舍人,官至刑部郎中。工诗,为王士祯所推许,与同里田雯齐名。"金台十子"之一。晚岁专作闲适语。著有《杏村诗集》。

考《杏村诗集》,谢重辉本年南游,故王煃得与在苏州过访。

八月二十九日,友人潘耒卒,年六十三岁。

九月,废太子允礽。

九月,张英病逝,终年七十二岁。

张英(1637—1708),字敦复,一字梦敦,号乐圃,又号倦圃翁,桐城人,名臣张廷玉之父。康熙二年(1663)中举,康熙六年(1667)考取第二甲第四名进士,改授内弘文院庶吉士。曾随侍康熙帝达二十余年,是清初有影响的人物之一。兼翰林院掌院学士、礼部尚书。有《周易衷论》《易经衷论》《书经衷论》《存诚堂诗集》等。谥文端。

友人徐釚逝世,享年七十三岁。(《历代名人年谱》卷十、《清史列传》卷七十一)

康熙四十八年己丑(1709)　五十九岁

初春,赴青浦访老友王原,有诗纪之。(《集》第 250 页)

过常熟虞山,王材任留饮,有诗《舟过虞山子重金宪留饮各赋

长句》纪其事。(《集》第250页)

按子重佥宪即王材任。王材任(1652—1739),字子重,又字复村,又字担人,号西涧,湖北黄冈人。王泽弘仲子。康熙十八年进士,由中书官至佥都御使。四十三年罢去,移居江苏常熟。晚岁坎坷,有极贫士之所不能堪者,仍悠然自得,无一牢骚语,亦不仰求与之交好而秉政煊赫之鄂尔泰,耿介清贫可知。居常熟后,王应奎曾听其述京中旧事,《柳南随笔》有所记载。王材任诗清词娓娓,情致绵邈,撰有《尊道堂诗钞》八卷,其中《望云集》为康熙二十六年前之诗,《南沙集》为四十五年后之诗,中间当有散佚。

在回苏州途中,有诗。(《集》第250页)

在苏州,作《送歇公归菖蒲精舍即取别径还山庄》诗。(《集》第251页)

歇公,又作歇山大师,是王煐方外交。

春,作《雨后访歇公因过谢孝廉舟中茶话遥睇莫厘缥缈诸峰得截句二首》。(《集》第251页)

按莫厘、缥缈诸峰,皆吴中名胜。

谢孝廉,待考。

春,游邓尉山,有诗。(《集》第251页)

邓尉山,在苏州西南六十里,相传东汉太尉邓尉隐居于此而得名。是我国四大赏梅胜地之一,有"邓尉梅花甲天下"之称。

春,赴查山看梅。有《查山看梅过张上舍书庄访朱竹垞消息不值集句留壁》诗。(《集》第251页)

张上舍书庄疑为张士俊之查山六浮阁。

作《山居二首》。(《集》第252页)

患疟疾,初愈,作《病后对镜二首叠山居韵》。(《集》第252页)

在江南,王煐屡受疟疾困扰。

八月,歇山大师有诗寄王焵,赋诗答之。(《集》第253页)

九月初九,赋诗咏瓶花。(《集》第253页)

表兄张皜亭去世,赋诗挽之。

王焵《挽张皜亭表兄二首》:"文采风流继渭阳,情亲中表迹参商。十年薄宦山川远,万里重逢髭鬓苍。京洛旧欢成昨梦,林泉偕隐约仙乡。雪中得得曾相访,肯似山阴返棹忙。""十日平原芳讌开,岂知此别隔泉台。追思东阁吟诗兴,未减西京作赋才。令子已看辉凤羽,文孙继起跃龙媒。病中执绋期难赴,遥寄生刍一写哀。"(《集》第253页)

按《诗经·秦风·渭阳》:"我送舅氏,曰至渭阳。"则王焵与张皜亭为姑舅之亲。有张皜,号小白,又号皜亭,康熙十年举人,累官刑部福建司主事。喜藏书,藏书处曰"守白斋",藏书印有"古盐张氏小白珍藏""涉园主人鉴藏"等,(见叶昌炽《藏书纪事诗》卷四)著有《赋闲楼诗集》,则此张皜亭为海盐人。海盐张氏何时与宝坻王氏缔结姻缘?目前尚无任何记载。或者,张皜亭另有其人乎?

岁除,有诗寄陈鹏年。

王焵《岁除柬陈沧洲太守》:"政事文章誉早腾,操同茹蘗更餐冰。却因患难膺殊眷,不避难危展大能。诗草有疑期代定,序篇多誉愧难胜。梅开印锁课农日,鸡黍山家知不憎。"(《集》第254页)

按陈沧洲太守即陈鹏年。陈鹏年(1663—1723),字北溟,又字沧州,湘潭人。康熙三十年进士。历官浙江西安知县、江南山阳知县、江宁知府、苏州知府、河道总督,卒于任。有《道荣堂文集》《喝月词》《历仕政略》《河工条约》等。从"序篇多誉愧难胜"诗句看,陈鹏年曾为王焵诗作序,且多有褒赞之语,然查陈鹏年《道荣堂文集》,未见此序,或失之未收。

十月十三日，著名文学家、学者朱彝尊逝世，终年八十一岁。

康熙四十九年庚寅(1710)　　六十岁

初春作题画诗二首。(《集》第254页)

初春，似有高邮之行，作《邵埭道中》。(《集》第254页)

按邵埭，又称邵伯堰(今称邵伯镇)，在扬州西北四十五里处。秦邮即高邮。

作《论诗质言示徽孙》诗。

"聚讼纷纭笑太痴，葩经删外岂无诗。齐梁汉魏人先后，唐宋元明代早迟。各写性情非得已，递相诋毁欲何为。天机忽动摅真意，自是千秋绝妙词。"(《集》第254页)

此为王煐论诗之诗，他认为对诗的风格、特色的"聚讼纷纭"是不必要的，诗是写"性情"的，不应为"性灵""神韵"之类的条条框框所局限；更不能因为见解不同，而象王士禛、赵执信一样伤了感情。"天机忽动摅真意，自是千秋绝妙词"。看法颇为开明。

七月七日，有泛舟之游。(《集》第255页)

作《小艇夜归》诗。(《集》第255页)

作《长桥纳凉》诗。(《集》第255页)

长桥在今苏州吴中区。

闰七月七日，作诗寄内。(《集》第255页)

闰七月十五日夜泛舟、饮长桥。(《集》第254页)

八月初二日，与刘廷玑等友人晚集分赋。

刘廷玑《八月二日王紫铨观察满京三宫允杨次也太守叶松如司马晚集分赋》："稀疏草木澹烟岚，薄暮门停素友骖。检历已曾秋过半，本年闰七月，八月朔秋分。登楼犹未月初三。青鞋布袜形骸放，绿酒银釭笑语甘。他日相思应记取,桂花时节聚淮南。太守将之任平凉。"(刘廷玑《葛庄编年诗》"庚寅年")

满京三,乾隆本《淮安府志》卷十八"官职"有满都,当即此人。满都,镶蓝旗人,监生,康熙三十九年至四十九年任"清江理事兼管船政同知"。此职"康熙三十九年以清江五方杂处,特设此缺,专管旗人,兼管东西船政"。

杨次也即杨守知(1669—1730),字次也,号致轩、晚研、稼亭,海宁人。工诗,聚书万卷。刘廷玑《在园杂志》卷二《杨次也》:"平凉太守杨次也(守知),其先为邳睢河官。相与辨论古今,改正诗文,虽僚友,若窗友也。"

叶松如,待考。

腊月自江宁赴淮阴,遇大风,停棹半月;过宝应,又遇大雪,患病,作《自会城赴淮阴阻风半月腊前三日舟过宝应复大雪抱病无寐枕上作歌示邻舟友人》诗。(《集》第256页)

除夕,作诗遥寄淮安知府姚陶。

王煐《息园太守于濒行惠沧酒并云台何首乌除夕开尊遥寄》:"醇美沧州醖,归舟赠一瓶。应知似公瑾,端合慰刘伶。珍药扶衰病,灵根结幻形。云台山中所产何首乌多具龟鱼鹤鹿形,间亦有肖人者。衔杯欣守岁,绝胜五侯鲭。"(《集》第256页)

按息园太守即姚陶。姚陶,字次耕,号息园,姚启圣次子。浙江绍兴人。出继从父日章。由会稽籍选授陕西乌延靖边同知,署府事,安塞令,大计卓异。守淮安,推升霸昌道。未上,以事罢。著《捕蝗说》《豢丑轩自叙》《息园诗草》《宝剑悲和诗》各一卷。并有自撰年谱。事迹具《绍兴乡贤志》。

除夕,又作诗二首。

王煐《除夕二首 庚寅》:"萍踪十六载,白下始逢春。余自乙亥寄家金陵,东西奔走,不遑宁处,今始度岁于寓斋。炎峤儿孙滞,璠儿携徽孙就婚惠州未归。慈亲音问频。老母尚居宝坻。明年又辛卯,今夕尚庚寅。花甲吾生遍,劳劳笑此身。""屈指舟车路,纡回万里余。求田近东海,儿辈认垦射阳湖田。僦屋隔南徐。时余暂寓邓尉山中。久弃桑麻业,重看种植书,匆匆过一岁,此夕正逢除。"(《集》第257页)

本年,陈廷敬逝世。

陈廷敬(1639—1710),原名陈敬,字子端,号说岩,晚号午亭山人,山西晋城人,顺治十五年(1658)进士,入仕五十三年,历任经筵讲官、工部尚书、户部尚书、刑部尚书、吏部尚书、文渊阁大学士、《康熙字典》总修官等。诗文与汪琬、王士祯相砥砺。书法二王。著《午亭文编》。卒年七十二,谥文贞。

奉康熙帝命,张英(已去世)、王士祯等编成大型类书《渊鉴类函》。

康熙五十年辛卯(1711)　六十一岁

正月十二日,舟泊燕子矶,有诗和曹寅。

王煐《上元前三日舟泊燕子矶过宏济寺用曹荔轩使君阻风壁间韵》:"石门幽磴布苔茵,人日经过又五晨。麦陇尚闲双卧犊,梅林才放一分春。峰头日上霞蒸绮,江面风来浪蹙鳞。笑共老僧参转语,眼前谁主复谁宾。"(《集》第261页)

曹寅《楝亭诗别集》卷四《阻风燕矶登岸望洪(宏)济寺有作》:"荒崖断砌草如荫,风力排江响达晨。暖耳向阳俱茸帽,打头颁历又新春。茶烟入寺寻僧话,苔翠连墙动石鳞。尚记小园留客处,乱堆鸭脚叫山宾。"

永济寺,初名宏济寺,位于南京市燕子矶,面临大江,缘崖结构,形势壮伟,是一座颇享盛名的丛林。

在泰州,作《过海陵田氏别墅有感因赠西水书饮》诗。(《集》第261页)

海陵田氏别墅,田锡在泰州的庄园。

按田锡,字巨涛,号古农,江宁人。善画。有佐幕才。(徐耀新主编《南京文化志》)

在泰州,有诗寿宫梦仁。(《集》第261页)

按宫定山即宫梦仁,字宗襄,号定山,静海籍泰州(今属江苏)人。康熙癸丑进士,由庶吉士官河南督理粮储道中州漕运参议。历贵州道监察御史、湖广提刑按察使、湖广布政司参议、山东提学副使、福建巡抚。有《齐鲁诗》。

在淮安,为姚陶《人日集诞登寺分韵诗卷》题诗。(《集》第262页)

诞登寺,在淮安。原名洪福寺,康熙乙酉(1705),康熙南巡御赐"诞登寺"匾额,遂更名为诞登寺。

按履石大师即释万清,字履石,山阳(淮安)人,与岳宗和尚多有唱和。

在淮安,作《春日集夜光楼三姬劝酒索诗因令各指席间一物赋以为赠》三首。(《集》第262页)

夜光楼,不详。

作《璧山草堂盆梅盛开主人爱其清芬携白香山集一卷秉烛就小榻吟讽余适过焉命酌索诗率成六韵》。(《集》第263页)

璧山草堂,待考。

作题画诗一首。(《集》第263页)

在淮南,作《对酒听歌看花感旧杂兴六首》。(《集》第263页)

二月十二日，寻梅过仍园，有《花朝寻梅过仍园主人程孝廉留饮赋赠》诗。(《集》第264页)

程孝廉，疑为淮安人程垲，字爽林。自歙迁于淮。康熙乙酉举人。好读书，喜交游。尝得故家园亭名"曲江楼"，聚四方名士吟咏其中。五上春官不第，卒。

暮春，在南京江宁织造府，曹寅留饮观剧，有诗。

王煐《荔轩使君留饮观演醉乡记席上同鲍又昭萧治堂诸君作》："醉乡天地宽如许，今古沉酣传几人。场上衣冠从假托，曲中哀乐发天真。竹林风味遥堪想，栗里情怀妙入神。歌罢酒阑何处去，华胥佳境是比邻。"(《集》第265页)

按鲍又昭即鲍子昭，字又昭，号远村。扬州人。《江苏诗征》引《广陵诗事》："通政曹公督课淮南，公余多暇，开阁延宾。"鲍远村在其列。曹寅《楝亭集》多有唱和。

萧治堂即萧旸，字徵乂，号治堂。《江苏诗征》卷三十七录其与曹寅同题诗《闻隔城花香有作》。又梅文鼎《绩学堂诗钞》卷四有《同昆山徐道积编修维扬卓鹿虚萧徵乂纳凉楝亭银台之真州寓楼》。知其与曹寅、王煐交往厚密。

自南京回淮安途中，遇风，有诗。(《集》第265页)

许志进作《和南村使君阻风西崦二首》："六浮阁外梅花放，载酒人归二月中。惆怅虎山桥畔月，枕旱欹侧鲤鱼风。""归客临风意惘然，扁舟西崦夜如年。玉钗红烛春闺恨，知在山塘浅水边。"(许志进《谨斋诗稿》"辛卯年稿")

许志进作《和南村二首》："翠掩垂杨草似茵，闲园偷访洛阳春。过墙蜂蝶真无赖，争趁衣香逐丽人。""看竹何须问主人，隔篱辜负牡丹新。狂香艳色知多少，消得陈思赋洛神。"(许志进《谨斋诗稿》"辛卯年稿")按此二诗不知和王熯何诗,姑录于此。

三月十四日,在淮安,看牡丹,有诗。(《集》第265页)

三月十八日,赋诗《立夏前一日题折柳图送龚子畏归毘陵》赠友。(《集》第265页)

龚子畏,常州毘陵人,生平待考。是王熯老友史申义的门人。

作《咏黄虞美人花》诗一首。(《集》第266页)

游漂母祠,有诗。(《集》第266页)

按漂母祠在淮安城西古运河畔。

赋诗送方外友铁夫大师北上。(《集》第267页)

按铁夫大师即释元立,字铁夫,淮南僧,居焦山,后住黄山云谷寺。著有《畊烟诗钞》一卷,《黄山游草》一卷。

友人白学海去世,赋诗悼之。(《集》第267页)

四月十六日,过谁庄看芍药,有诗纪之。(《集》第268页)

序:"四月望后一日,将之庙湾,舟过石塘,忆许给谏《谁庄看芍药诗》,备极夸美,遂乘月纤道往观焉。夜分回棹,就枕有异梦,醒而记之。"

按谁庄,淮安程氏庄园。程坤(退翁)隐居城南石塘之中桥(今朱桥镇),买废田万亩,掘渠四千余丈,灌溉其中,遂成沃壤,遍植万株牡丹、芍药,以环其居,名曰"谁庄",取王维"来者复为谁,空悲昔人有"之意。

许给谏即许志进,字念中,号谨斋,江苏山阳(今淮安)人。康熙三十年进士,阅五年知铁岭县事,入为户部主事,擢礼科给事中,曾劾两江制府噶礼不法,直声动朝野。性豪迈,精骑射,能为满、蒙语。罢官后归隐,辟园亭、栽花木,购书数万卷。曾从王士禛学,诗格亦略相似。郭麐称他"五七古皆唐音,沉郁悲凉","近体浑成清逸,兼饶风趣"。邓之诚亦谓"其诗风华掩映,为王士禛嫡派。才情标格,在汤右曾之上"。著有《谨斋诗稿》二〇卷以及《虚搓集》《辽海集》《掖垣集》《京华集》。生平事迹见《国朝耆献类徵初编》卷一三五、《清诗纪事初编》卷五、《清诗纪事》康熙朝卷。

　　许志进《看芍药长句赠谁庄主人》:"君不见广陵芍药天下稀,旧谱争夸金带围。六百年来风景异,曹州亳州花最奇。谁庄主人老好事,名园丽锦光纷披。牡丹千朵十日尽,殿春芍药翻宜迟。夜来风雨大作恶,拂晓尚有三千枝。主人兴发招宾友,花间觞斝同淋漓。嘉名肇锡旧多种,一一变态从何为。王刘品列三十九,古无今有谁能知。主人种花极花趣,薄暮更为花催诗。翻阶傍砌有名作,咏花不工愁花嗤。主人学为老农圃,垦辟自冒多田讥。山林经济得管乐,娱老服食追安期_{安期生有服芍药方}。名园高会列万本,维扬胜事仍依稀。诸君但醉不须辞,好花常恐东风吹。"(许志进《谨斋诗稿》"辛卯年稿")

　　夏,老友盘山寺僧智朴圆寂,赋诗悼之。

　　王熯《闻盘山拙公示寂因过蒲庵访石林大师不遇题壁四首》:"不到田盘十五年,松云泉石忆前缘。老僧何事忙归去,应有遗篇待我传。""乌龙潭上昔同游,奔壑流光廿四秋。法侣山中谁健在,轻风吹散几浮沤。""白猿洞口白云深,石上吟诗共石林。三过蒲庵人不见,又看斜日下西峰。""楚僧归去已三年,来往曾无音耗传。每展旧诗伤葛叟,当时矍铄自称仙。_{冰葵侍者己丑春自吴门归汉口,丹阳葛孝廉東之,亦游山旧侣,十年前已物化矣。}"(《集》第269页)

　　石林大师即释德风,字石林,蓟州人。盘山僧。洪昇《稗畦续集》有《同石林上人宿净业庵》诗。《盘山志》卷上有德风《同洪昉思遍历盘山之胜》诗。智朴《盘谷集》有《示石林》《春日送石林游五台》《送石林之吴门》等诗。

冰葵侍者，当即释德清，王煐方外友，曾在盘山。智朴《盘谷集》有《忆石林冰魁不至》诗，"冰魁"当与"冰葵侍者"为一人。《盘山志》收其诗数首。

丹阳葛孝廉，即葛筠，字柬之，号湘湄，明诸生。康熙十四年乙卯中举，授长洲县学教谕。天才聪慧，诗有文采，少与冷土嵋齐名。《丹阳县志》卷二十《文苑》有传。

夏、秋，出游安徽、河南，过醉翁亭，有诗。（《集》第270页）

按醉翁亭在滁州西南琅琊山麓，是安徽著名古迹之一。

游开封吹台，有诗。（《集》第270页）

按吹台，在今河南开封市东南禹王台公园内。相传为春秋时师旷吹乐之台。

游开封禹庙，有诗。（《集》第270页）

游王屋山，登临绝顶，有诗。（《集》第270页）

王屋山位于河南省西北部的济源市，东依太行，西接中条，北连太岳，南临黄河，是中国九大古代名山，也是道教十大洞天之首。

游嵩山，有诗。（《集》第271页）

游少林寺，寺僧以柿子稀熬出饮。

王煐《寄刘葛庄观察索希夷酒》其三诗间自注："辛卯秋，余游嵩少，寺僧以柿子稀熬出饮，其味甚佳。"

过商丘，有诗赠归德陈太守。（《集》第271页）

归德陈太守为友人陈廷策之弟陈尧策，所谓"侧闻天中有哲弟，雄才清望时无俦"是也。陈廷策曾任韶州知府，于康熙三十六年五月七日去世。陈尧策，字熙载，正黄旗人（一作正蓝旗），监生，康熙四十年人广西梧州府同知。本年在归德府知府任上。（据清吴九龄《梧州府志》卷之十二；清金鉷《广西通志》卷五十八）

九月，回到淮安。访歇山僧不遇，有诗。（《集》第272页）

歇公，即歇山大师，王煐方外友。

在淮南筑草屋，落成，有诗。（《集》第272页）

十一月初十，夜泊燕子矶，风雪大作，有诗叠曹寅韵。

王煐《长至前三夜泊舟燕几风雪大作晓起拟过宏济先柬寺僧用荔轩使君韵》："雪花如席冷侵茵，咿喔荒鸡夜向晨。巨汐乍来声撼梦，微阳初动气回春。纷纭人事惊风浪，活泼天机骇羽鳞。寄语山僧扫松径，好烹苦茗待嘉宾。"（《集》第272页）

腊月，赋诗送友人北上。（《集》第273页）

岁除，有诗。

王煐《岁除还山醉中答梅花》："经年行万里，还山仅两度。屈指春及冬，共得七日住。朝来甫入门，风雪岁云暮。梅花顾余笑，似欲问其故。举酒答梅花，山翁到处家。嵩峰晴采药，王屋晓餐霞。九折太行阪，一飘星汉槎。今宵聊共醉，几日又天涯。"（《集》第273页）

本年，戴名世《南山集》案发。

戴名世是翰林院编修，为诸生时，曾著《南山集》，书中关于南明永历朝事多采自《滇黔纪闻》。《滇黔纪闻》为戴名世同乡方孝标作。十月十二日，左都御使赵申乔疏参戴名世妄窃文名，恃才放荡，私刻文集，肆口游谈，倒置是非，语多狂悖，今身膺恩遇，叨列巍科，犹不追悔前非，焚削书板，似此狂诞之徒，岂容滥厕清华。康熙帝命有司严察审明。康熙五十一年正月二十二日，刑部审察戴名世《南山集》案，认为戴名世书内，"将本朝年号削除，号入永历大逆"等语。据此，戴名世凌迟，方孝标所著《滇黔纪闻》也有大逆等语，应剉其尸骸，二人之祖父子孙兄弟及伯叔父兄之子年十六以上者俱拟立斩，十五以下者及母女妻妾姊妹、子之妻妾给功臣家为奴。方氏族人拟发往乌喇、宁古塔。汪灏、方苞为戴名世书作序,俱应立斩。康熙帝命九卿议奏。四月初十日,刑部等衙门再议此案。康熙帝谕大学士等:汪灏在内廷纂修多年,已经革职,免死入旗。方氏族人不应留于本处,命将刑部奏本暂贮内阁。康熙五十二年二月,就《南山集》案作最后处理:戴名世立斩,其家人从宽免治罪。方孝标之子方登峰等免死,并其妻子充分黑龙江。受牵连的汪灏、方苞等免予治罪,入旗。

本年五月十一日,王士禛病逝,终年七十八岁。

王士禛(1634—1711),原名士禛,字子真、贻上、子正,号阮亭,又号"渔洋山人",人称"王渔洋",谥"文简"。顺治十二年(1655)中进士。顺治十六年(1659)授扬州推官,任职五年,兴利除弊,多有善政,且"日了公事,夜接词人",人称"天才"。康熙三年(1664),被举荐为礼部主事,累迁户部郎中。因博学善诗文,赋诗称旨,于康熙十七年(1678)迁侍读,入值南书房,后擢国子监祭酒。康熙三十八年(1699),历官至刑部尚书,兼任国史馆总裁,编修类书《渊鉴类函》四百五十四卷。王士禛是杰出诗人、学者、文学家。博学好古,精金石篆刻,诗为一代宗匠,与朱彝尊并称。书法高秀似晋人。继钱谦益、吴伟业之后,康熙时的文坛盟主,被誉为"泰山北斗"。诗、词、散文皆善,传世著作达数十种。创"神韵"说,称以"不著一字,尽得风流"为诗之最高境界。著有诗集《带经堂集》《渔洋山人精华录》,词集《衍波词》。另有《居易录》《池北偶谈》《香祖笔记》《分甘余话》《渔洋诗话》等。

本年,《佩文韵府》一书修成。

本年,江南发生科场案。

江南乡试,正主考官左必蕃,副主考官赵晋。十一月初九日放榜,因主考官徇私受贿作弊,士论大哗。二十四日,数百名诸生聚集玄妙观,抬拥五路财神直入学宫。有的人作打油诗讽刺考官,诗中写道:左丘明两目无珠,赵子龙一身是胆。还有的人用纸糊住贡院匾额,改"贡院"二字为"卖完"。江宁织造曹寅向康熙帝折奏说:今年文场秀才等甚是不平,显然有舞弊行为,因此扬州秀才扰攘成群,将左必蕃祠堂全部拆去。江南乡试主考官、副都御使左必蕃也疏奏:撤闱后闻舆论喧传,有句容知县王曰俞所荐吴泌、山阳知县方名所荐程光奎,都是不通文理者,臣也感不胜惊愕。康熙帝颁旨命有司严察。康熙五十二年正月二十六日,九卿议覆:江南科场贿通关节之副考官编修赵晋改斩立决(后从狱中拖出,借尸冒称自缢),呈荐吴泌试卷同考官句容县知县王曰俞也改斩立决,夤缘中式吴沁及说事通贿俞继祖等照原拟绞监候,呈荐程光奎试卷之山阳县知县方名改斩立决,入场前在贡院内埋藏文字、入场后抄写中式的程光奎照原拟绞监候,请人代笔中式的徐宗轼及夹带文字中式的席玗照原拟枷责,正考官副都御使左必蕃失察革职。

康熙五十一年壬辰(1712)　六十二岁

正月初七日,驾舟出游,有诗。(《集》第 273 页)

作《读蘅圃侍御近诗及朱汉源题赠之作感赋》四首。(《集》第274页)

按蘅圃即龚翔麟(1658—1733),字天石,号蘅圃,又号稼村,晚号田居。浙江仁和(今杭州)人。康熙二十年中顺天乡试乙榜。由工部主事累迁御史,有直声。致仕归。著《田居诗稿》《红藕庄词》。

朱汉源即朱星渚,王煐旧友,在惠州即有交往。

正月中旬,晤京中旧友劳之辨,话旧,有诗。(《集》第 274 页)

按劳介岩即劳之辨(1639—1714),字书昇,号介庵,晚号介岩,浙江石门人。康熙三年进士,由庶吉士改户部主事,历官礼部仪制司郎中、山东按察司佥事、提督学政、布政司参议、通政司参议、太仆寺卿、大理寺卿、顺天府丞、左右通政、至左副都御使。康熙四十七年,以上疏保奏废皇太子胤礽被革罢归,五年后复职。撰有《静观堂诗集》三十卷。诗摹香山,喜及时事,自注甚详。生平事迹见杨瑄《都察院左副御史诰授中宪大夫劳公之辨墓志铭》。

正月下旬,赴杭州孤山探梅,有诗。(《集》第274页)

王熯《孤山探梅呈恪亭担人》:"自是东皇惜早春,非关处士恋清贫。暗香疏影真佳句,洗尽铅华独写神。""匝月春寒梅信迟,催花无计且吟诗。重游欲共幽人约,莫遣开时失后期。"(《集》第274页)

按恪亭疑为沈宗敬(1669—1735),字南季,又字恪亭,号狮峰。康熙戊辰进士,官至太常少卿,提督四夷馆,山水师倪黄兼巨然法,名重士林。性情潇洒,无达官气,圣驾南巡,献画,赐以"清风兰雪"题额;召见行在鼓琴,又赐"烟岚高旷"额。名贵如此,得者如获拱璧。著有《双杏草堂诗稿》。生平事迹见《松江府志》卷五十七。

担人即王材任。

杭州孤山位于西湖西北角,四面环水,一山独出,因位于西湖的里湖与外湖之间,故名孤山,又因多梅花,一名梅屿。

又往西溪寻梅,有诗十二首。(《集》第275页)

序:"壬辰正月,发舟钱塘,出北新关,风逆,泊板桥支港,询之土人,渡桥左转,去西溪不二十里,遂效海客乘风之便,夜未半,已达蒋村,即西溪河渚门户也。晨起,遍游诸名墅。至何家埠,舍舟就陆,自涧桥入花坞,经古伏曲水、秋雪剪云诸兰若,过藕香桥,憩天隐,复至雪崖。老僧文莫留茶话,案头诗草一卷,清真本色,不愧禅人，与订后期而别。斯游也，原拟践梅花之约，乃仅于田居庭前见红梅一株，孤山一株，古伏菴前一株，张氏东庄绿萼一株，途次临水两三株，或半开，或含蕊，计须半月后，花始繁盛。然古干虬枝，横斜疏影，较吴之邓尉，粤之黄村，已大有雅俗之别矣。余既不能留，重游之期未卜远近，归途赋诗遣兴，并书数语以志岁月。"

西溪即今杭州西湖西溪湿地保护区。

回苏州。二月十六日，过法螺寺，与寺僧话旧，有诗。(《集》第276页)

法螺即法螺寺。建于明代，地处苏州著名风景区天平山后寒山岭上。据《苏州府志·卷州九·寺观》记载，当年所以取名为"法螺"，是因为这里处于清幽的山坞之中，有一条古道从修篁竹丛中弯弯曲曲，盘旋百折而上，状似旋螺，因而得名。另有《寒山别业志》记载：赵宧光为葬父在寒山购地，选园建屋，兴法螺寺。到清代康熙年间有高僧释德深住此，建大悲殿等，在当时颇具影响。

二月二十四日，饮酒赏梅，有诗。(《集》第276页)

春，出游赏桃花柳色，有诗。(《集》第277页)

作题画诗一首。(《集》第277页)

作《咏古》诗二首。(《集》第277页)

三月二十九日，在扬州，集汪氏南园，有诗。(《集》第277页)

按汪氏南园。李斗《扬州画舫录》"城南录"："歙县汪氏得九莲庵池，建别墅曰南园。"后来，南园因园内九尊峰石而被乾隆皇帝赐名"九峰园"。

作《为徐孝子介眉题节母曾孺人贞寿卷后》一首。(《集》第278页)

徐孝子，待考。

四月二十二日，过淮安，再赴谁庄看芍药，有诗。(《集》第278页)

按谁庄,淮安程氏园。

过某氏园,有诗。(《集》第278页)

六月,其妾某氏,为生一子,名辰儿,是为王熉第六子。方外友歇山和尚以诗见嘲,赋诗答之。(《集》第279页)

作《题樊书山柳溪菊畦小照》一首。(《集》第279页)

樊书山,樊经,字书山,江都人,康熙四十九年任丽江府通判,修庠序,设义学,在任五年归。著有《陆沉集》,辑有《国朝诗篇》。事具《江都县志》。方登峄有《九日樊书山同登西城限韵分赋》诗。

七月初一,曹寅在扬州感染风寒,卧病数日转而成疟,虽服药调理,日渐虚弱,于是托李煦向康熙帝代请赐药。七月十八日,李煦有《奏曹寅病重代请赐药折》。

《关于江宁织造曹家史料》李煦《奏曹寅病重代请赐药折》:"康熙五十一年七月十八日,臣李煦跪奏:江宁织造臣曹寅于六月十六日来至扬州书局料理刻工,于七月初一日感受风寒,卧病数日,转而成疟,虽服药调理,日渐虚弱。臣在仪真视擎,闻其染病,臣随于十五日亲至扬州看视。曹寅向臣言:我病时来时去,医生用药不能见效,必得主子圣药救我。但我儿子年小,今若打发他求主子去,目下我身边又无看视之人。求你替我启奏,如同我自己一样。若得赐药,则尚可起死回生,实蒙天恩再造等语。臣今在扬看其调理,但病势甚重,臣不敢不据实奏闻,伏乞睿鉴。朱批:尔奏得好!今欲赐治疟疾的药,恐迟延,所以赐驿马星夜赶去。但疟疾若未转泄痢,还无妨。若转了病,此药用不得。南方庸医,每每用补济,而伤人者不计其数,须要小心。曹寅元肯吃人参,今得此病,亦是人参中来的。金鸡拿专治疟疾。用二钱末酒调服。若轻了些,再吃一服,必要住的。住后或一钱,或八分,连吃二服,可以出根。若不是疟疾,此药用不

得,须要认真。万嘱!万嘱!万嘱!万嘱!"(《关于江宁织造曹家档案史料》)

七月二十三日,曹寅病逝。

李煦《奏请代管盐差一年以盐余偿还曹寅亏欠折》:"康熙五十一年七月二十三日,臣李煦跪奏:江宁织造臣曹寅与臣煦俱蒙万岁特旨,十年轮视淮鹾。天恩高厚,亘古所无。臣等惟肝脑涂地,不能报答分毫。乃天心之仁爱有加,而臣子之福分浅薄。曹寅七月初一日感受风寒,辗转成疟,竟成不起之症,于七月二十三日辰时身故。当其伏枕哀鸣,惟以遽辞圣世,不克仰报天恩为恨。又向臣言江宁织造衙门历年亏欠钱粮九万余两,又加淮商欠钱粮,去年奉旨官商分认,曹寅亦应完二十三万两零,而无赀可赔,无产可变,身虽死而目未瞑(下略)"(《关于江宁织造曹家档案史料》)

八月二十一日,李煦向康熙皇帝奏报圣药未到曹寅已病故事。

李煦《奏颁赐药饵未到曹寅即已病故折》:"康熙五十一年八月二十一日,臣李煦跪奏:八月十八日,臣家人赍回报曹寅患病奏折,臣恭设香案跪读御批,蒙万岁俯念曹寅病重,颁赐金鸡拿圣药。而宸衷又以路远迟延,特命驰驿南回,限九日到扬州。天心之垂慈,隆恩之破格,至矣极矣。无如曹寅福分浅薄,圣药未到,遽尔病故。而俯念天恩之高厚,诚亘古之未有。不但曹寅感泣泉下,即臣煦犬马私心不胜感激,随望阙叩头,恭谢天恩讫。一面宣示赐药恩旨于曹寅之子连生。而连生感激涕泣,即望阙叩头,但身居下贱,无由自达,求臣代奏。理合一并奏闻,伏乞圣鉴。朱批:知道了。"(《关于江宁织造曹家档案史料》)

为《三友图》题诗,感悼曹寅之逝。

王焞《题三友图 曩余在惠州作古欢图亦三友合照也元孝山带久逝惟余尚在图中荔轩南洲继殁惟晚研独存读荔轩诗不胜感悼因用其韵寄晚研先生知有同情也》:"掩

卷怀古欢,虎泉与独潇。三友失曹徐,披图一痛哭。泪洒纸痕斑,诗成紫毫秃。遥忆晚研翁,应共伤孤独。"(《集》第279页)

元孝即陈恭尹。

山带即吴文炜。

晚研即杨中讷。曾为《风木图》题诗。

南洲即徐釚。有《南洲草堂集》《词苑丛谈》等。

曹寅《楝亭诗抄》卷七《题三友图》自序:"戊子年,广陵涂生貌晚研、南洲与予为《三友图》。竹垞翁来迟,不及图,跋一诗其后云:'要知傅岩求',盖妒语也。己丑冬,竹垞下世。庚寅,南洲殁,晚研谪归。辛卯,真州出此图披阅,泪泫然下,因书数语付冶堂。此图不足观,所惜者知己数点泪耳。泪泪相接,宁有已时,学道尚可迟耶!"诗:"朱弦已摧断,寒泉亦泥潇。吁嗟寄世人,往歌但来哭。真州酒船希,盐官笔花秃。不知影与形,寤寐伴幽独。"

作《挽曹荔轩使君十二首》哀悼挚友曹寅。

"潇碧堂中几素心,子期年少最知音。晨星良友销沉尽,笛弄山阳感倍深。余与公定交于京师曹舍人寅及斋中,计三十余年矣。同时往还亲友俱物化。"

"南海西川万里遥,十年鱼雁未寥寥。脱骖赠我金陵道,握手殷勤见久要。余自惠州量移永宁,丁丑夏奔丧北上,与公晤与(于)金陵。"

"支硎载酒观新瀑,邓尉联吟惜落红。十二年来成昨梦,等闲残醉醒东风。以下三首追忆庚辰辛巳壬午间,与公同游之乐。"

"谱就新声放画船,胥江灯火夜如年。梨园未散宾朋在,怕演当筵七子缘。公旧填词。"

"红袖青蛾艳冶游,君家伯仲最风流。登床一痛人琴失,地下为欢共子猷。令弟芷园于戊子岁先逝。"

"醉乡甜美醒销魂,朽腐神奇妙绝伦。黄绢新词传乐部,只今重唱似闻猿。公近集院本旧曲为《醉乡》《睡乡》《销魂》诸记,并以题词,极有情致。"

"失意相逢意倍亲,代谋南下嘱频频。此情已足镂心骨,何待他时宿诺伸。余罢官后,与公晤于京邸,为决南归之计。"

"古欢图里惟存我,三友图中又失君。老泪纷纷落沾臆,因君题句痛如焚。公感竹垞南洲之殁,自题三友图云,图不足藏,所惜者,知已数点泪耳。泪相续宁有已时,学道尚可迟耶。"

"盐官四载橐无余,赚得楼中万卷书。孝子慈孙能继志,肯教缃帙饱蟫鱼。公天资奇颖,博闻强记,闻人有秘本,必借抄编次,珍重不下数万卷。"

"謇謇忠勤结主知,殊恩加自盖棺时。行官御几亲调药,驿骑飞驰九日期。"

"生前成命摄盐官,遗疏驰闻罢御餐。特许佳儿承职务,九泉应惧报恩难。"

"三世论交七十年,君家祖德古名贤。感知未报虚先命,徒束生刍哭几筵。国初,先大人于患难中获交于令祖转运公护持指示得归民籍,其详见己丑病后寄公诗注中。"(《集》第280页)

这组诗,所蕴含的资讯极为丰富和重要。概括起来,约以下数项:

一,王、曹两家"三世论交七十年"。王煐之父王鼎昌于"患难中"得到曹寅祖父曹振彦的"护持",才"得归民籍",避免了入旗为奴的厄运。

二,王煐与曹寅有三十余年的真挚友情,当年在京师相识,即互相视为知己。

三,丁丑(1697)夏,王煐奔丧北上,曾与曹寅相见于金陵。

四,王煐罢官后,二人相晤于京师,曹寅劝王煐旅居江南,促成了王煐后半生的游历生活。

五,王煐、曹寅曾在庚辰(1700)、辛巳(1701)、壬午(1702)间,几度相携游览苏州等地名胜。

六,曹寅善作诗填词。

七,曹寅雅好戏剧,且有创作。

八,曹寅虽担任多种肥差要职,但家道甚艰(因康熙几次南巡,致使亏空甚巨)。

九,曹寅博闻强记,喜读书,藏书万卷,且多稀见之本。

十,曹寅之弟曹宣逝世于戊子(1708),使聚讼多年的曹宣卒年问题得到解决。

十一,曹寅病重,康熙皇帝极为关切,特派驿骑飞驰送药,可惜为时已晚。

十二,曹寅去世后,由其子曹颙继任其职务,可谓"皇恩浩荡"。

十三,曹寅有"孝子慈孙",则其孙为谁?是曹雪芹吗?

曹寅去世后,张伯行、张云章等作文哀祭。

八月十八日泛舟石湖,登山看月。(《集》第282页)

九月廿七夜,梦与赵执信联句。有诗纪之。(《集》第281页)

作《题线镜悟小照》二首。(《集》第281页)

作《题杜处士书载造车图 处士名乘江都人精篆隶其尊人晓园公曾为宝坻邑侯》诗三首。(《集》第282页)

按杜处士书载即杜乘。字书载,号谁堂。江都人。与石涛交好。有《谁堂诗集》。(徐世昌《晚晴簃诗汇》卷五十一)《宝坻县志》(康熙本)卷之四《秩官志》:"杜仁俊,江南江都人。选贡。"《江南通志·选举志》第二十卷"清贡生(一)·顺治朝·扬州府":"杜仁俊,江都人。宝坻知县。"即王煐所谓"晓园公"也。

作《题高小凤画册兼以陈元孝八分墨迹为赠》二首。(《集》第283页)

岁除,赠诗歇山和尚。(《集》第283页)

本年二月二十九日,康熙帝谕大学士、九卿等:朕览各省督抚奏报编审人丁数目,并未把加增之数开报。天下承平已久,户口日多,若按现在人丁加征钱粮实有不可,人丁虽增,土地并未扩大。应令直省督抚,将现今钱粮册内有名丁数,不增不减,永为定额。此后所生人丁,不必征收钱粮。

本年九月三十日,康熙帝宣布再废允礽太子位。

谕曰:"皇太子允礽自复立以来,狂疾未除,大失人心,祖宗弘业断不可托付此人。"康熙帝奏知皇太后以后,便命人将允礽拘执看守。十月初一日,他又向诸王、贝勒、大臣等宣谕重新废黜允礽的原因:数年以来,狂易之疾,仍然未除;是非不辨,大失人心;秉性凶残,与恶劣小人结党。康熙帝还告诫诸大臣:今后如果有奏请皇太子已经改过从善、应当释放者,立即诛杀。

本年噶礼、张伯行互参案发。

正月,江苏巡抚张伯行上疏力劾两江总督噶礼,告他在上年科场案中,以五十万两银,徇私贿卖举人,不肯审明实情;初到两江总督任,就对两省文武属官,逢迎趋附者,虽秽迹昭彰亦进行包庇,守正不阿者,虽廉声素著也要吹毛求疵。噶礼秘密购到了张伯行的条陈,也捏撰数款,星夜驰奏,劾张伯行有七项罪行,并否认得银五十万两事。一时,朝野大哗。噶礼,满洲正红旗人,开国功臣何和礼四世孙。张伯行,河南仪封(今兰考县东)人,进士出身,被康熙帝誉为天下第一清官,曾任内阁中书、济宁金事道、江苏按察使司按察使、福建巡抚等职,为官廉正,刚直不阿。互参案发生后,康熙帝极为重视,先后令尚书张鹏翮、总漕赫寿、尚书穆和伦、张廷枢严审。由于这些人偏袒噶礼,问题未能澄清。还是康熙帝明察秋毫,在康熙五十一年十月十二日作出决定:噶礼革职,张伯行留任。后来,噶礼欲毒其母,经过严审,问题终于搞清,被令自尽。

友人刘灏逝世,享年五十一岁。(赵执信《泾阳刘君神道碑》)

本年友人林佶、顾嗣立等中进士。

康熙五十二年癸巳(1713)　六十三岁

二月二十五日,清廷查处顺天乡试舞弊案。

顺天乡试中第一名查为仁之父查日昌,请人为其子代笔,贿买书办,传递文章,事发后脱逃被获,处斩监候。查为仁及书役龚大业处绞监候。代作文章的邵坡,革去举人,杖徒。失察的御史常春、李弘文罚俸一年。中式的周启,本系原任步兵统领托合齐家人周三之子,请人代笔,串通誊录吏役通同作弊。事发后,周三又贿嘱司狱弄死首告伊子的邵文卿,希图灭口。周三、周启俱立斩。说合通贿的谈汝龙、高岳,受赃书吏何亮公、钱灿如绞监候。代周启作文的王廷诠杖徒。失察的誊录所、受卷所官、监察御史、提调官等均革职。

正月初七,过菖蒲精舍,有诗。(《集》第287页)

五月廿一日,梦后有诗。(《集》第287页)

三月十六日得曾孙,五月底家人来报,并请命名。有诗纪之。(《集》第287页)

为画僧上睿所作画题诗。(《集》第288页)

按目存大师即释上睿(1634—?),字目存,吴(今江苏苏州)人。山水得王翚(石谷)指授;花鸟得恽寿平真传;人物亦得古法,有唐寅笔意。工诗。少居瑞光寺,后居东禅寺。与惠士奇、张大受结诗社。著《习余吟》。《宋元明清书画家年表》谓其康熙二十五年(1686)有仿宋元山水册,雍正二年(1724)作《溪山密雪图》。其卒年当在九十一以上。

  为《杨安城高士补臂图》题长诗一首。(《集》第288页)

  按杨安城,原名华,字友声,世居山阴之安城,故号"安城先生"。幼尚义,年二十四遭变,以友难偕妻范氏流宁古塔。卒于戍所。杨宾,其子也,以至孝多才享高名。姜宸英作《安城杨君墓志铭》、王源作《杨安城先生传》记其事甚详。

  《杨安城高士补臂图》(又名《杨安城先生出塞图》),韩菼《杨安城先生出塞图六首》小序:"康熙初,有孔和尚者,诬浙右董、陆、潘三家以通海被逮。祁生奕喜、李生兼汝亦连及焉,皆安城友也。当事急时,陆欲托子于安城,使者中途捕去,搜得其书,安城亦被逮,然不自辩而为诸子讼冤,因与祁、李俱谪戍宁古塔。有徐生者,为三君《出塞图》,并坐莎草中,而安城臂作倚李肩状。后祁、李相继亡,安城剪图以归之,而臂痛甚,闺人复剪纸臂续之,痛良已。时皆以为异,安城竟卒于戍所。子宾可师叩阍,得返葬。"为此图题诗者甚众,如李嵩瑞、张云章、潘耒、韩菼、万斯同等,多为王煐之好友故交。

  作《寿山友申宾维》诗。(《集》第289页)

  申宾维,待考。

  秋,患疟疾,直至入冬,尚未告痊,乃赋诗十六首,名曰《卧雪吟》。(《集》第289页)

  序:"癸巳秋,余中暑致疟,时发疮痏,医人诊视,谓是少阳湿热,乃疟之余气也。爱买棹出山,假寓胥江道院,药里相亲,忽逾两月,既疏酒伴,更减吟情。长夜篝灯,观书眼倦,无以自遣,因追录二十年前仙乩诗词以及问答之语,汇为一编,藉以消涤尘情,励坚道念。至前十日,雨雪连宵,寒威侵骨,自念年逾花甲,月值一阳,理宜秘藏,以资保摄,况股肱之疾未痊,动履之劳宜节,遂尔拥衾高卧,欹枕加餐,无事熟眠,心空少梦,华山处士遥得心传,嵋麓懒翁略同志趣,迨乎睡足,闲绪纷来,动触随机,各成短咏。雪晴检点,存十六首,题曰《卧雪吟》,冲口之词,推敲莫定。聊存草稿,以免遗亡。"

按石嵩隐,南阳人,名和阳,字嵩隐,又称"石道人"。明末隐居嵩山,郭天门延居岳麓,后迁居于庐山木瓜洞隐居数十年。《庐山志》"目之二十六下"《历代文存》有汤永宽撰《石嵩隐先生传》;"纲之六"《艺文》有刘荫枢撰《题庐山木瓜洞石道人嵩隐行略》均载其事。

作《雪后二首》。(《集》第291页)

冬至日(阴历十一月十六日)占卜,有诗。(《集》第292页)

作《息机》诗。(《集》第292页)

与友人商讨治生之术,未协。则生活贫困可知。(《集》第292页)

作咏汤婆子诗二首。(《集》第292页)

作咏竹夫人等诗。(《集》第293页)

许志进作《竹夫人二首和南村》:"玉骨冰肌品质清,湘妃右族秉幽贞。炎蒸此夜甘同梦,免被登徒好色名。""来梦身如锦瑟长,热中人近顿清凉。多情邢尹休相妒,不是柔乡是睡乡。"(许志进《谨斋诗稿》"乙未年稿")

许志进又作《读竹夫人诗戏调南村南村东云,连夜蒸溽,惟令青奴侍寝》诗:"专房何似紫清真,嫁得望猋爱竹身。莫道青奴宜侍寝,恐嗔狎妾作夫人。"紫清,钱夫人字。(许志进《谨斋诗稿》"乙未年稿")

又作一组咏物诗。(《集》第293页)

王煐《箬冠濮阳仲谦手制清湘道人留赠》:"绝技争夸老濮阳,箬冠巧制灿云章。故人赠我非无意,恰称山翁薜荔裳。"

按濮阳仲谦又作濮仲谦,名澄,是复姓单称,南京人,刻竹技艺精绝,名声远播,世人得其竹刻,无不视为传家之宝。

清湘道人即大画家石涛。

许志进作《和南村参宪十七首》:"隐人家具一担轻,文笥便便细织成。不用载书三十乘,先生腹笥探分明。竹行笥,南村句云:却笑载书三十乘,出门大是费安排。""烟波一舸载琴书,安稳年年纵所如。明明随人风送客,不妨陶岘只舟居。安乐行窝。""六一泥封太乙炉,抽添子午费工夫。行厨但买苍筤竹,煮药煎茶付小奴。竹行厨。""旅馆风船枕簟凉,绛帷偃月月如霜。就中一部华胥乐,烟水云山总睡乡。偃月帐。""八荒在闼吾儒事,六合为床逆旅情。曾向邯郸赊一枕,蘧然梦醒叹劳生。六合床。""异代相传刘氏冠,仲谦手制亦坚完。芒鞋竹杖荷衣老,莫认山人是达官。簑冠。""方竹镌铭记二文,洞庭竹杖,文待诏为铭,三桥手镌。一条禅杖斫灵根。葛陂化去知何在,却爱中郎似虎贲。竹杖,南村云:旧杖已失,令别制一方竹,名曰虎贲中郎杖。""人与梅花作冷缘,洞庭风雪走年年。寻诗自是王摩诘,错认襄阳孟浩然。浩然巾。""沉砚何须似老包,归舟载石海天遥。囊中长物能多少,一片闲云冒碧霄。端石竹砚,砚名碧霄庆云。""挑灯闲赋读书檠,兀首穷经鬓以星。他日披帷示子孙,烟煤应似范公青。灯檠。""随身一剑倚崆峒,绕指吹毛气吐虹。谁遣尘埃翳星斗,长鸣夜雨动秋风。长剑。""挥麈清言洽素心,许洵风月记追寻。松枝玉柄饶玄理,与证平生支道林。玉麈。""盘龙绣涩蚀残铭,肝胆相看不隐形。可惜一轮秋月夜,却随儿女照晶荧。古镜。""接篱倒著池边客,席帽斜遮马上身。借问范阳毡笠子,临风何似踏鸱巾。毡笠。""风雪漫天岁宴多,朝衣沽酒换渔蓑。寒江钓艇芦花里,天地严寒有太和。毡蓑衣。""八驷赤棒闑交衢,未抵逍遥下泽车。消得门生儿子力,更须越国买篮舆。_{藤篮舆,出大越国。南村句云:最宜五柳先生坐,儿子门生用力轻。}""才兼众器腹如囊,百辈容渠尽不妨。但使壶中有余地,先生也向此间藏。_{皮葫芦。}"

按此组诗载许志进《谨斋诗稿》"乙未年稿",姑录于此。

作《竹杖 _{有序}》。(《集》第 295 页)

序:"辛巳冬,余游洞庭东西两山,寺僧年八十余,持方竹杖谓余曰:'此乃前朝文侍诏为友人作铭,命其子三桥八分书而镌之,此友赠于祖师,传留及今,已逾百载,历观本寺法属,无可付托,恐落俗手,敬以为赠。'余谢而受之。嗣游京口诸山,返櫂吴门,子侄辈误插篷顶,登岸遗亡,寻之不得,怅惜者累日。近从虎丘得方竹一枝,颇类前杖,因铭之曰'虎贲中郎之杖,'非多系恋,实不能忘山僧付托之雅意。且悟一物之微,升沉显晦,尚有定数,不能随人位置也。"

作《浩然巾》。(《集》第 296 页)

作《端石行砚 _{有序}》。(《集》第 296 页)

序:"丙子秋,余将离南海之西川,梁药亭吉士以水厓石二方见贻且索诗,余留其小者以便登临,赋诗三十韵酬之。取名'紫霄卿云之砚',象形也。陈处士元孝铭而镌之。"

作《井田砚》。(《集》第 296 页)

许志进有《井田砚和南村》诗:"商周田制杳难详,阡陌开来鬭富强。闲拂砚田看井字,而今此亦是荒庄。"(许志进《谨斋诗稿》"乙未年稿")

作《水晶眼镜》。(《集》第 296 页)

作《短檠》。(《集》第 297 页)

作《长剑》。(《集》第 297 页)

作《玉麈》。(《集》第 297 页)

作《古镜》。(《集》第297页)

作《毡笠》。(《集》第298页)

作《羰蓑 即斗篷又名达摩衣》。(《集》第298页)

作《藤篮舆·细藤条结平底兜一人趺坐于内上穿竹撗二人掸之上下山路轻便平稳出大越国》。(《集》第298页)

作《玉钿盒 形如鸭卵玉质纯美镂制古朴六朝以前旧物也》。(《集》第298页)

作《箪友 木瘿小瓢也屈翁山处士所贻平浅可作香碟耳》。(《集》第298页)

作《麝囊》。(《集》第299页)

作《茶炉 羽士戴静渊索赋》。(《集》第299页)

观剧,有诗。(《集》第299页)

长至后十日苏郡王氏园内夜有虎啸,震惊居人。次晨遣兵协猎户获之。纪之以诗。(《集》第299页)

苏郡王氏园疑为太仓明大学士王锡爵园第。此园东西三百尺,南北近千尺,有亭榭池馆,种牡丹三百余本,菊倍之,又多名花果,有"梅花楼""荒池"诸胜。

作《次韵酬张明府见怀之作》。(《集》第300页)

张明府,疑为张璨,字岂石,别号湘门。湘潭人。时任无锡知县。

在韩观察寓斋遇旧识伶人王文博,有诗。(《集》第300页)

韩观察,待考。

作《送项公子返棹钱塘即次留别韵》。(《集》第300页)

项公子,待考。

自常熟渡江之通州,舟中有作。(《集》第301页)

作《雪舟书事 有序》。(《集》第301页)

序:"至前腊后,雨雪阴霾,两月之中,晴霁罕遇。季冬四日,余自常熟之通州,浓雾四塞,竟日不开,波涛澎湃,江海莫辨。复由崛港转如皋以至扬州，途中闻见，率非所乐，且值垂云絮空，阳光久闭，逆风沍寒，气象愁惨，篷窗兀坐，呵冻成吟，直写胸怀，不觉饶舌矣。"

腊月十九日，探访王式丹，恰逢雅集，有诗纪之。（《集》第302页）

按楼村即王式丹（1645—1718），字方若，号楼村，江苏宝应人。康熙四十二年状元及第，授编修，修书武英殿。以重听不为圣祖所喜，五十二年罢官归。王式丹少有诗名，尝从叶燮、田雯游，以诗受知于王士祯，而诗格不类。宋荦选其所作为《江左十五子诗》之首。查慎行对其诗最为推重。康熙四十二年至四十九年间，曾先后参与大型类书《佩文韵府》和《渊鉴类函》的修纂工作。五十年，罹赵晋典乡试之狱，缠讼经年，至康熙五十五年始奉旨结案，得以无累。著有《楼村诗集》二五卷。生平事迹见《清史列传》卷七一本传、郑方坤《国朝名家诗钞小传》《道光宝应县志》。

席间再赋饯腊二首。

"饯腊长筵迓早春，年光最感白头人。风波阅历醒前梦，恩怨消亡付劫尘。座上诗囊谁最富，客中行囊任长贫。还山且饯梅花约，静对寒芳酌酒频。"

"朋好佳辰聚一堂，主持风雅有王郎。羡君书作簪花格，_{楼村兄年近七旬，尚能作小行楷。}愧我诗多急就章。名士白杨悲旧雨，美人黄土闭新妆。_{十年前同顾书宣、史蕉饮红桥赋送春诗。今二君俱已物化，席间侑酒丽人亦不复存矣。}相逢但勉加餐饭，不朽文传不老方。"（《集》第303页）

按顾书宣即顾图河（1655—1706），字书宣，江苏江都人。少负异禀，好学嗜古，寒暑无间。家于城东七十里外，偶入城，必载书满车。与史申义友善齐名，时称"维阳二妙"。康熙三十三年（1694）举一甲二名进士，授翰林院编修。入馆数月，即乞假归。里居十年，还京预修《大清一统志》诸书。命提督湖北学政，未几卒。图河为诗，早年妍秀,颇为时称。后乃焚弃其稿,务为恢奇奥衍之作。所著有《雄雉斋集》,《清史稿》有传。

岁暮,至焦山访僧雪涛不遇,拓《瘗鹤铭》,题诗留壁。

王煐《岁暮京口闭坝潜浅买舟自江阴还山中小除过焦山寻僧雪涛不遇榻瘗鹤铭而归留诗壁间用陈沧州太守韵》:"打浆冲寒到水隈,松关寂历任风开。千年瘗鹤铭重见,三度探骊客又来。乙卯、庚辰、壬午间,余三至焦山,寻《瘗鹤铭》,搜剔泥沙,仅得二十九字。心拟镵掘云根,俾露全壁,以畅大观,窃恐石工粗莽,致有损伤而止。黄冠石涛为余作《焦麓剔铭图》,同人颇多题咏。今沧州太守集众鸠工,尽出其秘,建亭覆之,亦快事也。混沌凿完元有数,文章真伪漫相猜。山僧曾有看山约,拂壁题诗沁古苔。"(《集》第303页)

僧雪涛,通源,字学海,一字雪涛,江苏通州人,祝发世灯庵。

陈沧州太守即陈鹏年。

作《舟中示五弟子遂》二首。(《集》第304页)

五弟,即王炌,字子遂,贡生,工部拣发河南州同。例赠奉直大夫。

自焦山舟行赴江阴,遇风,有诗。(《集》第304页)

除夕,回到江阴寓斋,有诗。(《集》第304页)

本年六月,张云章作《题王子裕焦麓剔铭图》(见前)。

本年友人宋荦去世,卒年八十。

康熙五十三年甲午(1714)　六十四岁

正月初七日,自江阴赴苏州,舟行甚速。(《集》第305页)

作《春雪次霜洲大师韵》。(《集》第305页)

霜洲大师,待考。

正月十五日,自玉山赴青浦,中途风雨大作,有诗。(《集》第305页)

作《题龚子畏邓尉探梅图》三首。(《集》第 306 页)

又作《用子畏见赠韵再题探梅图》。(《集》第 306 页)

春,梅开,友徐坚蕉如约而至,赋《庚辰辛巳间余游洞庭东西二山喜林屋石公之幽深销夏甪里之淳朴拟卜居焉今春晤徐观卿吉士有结邻之约梅开适至喜赠》诗。(《集》第 307 页)

林屋石公即林屋洞、石公山。甪里,在今江吴县西南。

徐观卿即徐骏。邓之诚《清诗纪事初编》卷三:"徐骏,号坚蕉。康熙五十二年进士,选庶吉士。唐孙华《东江集》有《赠徐观卿太史》诗,谓骏为(徐)乾学少子,壮年登第,二旬而归。颇事撰述。(中略),天才隽逸。作法死。(下略)"有《石帆轩诗集》十一卷,《续集》二卷。

春,删定《田盘纪游诗》,向徐坚蕉述盘山诸胜。(《集》第 307 页)

春,与张士俊有约,不至,留诗。(《集》第 308 页)

二月初四,徐坚蕉过访,并与邻友赏梅、小饮,赋诗五首。(《集》第 308 页)

二月十日、十一日,游吴门名胜。(《集》第 309 页)

读故友吴暻遗墨,有诗。

王焞《读吴西斋手书诗篇伤其早逝》:"频过西斋共赋诗,壁间常挂党人碑。却因无党偏招谤,应为深交遂致疑。名士数穷余著述,佳儿学富绍裘箕。故人白首中多感,手迹看来泪暗垂。"(《集》第 309 页)

吴西斋即吴暻(1662—1707),字元朗,号西斋,太仓人。吴梅村子。康熙二十七年进士,授户部主事,历官兵科给事中。以事落职,旋入武英殿,充书画谱纂修官。有《西斋集》。

春,游定山寺,有诗。(《集》第 309 页)

二月十五日,与僧友狮林湘公过海云赏梅,有诗。(《集》第 309 页)

按狮林湘公疑为释纪荫,字湘公,一作湘雨,号宙亭,江苏武进人。初为盐城兜率寺二世主持。后主泰兴、建安及吴中诸寺。康熙南巡召见,为书"水月禅心"额。著《宙亭诗集》二十八卷。

二月十九日偕友游支硎,夜归,失足落水,虚惊不小,有诗纪之。(《集》第310页)

老友陈健夫游洞庭见访王烶不遇,题留长句。奉答以诗。(《集》第311页)

为月溪和尚小像题诗。(《集》第311页)

月溪大师即释源衍,字朗怀,号柏谷,又号月溪,浙江平湖人。俗姓谢。萃凤庵僧。著有《柏谷诗草》《当湖百咏》。

作《梅林调鹤图》,题诗其上。(《集》第311页)

送友人北上,有诗。

王烶《送卞匏邨观察北上》:"京洛繁华梦,掉头三纪过。名场纷毁誉,仕路足风波。心懒亲鱼鸟,身闲恋薜萝。相逢虎丘石,一笑髻俱皤。""同辈几人杰,惟君最少年。黄垆增旧感,白社续新缘。访古携藜杖,吟诗劈锦笺。追欢方匝月,暂别倍凄然。"(《集》第312页)

卞匏邨观察疑为卞永式。卞三元子。奉天汉军监生。由大同知府历分巡陕甘汉兴道,四川永宁道。四十四年,陞广西按察使。四十六年,擢四川布政使。

为申梧邨《吾山祀雪图》题诗。(《集》第312页)

申梧邨,即申珂,字含吉,改名可贞,顺天中式,知浏阳县。乃明故相申时行曾孙。吴县人。《浏阳县志》卷二十三《职官》作"申可正,江苏吴县人,举人",避雍正皇帝讳也。徐旭旦《世经堂初集》(清康熙刻本)卷三有《贺申梧邨登贤书序》。

七月初七日,赋诗感怀。(《集》第313页)

秋，夜梦，有诗。(《集》第313页)

作《题倚竹图》诗。(《集》第313页)

作《感秋吟六首》。(《集》第314页)

秋，有《客至》诗。(《集》第314页)

九月初九日，与故人泛舟，有诗。(《集》第314页)

纱觉目存师、北固牟山人为王煐作《秋山倚杖图》，题诗卷后。(《集》第315页)

王煐《题秋山倚杖图 有序》："虎丘高不数仞，广不数里，四时景象，各有佳处，而深秋初冬为尤胜。盖自元宵至中秋，游人杂踏，列肆纵横，殊失山川本来面目，然于佳辰良夜，新晴皎月之际，偶一临眺，而佳处自在，是在游者之领略否耳。余自夏秋以来，养疴此山，晦明风雨，凭高骋目，极其变态。重阳后病疟初愈，扶杖缓行，缘溪东转，步长堤，穿邃谷，蹑危磴，陟崇冈，徙倚吟望，见远近霜林，红紫黄绿，浅深浓淡，疏密间错，大开生面，因知虎丘之佳日在于深秋，而深秋之最佳处又在于山左，不徒藉离宫之壮丽，梵宇之巍峨，与夫浮图插云，穿碑耀日，以增胜概也。纱觉目存师、北固牟山人，皆精绘事，一日同游，为余写照，作《秋山倚杖图》，自题十四韵，亦欲为虎丘写照耳。"

纱觉目存师即上睿和尚，画家。

北固牟山人，待考。

许志进作《题南村秋山倚杖图五首》："曾管罗浮四百峰，看云常住列仙宫。江东风月无人领，正好秋山著此翁。""两洞庭宽烟水明，扁舟笻竹往来轻。十年范蠡携家路，相伴夷光过此生。"_{时携家住六浮山庄}"断肠秋色恣闲游，黄槲丹枫绘虎丘。病起相如厌车马，青鞵竹杖尽风流。""啸傲云山雪满腮，难消仙骨与仙才。十洲五岳书相问,石屋何年归去来。""天上神仙有官府,人间岁月碍清闲。洞天云壑堪娱老,我亦因君欲买山。"(许志进《谨斋诗稿》"乙未年稿")

作《曝书》诗。

"服官三十载,万里弛舟车。舟车何所载,惟此一楼书。长男恸早逝,手泽空对诸。幼儿与诸孙,懒读饱蠹鱼。廿年五播迁,容膝无安居。卷帙多散失,聊复存其余。今朝强登楼,晴光射窗虚。展曝示珍惜,把卷增欷歔。"(《集》第316页)

作诗赠沈一诚。(《集》第316页)

沈练师,按题下自注:"吴人,名一诚,号心斋。幼失母,因为黄冠,渡海寻访。貌清癯。工诗。"

腊月初三日,雷雨,有诗。(《集》第316页)

作《书意》三首。(《集》第317页)

作叙事诗一首寄许遇。(《集》第317页)

许遇即许真意,时任长洲令。

除夕守岁,有诗。(《集》第318页)

康熙五十四年乙未(1715) 六十五岁

正月初一日(1715年2月1日),立春,晓起见雪,有诗。(《集》第321页)

正月初七日,江苏布政使牟钦元未能如约见访,有诗。(《集》第321页)

东山方伯即牟钦元,字东山,奉天汉军正白旗,监生。康熙五十三年任江苏布政使。历官以廉达著称。学问该洽,诗尤裁伪亲雅,书翰亦得晋人风格,艺苑咸推重之。后晋太常寺卿。

初春,赴渔洋湾看梅,归途遇故人萧旸。(《集》第321页)

萧旸即萧冶堂。

渔洋湾,渔洋山在太湖之滨,是吴中名胜。

作《题惠山寺竹炉诗卷后》。(《集》第 322 页)

惠山寺、第二泉,均为无锡惠山名胜。

以家乡风味黄芽菜款待老友年钦元。(《集》第 323 页)

作《花下柬友人》诗。(《集》第 323 页)

作《玉兰酥》四首。(《集》第 323 页)

许志进有《玉兰酥和南村》一首:"牡丹落蕊牛酥炙,煮鹤烧琴傚大苏。偶向新诗征食料,朵颐兼为玉兰酥。"(许志进《谨斋诗稿》"乙未年稿")

雨后过姚陶别墅,主人留饮,张灯赏牡丹,有诗。(《集》第 323 页)

作《题画箑赠人》诗。(《集》第 324 页)

查山主人张士俊索诗题画。

《查山主人索题小画 即绘所居水周林也》:"古木散清阴,茆茨一径深。露荷朝泻玉,风竹夜敲金。洗琖知微醉,凭阑定苦吟。扁舟人似我,鼓棹远相寻。"(《集》第 324 页)

查山主人即张士俊。水周林为张士俊园第。张云章有《水周林记》。

至淮安,作《淮上旧居晚凉漫兴二首》。(《集》第 324 页)

友人杨淇益去世,赋诗悼之。

王煐《哭杨广文二首》:"久从京洛识元方,嗜学耽吟早擅长。谦德正宜膺厚福,冷官偏不上岩廊。世居枚里持风雅,更筑椿楼密退藏。屈指别来逾两岁,深埋玉树最堪伤。""晨星落落几知音,两世论交分最深。方羡青苍松柏劲,岂期摇落雪霜侵。伤心过墓徒悬剑,恸绝登床欲碎琴。絮酒酹君知不饮,生刍一束奠碑阴。"(《集》第 325 页)

按杨广文即杨淇益,淮安山阳人,县学教谕,筑大椿楼。(《淮安河下志》卷六,宣统《续纂山阳志》卷十四)余待考。从"两世论交分最深""久从京洛识元方"等句看,二人乃故友挚交。

作《题孙啸山柳港纳凉小照三首》。(《集》第 325 页)

孙啸山,待考。

寄诗刘廷玑,索要希夷酒。(《集》第 325 页)

王煐《寄刘葛庄观察索希夷酒》序:"偶过陈广文饮稀'熬酒',云是淮徐观察所惠,因赋长句四首寄葛庄使君。此酒本名希夷,俗人误呼'稀熬',遂习而不察,今欲与葛庄正之。用索和篇,以广传诵。王屋曾道士云,此酒造自华山陈处士,故以得名,如世之称'东坡羹'也。"

按刘葛庄观察即刘廷玑。

华山陈处士即陈抟,字图南,号扶摇子,五代道士。晚年居华山。精研《周易》,著有《无极图》《先天图》《指玄篇》。其学为周敦颐、邵康节所继承发展,对宋代理学颇具影响。宋太宗极为礼重,赐号"希夷先生"。

作题画诗二首。(《集》第 326 页)

赋诗寄方外交纪荫和尚。(《集》第 327 页)

夏,湛真寺纳凉,分韵赋诗。(《集》第 327 页)

湛真寺,淮安名寺,康熙帝御题匾额。

友人许志进简乞酿酒之方,有《简南村乞酿酒方》诗二首:

"北酒味高莲叶露,南王酿美太和春。就中曲蘖饶珍秘,乞与酺糟一辈人。"

"希夷句好入新谭,五美清香滑辣甘。别有东坡真乙酒,肯将酿法教江南。"南村饮中州希熬酒而甘之,名曰希夷先生。(许志进《谨斋诗稿》"乙未年稿")

畿辅多名酒,而宝坻酒莲叶露、太和春香醇味长,友人许志进索取酿酒之方,赋诗答之。(《集》第327页)

许志进有《和南村答余乞酿法元韵二首》:"酒徒艳说是山阳,秸向闲里醉几场。闲里光阴人易老,醉中天地路偏长。但求家酿师光禄_{南村初官光禄,主酿酝署},那羡黄封启帝觞。一勺沟村乡味美,九州历遍未能忘。""研馨捣辣入新方,第一先教曲蘖良。洁以莲峰香雪拟,清方金掌露华强。预期酿熟留宾饮,兼诩时需向妇藏。斟酌太和元气在,酒泉封处亦吾乡。"(许志进《谨斋诗稿》"乙未年稿")

为岳宗和尚小照题诗。(《集》第328页)

岳宗大师即灯岱(1667—?),字岳宗,桐城人。张廷玉外家姚氏子。少业儒,侨居白门。性喜佛教,遂剃度于句容西来寺国公。后至淮阴,挂锡湛真禅院,从师传遐。康熙四十七年(1708)圣祖南巡,与湛真住持朗公同往接驾。朗公示寂,灯岱遂主法席。开堂说戒,名动远近,文人达官咸与结交。研求法藏之暇,亦喜吟诗。词清致逸,纯任自然。著有《妙叶堂诗钞》。

新秋,纳凉资敬堂观荷,有诗。(《集》第328页)

资敬堂,许志进堂名。许志进《谨斋诗稿》康熙刻本即标明"资敬堂藏版"。

许志进《新秋一日招南村参宪全菴侍中田叔司马襄远舍人晚耘博士槎客参军醒菴孝廉暨家弟仲抡枢臣集资敬堂赏荷分赋五言六韵得八庚》诗:"荷气满中庭,香多暑气轻。花迎秋日丽,叶捧露华明。命酒依良樾,题诗集众英。冷如仙掌吸,狂任碧筒倾。色映红儿醉,裳纫楚客清。因歌采莲曲,更想涉江行。_{时将渡江}"(许志进《谨斋诗稿》"乙未年稿")

作《席上再拈得文字送段侍卫假归虔州》。(《集》第329页)"

段侍卫，即段志熙，字百惟，河南济源人。工部侍郎国璋曾孙。以荫生职历郎署，出守沅江。历官江西盐驿道，康熙五十年(1711)任分巡赣南道据赣州府。志熙早年应做过侍卫，与王煐是旧相识，故以旧称呼称之。虔州即赣州。

作《客有见余希夷酒诗讶谓嗜痂者示二断句》二首。(《集》第329页)

秋，曝书，见王立安遗墨，感而赋诗。(《集》第329页)

作《题程用学小照》诗。(《集》第330页)

程用学，待考。

九月初八，其妾所生子辰儿病亡。九月十一日，有诗悼之。(《集》第330页)

十一月十七日，大雪节后五日，冬至前十日，有雪，闻雷，赋诗。(《集》第330页)

腊月，自淮安赴苏州，途经宜兴，有诗寄名画家蒋宗林。(《集》第330页)

按蒋玉持即蒋宗琳(1662—1722)，字玉持，江苏宜兴人。以工篆隶，善绘画闻名，所作白描观音像于云际飘渺之态尤为人称道。

腊月，无锡、苏州道上，赋诗寄太平府知府李循吉。(《集》第331页)

李太守循吉即李敏迪，字循吉。高阳(今属河北)人，前明中极殿大学士李国榰(谥文敏)之曾孙，清初光禄大夫太子太师户部尚书保和殿大学士李霨(谥文勤)之孙。康熙四十年至五十年任太平府知府。曾增修《太平府志》。

本年，许志进有《饮莲叶露酒因怀南村二首》。

"清露浥莲叶，供我酿酒方。闲房闭曲糵，风露滋鹅黄。酝成及良辰，绕瓮浮新香。馋涎生渴吻，一勺争先尝。清和澡肺腑，玉液澄天浆。芳馨兼滑辣，屡酌空壶觞。饮食念所自，怀君天一方。歠此公瑾醇，功德殊难忘。"

"南酒苦下劣，北味殊清真。沧州性稍严，德水颇近醇。吾乡腊月黄，笑此梨花春。洵阳乡中水，味美乡中人。_{南村评酒云然}酿法肯相传，不数天厨珍。红莲渭浩露，觞咏同萧晨。酿熟君不来，辜负梅花新。"

此二诗未知作于本年何时，姑附于此。

本年，正月二十二日，蒲松龄逝世。（《蒲松龄年谱》）

蒲松龄（1640—1715），字留仙，一字剑臣，号柳泉，世称"聊斋先生"，自称"异史氏"，山东淄川蒲家庄人。出生于败落的中小地主兼商人家庭。十九岁应童子试，接连考取县、府、道三个第一，名震一时。补博士弟子员。以后屡试不第，直至七十一岁时才成岁贡生。一生除了应同邑人宝应县知县孙蕙之请，为其做幕宾数年之外，主要是在本县西铺村毕际友家做塾师，舌耕笔耘，近四十二年，直至康熙四十八年（1709）方撤帐归家。享年七十六岁。创作出著名的文言文短篇小说集《聊斋志异》及其他著作多种。

本年，顾贞观在故乡病逝，终年七十八岁。

顾贞观（1637—1714），原名华文，字远平、华峰，亦作华封，号梁汾，江苏无锡人。明末东林党人顾宪成四世孙。康熙五年举人，擢秘书院典籍。曾馆纳兰相国家，与相国子纳兰性德交契，康熙二十三年致仕，读书终老。贞观工诗文，词名尤著，著有《弹指词》《积书岩集》等。顾贞观与陈维崧、朱彝尊并称明末清初"词家三绝"，同时又与纳兰性德、曹贞吉共有"京华三绝"之誉。

康熙五十五年丙申(1716)　六十六岁

初春,赋诗和闰人。(《集》第331页)

初春,友人张松岩去世,赋诗悼之。(《集》第331页)

张松岩疑为张瑗,字蓬若,又字静庵,号松岩,安徽祁门人。康熙三十年(1691)会元,殿试二甲五名,改庶吉士,授编修,历官江南道监察御史,以建议铲除明代魏忠贤墓为人所称。能诗文,善书法,有《宝廉堂集》《三礼会通》《潜虬斋稿》等。

春,送友人游湘汉。(《集》第331页)

三月下旬,将远游,临行,祭故友顾小谢墓,赋诗道别。至是,寄居顾小谢别墅七年之久。

王煐《余自戊子腊月假寓顾氏山庄忽逾七载清明后行将远游以酒浇小谢先生之墓而为诗以别之》:"久借山斋作寓公,此中迹有谁同。古人风义遥堪慕,张范交期善始终。""岂恋梅花住七年,春来欲别倍凄然。故人泉下能知否,絮酒重来酹墓田。""共知身后联姻娅,谁识生前比弟兄。他日重来儿女长,肯因存殁久寒盟。"(《集》第332页)

友人梁穆新任苏州知府,以诗代简,表达欣喜心情。

王煐《山居八载行将楚游喜梁敬仲调守吴郡诗以代束》:"铜井峰前西崦西,鹪鹩偶借一枝栖。身为寓户蒙骈覆,心喜重逢慰隔睽。窃慕澹台稀至室,非同仲孺远携妻。省畔行郡梅开后,倘过山家饭黍鸡。""东阁曾窥忆旧恩,欣从伯仲和篪埙。半生落落晨星散,千里寥寥旧雨存。殊眷新承封大郡,荣光远映到山邨。楚江鼓棹归来日,情话挑灯更细论。"(《集》第332页)

梁敬仲即梁穆（生卒不详），字敬仲，号改亭。直隶真定人。清标孙。康熙二十四年贡生，官袁州府同知，擢苏州知府。著《列翠轩诗》。

作诗向老友许遇道别。（《集》第332页）

与友人雅集虎丘姚氏别墅赏牡丹，赋诗。（《集》第333页）

春夏以后患耳鸣，赋诗自嘲。（《集》第333页）

初秋，患疟疾，推迟湖北之行。赋《遣疟吟》四首。（《集》第333页）

王熯《遣疟吟 有序》："余自己丑至丙申凡五患疟，皆在秋月。兹于中元之夕，以山泉一盂，杏浆一盏，甘瓜、雪藕、莲房之属，设饯于虎丘，而为诗以遣之。"

写信告知刘殿衡推迟湖北之行事，并赋诗十首，叙述乡情。

王熯《寄刘中丞十首 有序》：序："余自壬午仲春与玉伯中丞判别计十五年矣。萍踪久泛，鸿迹屡移，良觌难期，感慨易系。丙申初秋，将买鄂渚之櫂，复以病疟羁滞行期，先寄短缄，兼赋长句，述德叙情，聊当晤语。"

诗："一别惊心十五秋，几回引领独登楼。云霄喜见为霖雨，道路随呼应马牛。鸿足有时思寄素，渔几无事学垂钩。怀人今古情同切，每笑山阴雪里舟。"

"最忆乡园弱冠时，五陵裘马尽英姿。诗坛善谑争分垒，_{忆以梨园色目互相比拟，以为笑乐}酒陈称雄各树旗。夜拥红儿听艳曲，朝擎黄鹘猎寒陂。掉头四纪真如梦，落落晨星剩斗箕。_{都下邑中亲友零落殆尽。}"

"粉署联镳各妙年，君家兄弟最翩翩。朱陈桑梓兼姻娅，王谢声华拟后先。胜地赏花裁丽句，良宵得月列长筵。竹林嵇阮俱徂谢，重过黄垆一怆然。_{伤豫庵亲家之逝，曹宾及舍人、姚注若郎中，并当时座客物故者。}"

"壮岁承恩各异方，燕秦蜀越几分张。自伤骨肉分门户，更遇风波起庙堂。通道古今惟鲍子,尚知天壤有王郎。因君愈抱无成愧,继述前徽独显扬。"

"儿非玉润愧冰清,两娶高门作馆甥。年少悼亡因致疾,多忧中岁惜伤生。膝前虽喜芝兰茁,头上堪怜霜雪盈。宅相有占虚厚望,未知何日为君成。"

"东海扬尘水变田,诛茅荷锸四经年。岂知天意非人料,竟有庸流貌大贤。腐鼠那堪鹓共啄,枯株宁待兔为缘。遗安深味先民语,敢惜儿孙困眼前。余曾命儿辈认垦山阳湖田,嗣以讼风大作,尽弃之。"

"踪迹频年寄五湖,旧游重到半荒芜。故人喜得佳儿育,有约将为弱女夫。亡友顾小谢遗腹子,余许以第五女字之。久寓梅花乔作主,新栽橘树未成奴。春来素友如相访,鸡黍新篘酒一壶。"

"中表南来自汉江,秋宵剪烛坐山窗。述君古谊高无匹,笑我雄心老未降。放浪半生疏故旧,因循十载别乡邦。它知善病兼真懒,欲往曾无羽一双。芮式之表兄自楚来吴,备道君关念之殷。"

"自笑顽夫老更顽,髭髯白尽不须删。水无陶岘舟三载,陆少梁鸿庑一间。酒满且容今日醉,囊空赢得半生闲。莫论大隐兼通隐,却合巢由不买山。"

"捡点图书整客装,吴头楚尾路非长。鲤函先寄书盈尺,蚕纸重题诗数章。黄鹤楼前江似练,晴川阁外月如霜。到时一醉相忘老,共学儿童笑几场。君留芮式之表兄候余数月,拟于到日作忘老之会,以仿旧欢。"(《集》第334页)

按玉伯中丞即刘殿衡,时任湖广巡抚。

注若郎中即姚士塈,字注若,号鲁斋。明崇祯九年生,清康熙十二年卒,年六十八。桐城人,文然长子。画笔苍润,秀气可挹,格与羹湖略近。著《兹园诗集》。

曹宾及舍人即曹鈖。

芮式之表兄即芮钰，字式之。通晓经术，有肆应才。历判安庆、松江、重庆三府，分符佐理，上下咸爱重之。钰尝训其子侄云："余由皖江入云间，沂古巴子国，足迹经万里，风土既殊，人情亦异，而所在辄安，未尝一失权于上下间者，由待人信而处己谦也。"其居乡，浑浑不露圭角，卓然大雅，后进奉典型焉。（乾隆十年本《宝坻县志》"政绩"）

豫庵亲家，当为顾小谢。

这组诗，表明如下史实：

一，"最忆乡园弱冠时，五陵裘马尽英姿"，王焴与刘殿衡在幼时即为好友，度过了快乐的少年时光。壮岁各赴异地为官，致使十五年未能见面。

二，"朱陈桑梓兼姻娅，王谢声华拟后先。"王刘两家有姻亲之好，皆为宝坻名门，可称门当户对。

三，"粉署联镳各妙年，君家兄弟最翩翩。"刘殿衡有兄刘殿邦，有弟刘殿飏，皆有才。殿邦由贡就铨；殿飏不仕，优游林下，治家有法度，慷慨好施，排难解纷，有口皆碑。嘉言懿行，见之《宝坻县志》。

四，"儿非玉润愧冰清，两娶高门作馆甥。"王焴之子王立安，两娶刘氏女，惜皆早逝。幸孙辈芝兰茁壮，聊慰老怀。

五，在淮安，王焴曾"命儿辈认垦山阳湖田，嗣以讼风大作，尽弃之。"

六，将第五女许配故友顾小谢遗腹子。

七，芮式之表兄自重庆来，告知刘殿衡消息，才有了赴湖湘一游的打算。

为友人小照题诗。（《集》第 336 页）

原拟游虞山，因连日风雨，未果。小晴，与友人近游花山，有诗。

王煐《风雨连日阻虞山拂水之游小晴偕许给谏程文学访花山湘公不值憩竹亭听文上人弹琴同赋二首》："积雨胥江涨，连朝阻胜游。挐舟虚远约，蜡屐问崇丘。松径深无暑，泉声冷荐秋。莲花遥入望，磐石少淹留。""登临偕胜侣，不觉路岩嶤。倚杖凌风栈，停桡矗月桥。支公余讲席，许掾想风标。竹院茶烟细，琴声破寂寥。<small>寺为支道林道场，故山门内塑师遗像及许掾像，俗人误谓纯阳真人，可笑也。</small>"（《集》第336页）

许给谏即许志进。

程文学，即程简，字尊一，号逸园，吴县人。著有《碧梧棲偶刻》。生平待考。

湘公即纪荫。

文上人，疑为文点。

晚过上沙，小饮陆氏庄园桂花下，有诗。（《集》第336页）

陆氏山庄疑为陆澋庄园。

七月十八日，应友人许志进之邀游览支硎名胜。许志进有诗七首记其事。

许志进《尊一招同紫裪放舟枫泾邀文师携琴同叩慈云庵访张姬消息篮舆登岭访支硎诗僧需亭不值坐绿竹轩听文师操乌夜啼一曲却并吴坟探桂小憩法螺庵转化成听寒山雪瀑入定山寺观古梅因拉霜洲大师同上空谷亭望上方诸山暮下天平小岭游上沙陆园而饮尊一新堂夜半别去回船作七律为寄诸寺诗附焉时七月廿八日也》："朝发金阊船，骅骝仍虎嘹。诗人有佳招，复作支硎游。天清秋气高，竹木陂塘幽。轻舠十余里，水冷江枫稠。窈窕携琴僧，碕岸同淹留。一菴转潆壑，虚室占清修。美人消息沉，怅望凝双眸。床帏换纨罗，枕席恣夷犹。十年阳台梦，冶思慈云收。空令白发客，为尔心悠悠。感兹幻泡缘，如对雍门周。山翠远相迎，且纵沙棠舟。

张姬,南村故人。"溪流回曲港,山桥碍游舫。花外走篮舆,轧轧平头壮。挂琴复载书,林莽绝尘坱。蹒跚陟遥岭,奋袂云霄上。秋色染晴岚,妩媚剧难状。冷翠挹须眉,烟光迷洸漾。诸峰一莲花,瓣瓣攒青嶂。长松十万梢,挺立互争让。高栈迥凌风,巨石列横障。林峦面面殊,旧识征难忘。琳宫开翠岩,仿佛支公创。台殿郁崔嵬,十载重游畅。清阴泠竹房,禅老知何向。""幽情写萧槭,逸兴寄瑶琴。清清云壑思,泠泠山木音。佳人怨遥夜,乌乌啼空林。山僧方少年,已证闻思心。感兹空寂意,尘想消烦襟。舍琴遵川陆,杂树鸣秋浔。素叶绘丹黄,桂栗香森森。茶果法螺筵,木石寒山岑。孤亭俯飞雪,冷响知山深。凭吊天水翁,烟草同销沉。空山留胜迹,风雅杳追寻。何不调冰弦,一和哀蝉吟。""支公爱禅定,遗迹留巉岩。我寻白马踪,来听松枝谭。入门两古梅,挐攫临秋潭。岂其道林植,千载依瞿昙。岁寒冰雪姿,铁干横烟岚。山僧亦诗流,揖我双树南。相邀坐磐石,饼软兼茶甘。云壑相勾留,何时结茅菴。伊人自空谷,泉石娱清酣。言登木杪亭,纵眺天水涵。金庭隔左神,拟挟飞仙探。山高日欲瞑,吟望兴方耽。此游得已多,不去毋乃贪。""携僧陟天平,落日下烟岭。林林万笏立,矗矗千夫挺。松阴有高坟,清风映重冥。云山传老范,陂田余百顷。高谊今何人,纲常手为整。山外灵岩寺,孤塔卓高影。响屧望西施,翠黛鬈以靓。丰碑表蕲王,墓道秋山泠。人言吴泰伯,古隧迷幽圹。感念吊兴亡,今古意耿耿。山僧莞一笑,令我发深省。快访名园路,曲折寻箕颍。一经木樨香,临风默自领。""名园当谷口,一水纡以曲。到门松桂长,香气袭衣服。小桥穿碧沼,虚堂荫修竹。回环八九处,幽胜悦心目。楼因听雨开,亭为观荷筑。茅茨学田野,藏春搆金屋。主人定何如,令我叹幽独。一编韦苏州,却对深花读。兴来呼尊酒,斟酌对寒绿。佳山与名园,是处堪留宿。何事却回桡，晚兴恋岩麓。""停船理清游，得此山水乐。登顿亦云劳，诗思满云壑。新堂邀尽醉，灯烛照帘箔。主人兴不已，洗盏还更酌。订为十日留，深山事磅礴。铜坑邓尉间，桂海香绎络。我行殊匆匆，惆怅向林薄。山僧惜分手，为我操别鹤。子乔飞仙凫，言向金陵郭。萍踪感聚散，把酒思转恶。名山岂不怀，夙志渺栖托。攘攘叹尘缘，几度伤离索。此游留未尽，待践探梅约。"（载许志进《谨斋诗稿》"丙申年稿"）

八月，作《月夜虎丘即事》诗。（《集》第337页）

九月三十日，自题《秋山倚杖图》兼为虎丘志别。（《集》第337页）

题樊潜庵《沧浪濯足图》。（《集》第337页）

按樊潜庵即樊庶，字潜庵，监生，扬州人。康熙四十二年至五十一年间任临高县知县。为官清廉不苟，勤政爱民。多惠政。光绪《琼州府志》卷三十一《官师·宦绩》有传。誉其"清廉明洁，百废具举，实惠及民，为近日循良之首"。

题《渔庄秋钓图》。（《集》第337页）

题谢笴亭《戒茶诗册》。（《集》第338页）

谢笴亭，待考。

十月，与顾嗣立、郭元釪等友人雅集。

顾嗣立有《箕斋席上食熊白效山谷体同王观察紫诠郭徵士于宫作》："熊白如血肤，光彩照匕箸。寂寥寒灯下，仿佛美人遇。京师逼关东，食物岁莫聚。飞鳞割丹腮，夕羃熻锦羽。燀酷和姜桂，染指易牙妒。委彼刘将军，所欲吾已素。臑膰颇得法，不逢晋侯怒。此味独未尝，我友亲治具。鸾刀截玉肪，翠盘擘茧絮。小童倚屏风，酒力若神助。隔帘弹琵琶，切切为谁诉。故乡多风物，口腹几番错。罢饮望江南，饭香梦归路。"（顾嗣立《闾邱诗集》卷二十四）

送郭元釪北上，赋诗呈都中诸老友。

王煐《送郭双村供奉北上兼呈都下诸同人》:"束发文坛早著声,笔锋铦利气纵横。戏题艳句追温李,许我深宵剪烛评。余初于友人斋头读君诗,遂定交焉。""扬州旧梦十年前,醉里听歌密意传。更索新诗出纨扇,赏心红艳一枝鲜。美人扇头桃花一枝,绘染最工,余题句,君亦属和。庚辰旧事也。""帝京同踏九衢尘,九日分题命意新。名辈诗成盈卷帙,惟君格律最嶙峋。""才华十倍丕能过,不信持衡能厄君。敝屣科名擅词赋,千秋李杜有余芬。""十载忠勤结主知,青衫珥笔侍彤墀。行看及第承恩宠,天子门生莫怅迟。""粉坊街畔送余行,握手依依故旧情。泃酒冰鱼题句客,萍分星落可怜生。戊子春,余出都南来,同人设饯于粉坊寓馆,咏泃酒冰鱼诗,座中杨晚妍(研)、顾侠君解任,查夏重、德尹前后以病请假归里,而史蕉饮、周桐野遂已下世,念之不觉怆然。""九载欣逢健在身,路分南北暂逡巡。时余亦将楚游。非关诗酒生留恋,老去交情一倍真。""烦君声口达亲朋,道我三无七尚能。尚能健饭、饮酒、登山、临水、吟风、弄月及生子,但居无数椽,畊无寸田,囊无一钱耳。秋以为期定相见,须眉添得雪鬖鬖。"(《集》第 338 页)

按郭双村供奉即郭元釪。

杨晚妍(研)即杨中讷。

顾侠君即顾嗣立。

查夏重即查慎行。

德尹即查嗣瑮。

史蕉饮即史申义。

周桐野即周起渭。

冬,自仪征乘舟赴金陵,江中望栖霞山,有诗。(《集》第 339 页)

岁暮,过宏济寺,见曹寅题壁遗墨,感而有诗。(《集》第 339 页)

按宏济寺,今称永济寺。位于南京燕子矶,面临大江,缘崖结构,形势壮伟,是一座颇享盛名的丛林。

在此诗之后，有不知谁人序文，文佚失一半，仅前半部留存。照录如下：

"南邨居士者，浙东观察之所自署也。曷为署以南村？居邓尉之南，故曰南邨也。居士之作寓公者遍江淮矣，曷为耽以南村，以南村之山水于吴为极幽，于城市为极远也。不幽且远，于居士之胸次有不惬焉。既惬矣，而其浩浩落落之气不能不著之于诗，以诗能道人情也。居士之于诗，沉酣久，成集富，而芦中之吟，则自居南村始也。予曩在京邸，与居士诗酒往还数晨夕者久矣，今羁旅京江，又寻盟焉，纵我不往，居士实来，以南村之近也。居士以我为素心，我以居士为山长，虽数舍犹密迩也。予受其诗而读之，窃叹人生之升沉聚散为不常，而诗不得不因境而移也。始公之刺龙川也，冠罗浮，带南海，宜其诗浑沦而泱漭；继观察永嘉，在天台雁荡之间，则宜其诗盘郁而奇崛也；已而游于幽燕，仰帝都之壮丽，宫阙之嵯峨，因衣绣归故乡，令前驱负弩，起居堂上，抚视丘园，而又与友朋征逐高会，则宜其诗宏阔而乐易；及侨寓金陵，躬耕东海，得赋遂初有终焉之志，莳花灌园，乐而妄疲，则宜其诗潇洒而骀宕。今则又变一格矣，其见超其致逸，其声清以越，其情优柔而平，中如老僧（下缺）"

本年，许志进有诗数首与王煐有关，因不详作于何月日，姑附年末。

许志进《无题戏和南村四首》："可许兰舟著个侬，海棠挹露柳含风。梦从五夜孤眠得，事与三生一笑同。腾欲招游成怏怏，深怜此去太匆匆。鄂君绣被他得意，山木愁心写怨工。""石城思泛莫愁舟，江月芙蕖忆昔游。乍轸老奴新眷恋，长怀小玉旧绸缪。天河且订经年约，客路难为一晌留。膝上可怜云鬓乱，未妨三日不梳头。""破瓜碧玉小腰身,知是湘娥定洛神。月窟云峰看寂寞,风萍水柳恨清新。不妨妄语为真语,可得诗人傍丽人。西子五湖烟浪阔,空烦歧路访迷津。""阊阖重来又隔年,扁舟一叶兴茫然。听歌不向旗亭醉,挟瑟空调少妇弦。往事真挥邻女泪,清词合奏想夫怜。无题和就情多少,珍重平生半面缘。"

许志进《虎丘紫柏山房访紫裕副使读其哭少子及和钱夫人诗》:"剑池林壑暮烟昏,系艇垂杨向寺门。别院笙歌传树杪,上方钟梵出云跟根。烟霞痼疾人同癖,茶果清谈夜不喧。犹有香闺儿女恋,断肠诗律一销魂。"

许志进《绿水园雨中观剧醉柬紫裕韦斋其章文斗敬若尊一及家干始缵文兼调慧业雪老枫泾文师〈时王长史携女郎爱生谢司马携家伶宝生各擅一诗之胜故落句云云〉》:"绿水亭环亚字栏,芙蓉池锁碧琅玕。秋深树石含清影,雨洗笙歌入浅寒。豪士醉鏖觞政虐,美人曲艳酒肠宽。两雌各极迷离态,领取归航梦里看。"一作"妖韶错认摩登女,不是阿难不许看。"

此组诗,载于许志进《谨斋诗稿》"丙申年稿"。

本年,故友毛奇龄逝世,终年九十四岁。

毛奇龄(1623—1716),原名甡,又名初晴,字大可,又字于一、齐于,号秋晴,又号初晴、晚晴等,萧山(今属浙江)人。以郡望西河,学者称"西河先生"。明末诸生,清初参与抗清军事,流亡多年始出。康熙十八年荐举博学鸿词科,授检讨,充明史馆纂修官。寻假归不复出。治经史及音韵学,著述极富。有《春秋占筮术》《春秋毛氏传》等五十余种。文集合诗、赋、序、记及其他杂著有二百三十四卷。

本年,故友著名画家禹之鼎逝世,享年七十岁。

本年,《康熙字典》修成。

《康熙字典》收字四万七千零四十三个,在辨形、注音、释义、引例等方面,都比以前的字书完备、周密、合用。它的编排体例,采用《字汇》《正字通》两书行之有效的部首检字法,并将部首及部中字均按笔划为序,便于查阅。正如康熙帝在该书序言中所说:古今形体之辨,言声气之殊,部分班列,开卷了然。《康熙字典》的编纂,适应了国家大一统局面的形成,有利于文化的进一步发展。

康熙五十六年丁酉(1717) 六十七岁

三月,游湖北。

在武昌。

游黄鹤楼、鹦鹉洲。(《集》第343页)

三月十九日,经黄州、樊口、赤壁,有诗寄牟钦元。(《集》第344页)

王煐《赤壁舟中寄牟方伯 有引》序:"三月既望,东山将北归,约至齐安,同游赤壁西山诸胜。十七日,君因风利解维,余以事小留,次晨追送之,而风转逆;至三江口,折樯,不得过,十九日始达黄州,而君已挂帆长行矣。遂乱流过樊口,遍游武昌诸名迹。归经赤壁,值东下便舟寄此代柬。"

牟方伯即牟钦元,时任湖北布政使。

四月十五日前后,月夜游黄鹤楼,有诗。(《集》第345页)

四月二十日,巧遇自桂林游历而来的老友顾嗣立,同游红山寺。(《集》第345页)

四月二十日,顾嗣立有《二十日同王观察南村从汉口泛舟至望门山寻双溪上人因游水南渚兰若二首》。"远游成独客,异地忽同舟。白发都萧瑟,清江且宿留。浪攻铁锁穴,风打白沙洲。支遁茅斋下,新诗可散愁。""湖港通清泚,禅房洗郁蒸。客怀闲似水,夏景澹

于僧。鹦鹉悲才子,菩提说上乘。鹦鹉寺、菩提庵俱在水南。洪山游兴健,作待日东升。"(顾嗣立《闾邱诗钞》卷七)

双溪上人,疑为释天定,字双溪,又字秋圃,武昌人,余不详。牟钦元有《送双溪上人归黄山》诗。

红山寺即洪山寺,湖北佛教胜地之一。

此前,顾嗣立有诗赠刘殿衡。

顾嗣立《奉赠湖北刘中丞玉伯二章》:"鄂渚风清楚户碪,中丞雨露遍江浔。望连吴蜀声名震,地控荆襄鈇钺临。邪铤久经刚百炼,灵松长挺节千寻。西楼署月波光好,小队行厨费短吟。""当年青眼旧书生,使院重看剑戟明。十万亭台临汉水,三千组练照吴城。庙堂会见祥麟入,馆阁先闻幺凤鸣。愿解霜威霏玉屑,廿年契阔话灯檠。"(顾嗣立《闾邱诗钞》卷七)

五月五日,有江夏县金知县惠菊,赋诗谢之。(《集》第345页)

金定力即金廷襄,字定力,奉天人。康熙五十一年任通山县知县,好贤乐士,有惠政。入祀名宦。康熙五十四年调任江夏县知县。

作《题柴虎臣高士家传后》二首。(《集》第346页)

按柴虎臣即柴绍炳(1616—1670),字虎臣,号省轩,仁和(今杭州)人。少时博闻强记,工诗文,下笔辄数千言,自成一体,人称"西陵体",为"西泠十子"之一。明亡,隐居南屏山,以讲授著述为事,究心于音韵。康熙八年(1669)诏举不就。学问广博,于天文、地理、历法、礼制、乐律、农田、水利、兵制、赋役,无不通晓。著述宏富。有《省轩文钞》十卷,《诗钞》二十卷,《白石轩杂稿》八卷,《考古类编》十二卷,《古韵通》八卷等。

作《题睿上人孝思堂记后》。(《集》第346页)

睿上人,待考。

避暑江夏,在寓斋种竹三百株,有诗。(《集》第 347 页)

陈雪槎奉檄入吴,赋诗送之。(《集》第 348 页)

陈雪槎,待考。

作咏荷诗。(《集》第 348 页)

游鹿门山,作《鹿门三庞咏》三首。(《集》第 349 页)

鹿门即鹿门山,在襄阳境内。唐诗人孟浩然曾在此隐居。

在鹿门,作诗咏孟浩然。(《集》第 349 页)

往均州,道上有诗。(《集》第 350 页)

均州即今湖北省丹江口市,原址在丹江口市均县镇关门岩附近。旧城淹没于丹江口水库。均州境内名胜古迹甚多,以武当山为最有名。

游武当山,沿途有诗。

《下玉虚岩过留云洞寻瀑布不得》。(《集》第 350 页)《自复真观取路琼台登天柱峰》。(《集》第 351 页)《登岳》。(《集》第 351 页)《隐仙岩赠雅高士 亳州人游山至此遂弃家不归》。(《集》第 351 页)

自武当返襄阳,过习池,有诗。(《集》第 352 页)

习池,又名高阳池,位于湖北襄阳城南约五公里的凤凰山南麓。自汉晋以来,就成了襄阳的游览胜地,是襄阳最早的园林建筑群体。在私家园林史上有著重要地位,被《园冶》奉为典范的"私家园林鼻祖"。

游岘山,有诗。(《集》第 352 页)

岘山位于襄阳城西南,东临汉江,与一水相隔的鹿门山形成东西对峙,严如扼守在江汉平原北部的两扇大门。有杜甫墓。

九月九日,由当地官员陪同游览隆中。

王煐《九日郧襄壖观察襄阳甘太守暨程扈两大令同游隆中作》:

"先生耕南阳,闻达非所计。缘感三顾诚,遂结鱼水契。殚心报知己,鞠躬而尽瘁。势局天限之,三分成鼎峙。徒抱王佐才,未遂中兴志。大星陨中夜,筹策谁能继。士为知己死,千载仰高义。隆中君故庐,异代肃祠祭。中堂瞻遗像,凛凛有生气。仲达此际逢,尚应三舍避。管乐奚足比,伊吕洵昆季。我归自崟山,汉渚偶停柂。今晨值重九,朋好约游憩。神应爱佳客,天宇转晴霁。灵风如送迎,落叶响庭砌。"《集》第352页)

按郧襄璩观察即璩廷祐,字受兹,济源人,康熙三十年(1691)进士,授江西建德知县,行取福建道监察御史,外转湖北郧襄道,旋升京堂,以目疾致仕。

襄阳甘太守即甘国奎(又作甘国煃),号鹤野,汉军正蓝旗人,康熙五十四年任襄阳知府。有才略,雅好经史,摄建德篆,值大造编审丁口,亦有惠政云。事具《严州府志》卷十三。

程扈两大令,指南漳县知县程于信,谷城县知县扈际兴。程于信,江津人,康熙三十八年举人,康熙五十七年任南漳县知县。扈际兴,钱塘人,余不详。

重返鹿门,再咏孟浩然。(《集》第353页)

赴黄冈访故友陈大章。(《集》第353页)

陈仲夔即陈大章(1659—1727),字仲夔,号雨山,陈亿之子,湖北黄冈人。少侍父官粤,交梁佩兰、陈恭尹,工诗古文。康熙二十七年(1688)进士。改翰林院庶吉士。以母老乞归,筑室松湖,闭户读书著述以终。大章深于毛诗,著有《诗传名物集览》一百卷,凡三易稿乃成,可为博物多识之助。又有《玉照亭诗钞》《北山文钞》《抱节轩类记》及《读史随笔》等。

陈大章有《读忆雪楼诗》:"石峻峰高白鹤孤,清香画戟接仙衢。

把君卷里新诗伴,是我年时旧酒徒。子日光生横榔栗,西湖水暖荡鸥凫。锦囊繙把长相忆,千载何人继大苏。集中诗多和苏韵。"(《玉照亭诗钞》卷十五)

陈大章又有《寄王紫诠宪副》:"当年误计着儒冠,长忆青霄接羽翰。花底听莺怜子夜,风前并马出金銮。云泥过眼荒尘劫,岁月如流抵漏残。只有故情消未尽,䐉随残梦落江滩。"(《玉照亭诗钞》卷十五)

陈大章又有《次韵王紫诠过访寒夜即事之作》:"帘栊槭槭护深更,执手尊前几醉醒。往事尽输双鬓白,残年犹共一灯青。寒皋木落霜侵榻,古屋云堆月照棂。击罢铜壶天欲曙,乱鸿无数响遥汀。"(《玉照亭诗钞》卷十五)

陈大章又有《题焦麓涤铭图为王紫诠》。(《玉照亭诗钞》卷十五)

陈大章又有《谏紫诠》:"云海参差退鹢飞,纷纷荣悴竟何为。浪游自暑无心子,失意休干雕面儿。四壁灯光疑笑语,一囊縑素见须眉。工文好事真成癖,半是轻狂半是痴。"(《玉照亭诗钞》卷十八)

陈大章又有《酬王宪副见赠》:"玉堂名阶冠蓬莱,咳唾随风落九垓。职领东垣高夕拜,口衔天语出行台。三峰秀色从空下,万派江流底柱廻。输挽东南民力竭,待敷甘雨话枯荄。""主计岩疆用大贤,遗簪敝履荷陶甄。久摒臃肿成长物,虚费般输采尺椽。台斗望高金铉重,江湖秋老白鸥眠。骊珠满握惭投报,独对衡茅思惘然。"(《玉照亭诗钞》卷二十)

作《双溪大师索题入山图复以筇竹易余茶条率书三断句》。(《集》第353页)

双溪大师,即释天定。

有诗赠方外友道源。(《集》第354页)

十月,有诗赠友。(《集》第354页)

作诗留别江夏知县金定力。(《集》第354页)

冬日，偕耕石孝廉、月樵大师过南溪茶话，有诗。(《集》第355页)

月樵大师即释学让，字月樵，江苏吴江人。吴中积善寺僧。后主南浔东极乐庵。著有《后谷诗集》。

留别故友杨远卿，有诗。

《留别杨远卿观察》："三纪相亲若弟昆，惊心岁月去逡巡。朱颜我向愁城改，华发君从宦海新。鄂渚重逢同把酒，吴江归去独垂纶。分甘投辖浑无倦，真觉交情老更真。""粉署含香少壮时，君才磊落我欹崎。山陵扈从班行近，风雪间关队仗迟。粤峤滇疆鱼雁隔，江云渭树梦魂驰。明朝解缆乘流去，回首烟波又路岐。"(《集》第355页)

按杨远卿观察即杨懋绍，义州人，时任湖北驿传监法道。曾任云南武定府知府。从"粤峤滇疆鱼雁隔"句看，王煐出任惠州知府时，杨懋绍正在云南，二人为京中故交，曾一起扈从康熙皇帝祭祀东陵。远卿，其字或号也。

冬，有《纪梦》二首。(《集》第355页)

有《衡岳》诗。(《集》第356页)

按衡岳在湖南衡阳境内。王煐此次出游湖北，游览了武昌、随州、襄阳、黄冈等地，时间、线路都很清楚，似未能远赴衡阳，则此诗乃"想像"之作，与《纪梦二首》相似也。

冬，赋诗留别随州翟知州。(《集》第356页)

按翟随州即翟枚吉，秀水人，议叙，知随州，严保甲，贼至即知踪迹。康熙五十四年四月，流民万某诈称能致神兵，聚众为乱，烧民庐舍，持梃刃大噪，径趣州城。枚吉将左右数十人出，大呼："百姓勿怖，从我立取贼！"民聚马首数千人。枚吉驰入贼中，叱从骑缚其魁六七人，曰："贼已得矣，汝曹皆胁从不问。"须臾，贼众皆散。

赋诗留别故友柴胥山。

王煐《留别柴胥山》："西子湖亭几素心，廿年旧雨散纷纷。庚辰初夏与胥山定交湖上，时朱竹垞、仇沧柱、毛大可、毛会侯俱在座，今四先生已物化矣。春前曳杖君逢我，腊后维舟我别君。湘汉悠悠催去棹，云山黯黯带斜曛。加餐共勉身常健，未惜他乡手暂分。"（《集》第356页）

柴胥山名世堂，柴绍炳之子。字陛昇，号胥山，浙江仁和人。生平不详。雍正二年举孝廉方正时已年逾花甲，固辞不就。有《胥山诗稿》二卷。柴胥山是杭州人，此时似客居湖北。

朱竹垞即朱彝尊。

仇沧柱即仇兆鳌（1638—1717），字沧柱，一字知几，自号"章溪老叟"，浙江鄞县人。康熙二十四年进士，选庶吉士，授编修。四十三年以所著《杜诗详注》受知于圣祖，数年中历擢侍讲学士、侍读学士、内阁学士、礼部侍郎、吏部侍郎，五十年病休。少从黄宗羲游，论学以蕺山为宗。及贵，李光地、陈廷敬、张玉书皆在内廷，相与讲贯，益以理学自任。所著《杜诗详注》二五卷、附编二卷，《四库全书总目》卷一四九提要以为"援据繁富，而无千家诸注伪撰故实之陋习。核其大局，可资考证者为多"。生平事迹见自编《尚友堂年谱》。

毛大可即毛奇龄。

毛会侯即毛际可。

在黄州，与钟县令夜话，有诗。（《集》第356页）

按诗题中钟大令即钟苇，字一苇，萧山人，康熙五十四年任湖广黄冈令。凡修学宫、立义学、置学田、设义冢，皆捐俸为之，黄冈人立祠以祀。（乾隆十六年《萧山县志》）

冬，沿长江顺流而下，经九江，望庐山，有诗。（《集》第357页）

雪中登浔阳楼，有诗。（《集》第358页）

按浔阳楼位于九江九华门外长江之滨。浔阳楼之名最早见之于唐代刺史韦应物的诗中。随后，白居易在《题浔阳楼》诗中又描写了它周围的景色，而真正使浔阳楼出名的是古典名著《水浒传》。小说中的宋江题反诗、李逵劫法场等故事使浔阳楼名噪天下。

腊月，经安徽繁昌县荻港，大风，有漕艘，不慎走矛索，触撞王煐所乘之舟，险致颠覆，有诗记之。（《集》第358页）

岁除，经繁昌，赋诗呈刘知县。（《集》第359页）

诗题中刘大令即刘育德。光绪《繁昌县志》卷之十《职官志》："刘育德，河南永城人，监生，康熙五十一年任（知县）。"

本年冬，同里、好友刘殿衡（玉伯）卒于巡抚湖广都察院右副都御使任上，享年六十二岁。友人、翰林院编修张大受为撰《副都御使刘公墓志铭》。见乾隆十年《宝坻县志》卷十七。

本年，王翚逝世。

王翚（1632—1717），字象文、石谷，号臞樵、天放闲人、雪笠道人、海虞、山樵、清晖主人、乌目山人、耕烟外史、清晖老人、耕烟老人、耕烟散人、剑门樵客，始为专业画家，被荐入宫，为康熙皇帝绘《南巡图》，颇受赞誉。王翚从学弟子甚多，是"虞山派"的创始人。王翚与王时敏、王鉴、王原祁合称"四王"，又与吴历、恽寿平合称"四王吴恽"或"清六家"。

康熙五十七年戊戌（1718）　六十八岁

年初，作题画诗数首。

《自题采药图》。《题种竹图》。《题郑芷畦小谷口园》。（《集》第363页）

按郑芷畦即郑元庆（1660—？），字芷畦，一字子余，自号小谷口，浙江归安人。康熙二十九年秋试报罢后，出游四方，混迹幕府。

事具全望祖撰《窆石志》。(《鲒埼亭集》卷十九)。

回苏州,有诗赠梨园女伶兰生。(《集》第364页)

作《题夏生松涛竹籁小影》。(《集》第364页)

题诗赠彭崑崖观察。(《集》第364页)

彭崑崖,待考。

友人高舆去世,赋诗悼之。(《集》第365页)

按高巽亭即高舆(？—1718),字巽亭,别号谷兰。余姚人。生于京师。高士奇之子。弱冠贯通经史,文以博雅为宗,善书法。康熙二十八年登贤书,三十九年成进士。入翰林,后授编修。性纯孝,在乡多善举。

十月疟疾复发,寓中适乏薪米,陷入困境。冬至日(十一月初一日,西历1718年12月22日),病起,留医人小饮,有诗。(《集》第365页)

本月,似有向苏州织造李煦求助之举,被李煦婉拒。

李煦《复王子千》:"知己无多,逾年阔别,停云寄意,正不独陶彭泽为然也。接来札,稔悉老长兄向弟通融。夫以生平之良友借五百金,于巡盐之日诚不为多。但弟之巡盐,与人之巡盐实有霄壤之分,不可同日而语。何也？人之巡盐,得钱徒以肥己；弟之巡盐,得钱惟以当差。(以下缺)""(上缺,与上函不知是一是二)遘负山高,索欠猬集。其狺狺诉詈之状,真令人不可向迩。又不得不曲为那应、少为点补,以故阿堵之物一入弟手,辄与红炉无异。囊空羞涩,向谁告语？人之巡盐,以无银时为奇；弟之巡盐,正以有银时为奇耳。伤哉！冲途劳吏,美缺穷员,知交其怜我乎？然犹曰络绎差使,绳勉支持,私债不清,宁有大害！夫弟所紧迫而切肤者,原不在是也。官库钱粮,每年所欠积有数十万金,旦夕不能少宽。户部曰'据实启奏',大人曰'立即题参',则弟之身家,危于累卵。转辗思维,将来不知作何结束,而尚能念我良友乎?弟今日之不能顾长兄,犹长兄今日之不能顾弟耳。力有不逮,诚浩叹而无可如何者也。今日杜门谢客,戚友概不接见,又不便倒屣以迎长兄,俾他人藉为口实。谅之谅之!罪甚罪甚!"(李煦《虚白斋尺牍》)

十一月初八日,闻方外友纪荫和尚圆寂,赋诗悼之。(《集》第365页)

歇山和尚病,赋诗慰之。(《集》第366页)

有金氏兄弟因家产致讼,感慨赋诗。(《集》第366页)

腊月,病未愈,赋诗自遣。(《集》第366页)

除夜独酌,有诗。(《集》第367页)

本年,陈大章有《访王紫诠宪副不值 去岁客楚中时先浙西之行》:"醉别荷花共扣舷,流光一掷又经年。平生交旧今余几,往日情怀各黯然。白苎歌残笛步月,金尊夜泛镜湖烟。也知只为寻诗去,愁绝西风浪拍天。"(《玉照亭诗钞》卷十七)

陈大章又有《去年紫诠来楚访予于松山为题焦麓别铭图顷过金陵郎君复以诸图见属为各书数语归之》:

《梅林调鹤》:"梨云朵朵浸寒塘,梅燕稀疏鹤影长。貌得诗肠清似洗,不须配食水仙王。"

《秋山倚杖》:"红树秋山漾碧鳞,萧疏万木剩闲身。一筇一笠翩翩去,大是嵚崎可笑人。"

《践约园》:"五色革囊秘笈文,骑鲸曾谒赤龙君。人间风月题应遍,只欠莨茛常动五云。"(《玉照亭诗钞》卷十七)

陈大章又作《紫诠守惠州时梦黎子云过访时陈元孝吴山带皆在幕中因自写真作子云而面元孝为东坡山带为吴子野题曰古欢

图以陈髯而山带姓同且貌奇古也》:"把卷已茫然,熟识成一笑。谓是千载人,乃得平生好(元孝、山带皆予旧友)。望古发奇怀,孤情入绝照。借面岂云交,忘形不在貌。悟彼象外因,设识画前纱。"(《玉照亭诗钞》卷十七)

陈大章又作《题风木图》二首:"寒泉咽更流,孤云暖已集。呼天天不闻,后哉皋鱼泣。""蘸泪血成斑,不绘伤心处。瞥见慈乌飞,秋风吹宰树。"(《玉照亭诗钞》卷十七。此二诗见诸《风木图》卷后)

本年五月二十八日,理学名臣李光地病逝,终年七十七岁。

李光地(1642—1718),字晋卿,号厚庵,别号榕村,安溪人。康熙九年(1670)中进士,进翰林,累官至文渊阁大学士兼吏部尚书。他为官期间,政绩显著,贡献巨大,康熙帝曾三次授予御匾,表彰其功。生平著作丰富,主要有《周易通论》四卷、《周易观象》十二卷、《诗所》八卷、《大学古本说》一卷、《中庸章段》一卷、《中庸余论》一卷、《读论语札记》二卷、《读孟子杂记》二卷、《古乐经传》五卷、《阴符经注》一卷、《参同契章句》一卷、《注解正蒙》二卷、《朱子礼纂》五卷、《榕村语录》三十卷、《榕村文集》四十卷、《榕村别集》五卷等。

本年,友人王式丹去世,卒年七十四。

友人仇兆鳌去世,卒年八十。

康熙五十八年己亥(1719)　六十九岁

二月,《皇舆全图》绘成。

《康熙皇舆全览图》1708年由康熙帝下令编绘,以天文观测与星象三角测量方式进行,采用梯形投影法绘制,比例为四十万分之一。地图描绘范围东北至库页岛,东南至台湾,西至伊黎河,北至北海(贝加尔湖),南至崖州(今海南岛)。绘图人士有耶稣会的欧洲人士雷孝思、白晋、杜德美及中国学者何国栋、索柱、白映棠、贡额、明安图以及钦天监的喇嘛楚儿沁藏布兰木占巴、理藩院主事胜住等十余人。历时十二年之久。

康熙帝命儒臣开始编撰《骈字类编》。

正月初一日,作诗六首。(《集》第367页)

初春,病未愈,见梅花遭风雪摧残,感而有诗。(《集》第368页)

结识诗人朱卉,赋诗赠之。

王煐《赠朱草衣二首》:"善病门长闭,因之懒性成。山居多古木,春鸟听嘤鸣。客有羊求至,诗吟鲍谢清。忘形供脱粟,快论足平生。""嗜古诚难售,趋时技易工。欲成千载业,莫计眼前通。老马途能识,神龙变不穷。愿君勤问学,精义在磨砻。"(《集》第368页)

按朱草衣即朱卉,嘉庆《江宁府志》(吕燕昭修,姚鼐纂)卷四十二《流寓传》:"朱卉,字草衣,初名灏,字夋江,芜湖人。生四岁而孤,母贫不能自存,改适旧县古姓,欲携之往;卉不肯,依舅氏居。未几,舅死,乃依吉祥寺僧。既长,为童子师,教授自给。原聘妻家促之婚;卉自度贫无以为家,亲书文约退之。性喜吟咏,游他郡,访诸名宿与之讲切,遂工今体。所历半天下。中岁侨居上元始婚,卒无子,晚依一女以终。自营生圹清凉山下,病革,作辞世诗,肩舆遍诣亲旧诀别。袁太史枚题其墓曰:'清诗人朱草衣之墓'。卉自号'织履山人'。尝作《谒孝陵》诗,有'秋草人锄荒苑地,夕阳僧打破楼钟'之句。人亦称'朱破楼'云。"又袁枚《随园诗话》卷九:"白下布衣朱草衣,少时有'破楼僧打夕阳钟'之句,因之得名。晚年无子,卒后,葬清凉山,余为书'清故诗人朱草衣先生之墓',勒石坟前。余宰溧水,蒙见赠云:'叠为花县一江分,来往惟携两袖云。待客酒从朝起设,告天香每夜来焚。自惭龙尾非名士,肯把猪肝累使君。却喜循良人说遍,填渠塞巷尽传闻。'《郊外》云：'乱鸦多在野，深树不藏村。'《与客夜集》云：'羁身同海国，归梦各家乡。'《大观亭》云：'长江围地白，老树隔朝青。'《晚行》云：'土人访虎门书字，水屋叉鱼树有灯。'《赠某侍御》云：'朝罢宫袍多质库，时清谏纸尽钞书。'"又清。杨钟羲《雪桥诗话续集》卷五："朱卉草衣，休宁人，家白下。诗如'任昉尚存亲友澹，谢安作恶别离多。''任侠名成家已破，负恩奴散累初轻。''罢官朝衣频质库，时清谏纸尽钞书。''赢酒远浇亡友墓，忍寒先赎故人衣。'皆清真朴老，不袭陈言。世所传'夕阳僧打破楼钟'之句，不足尽之。"

作《午睡闻茶声》诗。（《集》第369页）

有僧友留恋以往，谈之不倦，赋诗劝之。（《集》第369页）

老友陈世安之子陈双岑赴云南鹤庆任，赋诗送之。（《集》第369页）

按陈太守双岑即陈克崟，字双岑，陈世安（傅岩）子。《清代官员履历档案全编》："臣陈克崟，浙江杭州海宁县人，年四十五岁。康熙四十七年应本省戊子科乡试中式第十三名举人；康熙五十一年六月十四日遵请旨补足等事例，在户部捐拣选知县，又捐拣用同知，于康熙五十二年二月二十五日除授湖广永州府同知。康熙五十八年六月十八日，奉特旨陞授云南鹤庆府知府。（下略）"

故人韩鹤汀过访，赠诗。（《集》第369页）

韩鹤汀即韩锦，王煐旧友。

腊月二十三日，作《后卧雪吟》六首。（《集》第370页）

同日，作《感旧四首》。

"戊辰十一月，扈从山陵还。知已四五人，雪中经田盘。谓黄冈宗伯、仲嘉祭酒、公铠学士、凡夫郎中也。松枝缚为帚，扫径登巘岘。有客紫貂裘,松根弄流泉。_{谓博问亭将军}。金瓢煖美酒,为我遥冲寒。清兴各为鼓,订交成古欢。迄今三十年,故人同云烟。对雪感旧游,寸心增悲酸。"

"岭峤冬无寒,粤人不识雪。庚午登罗浮,百花灿岩穴。心感南与北,气候迥殊绝。看日跻飞云,_{峰名。} 默祷精诚结。诘朝倚山楼,雪花大如席。共讶山容肥,更道溪生骨。蛮村百岁翁,惊诧纷言说,纪游曾赋诗,俯仰成今昔。"

"江汉逢异人,非瘖亦非痴。方瞳湛秋水,乳婴红玉肌。世人不知岁,但呼李奥机。_{或曰拗机。}有时而辟谷,经岁能无饥。有时而闭息,真睡方希夷。雪中眠石棱,雪不沾其衣。心知有道士,十日相追随。仪型欣仰止,惜不传言辞。闭户读我诗,金石声依稀。贻书莫能解,迄今存之笥。别来忽化去,千载长相思。_{凡人有问,李但唯唯,不答一辞,或授以纸笔,则书数字或数十字以至百余字,多不可解。}"

"访旧之吴兴,冒雪棹屡移。青莲余道场,白雀冻不飞。更寻东坡迹,因过松雪祠。姚令别来久,先业贫无遗。所喜后有人,六经堪质疑。_{姚令先世曾注《六经疑问》,其书尚存。}郑子复何往,谷口荒苔畦。江山堪卜筑,十载愿仍违。归来苦畏寒,病骨增支离。怀古发长叹,感旧中多悲。呵冻裁小诗,聊以纪岁时。"（《集》第371页）

按黄冈宗伯即王泽弘。

仲嘉祭酒即曹禾。

公铠学士即李铠。

凡夫郎中即卫台瑞。

腊月二十三日,小年,邻家馈赠年货,感而有诗。（《集》第373页）

除夕,作诗感怀。（《集》第371页）

本年八月,友人杨中讷去世,卒年七十一。

康熙五十九年庚子(1720)　七十岁

正月初一,作画题诗《元日自题梅林小照》。(《集》第 377 页)

正月初七,有诗答好友梁穆。(《集》第 377 页)

按梁敬仲即梁穆。时任苏州知府。

正月廿六日与查浦、高不骞、韩祖昭集顾嗣立秀野草堂,有诗。(《集》第 377 页)

顾嗣立有《庚子廿六日查学使查浦高待诏莼乡过访邀王观察南村韩吉士祖昭同饮秀野草堂即事》诗:"故交江海路漫漫,喜对新年话旧欢。酒数不胜随量减,诗篇寡和取人宽。风吹竹叶摇池碧,雪里梅花照座寒。老去须知见面少,吴中此会近来难。"(顾嗣立《秀野草堂诗集》卷六十四)

高莼乡,即高不骞,一名骞,字查客,别号莼乡钓师。

韩祖昭,长洲人,韩菼次子,康熙庚辰(三十九年)进士,散馆改官诏修《明史》。

仲春,喜遇道友,有《庚子仲春喜晤淦樵山人汪先生深谈道要敬志以诗》。(《集》第 377 页)

淦樵山人汪先生,待考。

作题画诗《题张端士桐阴茶话图》《题黄翁松峰独立图》。(《集》第 378 页)

黄翁名醇,南海人,百有余岁犹应举,遇于罗浮。图中貌颇相似。

有《曲尺楼花下戏作》。(《集》第 378 页)

曲尺楼,待考。

作《寿淦樵先生》。(《集》第 378 页)

八月初一日,自觉悟道,敬志以诗。(《集》第379页)

本年王焕热心求道,日渐颓废,而自以为是。

作《勉道友共炼大药兼修小服食》诗。(《集》第379页)

中秋,为老友陈世安祝寿,有《中秋灯舫寿傅岩观察》诗。(《集》第380页)

作《咏素心秋兰》诗。(《集》第380页)

和淦樵先生读司马真人坐忘论为诗七章。(《集》第380页)

又作《读坐忘枢翼又缀长句二首》。(《集》第382页)

九月中旬,作《扫叶吟十首》。(《集》第382页)

九月中旬,作《真逸诗》五首,分咏古代之"成道"者。(《集》第383页)

访蔡棉邨,有诗。(《集》第384页)

按蔡棉邨即尚玉藻,号棉村,广东番禺人。曾在京为官,与钮琇、石涛相善。其父栎山,本番禺蔡氏子,尚可喜在粤以为嗣,因姓尚。《觚賸》续编卷三《两梦》条:"尚栎山,名崇乾,其先番禺人,本姓蔡,鼎革后,尚藩立为嗣,因冒姓。"三藩之乱平,回归本姓。疑似出家为僧。

作《纪梦呈淦樵先生》诗。(《集》第384页)

赋诗赠旧友张岂石明府。(《集》第384页)

按张岂石即张璨,字岂石,号湘门,湘潭人。康熙戊子举人,历任大理寺少卿。有《石渔诗钞》。

十月某日,扶乩,有诗。(《集》第385页)

冬至后,有《答客问》诗。(《集》第386页)

腊月,有《梦中咏画中梅花》诗。(《集》第386页)

老友赵执信来苏州,岁除前一日,王焕携酒见访。(《集》第386页)

赵执信《老友王南村携酒暮至明日岁除也》："半生客况每平分，五过吴闻三见君。顿讶形容同瘦鹤，共论心迹似寒云。地饶水怪江难测，天隐星祥日欲曛。倍觉年光去人易，新醅聊得慰离群。"（赵蔚芝、刘聿鑫笺注《赵执信诗集笺注》第1225页）

康熙六十年辛丑（1721）　七十一岁

正月初二日，邀赵执信至寓斋饮酒。

赵执信《二日南村以小舟见邀冒雪至其寓斋晤汪叟共饮因谈出世之事》："屋埋袁安雪，巷绝陈平车。偶缘剡溪棹，直造彭泽庐。客情怳未宁，春气惨不舒。旨酒畅夙契，清言探至虚。坐中老癯仙，妙义喧最初。将遗黄石履，聊发青囊书。尘网我自缚，枯株今见嘘。因贫遂疏澹，借病成扫除。况逢胶漆交，各保衰残余。动静与世隔，形神将道居。岩壑理可恃，洞天望非纡。推篷即林屋，浩然同所如。"（赵蔚芝、刘聿鑫笺注《赵执信诗集笺注》第1228页）

按汪叟，生平不详，似为江湖术士，赵执信后与之绝交。

正月十三日，扶乩，有诗。（《集》第386页）

绘《践约图》，苏州知府陈鹏年《践约图》题诗二首。

陈鹏年《再题王南村践约图二首》题下自注："序中有紫清真人寄书山中云：'青松白石，庶几遘之。'及谭真人忆雪楼赠诗，有'扶节戴笠他时约'之句，因名践约云。""笠屐依然似长公，十洲却在五湖中。由来白石同黄石，便把青松当赤松。""仿佛乘鸾降紫清，雪楼知听朗吟声。山中即是游仙处，白石青松作主盟。"（载陈鹏年《陈恪勤集》）

按陈鹏年此诗，不详作于本年何时。姑系于此。

初春，与赵执信同舟访汪叟。

赵执信《南村同舟至虎丘访汪叟》:"平江小艇如浮蚁,谁知中有天随子。虎丘比屋如聚蝇,谁知中有安期生。春风吹来作宾主,倏然世外成将迎。斟酌桥头沽浊酒,闭门各哆谈天口。松云尽处波涛多,从今扶曳频相过。"(赵蔚芝、刘聿鑫笺注《赵执信诗集笺注》第1234页)

初春,与赵执信相约赏邓尉梅花,因风雪未成行,赵执信作诗简之。

赵执信《风雪寒甚闻邓尉梅花尽矣遂罢同游之兴简南村》:"人生惟有登山临水可自由,兴至即往无所求。邓尉梅花系魂梦,况与好友期同游。先期十日具小舟。北风旋春作腊月,十日乃有九大雪。凝冰粘地云冻天,城郭愔愔橹声绝。小庭一树梅始花,枯条残蕊临池斜。遥想太湖三万六千顷,寒气浩汗山难遮。含香蕴玉无限树,摧林扫地一一成泥沙。与君对酒空咨嗟。君既低头就尘累,我又跬步苦不遂。眼前何处容快意,不如径出人间世。"(赵蔚芝、刘聿鑫笺注《赵执信诗集笺注》第1246页)

初春,赵执信赋诗示顾小谢之子。小谢子,乃王煐之婿也。

赵执信《亡友顾小谢之子长成示以四韵》:"帝京诗结契,甫里客依栖。往事人俱尽,遗孤我独携。行年近《文赋》,学语避家鸡。赤骥非凡种,无轻万里蹄。"(赵蔚芝、刘聿鑫笺注《赵执信诗集笺注》第1238页)

季春,与诗人李果重逢,可能是因王煐之介,赵执信与李果交游。

李果《咏归亭诗钞》卷二有《寄怀王副使南邨》:"自非万斛舟,何以凌江海。自非佩朝霞,何以为文采。大夫特达名家子,夙抱经猷气磊磊。出身帝里立廊庙,更有辞华若兰茝。几回奉使走天涯,凭高浩啸悲千载。北凌衡岳南罗浮,吴江西下锦江舟。十年使我再得见,一赋西京成白头。虽曾簪笏从王事,于今潇洒寒塘秋。穹窿山南日欲暮,湖风霜后凋红树。欢来秉烛重开樽,山花一放催新句。大夫久客乡思疏,每接新知若逢故。况如贱子称石交,独愧呺然魏王瓠。生遭盛世翻沉沦,日向寒江偶鸥鹭。感公一见即相知,几度传书出烟雾。转忆离居秋水深,江花摇落怅知音。临风试奏箜篌曲,一调分明旧日心。"

从诗句"十年使我再得见"看,李果与王煐十年前就已经相识了,并且,甫一相识,就被王煐视为"相知",这十年之间,二人"几度传书",并未中断联系。李果的这首诗,写得很好,概括了王煐几十年的宦游生活,也对王煐"生遭盛世翻沉沦,日向寒江偶鸥鹭"的遭遇,寄予了深深的同情。

赵执信有《赠李客山》:"始与李生言,世味一何寡。既见所为诗,乃知真静者。栖神入恬淡,肆力搏风雅。古意默已领,孤怀闲自写。此邦盛文人,千载非苟且。自从科名张,不觉江河下。迩日尤波靡,篇章但土苴。谁识荆山珍,潜待连城价。我来披荒芜,独立赏潇洒。晨夕乐居村,茗香期结夏。松陵烟月新,拟续昔吟社。相赠无常辞,愿得柏与马。"

按李果(1679—1751),字实夫,一字硕夫,号客山,又号在亭,晚号悔庐,江苏长洲人。布衣。艰苦力学,忍饥诵经,昼夜以继,怡然自得。陈鹏年羁管京口,果投诗造谒,鹏年遂与订交。或欲任以盐荚,力却之。后任事者皆罹祸,人服其有识。巡抚雅尔哈善尝造访之,避不见。后总督黄廷桂以经学荐。李煦视鹾扬州,延之典文章,于馆俸外,一无所染,煦死,为撰行状。晚年,文誉霭郁,过吴门者争识其面。时以"鲁灵光"目之。果读书穷理,诗格苍老,有一二字未妥,屡改不倦。著有《在亭丛稿》十二卷,《咏归亭诗钞》八卷,与《石间集》并行于世。《清史稿》有传。

季春,赵执信作诗怀友人顾小谢。

赵执信《和陆耔宜止园感旧<small>小谢别业也,在支硎山下</small>》:"西庄秋月忆流连,旧梦轻抛二十年。鲁望有居临鹤市,道林无冢近寒泉。桂丛人散香归水,芸叶庭空翠化烟。肠断嵇康锻时侣,残春独憩竹林边。"(赵蔚芝、刘聿鑫笺注《赵执信诗集笺注》第669页)

仲夏,赵执信作诗《调南村》。

赵执信《调南村》:"怜君久客去留难,幂燕樯乌强自安。出苦舟车天积雨,衣空纱縠夏多寒。人情公叔堪成论,仙路淮王未就丹。犹有金门诗酒伴,却从流落奉清欢。"(赵蔚芝、刘聿鑫笺注《赵执信诗集笺注》第1266页)

孟秋,将至金陵,赵执信赋诗送之。

赵执信《送南村之金陵》:"蓟北遥闻日倚间,浙东消息近如何?长江有梦交加路,赪尾休令更寄书。"(赵蔚芝、刘聿鑫笺注《赵执信诗集笺注》第1294页)

友人梁穆去世,赋诗悼之。

王煐《挽梁太守敬仲》:"东阁曾窥忆旧恩,先公耆德仰谦尊。彭宣礼遇殊常客,鹦鹉金笼静不喧。<small>师相斋中蓄一白鹦鹉,客至则喧呼,惟余至寂然,以来数也。</small>""谢庭玉树并仙枝,联璧相辉艳一时,因与元方同粉署,得观伯仲奏垠篪。<small>君与元肃骈产也,余同官水曹,因得并交。</small>""岭海归来万里遥,素书遮道远相邀。滹沱忽涨连朝雨,待我烧灯过一宵。<small>余与元肃分符岭外,各以丁艰归里。壬午夏,偶游晋阳,经真定,君昆季遣使见迓,因河涨不得渡。燃烛相待,次晨始到。</small>""十载山居作寓公,衙斋稀至灭明同。老来良友非相远,君子从来重固穷。<small>君守郡时,余久居硎上,不恒入城,踪迹颇疏。</small>""去年人日荐春盘,促膝焚香论妙玄。曾赋诗篇答君意,恨无大药驻君年。<small>去春君以性命之功为问,余赋诗奉答。</small>"(《集》第387页)

按师相，即梁清标，梁穆之祖父。梁清标（1620—1691），字玉立，一字苍岩，号棠村，一号蕉林。直隶真定（今河北省正定县）人，明崇祯十六年进士，清顺治元年补翰林院庶吉士，授编修，历任宏文院编修、国史院侍讲学、詹事府詹事、礼部左侍郎、吏部右侍郎、吏部左侍郎、兵部尚书、礼部尚书、刑部尚书、户部尚书、保和殿大学士等职。著有《蕉林诗集》《棠村词》等。

元肃即梁雍。

碙上，在苏州邓尉山南麓之涧上村，附近有名胜"香雪海"，梅花盛景甲于天下。《清代诗文集汇编》第181册王煐诗集钞本内有不知何人作"序文"残篇云："南邨居士者，浙东观察之所自署也。曷为署以南邨？居邓尉之南，故曰南邨也。居士之作寓公者遍江淮矣，曷以耽南村？以南村之山水于吴为极幽，于城市为极远也。不幽且远，于居士之胸次有不惬焉。既惬矣，而其浩浩落落之气不能不著之于诗，以诗能道人情也。"则王煐别号"南村"，与寓居碙上也有一定关系。

将游杭州，寄诗表弟芮复传。

王煐《将游西溪寄钱塘令芮宗一表弟》："桑梓平居旧比邻，朱陈累世最情亲。新硎羡尔初分篆，衰齿惭余老斲轮。堂上灵椿方矍铄，阶前丛桂并嶙峋。偶寻风月来湖畔，应为梅花作主人。"（《集》第388页）

按芮复传（1682—1775），字宗一，号衣亭，宝坻人。康熙四十八年（1709）进士，以中书改授浙江钱塘知县，擢温州知府、温处道。著有《衣亭诗草》一卷。事见《清史稿》卷四十七《循吏二》及朱筠《浙江提刑按巡司副使分巡温处道芮君复传墓碣铭》。钱仲联主编《中国文学家大辞典（清代卷）》有其传，可参看。《红豆树馆诗话》："复传天才隽朗，学有本原，画仿南宋，骨格苍秀。"

此次王煃赴杭州，实有游览普陀山之意，后因故未成行。

顾嗣立有《送王观察南村游补陀》诗："发兴春游水驿赊，洛迦山下欲浮家。三更泛月夸南粤，无字题诗忆永嘉。细雨江南芳草遍，晚风江上乱帆斜。聊凭鲁叟垂桴意，试访幽岩小白花。"(《闾邱诗集》卷二十八)顾嗣立此诗不知作于何年，推断在此年前后，姑系于此。

有友人任职浙中，赋诗送之。

王煃《喜晤素臣宪长即送之任浙中 丙申秋作附录》："粉署联翩旧弟昆，白头尚有几人存。分符异地成睽隔，聚首无由共话言。乘传喜君经虎阜，登山遇我杖龙孙。行看节钺来开府，野老欢迎到戟门。"(《集》第388页)

素臣宪长即王之麟，号素臣，自署襄平(辽宁辽阳)人，监生。历官四川分巡松茂道、福建分巡台湾厦门道监理学政、按察使司副使，康熙五十五年任浙江提刑按察使。见《四川通志》、《重修台湾志》、光绪《浙江通志》。

五月，生日，有诗示儿孙。(《集》第388页)

按王煃生日的具体日期无法考定，推断为五月，接近夏至之时。

夏，赋诗为道友淦樵先生祝寿。(《集》第389页)

作诗答赵执信。(《集》第389页)

作题画诗《题双婴扑蝶图》《题牵牛图》。(《集》第390页)

九月九日，赴江宁途中，过燕子矶，阻风，有诗。(《集》第390页)

友人樊庶去世，赋诗悼之。(《集》第390页)

十月二十一日，赵执信六十岁生日，赋诗贺之。

王煃《寿老友赵秋谷》："十二年来老故人，重逢客里倍情亲。朱颜怅我愁中改，白发怜君病后新。道力坚持魔自退，仙缘合处诀方

真。地雷演卦阳生候,花甲初周正小春。"(《集》第 390 页)

十一月,作题画诗《题陶生折枝梅菊》《题九峰三逸图》。(《集》第 391 页)

十一月初四,冬至,作诗二十首。(《集》第 391 页)

本年,友人、著名的数学家、历算家、天文学家梅文鼎去世,终年八十九岁。

梅文鼎(1633—1721),字定九,号勿庵,宣城(今属安徽)人。为清代"历算第一名家"和"开山之祖"。著作有《明史历志拟稿》《历学疑问》《古今历法通考》《勿庵历算书目》《续学堂诗文钞》等。

康熙六十一年壬寅(1722)　七十二岁

元宵节,赵执信在苏州观演《长生殿》传奇。

赵执信《上元观演长生殿剧十绝句》:"倾国争夸天宝时,才人例解说相思。三生影响陈鸿传,一种风情白傅诗。""遥指仙山唤太真,华清一浴斩然新。怪来宇内求难得,元在深闺未识人。""脂粉无由污淡妆,双飞端合在昭阳。酷冷姊妹开来艳,虚忆梅花冷处香。""温泉清滑浸芙蓉,玉女飞来太华峰。石作凫鱼犹触忤,那教取次近猪龙。""月殿酬歌梦许攀,轻将仙乐落人间。笑他穆满无情思,身到瑶池白手还。""垂老荒迷花月场,临淄英略未消亡。投珠抵璧寻常事,夙遣元臣驻朔方。""蜀山秋雨感飘零,残梦频回旧驿亭。妙写铃声入新曲,可能浑似月中听。""牛女经年梦亦慵,翻从人世管情踪。玉妃应有婚姻牒,才过开元便得逢。""黄泉碧落事荒哉,差胜楼船去不回。本与求仙情味别,何尝身欲到蓬莱。""清歌重引昔欢场,灯月何人共此堂。六百余年寻覆辙,菟裘怪底近沧浪。余以此剧被放,事迹颇类子美。昔过苏州有句云:'闻道沧浪有遗筑,故应许我问菟裘'。"(赵蔚芝、刘聿鑫笺

注《赵执信诗集笺注》第 1325 页)

  在南京,初春,雪后探梅,有诗。(《集》第 393 页)

  作《雪团偈》诗。(《集》第 393 页)

  有《灵谷八功德水》(此诗并见《后写忧集》,乃误入,当作于本年。)(《集》第 394 页)

  春,小桃源看花,有诗。(《集》第 394 页)

  清凉寺看牡丹,读中洲大师黄山赋,遂萌游黄山之思。(《集》第 395 页)

  按清凉精舍即清凉寺。

  中洲大师即释海岳,字中州,又作中山,号问牛主人。江苏镇江人。久住江宁清凉寺,与天界寺僧根定皆以诗画自娱。曾识方观承于未遇时。终年八十余。著有《绿萝庵诗》二卷,《黄山赋》一卷。

  三月,作《咏牡丹寿友人》。(《集》第 395 页)

  三月底,有友人去世,赋诗悼之。(《集》第 395 页)

  老友陈世安去世,赋诗悼之。(《集》第 396 页)

  老友顾嗣立去世,赋诗悼之。(《集》第 396 页)

  老友徐炯去世,赋诗悼之。(《集》第 396 页)

  徐章仲观察即徐炯,字章仲,号自疆,昆山(今属江苏)人。康熙二十一年(1682)进士,历官山东提学等职。

  夏日,偕友人避暑,有诗。(《集》第 396 页)

  初秋,重寓虎丘后往杭州访表弟钱塘县县令芮复传(宗一)。

  赵执信《王南村重寓虎丘旋之西湖访表弟钱塘令》:"身落江南梦不移,飞乌三匝未安枝。湖山风月年年改,争遣人心似旧时。""钱塘明府贤中外,应向花前说故乡。莫向临波爱君子,忘忧容易入秋霜。"(赵蔚芝、刘聿鑫笺注《赵执信诗集笺注》第 1354 页)

七月初，至杭州，寓翁嵩年别墅，有诗。(《集》第397页)

按翁萝轩使君即翁嵩年(1647—1728)，清仁和(今浙江杭州)人。字康饴，号萝轩，又号白沙山樵。康熙二十七年(1688)进士，仕为广东提学、刑部郎中。博学好古。曾得青玉版十三行，进之内府。元刊本《文公先生小学明说便览》六卷，卷首有"翁嵩年字康饴"朱文椭圆印。著有《天香书屋稿》《白云山房集》《友石居集》。室名有"萝轩""天香书屋""白云山房""友石居"等。藏印有"康贻""萝轩审定""白沙山樵""萝轩鉴藏"等。

七月初，泛舟西湖，有《夏日泛舟西湖感旧同沈方舟用湖字》诗。(《集》第397页)

按此诗题曰"夏日"，而前一首则曰"新秋"，则此"夏日"当在七月，因此时气温仍在酷暑中也。

沈方舟即沈用济(生卒不详)，又名宏济，字方舟，号芳洲，浙江钱塘(今杭州)人。康熙间国子监生。少承母教，与幼弟遇泂下惟一室，晨夕读史，间以余技分韵赋诗，合刻其作为《荆花集》。及长，登泰山、历楚闽，足迹半天下。至岭南，与屈大均、梁佩兰定交，所诣益进。既游京师，抵边塞，一变而为燕赵声，为安和亲王蕴端所重，名遂大噪，一时名流几莫与抗行。尤工近体，持律精严，饶有情趣，袁枚以为"音节沉雄，得明七子梗概，而新颖过之"。晚岁贫老无子，依参议张廷校以终。著有《方舟集》，并与费锡璜同辑《汉诗说》十卷。生平事迹见《清史列传》卷七○《文苑传》一。

游烟霞石屋，有诗。(《集》第397页)

张岱《西湖梦寻》《烟霞石屋》："由太子湾南折而上为石屋岭。过岭为大仁禅寺，寺左为烟霞石屋。屋高厂虚明，行迤二丈六尺，状如轩榭，可布几筵。洞上周镌罗汉五百十六身。其底邃窄通幽，阴翳杳霭。侧有蝙蝠洞，蝙蝠大者如鸦，挂搭连牵，互衔其尾，粪作奇臭，古庙高梁，多受其累。会稽禹庙亦然。由山椒右旋为新庵，王子安豐、陈章侯洪绶尝读书其中。余往访之，见石如飞来峰，初经洗出，洁不去肤，隽不伤骨，一洗杨髡凿佛之惨。峭壁奇峰，忽露生面，为之大快。建炎间，里人避兵其内，数千人皆获免。岭下有水乐洞，嘉泰间为杨郡王别圃。垒石筑亭，结构精雅。年久芜秽不治，水乐绝响。贾秋壑以厚直得之，命寺僧深求水乐所以兴废者，不得其说。一日，秋壑往游，俯睨旁听，悠然有会，曰：'谷虚而后能应，水激而后能响，今水潴其中，土壅其外，欲其发响，得乎？'亟命疏壅导潴，有声从洞洞出，节奏自然。二百年胜概，一日始复。乃筑亭，以所得东坡真迹，刻置其上。"

在杭州，喜遇故友刘廷玑。

刘廷玑《钱塘喜遇王紫诠同官》："差慰游荒廿载思，孤舟片刻话心期。少年共破红楼梦，薄宦都成白发悲。酬我满壶江山酒，哦君两帙海南诗。茫茫云水漫漫路，向后重逢更几时。"

刘廷玑《王紫裕观察过浦夜话》："三十年来故旧心，青灯绿醑草堂深。重逢难保谁强健，好为良宵更一斟。"（见孔尚任、刘廷玑《长留集》）

仲秋，自钱塘归，与赵执信相聚，说游西湖事。

赵执信《闻南村说近日西湖成六绝句》："昔游恍惚失东隅，听向尊前与恨俱。羡尔轻舠去来处，他年鸡黍得将无。""翠辇生疏岁月深，无情山水自清音。只应堤畔残花柳，长抱春风望幸心。""花月争邀半醉天，风光何似绍兴年。已知歌舞休来久，留取湖山作可怜。""平湖空水不容鱼，人迹难侵处士居。放鹤亭依黄屋在，更将封禅较相如。""风篁松栝匝幽扉，日日悲风卷落晖。拟上高峰唤西子，分将浓抹属明妃。""空山清梦闭烟萝，重阻江南一带波。忆与渔洋解嘲

语,平生六一未经过。阮翁未至西湖,深以为憾,每引欧阳公以自解。"(赵蔚芝、刘聿鑫笺注《赵执信诗集笺注》第1365页)

按渔洋即王士禛。

中秋,在苏州,与赵执信、淦樵先生饮酒,有诗。(《集》第398页)

暮秋,移居狮子林,赵执信赋诗赠之。

赵执信《南村移居师子林 是故人张吁三宅》:"遥从松吹认幽居,恨赋偏成感旧余。逝水年华凤毛短,飘风计画鹊巢虚。山楼只有仙来往,苔径都无人扫除。衰病飞扬前度客,重寻石磴曳衣裾。""生涯我已入群鸥,何似君为不系舟。乞米未甘拙言语,寄居犹择好林丘。担来仆厌书填麓,卧处心随月挂楼。此外惟余我相对,听君酌酒数交游。"(赵蔚芝、刘聿鑫笺注《赵执信诗集笺注》第1376页)

按张吁三即张士俊。

王煐作《新假寓园师子林元人旧迹也淦樵饴山两先生时相过从各有诗同用冬韵》:"僻巷深藏此数峰,鸠居偶得遂疏慵。青鞯称脚便于屦,稚子扶肩稳胜筇。炼药养闲甘冷淡,吟诗遣兴任从容。二三知已频来往,瀹茗清言兴味浓。"(《集》第398页)

九月中旬,陪同诗人李果、张云章游狮子林,李果作《游师子林》诗。

自注:"王南邨观察招同张朴村赋。"诗:"长林薄东城,祇园谁割此。垒石若林立,狰狞类师子。游戏非一状,拥抱或延企。曾无斧凿痕,天然露奇诡。其石或类师子,乃元人所构,倪云林有园,张伯雨诸公尝游其处,向为寺后,于寺中割取为园。洞深路屡易,穴尽峰忽起。登阁见遥山,南浦秋帆驶。疏花拂檐端,寒烟生足底。重游溯往昔,抚景逾一纪。白松偃二株,余者幸无毁。何意今晨集,快心复徒倚。时当重九后,风物尤闲美。嘉客有二仲,清淡适中理。沧桑感虽深,丘壑良可喜。

(李果《咏归亭诗钞》卷四)

初冬,复往金陵,赵执信赋诗嘲之。

赵执信《嘲南村复往金陵》:"金尽囊空不自羞,江风惯引去来舟。游人燕子矶头见,便合呼君作莫愁。"(赵蔚芝、刘聿鑫笺注《赵执信诗集笺注》第1384页)

仲冬,于胥江舟中得闻故友汤右曾去世消息,赋诗悼之。(《集》第399页)

本年,康熙皇帝举行千叟宴。

正月初二日,八旗满洲蒙古汉军文武大臣官员,以及致仕退斥人员,年六十五岁以上者,总计六百八十人,召乾清宫前,设宴款待,命诸王、贝勒、贝子、公及闲散宗室等授爵劝饮,分颁食品。初五日,又召汉文武大臣官员,以及致仕退休人员,年六十五岁以上者,三百四十人宴于乾清宫前,命诸王、贝勒、贝子、公及闲散宗室等授爵欢饮,分颁食品,一切礼仪同于初二日。

十一月十三日,康熙帝驾崩,享年六十九岁。

十一月二十日,康熙帝第四子胤禛在太和殿即皇帝位,史称雍正帝。

腊月自南京回苏州,得闻康熙帝驾崩消息,赋诗哭之。

《壬寅腊月卧疾吴中惊闻大行皇帝哀诏伏枕悲号濡泪志感》:"忆昔承恩拜礼官,骏奔郊庙列清班。乾乾陟降瞻天表,穆穆威仪识圣颜。殿陛几回蒙顾问,山陵三度扈跻攀。一从出守之南海,西蜀东瓯宠命颁。""君恩深重报应难,党祸无端忽横干。皎日乌盆能蔽障,青霄鹏翼顿摧残。十年湖海身飘荡,千里乡关路屈盘。哀诏惊闻天际降,龙钟旅病泪九澜。"(《集》第399页)

腊月,仲孙夭亡,赋诗伤之。(《集》第399页)

腊月，作《梦醒自警》。(《集》第400页)

本年，雍正皇帝清查亏空。

雍正帝在继位后的一个月，即康熙六十一年(1722)十二月十三日通过户部向各省督抚下达了全面清查亏空的命令："各省督抚将所属钱粮严行稽查，凡有亏空，无论已经参出及未经参出者，三年之内务期如数补足，毋得苛派民间，毋得藉端遮饰。如限满不完，定行从重治罪。三年补完之后，若再有亏空者，决不宽贷。"雍正元年(1723)，一场大规模的清查亏空工作在全国各地普遍开展起来，许多贪官被揭发。雍正帝对此采取了两种手段，一是革职，不许像以前那样留任弥补。一是抄家，籍没家产。六月，山西潞州知府加璋告发原山西巡抚苏克济在任职期间勒索各府州县银四百五十万两，于是籍没家财，以偿亏空，并责令其家人赔偿二十万两。原河道总督赵世显克扣治河工料，侵蚀钱粮，被告发后下刑部狱，家财充公。这一年，不断有官员被革职查封家产，如湖广布政使李世仁、江安粮道王舜、前江南粮道李玉堂、湖南按察使张安世、原直隶巡道宋师曾、广西按察使李继谟等。在此过程中，雍正帝还采取了一些措施，如命赃官亲友帮助赔偿，禁止地方官和百姓代赃官赔偿等。经过三年的清查，取得了一定的效果，也惩治了一些贪官。

本年正月，友人汤右曾去世，卒年六十七。

本年，友人顾嗣立去世，卒年五十八。

雍正元年癸卯(1723)　　七十三岁

春，在南京。顾小谢之子自苏州来南京就婚。(《集》第400页)

有诗赠黄叔琳。(《集》第400页)

黄昆圃少宰即黄叔琳(1672—1756)，幼名伟元，字崑圃，号弘献,又号北砚斋,安徽歙县籍,顺天宛平人。康熙三十年榜眼进士,历官浙江巡抚、吏部侍郎。生平以奖掖后进为己任,造就人才甚多。著有《文心雕龙辑注》等。杨钟羲《雪桥诗话》卷三:"黄崑圃侍郎,弱冠登进士,实出渔洋之门。其万卷楼藏书,多文简手迹。以康熙壬子生,乾隆丙子卒,年八十五。著有《养素堂诗文集》。学者称'北平先生'。"

诗赠黄叔琪。(《集》第401页)

黄瑶圃太守即黄叔琪(1678—1757),字果斋,顺天宛平人。康熙戊午年六月十一日生,乾隆丁丑年十二月初八日卒。康熙乙酉举人。黄叔琳之弟。时任安徽宁国府知府。

作诗为宋翁寿。(《集》第401页)

自南京顺流而下,在燕子矶遇风,与友人许志进访宏济寺僧。(《集》第401页)

有道人香云赠诗,赓和,并呈赵执信。(《集》第401页)

香云仙长,待考。

作诗,再答香云仙长。(《集》第401页)

作《樵歌》二十二首。(《集》第402页)

王煐诗,至此截止。以后当仍有诗作,可惜佚失不传。

季秋,赵执信有诗简王煐,告知其与汪琬绝交事。

赵执信《简南村余与汪琬绝久矣》:"分泉已谢檀香井,乞火谁过师子林。传语留侯须好觅,山边黄石是黄金。""只凭灵语接神君,宛若无精续冠军。青鸟飞来岁星去,白头父老梦中闻。"(赵蔚芝、刘聿鑫笺注《赵执信诗集笺注》第1419页)

腊月十二日,与赵执信联舟北还。

赵执信《将之江宁与南村联舟暮发 暮冬十二日》:"三年潜菰芦,每出昧所往。扬舲无远近,都未惬梦想。今朝偕旧侣,忽欲成北上。归计尚弥漫,客心且浩荡。波寒山启途,日落风送响。篷底对微醺,笑言听荡桨。"(赵蔚芝、刘聿鑫笺注《赵执信诗集笺注》第1433页)

暮冬,在奔牛镇遇雪。

赵执信《奔牛镇遇雪呈南村》:"交期垂尽暂同舟,八口飘零感未休。一瞬南来还北去,三年风雪度奔牛。"(赵蔚芝、刘聿鑫笺注《赵执信诗集笺注》第1436页)

按奔牛镇在常州西,是为水路要冲。

将往镇江,遇漕艘拥塞,又遇大风。

赵执信《将至镇江漕艘拥塞河浅不可以前南村由丹徒闸觅江舟余以肩舆山行儿子骑驴从之是日大风止江口观音庵》:"寒潮夜上二十里,万楫交争三尺水。舴艋失势涸辙鲋,篮笋多情跃冰鲤。故人寸步依江南,死守穷波迟挂帆。稚子冲风行不顾,挥鞭导我缘山去。盘回荦确陟曾巅,恍惚思归梦中路。青松离离映城堞,江色空明与山接。问君拔脚历千寻,何似低头藏一叶。信穿阛阓临江头,僧房茗粥能邀留。却怜比日同酬唱,复作东西远相望。"(赵蔚芝、刘聿鑫笺注《赵执信诗集笺注》第1437页)

赵执信《明日买棹南村昏暮亦至乘夜遂济江》:"待君终日坐,心与水潆洄。大舶凌风至,高帆冒夜开。乘槎近星月,破浪入云雷。却讶剡溪棹,携将安道来。"(赵蔚芝、刘聿鑫笺注《赵执信诗集笺注》第1441页)

本年,汪士鋐逝世。

汪士鋐(1658—1723),字文昇,号退谷,又号秋泉,长洲(今江苏苏州)人。琬子。康熙三十六年(1697)会元,官中允。书法与姜西溟(宸英)称"姜汪"。晚年尚慕篆、隶,时悬阳冰颜家庙碑额于壁间,观玩摹拟而岁月迟暮,精进无几。其书能大而不能小,然有奇势,纵横自放,而分间布白,无分寸失。名公卿碑版多其手。著《瘗鹤铭考》《秋泉居士集》《全秦艺文志》。卒年六十六。

本年,王鸿绪逝世。

王鸿绪(1645—1723),初名度心,中进士后改名鸿绪。字季友,号俨斋,别号横云山人,华亭(今属上海金山)人。康熙十二年进士,授编修,官至工部尚书。曾入明史馆任《明史》总裁,与张玉书等共主编纂《明史》。为《佩文韵府》修纂之一。后居家聘万斯同共同核定自纂《明史稿》三百一十卷,献与玄烨,得刊行。一生精于鉴藏书画。书学米芾、董其昌,具遒古秀润之趣。为董其昌再传弟子。著有《横云山人集》等。卒年七十九。

本年正月初五,友人陈鹏年去世,卒年六十一。

本年,友人张大受去世,卒年六十四。

雍正二年甲辰(1724)　七十四岁

雍正帝重修孔庙大成殿。

六月初九日申时,山东曲阜孔庙因暴雨雷击引起火灾。大成殿及两庑俱毁。衍圣公孔传铎将灾情上报,雍正帝甚为关心,指出:"孔子道高德厚,为万世师表,今圣庙受灾,必当迅速恢复旧制,使庙貌重新。"并于同月二十三日派工部堂官赶赴阙里,会同山东巡抚共议重修大成殿事,务必按期完工。所需费用,由朝廷拨给。雍正八年(1730)十月,大成殿修复工程先竣,用银一百十五万两。十月二十三日,雍正帝派皇五子弘昼、淳郡王弘景前往阙里参加落成告祭典礼。

孟春,自金陵北返故里,赵执信赋诗话别。

赵执信《南村将携家附漕北返见邀小饮话别赠之十六韵》："拟作余生别，重论半世交。盟心渺京邑，挥手黯江郊。往事蕉覆鹿，浮名星系匏。蜂游千亩失，蚁鬪一官抛。花月迷床第，金兰误斗筲。自矜身皎皎，人怪气烋烋。粤峤悬舆诵，吴阊集客嘲。藏孥轻鼠穴，避地爱鸠巢。有意营三窟，无师御二崤。羊公惭舞鹤，周子耐潜蛟。老饮情偏减，穷吟体更拗。仙期耽炼石，妄梦泥观爻。故国虚风木，他乡恋画桡。真成鱼在釜，始见芥辞坳。冉冉分南北，匆匆对酒肴。临圻翻赠策，为我挂船艄。"（赵蔚芝、刘聿鑫笺注《赵执信诗集笺注》第1464页）

当在夏季，回到宝坻老家。

本年六月十五日，纪昀（晓岚）出生。（《历代名人年谱》卷十）

纪昀（1724—1805），字晓岚，一字春帆，晚号石云，道号观弈道人。献县人。生于清雍正二年六月，卒于嘉庆十年二月，乾隆进士，官至礼部尚书、协办大学士。历雍正、乾隆、嘉庆三朝，享年八十二岁。因其"敏而好学可为文，授之以政无不达"，故卒后谥号"文达"，乡里世称"文达公"。纪昀学问渊博，长于考证训诂。乾隆间辑修《四库全书》，他任总纂官，并主持写定《四库全书总目》二百卷，论述各书大旨及著作源流，考得失，辨文字，为清代目录学巨著。

雍正三年乙巳（1725）　七十五岁

在宝坻。

十二月十一日，刑部等衙门罗列年羹尧九十二大罪状，要求处以极刑。雍正帝念其前功而令自裁。

本年，友人沈宗敬去世，卒年六十二。

雍正四年丙午(1726) 七十六岁

王煐在宝坻。

查嗣庭狱案发。

查嗣庭(？—1727)，字润木，号横浦，海宁人，查慎行之弟。康熙四十五年(1706)中进士，选庶吉士，散馆授翰林院编修，得隆科多赏识，累官至内阁学士兼礼部侍郎。雍正初年，因隆科多荐举，任内阁学士，后兼礼部侍郎。雍正四年(1726)，出任江西乡试正考官，取《易经》中"正大而天地之情可见""其旨远，其辞文"及《诗经》中"百室盈止，妇子宁止"为试题。后被告发试题荒谬。雍正帝将试题中"正""止"二字联系起来，指其攻击雍正之"正"字有"一止"之意，实属"心怀怨望，讥刺时事"。又以其为隆科多朋党，故在除掉隆科多之前先兴此狱。由于顾虑有人"以查嗣庭出于无心，偶因文字获罪，为其称屈"，乃下令抄其家，得日记二本，发现其中有议论朝政之语，如翰林改授科道为可耻，以裁汰冗员为当厄，以钦锡进士为滥举，以戴名世获罪为文字之祸，遂指为"悖乱荒唐""大肆讪谤"，于同年(1726)九月二十六日下令将其革职下狱。不久，查嗣庭死于狱中，雍正五年(1727)五月七日，经内阁等衙门议定，雍正帝批准，查嗣庭被戮尸枭示，其子查潭应斩监候，家属流三千里，家产变卖充浙江海塘工程费用。

七月，友人张云章去世，卒年七十九。

九月，王煐去世。

雍正五年孟秋，赵执信有诗《闻王南村于去年九月病亡》："酾酒秣陵市，送别春江头。题诗泪随笔，已识今生休。渡江滞三时，所至触君迹。一自掩山扉，山深断消息。知君所居处，近海越帝城。帝

赵执信《饴山诗文集诗集》书影　　赵执信《饴山诗文集诗集》书影

城深于海,造次谁敢行。仙期俱渺茫,魂梦各疏钝。但有旧音书,那觅新闻问。昨日故人子,缄寄津门遥。当食读未半,投箸惊长号。言君虽得归,生计日已窭。衰病积不支,委形值秋暮。含悲算岁月,相识五十年。应缘凤生契,肺腑久益坚。出游缀篇章,忆赠他人罕。交情会有尽,从此隔泉扃。神理如可托,为君写道经。"(赵蔚芝、刘聿鑫笺注《赵执信诗集笺注》第1647页)

从"言君虽得归,生计日已窭。衰病积不支,委形值秋暮"等诗句看,王煐晚境颇为凄凉。

雍正五年仲冬,赵执信有《书又云王南村自知亡日沐浴具衣冠拜母无病而逝》:"弥漫欲界隔仙都,老向烟霞忆旧逋。赢得翛然挥手去,得如辅嗣守门无?"(赵蔚芝、刘聿鑫笺注《赵执信诗集笺注》第1696页)

宝坻先贤王煐一生行迹如上。后人如欲了解这位清初宝坻、天津乃至全国知名的诗人,本书可提供诸多便利。

主要征引书目

1. 《清代诗文集汇编》,上海古籍出版社2011年出版。
2. 《忆雪楼诗集》,王煐著,康熙三十五年贞久堂刻本。
3. 《宝坻县志》,乾隆十年刻本。
4. 《光绪顺天府志》,北京古籍出版社1987年出版。
5. 《惠州志艺文卷》,中华书局2004年出版。
6. 《清史稿》,中华书局1977年出版。
7. 《清史列传》,中华书局1987年出版。
8. 《碑集传》,中华书局1993年出版。
9. 《天津区县旧志点校 宝坻县志》,天津社会科学出版社2008年出版。
10. 《广东通志》,阮元编纂,清同治三年刻本。
11. 《四川通志》,黄廷桂、宪德编纂,清乾隆元年刻本。
12. 《浙江通志》,李卫编纂,清光绪二十五年重刊。
13. 《高阳县志》,李大本编纂,1933年印本。

14. 《淮安府志》，卫哲治编纂，清咸丰二年刻本。
15. 《重修台湾府志》，成文出版社1983年出版。
16. 《苏州府志》，宋如林编纂，清道光四年刻本。
17. 《重修扬州府志》，阿克当阿编纂，清嘉庆十五年刻本。
18. 《江南通志》，尹继善编纂，清乾隆元年刻本。
19. 《繁昌县志》，闵燮编纂，成文出版社1983年出版。
20. 《襄阳府志》，恩联编纂，成文出版社1976年出版。
21. 《郧阳府志》，刘作霖等编著，中国书店出版社2002年出版。
22. 《宁河县志》，清光绪六年刻本。
23. 《博罗县志》，张友仁著，广东人民出版社1988年出版。
24. 《盘山志》，智朴著，清康熙三十年刻本。
25. 《钦定盘山志》，清蒋溥等敕撰，明文书局1980年出版。
26. 《湖北通志》，吕调元、刘承恩编纂，1921年刻本。
27. 《黄山志定本》，闵麟嗣著；刘尚恒、王佐校点，黄山书社1990年出版。
28. 《中国地方志丛书·河北丰润县志》，成文出版社1968年出版。
29. 《日下旧闻考》，北京古籍出版社1981年出版。
30. 《胜朝粤东遗民录》，陈伯陶著，上海古籍出版社2011年出版。
31. 《惠州西湖志》，张友仁著，广东高等教育出版社1989年出版。
32. 《广东通志》，阮元编纂，台湾商务印书馆1983年出版。
33. 《东莞县志》，彭仁杰编纂，清嘉庆三年刻本。
34. 《畿辅通志》，河北人民出版社1989年出版。
35. 《焦山志》，卢见曾编纂，清乾隆二十七年刻本。。
36. 《蓟州人物》，政协天津市蓟县委员会编，中国文史出版社2010年出版。

37. 《光绪戊子科王恩诏朱卷所载家传史料》,据顾廷龙主编《清代朱卷集成》,成文出版社1992年出版。
38. 《列朝诗集》,钱谦益编,中华书局2007年出版。
39. 陈恭尹《独漉堂集》,郭培忠校点,中山大学出版社1988年出版。
40. 梁佩兰《六莹堂集》,吕永光点校补辑,中山大学出版社1992年出版。
41. 石濂《离六堂集》,清康熙三十年刻本。
42. 王隼编《岭南三大家诗选》,清康熙三十二年刻本。
43. 朱彝尊《曝书亭全集》,吉林文史出版社2009年出版。
44. 曹寅《楝亭集》,上海古籍出版社1978年出版。
45. 刘廷玑《在园杂志》,中华书局2005年出版。
46. 刘廷玑《葛庄分类诗钞》,清康熙间刻本。
47. 刘廷玑、孔尚任《长留集》,中国书店1991年出版。
48. 姜宸英《湛园集》《苇间集》,清康熙间刻本。
49. 赵执信《饴山堂诗文集》,中华书局1920年出版。
50. 赵执信《赵执信集》,齐鲁书社1993年出版。
51. 查慎行《敬业堂诗集》,上海古籍出版社2005年出版。
52. 查慎行《敬业堂文集》,四库备要本,中华书局1989年出版。
53. 汤右曾《怀清堂集》,四库全书集部,清乾隆间刻本。
54. 史申义《芜城集》《过江集》《使滇集》,清康熙间刻本。
55. 王泽弘《昊庐集》《鹤岭山人诗集》,清康熙间刻本。
56. 博尔都《问亭诗集》《白燕栖诗草》,清康熙间刻本。
57. 博尔都《问亭诗集》钞本,国家图书馆藏本。
58. 王培荀辑《乡园忆旧录》,齐鲁书社1993年出版。
59. 冯廷櫆《冯舍人遗诗》,齐鲁书社1995年出版。

60. 吴雯《莲洋诗钞》，四库全书集部，清乾隆间刻本。
61. 黄登编《岭南五朝诗选》，清康熙三十九年刻本。
62. 毛师柱《端峰诗选》，清雍正间刻本。
63. 屈大均《广东新语》，中华书局出版1985年出版。
64. 毛际可《松皋文集》《安序堂文钞》《会侯文钞》，清康熙间刻本。
65. 卓尔堪《明末四百家遗民诗》，有正书局1912年出版。
66. 徐熙《秦楚之际游记》，清康熙二十三年刻本。
67. 王揆《芦中集》，上海古籍出版社1981年出版。
68. 查嗣瑮《查浦诗钞》，清康熙间刻本。
69. 王士禛《居易录》，四库全书集部，清乾隆间刻本。
70. 尤侗《鹤栖堂集》《西堂全集》，清康熙间刻本。
71. 王原《西亭文钞》，清光绪辛卯不远复斋刻本。
72. 朱子青《观稼楼诗》，清康熙间刻本。
73. 张大受《匠门书屋文集》，清雍正七年刻本。
74. 陈大章《玉照亭诗钞》，清乾隆九年陈师晋刻本。
75. 严虞惇《严太仆先生集》，清光绪九年西泾草堂重刊本。
76. 高士奇《江村销夏录》，辽宁教育出版社2000年出版。
77. 王士禛《带经堂集》，清康熙间刻本。
78. 陶梁《国朝畿辅诗传》，清道光十九年红豆树馆刻本。
79. 徐世昌《大清畿辅先哲传》，北京古籍出版社1993年出版。
80. 朱绪曾《国朝金陵诗徵》，清光绪十二年刻本。
81. 李元度《国朝先正事略》，清同治丙寅冬月循陔草堂刻本。
82. 朱彝尊《静志居诗话》，黄君坦校点，人民文学出版社1998年出版。
83. 王士禛《带经堂诗话》，戴鸿森点校，人民文学出版社1982年出版。
84. 邓方坤《名家诗钞小传》，中华书局1991年出版。

85. 金开诚等《历代诗文要籍详解》，北京出版社1988年出版。

86. 阮元《两浙輶轩录》，浙江古籍出版社2012年出版。

87. 潘衍桐《两浙輶轩续录》，浙江古籍出版社2014年出版。

88. 屈复《弱水集》，清乾隆七年刻本。

89. 茹铉《王会新编》，清康熙三十二年刻本。

90. 邓汉仪《诗观》，清康熙间刻本。

91. 毛奇龄《西河集》，清乾隆四库本。

92. 顾嗣立《闾邱诗集》，清康熙刻本。

93. 李果《在亭丛稿》，清乾隆间刻本。

94. 张云章《朴村诗集》，《清代诗文集汇编》第175册，上海古籍出版社2011年出版。

95. 周起渭《桐埜诗集》，清咸丰二年刻本。

96. 顾汧《凤池园诗文集》，清康熙间刻本。

97. 章藻功《思绮堂文集》，清康熙六十一年刻本。

98. 石濂《海外纪事》，中华书局1987年出版。

99. 李汉秋注《吴敬梓集系年校注》，中华书局2011年出版。

100. 平步青《霞外捃屑》，上海古籍出版社1982年出版。

101. 李斗《扬州画舫录》，中华书局1960年出版。

102. 柯愈春主编《杨宾集》，浙江古籍出版社2012年出版。

103. 陈荆鸿《独漉诗笺》，广东人民出版社2009年出版。

104. 郑振铎《西谛书话》，北京三联书店1998年出版。

105. 邓之诚《清诗纪事初编》，上海古籍出版社2012年出版。

106. 赵永纪《清初诗歌研究》，苏州大学博士学位论文，1986年。

107. 潘承玉《卓尔堪与遗民诗研究》，中华书局2004年出版。

108. 谢正光《清初诗人与士人交游考》，南京大学出版社2001年出版。

109. 严迪昌《清诗史》,浙江古籍出版社 2002 年出版。
110. 严迪昌《清诗史》,人民文学出版社 2011 年出版。
111. 朱则杰《清诗史》,江苏古籍出版社 2000 年出版。
112. 陈永正等《陈恭尹诗笺校》,广东人民出版社 2015 年出版。
113. 陈永正主编《屈大均诗词编年笺校》,中山大学出版社 2000 年出版。
114. 朱则杰《清诗代表作家研究》,齐鲁书社 1995 年出版。
115. 袁行云《清人诗集叙录》,文化艺术出版社 1994 年出版。
116. 蒋寅《清代文学论稿》,凤凰出版社 2009 年出版。
117. 周汝昌《红楼梦新证》,人民文学出版社 1976 年出版。
118. 王富鹏《岭南三大家研究》,人民文学出版社 2008 年出版。
119. 朱良志《石涛研究》,北京大学出版社 2005 年出版。
120. 胡绍棠《楝亭集笺注》,北京图书馆出版社 2007 年出版。
121. 蒋寅《王渔洋事迹徵略》,人民文学出版社 2001 年出版。
122. 伊丕聪《王渔洋诗友录》,燕山出版社 1993 年出版。
123. 徐世昌《晚晴簃诗话》,华东师范大学出版社 2009 年出版。
124. 刘九庵《宋元明清书画家传世作品年表》,上海书画出版社 1997 年出版。
125. 杨钟羲《雪桥诗话全编》,人民文学出版社 2011 年出版。
126. 惠栋等《渔洋精华录集释》,上海古籍出版社 1999 年出版。
127. 惠栋等《渔洋精华录集注》,齐鲁书社 2009 年出版。
128. 徐雁平《清代文学世家姻亲谱系》,凤凰出版社 2010 年出版。
129. 丁福保《清诗话》,上海古籍出版社 1978 年出版。
130. 郭绍虞《清诗话续编》,上海古籍出版社 1983 年出版。
131. 朱彭寿《清代人物大事纪年》,北京图书馆出版社 2005 年出版。

132. 江庆柏《清代人物生卒年表》，人民文学出版社 2005 年出版。
133. 朱保炯等《明清进士题名碑录索引》，上海古籍出版社 1980 年出版。
134. 江庆柏《清朝进士题名录》，中华书局 2007 年出版。
135. 方晓伟《曹寅评传曹寅年谱》，广陵书社 2010 年出版。
136. 王利器《李士桢李煦父子年谱》，北京出版社 1983 年出版。
137. 李森文《赵执信年谱》，齐鲁书社 1988 年出版。
138. 赵蔚芝等《赵执信诗集笺注》，黄河出版社 2002 年出版。
139. 柯愈春《清人诗文集总目提要》，北京古籍出版社 2002 年出版。
140. 俞剑华《中国美术家人名辞典》，人民美术出版社 1981 年出版。
141. 单锦珩主编《浙江古今人物大辞典》，江西人民出版社 1998 年出版。
142. 李君明《明末清初广东文人年表》，中山大学出版社 2009 年出版。
143. 邬庆时《屈大均年谱》，广东人民出版社 2006 年出版。
144. 钱实甫《清代职官年表》，中华书局 1980 年出版。
145. 杨庭福等《清代室名别称字号索引》，上海古籍出版社 2002 年出版。
146. 《清代文字狱档》，上海书店出版社 2011 年出版。
147. 《关于江宁织造曹家档案史料》，中华书局 1975 年出版。
148. 《李煦奏折》，中华书局 1976 年出版。
149. 方诗铭《中国历史纪年表》，上海辞书出版社 1988 年出版。
150. 郑鹤声《近世中西史日对照表》，中华书局 1981 年出版。
151. 朱则杰《清诗考证》，人民文学出版社 2012 年出版。
152. 蒋寅《清代诗学史》，中国社会科学出版社 2012 年出版。
153. 蒋寅《金陵生小言》，广西师范大学出版社 2004 年出版。

154. 蒋寅《金陵生小语》,中国人民大学出版社 2013 年出版。
155. 朱则杰《清代作家研究》,齐鲁书社 1995 年出版。
156. 钱仲联主编《清诗纪事》,凤凰出版社 2003 年出版。
157. 王士禛《渔洋山人感旧集》,上海古籍出版社 2014 年出版。
158. 徐志达主编《惠州文徵》(下册),广东人民出版社 2015 年出版。

后 记

　　天津图书馆古籍专家刘尚恒先生，宝坻区委统战部部长胡静江先生，宝坻文化馆文博专家李寿祥先生，宝坻老乡、北京大学中文系王丽萍教授，北京大学中文系潘建国教授，中山大学文化人类学院刘文锁教授，中山大学文学院陈永正教授，故宫博物院罗文华、王光尧、王子林研究员，天津博物馆王昆江研究员、张晓明先生，北京曹雪芹学会顾斌先生，广东省惠州市政协文史委主任王勇开先生，广东省博罗县政协陈为民先生，广东韶关学院中文系王富鹏教授，唐山师范学院中文系石向骞教授，著名学者、作家徐凤文先生，《今晚报》高级编辑王振良先生，北京大学中文系高树伟先生，扬州市政协文史委方晓伟先生，中国人民大学张全海先生，湖北宜昌陈万华先生，惠州《东江时报》严艺超先生，山东省邮政管理局刘长春先生，宝坻区史志办张殿成先生，宝坻区园林所张俊泽先生，宝坻区水务局张永刚先生，为本书提供了珍贵资料或线索，在此真诚致谢！

感谢天津古籍出版社接纳出版这部并不成功的书稿。

诗词名家、宝坻楹联协会会长牛文亭先生，逐字逐句审读了全书，校正了诸多错舛之处，提出了很好的修改意见，并为本书题诗一首，云："抚摩长卷眼为青，倾注我君多少情！南北驱车频检索，湖山寻迹更凌凭。讵知陋室百城主，犹见琼壶一片冰。衣带渐宽终不悔，乡贤闻世足平生！"对牛先生盛情高谊，在此真诚致谢！

德高望重的著名学者王振德先生，不顾年事已高，在酷暑难耐的盛夏，逐字逐句审读了书稿，校正了书中诸多错舛，还写来热情洋溢、褒赞有加的感言，让我既愧疚又感动。王先生对桑梓后学的提携勉励之厚意，我当铭记在心，永志不忘。

我国著名古籍专家刘尚恒先生，不顾年事已高，大病初愈，为本书提笔作序，令人感激涕零，对刘先生提携勉励之厚意，我亦铭记在心，永志不忘。

书法家李绍晨先生为本书题签，在此真诚致谢！

我的同事杨佳女士、殷学佳女士，帮我完成了部分文字录入工作，在此真诚致谢！

历时四载，编迄此谱，搁笔长吁，如释重负。

宝坻后学 宋健 谨识
2016年10月26日

《问津文库》已出书目

(总计 64+3 种)

◎ 天津记忆

沽帆远影　刘景周著	59.00 元
荏苒芳华：洋楼背后的故事　王振良著	49.00 元
津门书肆记　雷梦辰原著/曹式哲整理	49.00 元
故纸温暖：老天津的广告　由国庆著	28.00 元
沽上文谭　章用秀著	38.00 元
百年留踪：解放桥的前世今生　方博著	39.00 元
南市沧桑　林学奇著	79.00 元
津沽漫记：日本人笔下的天津　万鲁建编译	39.00 元
忆弢盦：来新夏先生纪念文集　焦静宜编	92.00 元
与山河同在：天津抗日杀奸团回忆录　阎伯群编	38.00 元
楮墨留芳：天津文化名人档案　周利成著	30.00 元
布衣大师：允文允武的艺术名家阎道生　阎伯群著	30.00 元
口述津沽：民间语境下的堤头与铃铛阁　张建著	28.00 元
大地史书：地质史上的天津　侯福志著	29.00 元

丹青碎影：严智开与天津市立美术馆　齐珏著　　　28.00元
立宪领袖：孙洪伊其人其事　葛培林著　　　　　30.00元
津门开岁：徐天瑞日记解读　王勇则著　　　　　58.00元
水产教育家张元第　张绍祖编著　　　　　　　　36.00元
八年梦魇：抗战时期天津人的生活　郭文杰著　　28.00元
沽文化诠真　尹树鹏著　　　　　　　　　　　　48.00元
圈外谈艺录　姜维群著　　　　　　　　　　　　38.00元
记忆的碎片：津沽文化研究的杂述与琐思　王振良著　38.00元
水产教育家张元第集　张绍祖编　　　　　　　　58.00元
应得的荣誉：女医生里昂罗拉·霍华德·金的故事
　　［加］玛格丽特著/胡妍译　　　　　　　　38.00元

◎通俗文学研究集刊

望云谈屑　张元卿著　　　　　　　　　　　　　39.00元
还珠楼主前传　倪斯霆著　　　　　　　　　　　38.00元
品报学丛．第一辑　张元卿、顾臻编　　　　　　38.00元
云云编：刘云若研究论丛　张元卿编　　　　　　38.00元
品报学丛．第二辑　张元卿、顾臻编　　　　　　32.00元
刘云若评传　张元卿著　　　　　　　　　　　　32.00元
郑证因小说经眼录　胡立生著　　　　　　　　　78.00元
品报学丛．第三辑　张元卿、顾臻编　　　　　　48.00元
刘云若传论　管淑珍著　　　　　　　　　　　　48.00元

◎三津谭往

三津谭往.2013　王振良主编　　　　　　　　　39.00元

| 三津谭往.2014 | 万鲁建编 | 39.00元 |
| 三津谭往.2015 | 孙爱霞编 | 48.00元 |

◎ 九河寻真

九河寻真.2013	王振良主编	59.00元
九河寻真.2014	万鲁建编	59.00元
九河寻真.2015	万鲁建编	88.00元

◎ 津沽文化研究集刊

《雷雨》八十年	耿发起等编	55.00元
陈诵洛年谱	张元卿著	48.00元
碧血英魂：天津市忠烈祠抗日烈士研究	王勇则著	98.00元
都市镜像：近代日本文学的天津书写	李炜著	38.00元
天津楹联述略	李志刚著	36.00元
口述津沽：民间语境下的西沽	张建著	56.00元
口述津沽：民间语境下的西于庄	张建著	108.00元
紫芥掇实：水西庄查氏家族文化研究	叶修成著	58.00元
芦砂雅韵：长芦盐业与天津文化	高鹏著	58.00元
王南村年谱	宋健著	78.00元

◎ 津沽名家诗文丛刊

王南村集	王焜原著/宋健整理	68.00元
严范孙先生古近体诗存稿	严修原著/杨传庆整理	48.00元
星桥诗存	苏之銮原著/曲振明整理	58.00元
退思斋诗文存	陈宝泉原著/郑伟整理	88.00元

待起楼诗稿　刘云若原著/张元卿辑注　　　　　42.00元
刘大同诗集　刘建封原著/刘自力、曲振明整理　88.00元
碧琅玕馆诗钞　杨光仪原著/赵键整理　　　　　58.00元
石雪斋诗稿(附遂园印稿)　徐宗浩原著/张金声整理　68.00元

◎ 津沽笔记史料丛刊

严修日记(1876—1894)　严修原著/陈鑫整理　138.00元
桑梓纪闻　马鸿翱原著/侯福志整理　　　　　 42.00元
天津县乡土志辑略　郭登浩编　　　　　　　　98.00元
严修日记(1894—1898)　严修原著/陈鑫整理　128.00元
周武壮公遗书　周盛传原著/刘景周整理　　　128.00元
天后宫行会图校注　高惠军、陈克整理　　　　128.00元

◎ 名人与天津

李叔同与天津　金梅编　　　　　　　　　　　68.00元

◎ 随艺生活

方寸芸香:藏书票里的书故事　李云飞编　　　 98.00元
问津书韵:第十三届全国读书年会文集　杜鱼编　78.00元
开卷二〇〇期　董宁文、董国和、周建新编　　168.00元